Selected Reading on Classical
Financial Newsreports

财 经 新 闻 系 列 教 程

财经新闻
经典报道选读

莫林虎 主编

ZHEJIANG UNIVERSITY PRESS
浙江大学出版社

中国经济自 1978 年以来，持续了三十余年的高速增长，不仅改变了中国十多亿人的生活与观念，改变了中华民族的发展方向，而且也深刻影响了世界经济政治格局。在最近由美国次贷危机引发的世界性金融危机中，中国率先开始经济复苏，再次显示出中国经济的强劲动力。可以肯定，三十余年中国经济的演进过程，将是中华民族伟大复兴的一个重要阶段，后人将从这些艰难曲折的历程中发掘出中国经济成长的宝贵经验与精神财富。

伟大的时代需要伟大的记录者。中华民族在古代历史中第一次兴盛是在汉代，此时出现了伟大的记录者司马迁及其杰作《史记》，古代历史第二次兴盛是唐朝，在繁华过后的宋朝也出现了伟大的记录者司马光及其杰作《资治通鉴》。今天我们发生的事件，明天就成为历史。这就需要今天的我们，要将今天的事实真实、准确、完整地记录下来，留给后世阅读、研究、总结。

1978 年的改革开放，使中国社会发展走进了快速发展之路，经济对于社会各层面的影响力越来越明显。相应地，新闻报道中财经新闻的重要性越来越清晰地显示出来。从《经济日报》20 世纪 80 年代的《关广梅现象》系列报道、90 年代初国家主要新闻单位联合主办的中国质量万里行活动，到进入新世纪后以《财经》为代表的新兴财经媒体的财经报道，对中国经济发展起到了不可替代的促进作用。这些财经报道，对于社会各界而言，起到了改革观念教育、经济知识启蒙、推进改革开放稳步健康发展等作用；对于新闻报道本身而言，则起到了锻炼财经新闻人才队伍、促进财经新闻采写走向成熟、与国际财经新闻接轨等作用。应当说，三十余年的中国财经新闻，取得的成绩是巨大的，对中国经济发展的促进作用是明显的。

但我们也要看到，与中国经济发展的态势相比，中国财经新闻的发展还有巨大的提升空间。我国的财经新闻无论从人才队伍、媒体影响力、新闻的采写水平等，都存在很大的不足。比如说，我国企业外销产品屡屡在国外遭受反倾销诉讼、我国企业对外投资屡屡受阻，我国的财经新闻工作者是否可以在国际财经新闻领域里为我们的民族企业、民族品牌发出声音，争取话语权？

我本身就是从事经济学术研究的,因为工作的原因也接触过不少财经记者。就我所接触过的财经记者而言,我感觉,真正能和财经业界、学界领军人物进行平等对话,能在采访中激发出采访对象的倾诉热情,把采访对象最精华的部分激发出来的记者,可谓是凤毛麟角。对此,我要说,我们的财经新闻记者还需要学习。

正因为这样,当我看到我们学校文化与传媒学院副院长、财经新闻研究所所长莫林虎教授主持编写财经新闻系列教材时,我深感欣慰。这套教材无疑填补了当下中国财经新闻教育的一个空白,无论对于在校新闻专业的本科生、研究生还是已经工作的财经新闻记者来说,这都是一个可以在短期内见效、在长期学习工作中受益的财经新闻专业教材。这套教材包括财经新闻概论、财经新闻媒体研究、财经新闻经典报道选读等,构成了财经新闻教材的比较完整的体系。以《财经新闻经典报道选读》为例,说它可以在短期内见效,是因为这本教材所选的文章都是三十余年里中国财经新闻深度报道中的经典之作。读者通过阅读这些篇目,可以直观地了解三十年中国财经新闻的大致脉络和发展进程,更可以从中体会到财经新闻采写的方法与技巧。说它可以在长期学习工作中受益,是因为这本教材除了选编经典篇目外,还对每个篇目进行了评析,并且链接了相关的内容。我仔细地阅读了这些评析和链接的内容,受益匪浅。如对《疫区山西》的评析,包括报道背景、报道内容分析、特色、报道的影响力四个部分,链接内容包括相关知识链接、大事记、延伸阅读三个部分,这样,便于读者从大的经济背景下理解报道内容,提高读者分析财经问题、采写财经新闻的能力。同时,通过一篇经典报道的学习,将学习的范围扩大到相关的媒体、领域中去,使读者具有更加开阔的视野。

我校财经新闻专业自 1998 年开办以来,已经招收了 12 届学生。在十二年里,财经新闻专业的师生们艰苦创业,开创出了一个财经新闻专业学生培养模式,在课程设置与课程建设、教学内容设计、教学方式与方法、教材建设等方面都做出了富有成效的努力。这次由浙江大学出版社出版的"财经新闻系列教材",就是他们辛勤工作的一个结果。

当然,由于这套教材是填补空白性的,从完美的角度上看,还有很多方面可以再斟酌。如财经新闻教材编写中理论与实践的结合、教材系列具体选题的策划和有序延伸、内容的创新、体例的设计等,都可以进一步探讨和研究。好在现在正是中国经济社会的大发展时期,不妨让这本教材也与中国经济同步发展吧!

是为序!

李俊生

2010 年 1 月 6 日

(注:李俊生,中央财经大学副校长,教授,博士生导师,中国财政学会外国财政研究会副会长,国务院政府特殊津贴获得者)

序

Preface

中央财经大学从 1998 年就开始创办财经新闻本科专业,在国内属于领先学校。在多年的办学过程中,深感新闻学理论知识、操作技能与财经理论知识之间的衔接始终是一个困惑,学生以及财经新闻从业者经常讨论的就是新闻与财经两张皮的问题。这实际上是财经新闻专业人才培养的一个重大问题,如果不能很好地解决,财经新闻专业将必然走向衰落、边缘。

随着我校财经新闻专业培养经验的日益增加,我校财经新闻专业与国内外财经新闻业界、学界的交流沟通日益频繁,我们在充分学习借鉴国内外财经新闻专业人才培养方式方法的基础上,以开拓创新的精神,逐渐找到了解决新闻与财经两张皮问题的思路和方向。最近几年,我校财经新闻专业学生生源水平迅速提升(2009 年财经新闻专业生源水平在我校排名第四),毕业生在国内财经新闻界逐渐显示出新闻潜质,国内权威新闻机构积极与我校财经新闻专业建立战略合作关系,这都是解决了财经新闻人才培养问题后的结果。

我们认为,新闻学从本质上来说是一门实践性极强的学科,不与当下的新闻从业者、新闻实践结合,这个学科是没有生命力的。因此,从财经新闻本科专业开办之初,我们就强调教学与新闻业界的结合,聘请了财经新闻界的资深人士来校授课,指导学生,《中国财经报》、中央电视台等媒体就是在那时建立的联系。这种产学研结合的模式让我们慢慢尝到了甜头,我们发现这种模式应当是财经新闻人才培养的模式,从中可以发掘很多人才培养所需要的资源、方法、路径。因此,在 2005 年以后,我们将这种模式固定下来,打造成我校财经新闻专业人才培养的特色。2008 年底,"财经新闻专业人才培养模式探索"教学成果获得我校教学成果一等奖。这种方式得到了新闻界的广泛认同。2006 年底,人民网专门找我做了一期"财经新闻人才培养问题"的谈话节目,社会反响很好。2008 年,国家外文出版事业局开办财经新闻编辑骨干人才培训班,特邀我授课,受到学生欢迎。2009 年,国家外文出版事业局继续开办财经新闻编辑骨干人才培训班,特邀我担任该班教学顾问,并邀请我校财经新闻教学团队为该班授课,该班在 2009 年底圆满结业。

正是在产学研结合的财经新闻人才培养模式的探索过程中,财经新闻系列教材编写的设想浮出水面。在对国内外财经新闻教材进行了较全面的研究后,我们感到,适合于中国学生的财经新闻教材可以说仍然处于付诸阙如的状态。国外教材较成熟,但其编辑理念、体例、内容、案例等与国内财经新闻实践和新闻教学实践相差太远,无法直接作为教材。国内教材各有优点,在内容设计、编写体例等方面都有探索,但距离成熟教材还有较大差距。我们认为,有必要把我们学校十二年来财经新闻人才培养模式的成功经验做一个系统的梳理,以教材的方式呈现出来,与国内外新闻学界和业界的同仁们做一个交流,以听取同仁们的宝贵意见,把这一培养模式进一步完善。

《财经新闻经典报道选读》就是在这样的背景下选编出来的。教材从 2008 年底开始酝酿,2009 年开始正式编写。该项工作集中了我校财经新闻专业的主要师资队伍,还整合了财经界和财经新闻界的资深人士加入,我们的意图是,尽我们最大力量编写出最好的财经新闻教材。出于这样的意图,我们在教材的编写理念上有如下考虑:

一、国际视野

中国财经新闻的发展离不开对国外财经新闻理论与实践的学习、借鉴,中国三十余年财经新闻的发展历程也确实是自我探索与向外学习齐头并进的过程。我们在编写这本教材时,注意到了对西方发达国家财经新闻理论与实践学习、借鉴的重要性,一方面研究西方发达国家财经新闻的理论成果、财经新闻教材,一方面大量阅读优秀财经新闻作品。通过这样一个过程,使我们的教材具有国际高度与视野。

为了使读者对国外财经新闻有切身体会,我们选编了部分国外财经新闻的深度报道,以实现借鉴目的。由于篇幅所限,我们选取的篇目不是很多。但从这些有限的篇目中,我们可以从中看到出自西方主流财经媒体的记者在观察、报道财经问题时的视角、报道理念、写作方式,从而获得一些启示。

二、民族特色

中国三十余年的改革开放,是在中国历史文化背景下进行的一次伟大的社会实践。在这个过程中出现的经济政策、经济现象、人物,既有普适性的内涵,也有基于中国本土历史文化背景、政策法律背景、利益博弈背景等而形成的特殊意义。因此,对于中国经济的新闻报道,除了对报道对象进行一般的新闻解读外,还应当有适合于中国本土特色的解读方法和报道范式。

我们在选编这些报道时,切身体会到,具有中国民族特色的财经新闻报道实则还处于酝酿、成长过程中。目前所选取的篇目也仅仅是相对较好者而已,真正意义上的"经典报道"尚需时日。但我们现在工作的意义在于,通过对成长过程中的财经报道的选择、评析,为建设中国民族特色财经新闻报道贡献自己的一点绵薄之力。能达到这样的目的,我们已经十分欣慰了。

三、历史纵深感

本教材所选篇目是改革开放三十余年来的财经新闻深度报道的选集,通过这本教材,可以大致了解三十余年来财经新闻发展的基本脉络。但同样由于篇幅原因,我们不可能把三十余年来所有代表性的报道都全部收集齐备,而是从教学角度,选取一些代表性的报道加以分析研究,以利借鉴学习。

由于中国经济发展越到后来,越是呈现出加速度的态势,而相应的财经新闻报道也是越到晚近,其社会影响力、采写水平越高。因此,我们在选择篇目时,在注意历史代表性的同时,对近十年左右的财经新闻报道给予了更多的关注。

四、实务性

通过对经典作品的解读分析,使读者迅速掌握财经新闻采写的基本知识和技能。我们在每篇报道之后,由我们编写团队撰写相关文字,包括评析和链接内容两部分。评析由报道背景、报道内容分析、特色、报道的影响力四个部分组成,链接内容由相关知识链接、大事记、延伸阅读三个部分组成,这样,便于读者从大的经济背景下理解报道内容,提高读者分析财经问题、采写财经新闻的能力。同时,通过一篇经典报道的学习,将学习的范围扩大到相关的媒体、领域中去,使读者具有更加开阔的视野。

这种方法,我们已经在教学中进行了实践,效果很好。每次同学们读完所选篇目后,老师和同学们之间往往都能爆发出热烈的讨论甚至争论,在这种讨论、争论中,财经新闻的价值、意义,新闻采写的方法、技巧等问题都在同学们心中或深或浅地落到了实处。

五、学界与业界经验的有机结合

我们这次编写这本教材,除了学校的财经新闻教学团队外,还特别整合了财经新闻界的一些资深人士介入教材的策划、选编工作。《中国财经报》副总编辑苗福生,《他乡之税》作者、英国《金融时报》中文网编辑田毅,原《财经》记者、现《南方周末》记者赵小剑,《第一财经日报》记者柏亮,中央电视台财经频道《经济半小时》栏目编导赵建华,银行卡专家聂俊峰等,都深度介入了本次工作,给我们教材编写提供了宝贵的意见和建议,使最终文稿成为财经新闻学界理论研究与业界经验有机结合的完美结果。

还值得一说的是,我校副校长、财政学家李俊生教授一直关心我们财经新闻学科建设进展,对财经新闻学科建设提出了很多意见和建议。本次教材编写,李俊生教授也从经济学角度提出了很多建议,为教材的成功编写提供了专业背景的支持。

以上五个方面的设想,是我们工作的目标,是否实现了,还要听取新闻学界、财经新闻业界以及同学们的评价。我们希望的是,各界朋友能对这本教材提出宝贵意见,使我们在财经新闻研究方面能有不断提升、发展的机会。

莫林虎

2009 年 1 月 8 日

t 目录
contents

鲁布革冲击

杨　飏

云贵边界。深山峡谷。黄泥河上。372 米落差。

据说，早年水力勘测人员惊喜地发现此地，问及地名，当地布依族人回答："鲁布革！"本意为"不知道"，勘测人员误作地名，标入地图。

如今，这个"不知道"，不仅全国闻名，而且为世界所知。

1981 年 6 月，国家批准建设装机 60 万千瓦的鲁布革水电站，并列为国家重点工程。

1984 年 4 月，鲁布革工程作为水电部第一个对外开放窗口，采取了一系列开放措施。此后，出现了魔术般的施工效率。

今年 7 月，李鹏副总理在全国施工工作会议上提出全面推广鲁布革经验。

"鲁布革冲击"迅速波及全国施工界。

其实，人们对它知道得仍然很少。

一　石　击　起

鲁布革改革是靠"开放"冲撞出来的。

1984 年 4 月，水电部决定在鲁布革过程采用世界银行贷款，这笔贷款虽只是过程总投资的一小部分，但却如一石投水。

根据使用贷款的协议，部分项目实行国际招标。鲁布革工程原由水电部 14 工程局施工，已开工 3 年。为了使用世行贷款，工程三大部分之一——引水隧洞工程这块"肥肉"被从 14 局的"饭碗"中捞出来，投入了国际施工市场。在中国、日本、挪威、意大利、美国、联邦德国、南斯拉夫、法国 8 国承包商的竞争中，日本大成公司以比中国与外国公司联营体投标价低 3500 万元中标。同时挪威和澳大利亚政府决定向工程提供赠款和咨询。于是形成一项工程三方施工的格局：一方是挪威专家咨询，由 14 局三公司承建厂房枢纽工程；一方是澳大利亚专家咨询，由 14 局二公司承建首部枢纽工程，一方是日本大成公司承建的引水系统工程。

国际招标随之而来的是合同制管理。鲁布革工程两种管理模式并存：一种是以云南电力局为业主,鲁布革工程管理局为业主代表及"工程师机构",日本大成公司为承包方的合同制管理;一种是以鲁布革管理局为甲方,以14局为乙方的投资包干管理。

局部突破,使小小的鲁布革成了个混合物,四国八方,两种模式,于是产生了摩擦、较量……

中国施工管理人员对合同制管理是陌生的。一条运输路,合同规定由中方提供三级泥洁碎石路。由于翻修不当,造成日方汽车轮胎损失严重,于是日商提出索赔200多条汽车轮胎。开始时管理局的同志直摇头:到底是资本家啊。逐渐地他们也懂得了:这就是合同制管理———经确定就不可动摇。而在那种单纯强调"风格"没有确立合同关系的体制下,自家"兄弟"间反而有扯不完的皮。为一件不大的事,双方可以吵得口干舌燥,吵个没完没了。最带有刺激性的是中国工人,在大成管理下,创造了惊人的效率。日本大成公司派到中国来的是30人的管理队伍,从14局雇了约424名(平均计算)劳务工人。他们开挖23个月,单头月平均进尺222.5米,相当于我国同类工程的2至2.5倍,全员劳动生产率4.57万元(不包括非生产人员以及各类服务人员)。去年8月,在开挖直径8.8米的圆形发电隧洞中,创造了单头进尺373.7米的国际先进纪录。消息传到东京大成总部,总部竟以为电传有误,要求重传。1986年10月30日,隧洞全线贯通,比合同计划提前了5个月。大成公司副总裁亲赴工地祝贺,并向中国劳务工人鞠躬致谢!

而14局承担的首部枢纽工程1983年开工,由于种种原因,进度迟缓,世界银行特别咨询团1984年4月、1985年5月两次来工地考察,都认为按期截流难以实现。

近距离的对比,面对面的"较量",没想到初战竟是如此结果! 鲁布革人被震动了!

水电部部长钱正英来到工地,话语沉重:我们既要坚持对外开放方针,学习国外先进技术和管理经验,又不能在外国人面前丢中国人的脸……

"中国人,不可捉摸"

鲁布革人置身在历史与现实的反差中,怨气、冤气、不服气在一古脑地喷发……

想想吧:10年前,这里荆棘遍野,蛇兽出没,他们就奉命进山安营扎寨,开始工程前期准备。顺理成章,以后的程序应该是:等拨款、施工、移交运行单位———这叫自营制管理模式。建国以来,14局的职工转战浙江的新安江、福建的古田河、会泽的以庄河、下关的西洱河……不都是用这种干法立下赫赫战功吗? 可现实在否定它。鲁布革工程管理局总工程师王音辉把自营制管理通俗地比喻成"爸爸管儿子"的方法。没钱了,"儿子"变着法儿到"爸爸"兜里去掏,而工期则是弹性很大的。"五一"竣工,"七一"献礼,"十一"大捷,都是"胜利"。结果是:投资"无底洞",工期"马拉松",施工队伍越拖越庞大。公司每到一处都形成一座繁华的"城镇",有学校、医院、幼儿园、托儿所、食堂、影院……

但是,真的否定这种体制又谈何容易,激起的情感是相当复杂的,一位中年工程师谈到施工招标,慷慨激昂:"让我们'拉家带口'和外国人竞争?屁!农村包工队我们都争不过。说得多轻巧,'你们臃肿,没战斗力',难道我们愿意吗?难道这不是一种牺牲吗?我们就象山沟里的吉卜赛人,长年累月,过着'流浪'生活,以山为家,以水为邻,吃住差点也罢了,关键是娃娃受不到良好教育,升不了学,就不了业。为了水电事业,我们献了青春献终身,献了终身献儿孙。没人对历史负责,却要我们对现实负责,这公平吗?"

理智和情感在这里打架,这痛苦是深沉的,因为问题是尖锐的:难道中国人的潜能非得外国人来挖掘不成?几乎每个平凡的鲁布革人都思考过这些本该是政治家思考的问题。民族自尊心、自信心被唤醒了!"为中国人争气!"一场没有裁判的角逐开始了。

14局鲁布革工程指挥部在首部枢纽工程发动了千人会战。指挥部离工地只有3公里,许多人一个多月没回去。局长们都是清晨4点多钟进被窝,脑袋沾沾枕头,七八点钟又下了工地,基层干部干脆在洞里铺块板,累了躺一会儿,醒了再干。工人中推迟婚期的,放弃奔丧的……使外国专家惊叹的奇迹终于创造出来了:1985年11月,大坝按期截流。

在庆功典礼上,一位外国专家说:"你们中国人,有时真是令人难以捉摸。"

是的,按期截流进一步推动了施工者自己的"琢磨"。"会战,我们的优势。一靠领导带头,二靠强有力的行政组织,三靠科学地吸收外国专家建议。于是创造了这辉煌壮举。"

另一种看法恰好相反:"这恰恰说明了中国施工管理的弱点:均衡生产搞不好。会战总结起来总是成绩1、2、3、4、5、6、7,问题1、2、3。可这1、2、3造成的影响却远比7条成绩更深远。"

是的,就在截流出其不意地制胜的同时,厂房工程却莫名其妙地败北了,两次调整了领导班子,可工程进度还是上不去。

啊,鲁布革,你充满了可歌可泣的事迹,又提出了可思可考的问题!

"主人"—"奴隶"思辨

一位在大成公司干活的中国劳务工人很坦率地说:"日本人的管理就是金钱加鞭子(指惩罚)。有的管理人员开口闭口'我是开过工钱的。'工人抽烟时间稍长一点,就跳起脚来骂。我总认为是在中国的土地上,我们是主人,怎么又成了奴隶了呢?"这感受是强烈的,又是模糊的。在这里,也流传着外国人哭鼻子的故事:隧洞工程开挖到40米时遇到了复杂的203地层,工程进展迟缓。负责这个断面的日本系长,七尺男子汉,掩面痛哭。厂房工程上不去,负责咨询工作的挪威专家魏克先生茶饭不思。一再恳求延长工期,没得到应准,在欢送他的宴会上,他负疚地哭了。

还有一个故事:厂房工地急需钻头,挪威专家想方设法,用最快的速度从奥斯陆空运过来,却被闲置在某办公室半个多月,挪威专家直摇头。尔后,一位挪威秘书小姐来工地,用手提箱提来40多个钻头,咨询组长夫人来工地探亲,亲自带来了急需的喷浆车配件……

这些事情究竟应该怎样解释？在日本大成公司，中国工人是被雇佣者，却创造了比当"主人"时更高的效率。在中国土地上，外国人却表现了相当的责任感。

14局鲁布革工程指挥部负责人张基尧这样回答："如果鲁布革工程干垮了，让我上经济法庭。我有理由：人财物的主动权一样都不在我手里，你要我负什么责？我们工作中出了问题，常说'由于种种原因'，既然'种种'自然要由有关人士共同负责，实际上是每个人都没了责任。我的责任感是靠时时想着党培养我这么多年的良心维持的。"啊，可爱的中国人，非改不可的旧体制！生活中的主人，从来是责权利的统一者，实践者呼唤：给我一个这样的体制！

大成公司的管理，正是在这个意义上被研究着。

中国劳务工人体验了两种管理，有些一致的感触。他们赞成大成管理机构精简，说："一看咱们办公楼那么多就来气。"他们感慨日本管理中"现场第一"的观念，说"大成施工现场上都停着吉普车，供工人办公事使用，以提高工作效率，我们的车都是领导'视察'用"。

在一次座谈会上，有位工人说："我们最好学习外国先进管理方法，但在人际关系上还是维持中国式的感情色彩，别搞'金钱加鞭子'，动不动开除、解雇那一套。"有人当场出难题："外国人能解雇你，也能多给你钱，中国干部不能解雇你，也不能多给你钱，你给谁干？"他笑了："年轻时给外国人干，老了再给咱们干。"

新的，旧的，中国的，外国的，就是这样被人们掺在一起，咀嚼着，没有嚼烂，没有完全消化，但确实在咀嚼着。

"国情"不能被当作遁词

议论的同时在行动。

经水电部上报国务院批准，1985年11月，鲁布革工程厂房工地开始试行外国先进管理方法。

工程师黎汉皋被请出来担任此重任，他痛痛快快地答应了，经理问："你凭什么干好？"

回答："凭中国知识分子的良心。"反问："你给我什么保证？"

经理："实行承包合同制，经济独立核算，人员由你组阁。"

'那行！'黎汉皋走马上任了。

厂房建设指挥所成立了。从原来负责这项工程的三公司1500人中抽出429人，组成施工队伍，实行所长—主任—工长—班长—工人5级串联式管理。不设副职，党群团干部全部兼职，工人实行一专多能。指挥所成立以来，培训了21个工种，平均6人中就有一人取得了驾驶执照，一个过去需要40多人班组，现在五六个人就够了。所长黎汉皋一抓工时利用率，二抓空间利用，三抓定额管理。指挥所成立40天，完成产值等于1984年全年总和。到1986年底，13个月中，不仅把耽误的3个月时间抢了回来，还提前四个半月结束了开挖工程，安装间混凝土提前半年完成。去年 11 月赵紫阳总理和李鹏副总理视察工地时说："看来我们同大成的差距,原因不在工人,而在于管理,中国工人可以出高效率。"

如果是只报喜不报忧的话,文章该在这里结束了。然而,我们不应掩盖黎汉皋们遇到的困难。

难在哪儿?

27 公里长的黄泥河上,有 5 种工资制度。报酬最高的是日本大成公司的劳务工人;其次是承包日本川崎重工斜井钢管制作安装的安装公司;再次是实行工资含量包干加效益分成的厂房指挥所;第四是实行工资含量包干的职工;最后是一般工资。有个人说:"黄泥河挣钱,不是看谁能干,而是看给谁干。"大家住在一起,酒壶一端,无话不讲。

心理不平衡的能量是惊人的。外国人承包,不好左右。可你厂房指挥所能独立吗?你吃饭得进食堂,看病得上医院,有娃娃得上学……这么多人为你服务,你得奖金他不得,这了得!于是怪事多多:工人去领水泵,不给,拿奖金来;到修配厂加工一个螺丝,不干,拿奖金来……

其实,就连日本人,"分配"这条指挥棒在工地上也有点失灵。标书规定,日方可以决定中国劳务工人的工资,可真要调,行不通了。理由是在中国降工资等级可是件大事,将来没法做工作。无奈,日方让步,只升不降,提出了 38 人的晋级名单。中方一审核,又摇头,认定,光提这些人会引起工龄长、资历深的人的不满,于是中方提出了 103 人的名单,两个名单一对照,重合部分只有 4 人,日方表示难以接受。双方就此终究未能形成一致意见。

……这类的事例,顺手可拈。改革,有时艰难得像在泥泞中行走,费大力迈出一步,待你拔出了脚,那脚印立刻又被周围的泥泞淤没了。难怪,虎将黎汉皋 5 次提出辞职!

有人无可奈何地说:这就是中国国情。

不,鲁布革人不服气,旧体制的短处毕竟不是全部的中国。"中国国情",不应是放松改革的遁词,只能是奋力改革的依据。改革带来了阵痛,而阵痛中必将诞生新的婴儿!

(《人民日报》,1987 年 8 月 6 日)

报道背景

鲁布革水电站坐落在云贵交界的黄泥河下游河段,该工程早在 1977 年就进行准备工作,1981 年 6 月,国家批准建设,装机 60 万千瓦,被列为国家重点工程,由水电十四工程局负责施工。但由于资金严重短缺,一直未能正式上马。

1984 年 4 月,水电部决定在鲁布革工程采用世界银行贷款。鲁布革工程是我国第一个利用世行贷款的基建项目。

根据使用贷款的协议,部分项目实行国际招标。在中国、日本、挪威、意大利、美国、联邦德国、南斯拉夫、法国8个国家承包商的竞争中,日本大成公司以比中国与其他外国公司联营体投标价低3600万元中标。同时,挪威和澳大利亚政府决定向工程提供贷款和咨询。于是形成了一项工程三方施工的格局:一方是由挪威专家咨询,由十四局三公司承建的厂房枢纽工程;一方是由澳大利亚专家咨询,由十四局二公司承建的首部枢纽工程;一方是由日本大成公司承建的引水系统工程。

日本大成公司仅仅派来30多个管理人员,就地聘用中国水利水电十四局的500名职工。两年后,日本大成公司承建的工程按时完工,质量优良,而且企业取得了巨大的经济效益。

这给我国尚在计划经济体制下的基本建设战线带来巨大的冲击。鲁布革工程的高效率和高效益,与当时我国"投资大、工期长、见效慢"的顽症形成鲜明的对比。党中央、国务院极为重视,要求施工局对鲁布革管理经验进行全面总结。

1985年11月5日到17日,电力建设专家马致中与水利电力部基本建设司副司长傅洪生一起,到云南了解鲁布革、天生桥二级工程情况。其间,在鲁布革工地现场听取了日本大成公司负责人的工作情况介绍,并参观了隧洞施工现场。回单位后,就此行向钱正英部长写了工作汇报。同时,写出《关于水电施工学大成的看法》一文,与徐洪亮有关鲁布革的文章在《人民电业》1986年第1期上同时发表。这是国内媒体对鲁布革经验最早的报道。

国务院总理李鹏于1987年6月3日发表了《学习鲁布革经验》的重要讲话,要求建筑行业推广鲁布革电站的建设经验。同年6月,全国施工工作会议提出,全面学习、推广鲁布革经验。建设部等5部委选择了18家大型施工企业,推广鲁布革管理经验,作为第一批综合改革的试点。同年8月6日,《人民日报》头版头条刊登了通讯《鲁布革冲击》,于是"鲁布革冲击波"在全国震荡。

报道内容分析

《鲁布革冲击》在中国财经新闻史上是一个十分重要的报道案例。其重要性在于:第一,鲁布革水电建设工程是中国首次使用世界银行贷款建设,采用国际招标投标方式向建设方投包工程,工程建设管理实施项目管理方式。这一创举开创了此后中国项目管理的先河。第二,国家领导人对鲁布革经验十分重视,要求推广该经验。第三,鲁布革经验中包含极为丰富的经济学、管理学内容,其中涉及国家投资体制改革、国有企业内部组织机构改革、国有企业体制与机制改革、跨文化经济合作的文化冲突问题、项目管理的中国化问题、发达国家管理制度如何与中国文化传统融合问题等等。这些问题,直到现在仍然是国内外研究中国经济学、管理学问题的重要课题。

由于本报道选题的丰富内涵,加之是配合国家领导人推广鲁布革经验的指示,因此,这篇报道如何能在当时的社会文化氛围下,选择鲁布革工程建设中最有感染力、最具启发意义的方面进行发掘、报道,最终完成报道任务,对记者来说是一个重大考验。

当时在《人民日报》经济部实习的地方报青年女记者杨飐争取到了这个报道的机会。她经过深入采访,决定从日本大成公司采取的项目管理方式与中国公司传统的计划经济管理方式的对比进行报道。

根据这样的报道思路,杨飐将报道内容分为《一石击起》、《"中国人,不可捉摸"》、《"主人"—"奴隶"思辨》、《"国情"不能被当做遁词》四个部分,围绕项目管理方式对中国传统管理方式、文化意识的冲击及中方的反馈、结果,做了重点报道。报道描写了大成公司管理中合同制管理方法及其良好效益、中国"自营制管理模式"的落后以及在大成公司刺激下的奋力赶超、大成公司规范管理对中国工人思想意识和行为方式的深刻影响、现代规范管理与中国国情结合的问题等,这样一个内容选择,使得鲁布革经验中最有感染力、最具启发意义的方面得到了凸显,起到了提纲挈领的作用。

特　色

本报道有鲜明的报道特色:

1. 抓住鲁布革经验中最有感染力、最具启发意义的方面进行重点报道,很好地实现了报道目的

2. 报道充满激情,对报道内容有相当深度的思考分析,语言生动,可读性较强

本报道所涉及的国有企业内部组织机构改革、国有企业体制与机制改革、跨文化经济合作的文化冲突问题、项目管理的中国化问题、发达国家管理制度如何与中国文化传统融合问题,直到现在仍然是尚未很好得到解决的问题。尽管本报道限于篇幅,未能就这些问题进行深入探讨,但作为问题将它们提出来,本身已经实现了新闻报道的目的。

3. 具有平衡报道的意识

作者当时是一名青年记者,具有"初生牛犊不怕虎"的劲头。本文本来是一篇工作经验的通讯,但作者没有单纯地歌功颂德,而是较好地把握好了平衡报道的分寸。在报道的四个部分,她一方面赞扬中国公司领导和工人们的艰苦奋斗的精神和业绩,另一方面在每个部分都讲到了中方管理中存在的问题,在第四部分《"国情"不能被当做遁词》她更是重点叙述了中国原有的体制、文化意识与现代管理间的格格不入,给读者留下了深入思考的空间。

报道的影响力

1987 年 8 月,《人民日报》发表了《鲁布革冲击》后,随之又发表了关于鲁布革电站建设的系列报道、通讯和评论,全国基本建设战线掀起了学习鲁布革经验的热潮,建设部等 5 部委组织全国 18 家(后扩大到 50 家)大型施工企业进行推广鲁布革管理经验、创建总承包企业、进行综合改革的试点。学习鲁布革经验、推广项目法施工在全国施工企业中扎扎实实地开

展起来。

鲁布革冲击波开创了新中国崭新的建设史。为苦苦探求改革之路的国人展现了一个实实在在的工程,并为我国以后建立和推进现代工程监理制和项目法人责任制以及项目经理责任制等提供了示范作用。2007 年 6 月 15 日,全国建筑企业推广鲁布革工程管理经验 20 周年企业发展与改革研讨会暨第六届国际工程项目管理高峰论坛在京召开。

新中国成立 60 周年"百项经典暨精品工程"评选中,鲁布革水电站入选,与北京天安门广场建筑群、长江三峡水利枢纽工程等重大工程一同载入了新中国建设与改革发展的史册。

相关知识链接

项目管理是 20 世纪 60 年代初在西方发达国家发展起来的一种新的管理技术,是现代工程技术、管理理论和项目建设实践相结合的产物。在信息社会和知识经济背景下,人们创造社会财富和福利的途径与方式已由过去重复进行的生产活动为主,逐步转向了以项目开发和项目实施活动为主的模式,因此项目管理成为现代社会中重要的管理方式。

项目管理的发展基本上可以划分为两个阶段:80 年代之前被称为传统的项目管理阶段,80 年代之后被称为现代项目管理阶段。

传统项目管理方法主要是致力于项目预算、规划和为达到特定目标而借用的一些运营管理的方法,在相对较小的范围内所开展的一种管理活动。现代项目管理阶段扩展到社会生产与生活的各个领域和各行各业,并且在企业的战略发展和日常经营中的作用也越来越重要。

1984 年鲁布革水电站建设就是我国首次正式实行项目管理的案例。

延伸阅读..

马胜利:《"鲁布革"冲击了什么?——张青林与项目法施工》,《中国建设报》,2007 年 6 月 16 日

关广梅现象

庞廷福　杨　洁　谢镇江

本溪出了个关广梅!

1985 年 4 月,当"关广梅租赁经营"这件新鲜事儿成了当地报纸头条消息的时候,很少有人会预料到,租赁改革居然会如此强烈地搅动了平静但并不丰富的山城市场:

——1985 年,关广梅一鸣惊人,租赁了本溪市消防副食品店,年终实现利润 25.2 万元,比上年增长 40%,居全市 36 家副食品商店实现利润额的第二位;

——第二年 4 月,她再度夺标,租赁已经亏损 6.5 万元的光明副食品店,到年底,这家连续亏损 6 年的商店扭亏为盈;

——同年 8 月,她第三次夺标,承租本溪市副食商业系统最大、利润最高的东明副食商场,5 个月赢利 33 万元,相当于上一年全年的利润额;

——今年 1 月,关广梅连夺五标,一次承租五家副食品商店,连同前三家组成租赁群体,共拥有职工 1000 人,总销售额占全市商业系统副食品零售商店总额的 1/3,利润额占 1/2。

较高密度的个人租赁门店,惊人的利润增长和一定程度上左右本溪副食品供应的市场,形成了本溪市独特的"关广梅现象"。

"关广梅现象"带来了什么?

——

说话嗓门很亮的蒋秀娥是关广梅租赁商店中从前"脾气最不好"的营业员。租赁以前,她几乎每天上班时,必不可少要发生两件事:一是和同伴们聊天,二是挑顾客毛病。"我过去是个不合格的售货员",她直截了当地对我们说:"租赁以后,关经理告诉我,再犯过去的毛病,重罚。我压根不吃她那一套,过去哪个经理不是这么说,到头来罚过谁了? 可有一天,店里一个营业员和顾客吵了一架,第二天,关经理先罚自己 20 元,又罚了营业部主任、营业组长各 10 元,再罚吵架的那位 50 元,最后,连旁边看到吵架没出声的一个营业员也罚了——因为她没有制止本来该制止的事儿。就是从那一天以后,我见了顾客,处处小心在意,时间长了,倒是觉得顾客也变得通情达理了,你说怪不怪? 现在,我每月的奖金都是全店 220 来号人中最高的……"

蒋秀娥的变化,只是租赁企业职工精神面貌和劳动态度的一个缩影,租赁把"百元销售工资率"等一整套管理办法,输入了本溪市长期以来缺乏活力的商业小型企业中,使营业员的劳动收入和劳动量直接挂起钩来,由此带来的劳动热情和服务质量,本溪人都看到了眼里。

一位顾客向我们讲述了一个真实的故事:"我住在光明商店旁边,那商店,过去又脏又乱,你进门买菜,问话没人搭理你;搭理你那话头也是硬邦邦的。有一天,我去买菜,突然发现墙刷新了,地扫干净了,商品也多了一些,一打听,原来这店给关广梅租赁了。一个过去和我吵过架的营业员迎上来笑着说:'我们新进了白面包,您要不要?这里还有新鲜的小香肠,您买吗?'就是从那一天起,商店的营业时间延长了。我现在每次走进店里,都感到有股'阿信'的味道。"

二

1948年参加解放军的宋士柱,是关广梅租赁商店从前的门市部主任。当了20多年的主任,他承认自己还站在生意人的门外。但他没有想到关广梅租赁后会请他去烧茶炉,而他自己居然也认为这种安排没有什么不合适——此事一度成为震荡本溪商业的新闻。

本溪市委政研室处长李明,是最早研究"关广梅现象"的人。理论上探索了一年以后,他居然"弃官从商",辞去处长职务,去做关广梅的助手——此事引起的轰动是辽宁省的十大新闻之一。

平庸的领导者开始去做力所能及的工作,一批敢冒风险的人急剧地向改革的实践流动。这是"关广梅现象"带来的另一个变化。有人统计过,在她租赁的8个企业中,商店经理一级的干部从33人减到18人,科室脱产人员从76人减到40人。

本溪理论界对上述事实的评价耐人寻味:这种变化,是租赁机制对干部选拔方法的一个刷新,把过去行政部门的"静态任命式"改变为企业内外的"动态竞争式",使经营能人得以脱颖而出。

三

50岁的于淑芹,已经有17年的商业工龄,但她做梦也没有想到,关广梅租赁她所在的平山副食商店以后,她会对"头儿"的看法发生了这么大的变化。

在她的记忆中,平山副食品店很少有过赢利的月份。她只记得,租赁前一年有几个月,营业员每人每月只发25元生活费。今年1月开始租赁,5个月以后,商店的财务报表上出现了正号:实现利润比去年同期增长315%,职工每个月可以拿到几十元的奖金。从不大声讲话的于淑芹忍不住给素不相识的关广梅写了一封信。当向我们谈起这件事时,这位三个孩子的母亲眼睛是湿润的:"租赁这5个月,日子再不像过去那么紧巴巴的了。我不会写字,就央求丈夫代我写封信给关经理,没别的想法,就是想谢谢她……"

租赁,在把生产力向前推进的同时,也给生产关系带来了新的变化。关广梅租赁后,给职工办了12件事:45岁以上的职工过生日,送寿桃;晚婚青年结婚,送礼品;女职工生育送5公斤鸡蛋;职工搬家,商店给"搬迁费";商店配一台洗衣机,为职工洗工作服;职工父母病故,领导吊唁送花圈;逐步建立阅览室、游艺室、托儿所、浴室……

一位女职工在谈到这些事时,讲了一个小例子。她说:"我们租赁企业的所有女职工,一个月有两天特殊假,记者同志,您在别的地方听说过这事吗?"

四

"关广梅现象"究竟带来了什么?我们在采访中,不断向本溪人提出这个问题。

租赁企业的营业员说:现在挣多少钱要由我们干了算,"大锅饭"吃不成了;

一位每天买菜的退休干部说:市场上发生了一些微妙的变化,走进租赁商店,你感觉到自己真的成为顾客了;

租赁商店上级公司的经理说:她的用人办法,解决了我们多年来想解决而解决不了的问题——"常败将军常挂帅";

市委书记丛正龙说:本溪是改革的一块试验田,关广梅是试验田最早的开垦者之一;

省委书记全树仁说:这个经验是成功的;国务院领导同志认为,这个情况说明了租赁制的作用……

然而,并非所有的人都对"关广梅现象"拍手叫好:

一位在本溪市蔬菜公司系统工作26年的党员干部激动地抨击说:关广梅租赁后,就把党支部书记给换了,这事儿发生在资产阶级自由化泛滥的1986年,难道是偶然的吗?他一口气提出了对关广梅租赁经验的12条"学不了",其中上至关广梅不要党的领导,下至关广梅会跳交谊舞,洋洋洒洒。

另一位自称对理论"很有兴趣"的同志,则表现出更大的疑虑:关广梅一人可以租8个店,由此才形成企业群体,如果国家的企业任凭这样"租"下去,那么本溪钢铁公司可不可以租?

去年12月底,在"本溪市企业思想政治工作会议"上,有人一口气向关广梅提出十几条问题。其中,"不要党的监督"、"不要职工民主管理"、"贬低思想政治工作"等等,带有相当浓烈的政治色彩。4个月后的另一次很重要的会议上,为数不少的代表提出了更尖锐的批评:"关广梅的租赁,是坐收渔利,带有剥削性质";"她一人租赁8个店,在本溪形成一个商业垄断集团,把市场的商品和物价都给垄断住了","她干的是社会主义吗?"……

新与旧、进与退、未来与以往、变化与僵化,环绕着"关广梅现象",发生着冲突、碰撞,有时甚至是对峙。

"关广梅现象"引出了更多的社会现象,这些现象向改革的人们提出了一些迫切需要回答的问题。

这些问题是深化改革进程中所不能回避的。

(《经济日报》1987 年 6 月 13 日)

报道背景 ①

相对于今天各类财经媒体上曲折鲜活如黄光裕这样的创富传奇故事来看,关广梅的租赁创业故事在今人看来似乎略嫌平淡。但在当时,由《关广梅现象》系列报道引发的为期45 天、震动海内外的全国性大讨论,成为中国经济改革思想解放破题的一次成功新闻策划被载入中国新闻史册。《关广梅现象》深度报道系列的成功,带有鲜明的时代烙印,凸显了党报新闻报道的立场性和导向性,它是特殊历史背景下的产物。

20 世纪 80 年代中期,经济改革的浪潮已经席卷全国,但人们的认识距离社会先进生产力的发展要求还有一定差距,在新旧体制和观念的矛盾碰撞中,对于改革中出现的一些新鲜事物出现了不同的看法和争论。在这样的大背景下,辽宁本溪的关广梅搞租赁改革,并创造出租赁、承包、股份合作相结合的三位一体经营形式,打破了"大锅饭",经营上获得了成功,但在 1986 年底开展反对资产阶级自由化斗争中,这些改革措施却被认为搞资产阶级自由化的罪状。辽宁市委、市政府对关广梅改革的支持也遭遇到了很大压力。

在这种背景下,以《经济日报》总编范敬宜为首的报社高层拍板决定,策划出一系列被称为"开我国深度报道先河"的"关广梅现象"报道组合,以"重"(题材重大)、"多"(多角度、多侧面)、"广"(记者读者广泛参与)、"活"(思路活、报道形式活)、"深"(评论到位、内涵揭示深刻)为突出特点,引发了一场全国范围内各个阶层广泛参与的大讨论。

内容分析

《关广梅现象》深度报道的主体架构由《关广梅现象》、《"关广梅"现象大对话》、《论关广梅现象》等 9 篇报道和评论组成,以长篇通讯《关广梅现象》和《本溪市委、市政府的一封呼吁信》为开端,在陆续收到国内外 1000 多篇来稿、来信的基础上,一个多月时间里动用大量版

---

① 本部分内容参阅《深度影响——经济日报经典报道案例》,武春河主编,经济日报出版社 2005 年版,1-28 页。

面和篇幅，用消息、通讯、综述、评论、来信等多种形式进行组合式的报道、研讨、述评和分析，打破了以往经济新闻报道单一、平面、静止的报道方式。整组报道中有关于关广梅现象始末的正面介绍，有关于关广梅事件的背景和反应，还有一系列精彩的述评。另外，来自本溪本地以及北京、四川、湖北等地的政府机关领导、与关广梅遭遇类似的企业家、理论研究者、普通读者从不同角度给予热烈积极的讨论和反馈，使大讨论成为一个全国性、立体化、跨时空、微观解析与宏观审视相结合、气势磅礴的连续报道，系统性的总体策划在这场报道的成功中起到了重要作用。

本报道给予我们如下启示：

1. 新闻记者要有敏锐的时代触觉，尤其是当社会发生剧烈变革的转折期，要能够审时度势，从个案现象或典型新闻事件入手，从历史发展的大方向着眼，深刻反映社会面临的复杂矛盾和问题，给出符合时代要求的交响和回应。

在当时的政治经济大背景下，关广梅现象到底是搞资产阶级自由化，还是开改革风气之先的创新之举？由关广梅这样一个典型人物引发的争论在认识上需要有一定深度，应该认识到这绝不只是对一个焦点人物党性觉悟的评判，而是深层次的关于改革性质的认识和改革方向的把握。对这一现象的深度讨论，事实上是为中国当时的经济体制改革、思想解放运动进行破题的一种尝试。在当时是需要有极其敏锐的政治方向感和敢为天下先的勇气的。如果能从这样生动鲜活的典型个案引发出对改革进程中重大方向性问题的深度思考，这样的报道其价值是不言而喻的。

2. 要善于从貌不惊人的小题材中挖掘新闻大价值。

《关广梅现象》系列报道具有鲜明的党报特色，这种报道体例在今天的财经新闻报道中已不多见了，但其中蕴含的深刻道理依然值得我们品味学习。在社会发展的进程中，总有层出不穷的鲜活素材值得新闻记者去挖掘报道，记者的新闻触觉与把关能力在这里就起到了重要的作用。有的时候，单个新闻人物或事件，其本身的政治或经济影响力并不大，但它代表了一种新的方向，蕴涵了新的思潮特征，对人们既有的理念和思维模式会形成新的冲击，带来新的启迪。这样的素材，在新手眼中可能转瞬即过，在有经验的新闻记者那里，可能就如璞玉浑金般经过琢磨焕发出熠熠光彩。"关广梅现象"发生在既非政治中心也非经济文化中心的辽宁本溪，对这样的报道素材，处理起来可大可小。如果不是放在有大局眼光的记者手中，可能也不过就是一个豆腐块大版面的地方经济事件报道而已，不可能引发一场轰动全国的关于改革方向与性质这样关乎时代命题的大讨论。

改革开放发展到今天，意识形态领域里的论争已经渐渐淡化了，但很多看似微不足道的经济事件中，依然可能蕴涵着关乎时代方向、财富创造与增长模式、社会深层制度和理念变革的东西。对于这样的宝贵素材，我们依然要敏锐捕捉，鲜活呈现，理性思考，深度探讨。

特 色

1. 摒弃以往新闻通讯报道中要么"高大全"式歌颂、要么批判揭露的做法,秉持客观立场对报道对象进行人性化还原,容易激发普通读者共鸣。

在引发这场全国性的大讨论时,报社编辑记者并没有先入为主地给出定论,而是用"关广梅现象"这样一个立场中性的词来概括这一改革进程中的新鲜事物,同时对于关广梅这样一个人,也没有追求高大全式的报道渲染效果,而是把她看做是一个在改革中不断完善自己并且充满争议的人物来对待。在分析关广梅现象时,简笔勾勒事情经过,重点叙述反响,夹叙夹议评论,创造了以往新闻报道中所没有的形式,这些都是可圈可点的地方。

2. 以大型策划为基础,报道组织规模宏大,采访深入分析透彻。

《关广梅现象》系列报道被一些老报人以"鸿篇巨制"来形容,并不为过。整个报道以大型策划为基础,洋洋数十万言,历时一个月之久,报道组织规模宏大。与此同时,采访深入细致,行文充满理性思考和思辨色彩。报道没有把关广梅租赁经营的现象仅仅停留在典型介绍的层面,而是把它升华到对新旧体制和观念摩擦的认识高度,在当时的历史背景下,给人以思想和认识上的深刻启迪。

报道影响力

《关广梅现象》系列报道可以说是一次为中国经济改革思想解放破题的新闻策划。有人说,"关广梅现象"的讨论标志着中国经济体制改革进入了一个新的时期,这是实质上关系着中国经济改革性质认识的大讨论,对当时的经济体制改革起到了"保驾护航"的作用。今天,人们在积极推进改革过程中之所以不再纠缠于姓资姓社的简单判断,而是从是否有利于发展生产力的高度来认识问题,不能不提到当初该讨论为经济改革中解放思想工作所作的贡献。

这个系列报道的大策划风格和报道形式上的创新,也让它赢得了第九届全国好新闻奖唯一的特等奖。

延 伸 阅 读

王小倩:《改革先锋关广梅:21年前引发"姓资姓社"讨论》,《辽沈晚报》,2008 年 5 月 12 日

江华:《关广梅:新的起跑线》,《中国青年报》,1998 年 10 月 12 日,《改革开放 30 年·风云人物》系列报道之一

潘祥辉:《媒体议程与中国社会变迁——30 年来中国媒介推动社会变革的十大事件回顾》,中国论文下载中心,http://www.studa.net/xinwen/090727/16000157.html

假典型巨额亏空的背后

——郑百文跌落发出的警示

谢登科

郑州百文股份有限公司（简称"郑百文"）去年以来濒临关门歇业，有效资产不足 6 亿元，而亏损超过 15 亿元，拖欠银行债务高达 25 亿元。目前企业生死两难，2000 多名员工生活难以为继。

一个昨天还号称"全国商业批发行业龙头老大"、"国企改革一面红旗"的先进典型，为什么这么快就跌落到了穷途末路的境地？

一边是越吹越大的数字，一边是越戴越多的桂冠；红极一时的背后掩藏着弄虚作假、胡作非为

郑百文的前身是一个国有百货文化用品批发站。1996 年 4 月，经中国证监会批准，郑百文成为郑州市的第一家上市企业和河南省首家商业股票上市公司。郑百文称：1986—1996 的 10 年间，其销售收入增长 45 倍，利润增长 36 倍；1996 年实现销售收入 41 亿元，全员劳动生产率 470 万元，这些数字当时均名列全国同行业前茅。按照郑百文公布的数字，1997 年其主营规模和资产收益率等指标在深沪上市的所有商业公司中均排序第一，进入了国内上市企业 100 强。

一时间，郑百文声名大噪，成为当地企业界耀眼的改革新星和率先建立现代企业制度的典型。各级领导频频造访，各种荣誉纷至沓来。1997 年 7 月，郑州市委、市政府召开全市大会，把郑百文树为全市国有企业改革的一面红旗。河南省有关部门把它定为全省商业企业学习的榜样。同年 10 月，郑百文经验被大张旗鼓地推向全国。公司领导也相继获得全国"五一"劳动奖章、全国劳动模范、全国优秀企业家等一系列殊荣。

然而，衰败似乎就发生在一夜之间。在被推举为改革典型的第二年，郑百文即在中国股市创下每股净亏 2.54 元的最高纪录，而上一年它还宣称每股赢利 0.448 元。1999 年，郑百文一年亏掉 9.8 亿元，再创沪深股市亏损之最。

郑百文的大起大落，引起从当地决策层到社会的一片哗然。

"郑百文其实根本不具备上市资格，为了达到上市募集资金的目的，公司硬是把亏损做成赢利报上去，最后蒙混过关。"郑百文一位财务经理回忆说，为了上市，公司几度组建专门的做假账班子,把各种指标准备得一应俱全。

郑百文变亏为"赢"的常用招数是,让厂家以欠商品返利的形式向郑百文打欠条,然后以应收款的名目做成赢利入账。为防止法律纠纷,外加一个补充说明——所打欠条只供郑百文做账,不作还款依据。1998年,企业已举步维艰。年终出财务报表时,公司领导聚首深圳商讨对策,决策者的意见仍然是"要赢利"。但窟窿已经包不住了,一番争论之后,郑百文首次公布了重大亏损的实情。

郑百文利用上市后经营自主权扩大带来的方便,使其更多、更严重地违背经济规律甚至违法乱纪行为大行其道。据了解,郑百文上市募集的资金数以亿计地被公司领导以投资、合作为名拆借、挪用出去,总计10多家公司拆借的近2亿元资金不仅至今有去无归,还使郑百文陷入了一桩又一桩追款讨债的官司中。

由于郑百文的账目极为混乱,真实性和完整性不能保证,1998年度和1999年度,郑州华为会计师事务所和北京天健会计师事务所连续两年拒绝为其年报出具审计意见。

一边是冠冕堂皇的理论,一边是移花接木的骗局;唬人一时的"郑百文经验"把银行牢牢套住

导致郑百文迅速膨胀的直接因素是郑百文家电公司曾与四川长虹和原中国建设银行郑州分行之间建立的一种三角信用关系,即曾被各方广为赞扬、被誉为"郑百文经验"精华的"工、贸、银"资金运营模式,其基本内容是:郑百文购进长虹产品,不需支付现金,而是由原建行郑州分行对四川长虹开具6个月的承兑汇票,将郑百文所欠货款直接付给长虹,郑百文在售出长虹产品后再还款给建行。

郑百文领导为这种三角合作的关系赋予了高深的内涵,说商业银行的信誉、生产商的信誉和销售商的信誉加在一起,就是中国市场经济的基本框架。郑州建行更认为,依靠银行承兑这种先进的信用工具,支持企业扩大票据融资,是很有意义的探索。

在有关各方的一片喝彩声中,这种模式1996年起步后业务量一路攀升,1997年,建行为郑百文开具承兑总额突破50亿元,郑百文一举买断长虹两条生产线的经营权。这种模式后被推广到郑百文与其他厂家的业务中。三角关系建立后,家电公司立即成为郑百文下属各专业分公司中的"大哥大"和业务量增长的主体。迄今为止,郑百文拖欠银行债务的90%以上仍然在家电公司。

原建行郑州分行和郑百文领导坚持认为,这是一种适应大生产、大市场、大流通要求,对工、贸、银三方都有利的合作模式,既能使工业企业增加销售,又能降低商业单位的经营成本,还可以促进银行存款的增长,可谓"一石三鸟"。

然而事实很快表明,在现阶段市场信誉普遍较低的背景下,这种彼此之间没有任何制约关系的银企合作,很容易成为空手道,最终的风险都转嫁给了银行。一方面,银行无法保证郑百文能按承兑的期限把货卖完;另一方面,即使按时卖完货,郑百文也把货款大量挪作它用。1998年春节刚过,建设银行郑州分行就发现开给郑百文的承兑汇票出现回收难,此后的半年间,累计垫款486笔,垫款金额17.24亿元。

中国人民银行调查发现,原建行郑州分行与郑百文签订的所有承兑协议,不但没有任何保证金,而且申请人和担保人都是郑百文,担保形同虚设。总额达100多亿元的银行资金,就这样被源源不断地套出。

一边是越铺越大的摊子,一边是越堆越高的债务;高速膨胀下的失控加速了郑百文神话的破灭

由于有银行作后盾,郑百文从1996年起着手建立全国性的营销网络,在没有一份可行性论证的情况下,大规模投入资金上亿元,建起了40多个分公司,最后把1998年的配股资金1.26亿元也提前花完。遍布全国各大中心城市的一幢幢楼房和一台台汽车,形成了大量的资金沉淀,使企业积重难返。

公司规定,凡完成销售额1亿元者,可享受集团公司副总待遇,自行购进小汽车一部。仅仅一年间,郑百文的销售额便从20亿元一路飚升到70多亿元;与此同时,仅购置交通工具的费用就高达1000多万元。为完成指标,各分公司不惜采用购销价格倒挂的办法,商品大量高进低出,形成恶性循环。

急速、盲目的扩张直接导致公司总部对外地分支机构的监管乏力,郑百文遍及全国的分支机构如同一盘散沙。这些分支机构饥不择食地招聘各类人员达上千人,却从没有进行过一次上岗培训和考核,导致员工鱼龙混杂,良莠不齐,有的人进来的目的就是趁乱挖企业的墙角。

1998年下半年起,郑百文设在全国各地的几十家分公司在弹尽粮绝之后相继关门歇业。数以亿计的货款要么直接装进了个人的腰包,要么成为无法回收的呆坏账,郑百文至今还有4亿多元的账款没有收回。但与企业严重资不抵债形成鲜明对比的是,郑百文养肥了一批腰缠百万甚至千万元的富翁。任职几年,郑百文某分公司的一名经理便拥有了价值上百万元的宝马轿车和北京罗马花园300多万元的豪宅。

记者造访郑百文时曾向公司领导提出,请他们算一算,看看20多亿的银行垫款都亏在了哪里,花在了哪里,竟然无人能算得清楚。

一边要重组再生,一边要破产清算;资不抵债的郑百文生死两难

按《公司法》规定,企业不能清偿债务就应该破产。可郑百文却至今没有进入破产程序。1999年12月,在有关方面的斡旋下,郑百文欠建设银行的20多亿元债务被转移到中国信达资产管理公司。

作为专门为清理不良资产而设立的资产管理公司,信达对接收的债权,既可进行资产重组,也可申请破产清算。资产重组是指通过剥离不良资产,引进优质资产使企业起死回生。

信达方面要求,郑百文资产重组的前提条件是必须保证信达的资产回收数额不低于6亿元,即最大股东郑州市政府要拿出6亿元可变现良性资产注入郑百文。按照这一比例,信达公司的资产回收率只有28.2%。而郑州市政府认为,郑百文资不抵债完全是企业行为,银行的资产风险理应由银行自己承担。

由于最大股东未能在信达规定的期限内拿出被认可的重组资产,今年3月3日,信达公司一纸诉状把郑百文告上法院,申请郑百文破产还债,成为目前我国四家金融资产管理公司中的首例破产申请。后来人们发现,法院根本就没有受理。据了解,郑州市中级法院在接到信达的破产申请后,第一个反应是,上市公司申请破产在全国尚属首例,非同小可。另外,从手续上讲,信达提供的材料也不完备,暂不能受理郑百文破产案。

目前,有关各方又在就新的资产重组方案进行秘密磋商。

一些经济专家认为,目前的中国股市已给人造成印象,企业一上市就是"能上不能下"的终身制。这是导致我国上市公司亏损面逐渐扩大的一个重要原因。要使上市公司真正实现机制转变,就必须尽快改变这种只进不出的形式。河南一位教授则指出,一些领导总是乐于树典型,给企业披上浓厚的政治色彩,作为炫耀政绩的资本,最后企业垮了,谁也不负责任,这应是郑百文的更大悲剧。

由此看来,郑百文是破产还是重组倒在其次,规范破产机制,强化风险意识,切实保护投资者利益,才是更为重要和紧迫的话题。

(新华社郑州 2000 年 10 月 30 日电)

报道背景

中国证券市场设立以来,虽然在短时间内取得了世人公认的飞速发展,但也出现一系列问题,如政府把企业上市作为政绩,企业把上市作为圈钱手段,证券市场的监管机制不健全,企业弄虚作假等。郑百文案例就是这些弊端的一个缩影。

郑百文前身为郑州市百货文化用品公司,1988 年 12 月被批准进行股份制试点,1996 年 4 月 18 日在上交所挂牌上市,成为郑州市第一家上市公司和河南省首家商业类上市公司。上市后,借助虚假披露和包装以及所谓的"贸工银"模式,公司账面上业绩"辉煌"。1997 年公司的主营规模和资产收益等指标在深沪两市的商业类公司中排名第一,成为全国商业的"标兵",国企改革的一面旗帜。

1998 年,郑百文所谓的贸、工、银"铁三角"关系破裂,郑百文资金链断裂,公司隐藏的各种问题开始暴露。1998 年度、1999 年度郑百文连续两年创下中国股市亏损之最。1999 年 4 月 27 日郑百文戴上 ST 帽子。2000 年 3 月 3 日,郑百文新任最大债权人中国信达资产管理公司向郑州中级法院提出让郑百文破产还债的诉讼请求,成为目前我国四家金融资产管理公司中的首例破产申请。

郑百文破产还债的诉讼请求使郑百文一时间成为舆论焦点。公众最为关心和疑惑的是，一家"优秀企业"——全国商业的标兵，怎么会一夜间就成为亏损大户呢？

《假典型巨额亏空的背后——郑百文跌落发出的警示》一文就是在这样的背景下撰写刊播的。

报道内容分析

《假典型巨额亏空的背后——郑百文跌落发出的警示》一文首次全面披露了郑百文作假包装上市、内部管理混乱到严重资不抵债的黑幕，大胆触及了上市公司的监管和退出机制问题，提出"上市公司岂能有生无死"的质疑。

全文分为四个部分。第一部分曝光了郑百文弄虚作假、蒙混上市的真相；第二部分分析了导致郑百文迅速膨胀的直接因素——所谓的"郑百文经验"；第三部分指出郑百文神话破灭的加速器——高速膨胀下的盲目扩张；文章最后一部分探讨了郑百文今后生死两难的出路，指出造成郑百文生死两难困境的深层次原因是"一些领导总是乐于树典型，给企业披上浓厚的政治色彩，作为炫耀政绩的资本，最后企业垮了，谁也不负责任"，"这应是郑百文的更大悲剧"。

特　色

该文被《人民日报》(海外版)、《中国证券报》等多家媒体评为2000年度中国证券市场最有影响力的十大新闻之一，成为揭黑性新闻报道的名篇。

事件选取具有代表性。本文报道时，郑百文事件是一个正在进行中的典型事件，其做假账骗取上市资格、任意挪用募集资金等违规行为，在证券市场有代表性。对郑百文事件的曝光对有同样问题的公司可以起到警示作用。

调查深入缜密。调查成就深度，翔实的资料和深刻的分析使本篇报道脱颖而出。为了获取第一手资料，新华社河南分社记者谢登科做了大量的采访调查工作。他花了近两年时间，采访上百次，接触100多人，收集了6本笔记本的资料。

权威性造就影响力。新华社是我国的国家级通讯社，媒体中的媒体。新华社在新闻报道方面的权威性，有助于扩大本文的影响力。

报道的影响力

《假典型巨额亏空的背后——郑百文跌落发出的警示》一文播发后，引起了强烈广泛的社会反响。

报道见报的当天，沪深股市行情出现多年来从未有过的重大变化，ST、PT等垃圾股价格全面下挫，业绩利好的股票市值普遍上扬。

中央有关部门领导对郑百文事件高度重视，2000年11月初，由国家有关部门组成的调查组陆续抵达郑州,对郑百文巨额亏空问题展开彻底调查,开了证券市场的先河。

媒体纷纷报道、点评郑百文,由郑百文引起的一场关于如何治理上市公司、如何规范证券市场的大讨论在社会各界广泛展开。

大事记

郑百文发展大事记

1988年12月,完成改制并首次向社会公开发行股票。

1995年1月20日,股东大会通过股票上市的决议。

1996年4月17日,郑州百文5149万A股在沪上市交易。

1996年,每股收益0.37元,净资产收益率15.88%。

1997年,每股收益0.448元,净资产收益率19.97%。

1998年8月,中报披露每股收益0.075元。1998年每股收益—2.54元,净资产收益率—1148.46%,郑州会计师事务所出具无法表示意见的审计报告。

1999年4月27日,开始实施特别处理,股票报价日涨跌幅限制为5%,股票简称由"郑州百文"改为"ST郑百文"。

1999年8月,中报披露每股收益—2.7元,每股净资产—2.98元。

1999年12月,公司截至1999年9月20日的贷款本金及应付利息共计19.36亿元,由中国建设银行转让给中国信达资产管理公司。次日设立资产重组委员会,作为董事会下设的临时机构,开始对资产重组的可能性进行研究,争取获得债务与资产重组机会。

2000年3月,收到信达公司向郑州市中级人民法院申请破产还债的申请书,信达此次申请债权共计人民币213021万元(截至2000年3月1日的已到期债权本息)。

2000年4月,公布1999年报,每股净资产—6.58元。天健会计师事务所出具了拒绝表示意见的审计报告。

2000年8月19日,公布2000年中期报告摘要,2000年中期公司每股收益摊薄为—0.3071元,扣除非经常性损益后每股收益—0.30706元,每股经营活动产生的现金流量净额为0.00401元,每股净资产为—6.8856元。

2000年8月22日,经特别申请,并经有关部门同意,即日起至资产重组事项确定期间,暂停股票交易。

2000年10月,新华社发表声讨郑百文的署名文章,以洋洋4000字长文,历数郑百文"泡沫"的破灭过程。

2000年11月30日,董事会通过关于公司资产、债务重组原则议案。原则如下:中国信达资产管理公司拟向三联集团公司出售对公司的约15亿元的债权,三联集团公司取得信达此项约15亿元债权的价格为3亿元人民币。三联集团公司向信达购买上述债权后将全部豁免。在三联集团公司豁免债权的同时,公司全体股东,包括非流通股和流通股股东需将所持公司股份的约50%过户给三联集团公司;不同意将自己所持股份中的约50%过户给三联集团公司的股东将由公司按公平价格回购,公平价格由下一次股东大会以《独立财务顾问报告》确定的价格为准。

2000年12月,山东三联宣布入主郑百文。

2000年12月5日,证监会有关负责人就郑百文资产重组一事答记者问。

2000年12月31日,召开股东大会,原则同意重组框架。

2001年1月3日,经申请公司流通股票从下午恢复交易。

2001年2月5日,发布预亏公告,预计公司2000年度将继续出现严重亏损,将是连续三年出现亏损,公司股票将有可能被暂停上市,股票暂停上市期间,上交所为投资者提供股票"特别转让"服务,公司股票简称前加"PT"标志。当日停牌一天。

2001年2月6日,新华社"新华视点"发表《奇怪的郑百文重组现象》。同日,证监会有关负责人重申郑百文重组必须严格按《证券法》、《公司法》及有关法律法规的规定和程序进行。

2001年2月22日,召开2001年第一次临时股东大会,通过关于资产、债务重组方案的议案。

2001年2月23日,中国证监会正式发布《亏损上市公司暂停上市和终止上市实施办法》,针对连续亏损上市公司的暂停上市和终止上市作出具体规定,我国证券市场的退出机制正式出台。

2001年3月,公告从3月5日到4月5日停牌。从3月20日起,开始登记股权变更手续,并申请全面收购要约。

2001年6月30日,重组最后期限。

(资料来源:《中国经济时报》2001年4月26日)

延伸阅读

雨木:《百文之痛谁之过》,《中国证券报》,2000年10月31日

何力:《"郑百文"是一个信号》,《中华工商时报》,2000年11月1日

谢登科:《各界评说"郑百文现象"》,新华社,2000年11月5日

王静:《从"郑百文现象"反思股票市场的信息披露制度》,《市场报》,2000年11月6日

李映宏,艾钧:《像雾像雨又像风——ST郑百文结局剖析》,《证券时报》,2000年1月25日

彭晓红,刘坚,王胜忠:《重组破解生死局》,《中华工商时报》,2000年12月4日

翟跃文,周燕群,徐胜:《关于郑百文报道的对话》,《中国记者》,2001年 第3期

基 金 黑 幕

张志雄 李 箐

前 言

2000 年 6 月以来，三起公开报道的事件，引起了证券市场上对于证券投资基金问题的种种议论。

关于嘉实基金管理公司内部"地震"的报道是其一。6 月 12 日，根据总经理洪磊的提议，嘉实基金管理公司以公司的名义，提请中国证监会审查公司董事王少华的任职资格。过了三天，嘉实基金管理公司召开董事会，王少华获董事长马庆泉授权主持会议，通过了罢免总经理洪磊的决议。这起风波在有关新闻媒体及本刊 2000 年 7 月号刊出，揭示了嘉实基金内部关于投资理念的长期争论；争论的焦点，就是证券投资基金究竟应当进行长期分散化投资，还是进行重仓短期炒作？

由于在此次"内斗"的前后与新闻界颇多接触并披露出部分基金的运作内情，洪磊受到证券业内的诸多抨击，被认为坏了"行规"。然而，就在洪磊备受指责颇显孤立之时，另一位职位要高得多的权威人士在全局的意义上发表了更为尖锐的谈话。

6 月 22 日，在全国人大关于《投资基金法》起草的工作会议上，全国人大常委会副委员长成思危言辞激烈地抨击了证券投资基金操作中的违法、违规行为，指出"目前我国证券投资基金有一种不好的倾向，就是几家基金联合操纵几只股票，最后把老百姓给套牢"。成思危素被称为"风险投资之父"。上述措辞严厉的指责在次日《中国证券报》头版头条刊出，中小投资者闻之大为震动，而众多证券投资基金则深表不满。

公众舆论对于证券投资基金的质疑还在继续。8 月 14 日，《中国证券报》发表了中国社科院金融研究中心投资基金课题组的一份长篇专题报告，题为"四问证券投资基金"。该文的执笔人与课题主持人是著名金融专家王国刚博士。文章提出四大具有根本性的问题——"证券基金本身具有稳定股市的功能吗？""证券基金本身具有分散股市风险的功能吗？""证券基金的投资收益一定高于股民投资的平均收益吗？""发展机构投资者就是发展证券基金吗？"专题研究给出的答案全部是否定的。

在近几年对于证券投资基金的一片赞颂声中，这三次"负面报道"虽然规模并不很大，但产生的震动却相当深远。中国证券市场上众多具有机构背景的"消息灵通人士"完全明白，针对基金业的批评之音并非无的放矢，其背后还有关于证券投资基金大规模违规、违法操作的更充分的调查结果在说话。在一个不很小的圈子里，人们不约而同地传述着同一个话题：上海证券交易所监察部的一位监管人员有一份对证券投资基金操作进行跟踪研究的报告。这份报告最近经某种渠道摘要报送到国务院高层，引起极大重视，中国证监会已开始密切关注证券投资基金的运作……

还有消息说，此份报告的执笔人甚至因为报告被新闻单位知晓而受到处分。

如此传言，事关重大。《财经》对有关材料与背景进行研究之后，很难无动于衷。9月间，本刊记者专赴上海证交所，并了解到，正是该所监察部人员赵瑜纲2000年6月27日受到"严重警告"处分，理由是"未经批准，擅自将工作中知悉的内部信息外泄他人"，违反了《上海证券交易所保密工作条例》。

赵瑜纲在记者面前取回避之态，只是反复强调"那份报告只是我个人做的，并不代表交易所或者监察部的意见"；"我没有外传，是有人不小心……"

他不愿接听记者的电话，甚至请同事向记者称"已经休假"。

虽然没有得到赵本人的合作，《财经》经过种种曲折，还是拿到了那份在市场中传闻已久但多数人尚未目睹的报告。

该报告由两份文件组成，主要内容是通过对国内10家基金管理公司旗下的22家证券投资基金在上海证券市场上大宗股票交易的汇总记录的跟踪，分析证券投资基金在市场上的操作行为。第一份题为《基金行为分析》，完成于1999年12月；第二份题为《基金风格及其评价》，完成于2000年5月。报告客观、详实地记载并分析了1999年8月9日至2000年4月28日期间证券投资基金的操作行为，大量违规、违法操作的事实昭然其中。

中国的基金业从20世纪90年代初起步，1992年至1993年出现"基金热"，曾发展到相当规模。在后来被称为"新基金"的证券投资基金问世前，中国已有基金78只、基金类凭证47只，总募集规模76亿元。这些基金被公认为规模较小而且运作不规范，市场上称"老基金"。

1997年11月，国务院发布《证券投资基金管理暂行办法》后，中国证券市场热情洋溢地迎来了"新基金时代"。1998年3月底，金泰、开元两只新基金正式问世，是为新时代之新起点。此后至年底，共有5只基金登场，6家基金管理公司相继成立。到1999年，被认为具有"稳定市场"之效的新基金更获得加速发展，5月有第二批5家基金问世，4家基金管理公司加盟；6月，由一家基金管理公司管理两只基金的"一拖二"办法开始实行，到年底便有9只基金诞生。

到1999年底，10家基金管理公司管理并上市的新基金总数达22家，其资产总值574.22亿元。2000年5月以来，又有9家老基金经过资产置换，加入了证券投资基金的队伍。目前，全国 31 家证券投资基金的发行规模已达 536 亿元（不含正在扩募中的 8 亿），净值总和为 769.14 亿元，在 A 股市场流通市值中的比重达到 11.34%，在证券市场上地位举足轻重。

证券投资基金早在正式推出之前，就被广泛地期待为市场上最重要的"健康力量"，投资者对其"稳定市场"之功能热望殷切。1998 年以来，每一批基金来到市场，无不承载着监管层的厚爱和舆论的褒扬，更被视为引入西方成熟市场经验、培育机构投资者的重要举措。一些公开的说法更称，基金以其相对稳健和守规的操作，对稳定市场发挥了重大作用。然而，事实真相究竟如何？2000 年以来，随着各项法律、法规的逐步健全和监管的加强，舆论开始出现对基金运作"有欠规范"的指摘，不少长于观风辨向的市场人士对于某些基金的违规违法行为也早生疑心。

当然，任何批评都抵不过事实本身的陈述。特别是依据大量数据调查进行定量分析的结果，才能够准确地描述出当前证券投资基金行为的真实状况，并为监管者树立正气、查处不法提供可靠的依据。从这个角度看，毕业于北京大学经济系的赵瑜纲所完成的报告，具有重要的积极意义。

证券市场理应"公开、公正、公平"，投资人有权知晓这份报告。我们不愿断然做结论，指称中国的证券投资基金（新基金）发展已经出现严重的路径失误；但我们相信，报告的公布会有助于监管层正视基金业尚存的制度性缺陷，并在加强监管、规范基金行为方面有更多作为，也有助于社会对于中国证券市场现状有更全面的了解，从而以更有效的合力推动市场向健康方向发展。

需要说明的是，这份报告主要记载了 22 家证券投资基金在上交所的交易状况，其跟踪研究期为 1999 年 8 月 9 日至 2000 年 4 月 28 日的 9 个月。报告执笔人在当时完稿时认为，因为这一期间沪市经历了一个"V"字形反转行情，并且已经突破了历史最高位，因此通过对基金在此阶段的行为分析，可以基本反映基金的操作风格。此外，因为在此期间沪市的走势要明显强于深市，而且在成交量上也占有一定优势，研究结果应该反映基金投资的一般特点。

当然，从那时至今已过数月，而且从 2000 年 5 月以来，市场上出现了 9 家老基金改制重生的证券投资基金。当我们对这一报告进行公开报道时，应当承认此间市场形势发生了一定的变化。另外，此报告主要系个人职务行为，虽然作者的职业素养值得尊重，但今后仍有必要安排较多专职人士共同研究，以求数据及结论更为可靠严谨。

考虑到报告用专业语言写就，若非精熟于 A 股市场的操作，许多业内术语未必全懂，《财经》特聘请资深专业评论家与本刊记者合作，以通晓流畅的方式进行解析式报道，以飨读者。

——编者

正 文

【1】"基金稳定市场"——一个未被证明的假设

中国的证券投资基金业的发展,还只有两年多的时间。该报告研究区间集中于1999年8月至2000年4月底。此间,我国有10家基金管理公司管理着22家规模较大的证券投资基金。作为报告的研究对象,这10家基金管理公司分别为博时公司、华安公司、嘉实公司、南方公司、华夏公司、长盛公司、鹏华公司、国泰公司、大成公司和富国公司;10家公司管理的基金分别为裕阳、裕隆、裕元(博时),安顺、安信(华安),泰和(嘉实),开元、天元(南方),兴和、兴华(华夏),同益、同盛(长盛),普惠、普丰(鹏华),金泰、金鑫(国泰),景宏、景福、景阳、景博(大成)和汉盛、汉兴(富国)。基金规模主要为30亿元、20亿元、15亿元和10亿元四种。

报告的作者指出,"发展证券投资基金,究竟为谁服务的问题,可能目前还不十分明确"。

这涉及基金的定位问题。新基金的各种说明书都说得明明白白,"基金是一种代客投资理财的工具";媒体上普遍出现的论点是,"基金要为稳定市场服务,是中国市场理性机构投资者的生力军"。

最初的逻辑是相当简单的,即认为随着市场扩容,资金的供给方出现了问题,而老百姓或一些保险公司虽然手上有钱,却因不会投资或没有时间而不敢或不能入市,因此应当把钱交给专家管理操作,这样供需就会平衡了,也就稳定了市场。

这种看法在一开始当然是符合实际的。两次研究都证实,证券投资基金刚入市时基本上有稳定市场的功效。

但是,当证券投资基金随着上市"老化"之后,其作用又如何?

报告将1999年8月9日到2000年4月28日的172个交易日具体划分为三个阶段,即1999年8月9日到1999年9月9日的盘整期,1999年9月10日到1999年12月27日的下跌期,以及1999年12月28日到2000年4月28日的上升期。

"在盘整期,除了新入市的基金天元以外,15只基金中基金泰和普丰没有交易,其余12只参与交易的基金4只净买入,8只净卖出,基金总体表现为净卖出,净卖出金额31018万元;在下跌期,除了新入市的4只基金外,16只参与交易的基金4只净买入,12只净卖出,基金总体表现为净买入,净买入金额为11262万元;在上升期,除了新入市的2只基金外,20只参与交易的基金5只净买入,15只净卖出,基金总体表现为净卖出,净卖出金额为421680万元。而从整个样本期来看,除了新入市的基金汉兴和基金景福外,20只基金中,7只为净买入,13只净卖出,基金总体表现为净卖出,净卖出金额为441436万元。"

接着,报告作了进一步分析。

作者指出,从基金总体减仓的情况看,无论在盘整期还是上升和下降期,"都有近三分之二的基金始终处于减仓阶段"。在三个阶段中均为净卖出的基金有 9 只,均是 1999 年上半年以前发行的基金,其减仓的主要原因可能在于:一是受到年终基金分红的现金压力;二是这些上年上市的基金仓位一直较重,尤其是一些基金的重仓股流动性较差,在年初的行情中借科技股走强大量减持重仓股票;三是部分基金对后市看法比较谨慎,特别是在沪市创历史新高后大量减持股票,例如基金兴和 4 月 12 日在沪市抛出股票市值 3.77 亿元,创下单日基金卖出股票金额最高纪录。三个阶段总体为净买入的基金有 9 只,除了基金普惠以外,均为新上市的基金。此外,在沪市的上升阶段,净买入的基金除了新上市的基金天元、汉兴、景福、景阳、景博、同盛和 1998 年上市的基金普惠等 7 只,其余 15 只基金均为净卖出,15 只基金的净卖出金额超过 65 亿元。

作者的结论是:"这表明了基金对后市的看法并不乐观。"

在分析基金交易的进度时,作者又指出,在 22 只基金中,除了新上市的基金景福和基金汉兴,样本总区间为净卖出的基金裕阳、裕隆、景宏、汉盛、泰和、同益、普丰、金泰、安信、安顺、兴和、兴华和开元 13 只基金中,主要减仓都发生在样本期间的第三阶段,即 1348 点到 1832 点之间。其中第三阶段减仓幅度相对最低的基金兴华也有 46%。这同样表明基金对后市的不乐观看法。

作者介绍说,在样本总区间为净买入的 7 只基金中,新上市的基金裕元、景博、景阳、金鑫和天元的建仓主要完成在第二阶段下跌期,对基金的业绩较为有利;基金同盛第二阶段完成了 41% 的建仓,相对并不十分有利;基金普惠在第三阶段增仓占整个样本期间净买入的 99%,这在 1998 年期间上市的诸基金中截然不同。

以上还只是"宏观"面上的统计。接下来,作者又对"中观"作了一番实证研究。他的方法,是研究上证指数涨跌幅较大的交易日(报告名之为"事件日")基金交易行为可能会对大盘产生的影响。由于研究期间包括上升和下跌两个阶段,作者确定上升期的涨跌幅在 40 点以上为事件日,下跌和盘整期的涨跌幅在 30 点以上为事件日。

经过研究,作者发现在盘整期和下跌期的事件日中,基金均为净卖出,尤其是涨跌幅 103 点的 9 月 9 日和涨幅 54 点的 10 月 27 日,参与交易基金的净卖出金额最高,分别为 17176 万元和 17448 万元;而在上扬 55.8 点的 8 月 19 日,参与卖出的基金在总数及交易额上都相对较少。他认为,这说明"9 月 9 日以前是盘整期,大多数基金对大势的走势判断还不明朗,而在 9 月 9 日以后,对大势判断趋于一致,认为在政策底部探明之前,大势基本不会好转"。

作者通过研究还发现,在 12 月 27 日之后的上升期,参与交易的基金家数明显增多,而且呈现出两个特点:一是新的基金入市对前 4 个事件日整体基金对大势的稳定作用至关重要。二是在扣除新的基金入市的影响后,上升期的 15 个事件日中,除了 2000 年 3 月 17 日和 3 月 27 日的上涨日,基金整体均为净卖出。这说明在大盘上升期,尤其在涨跌幅超过 40 点的事件日中,基金总体为净卖出,即一直处于减仓中;其中在 1 月 12 日净减仓净额超过 10 亿元,占当日沪市股票交易额的 6.6%,对当日沪市下跌起着一定推动作用。

很显然,定量分析的事实使我们看到,至少在 1999 年 8 月至 2000 年 4 月底的"样本期间",基金稳定市场的作用并不显著。相反,就总体而言,基金在大盘处于下跌期中,一般借高位反弹减仓;而上升期中,则一直处于显著的减仓过程中。

【2】"对倒"——制造虚假的成交量

或许,更长期的观察可以说明基金仍有稳定市场的作用。然而,从报告中进一步披露的证券投资基金减仓手法中,我们仍难以得出肯定性的结论。

众所周知,要将一种商品卖出去,必须有人来买。如果买家和卖家的需求和供给差不多,价格和交易行为都会十分稳定。可惜的是,市场经常会产生供不应求或求不应供的现象。当求不应供的时候,商家只能靠降价来吸引顾客,甚至不得不"大甩卖"。股票也是一种商品,被迫低价抛售股票亦即"割肉"。但是,由于"买涨不卖跌"的顾客心理,"割肉"也未必有人买,做鬼的办法就是自己做托。在证券市场上,这种做法被称为"对倒",系严重违法行为。

"对倒",自己买卖自己的股票,目的是制造虚假的成交量。过去股市中的一句格言:"只有成交量不会骗人。"因为价格比较容易操纵,如某只股票的开盘价、最高价、最低价和收盘价都较易由人来操控,但要操控成交量则较为困难。所以市场中人经常说"缩量"或"无量"上升下跌,意即成交量没有配合,会令人缺乏兴趣。而一旦价格变动与成交量同步,则会引起投资者——当然也包括投机者的注意,被认为某只股票的基本面发生了变化,而且流动性好,适宜参与。

现在的情形已经有了变化。因为自买自卖式的"对倒"发展起来,而一旦在对倒操纵下的虚假繁荣出现,其他投资人在盘面上很难识别。这是机构利用大额资金和持股量优势所采取的恶劣行为,在任何股市中都会被指为操纵市场甚至欺诈。这在我国的《证券法》中也有明确的界定和判断。

此外,按照 1999 年 12 月 25 日第九届全国人民代表大会常务委员会第十三次会议通过的《中华人民共和国刑法》(修正案)第一百八十二条的规定,这些行为属于操纵证券交易价格,获取不正当利益或者转嫁风险,应该处五年以下有期徒刑或者拘役,并处或者单处违法所得一倍以上五倍以下罚金。

令人遗憾的是,从这份报告的分析来看,大部分基金都发生了"对倒"行为。

在第一次研究中,作者就发现,从 1999 年 8 月 9 日到 12 月 3 日的 80 个交易日中,同一家基金管理公司管理多家基金进行同一只股票的同时增仓、减仓或有增有减所涉及的股票有 76 只,自身对倒的 7 只,基金间双向倒仓的 11 只。此外,经对参与交易的基金管理公司分析,博时基金管理公司和国泰基金管理公司存在较多的双向倒仓行为。这主要在于这两家公司在研究期间均有一只新的基金入市,可以通过"旧减新接"的方法减轻原有基金的仓位压力。而且因为博时管理的基金裕元规模较小,对倒主要集中在基金裕隆和裕阳之间,规模一般在十几万股到几十万股之间;国泰管理的金鑫规模较大,与金泰的对倒规模可高达日

300多万股,这主要体现在北京城建和爱建股份两只股票中。作者还指出,博时和大成管理的基金存在着较多的自身对倒行为,主要集中在这些基金的重仓品种中。

第二次研究从1999年12月3日扩展至2000年4月28日,其间基金共同减仓、增仓或有增有减涉及的股票140只。作者的分析表明:(1)2家以上(含2家)基金管理公司共同增仓或减仓的股票57只,其中基金参与配售的新股17只,除了2只新股,参与交易的基金均是在配售上市日抛出股票;基金重仓的科技股11只,重组概念股6只,其余主要是国企大盘股。(2)除了基金泰和,其余基金在17只新股配售上市当日均有减仓行为。(3)博时基金管理公司、南方基金管理公司、国泰基金管理公司管理的多家基金存在着较多的自身对倒行为,且品种主要集中在重仓股票中;嘉实基金管理公司没有对倒行为;其他6家基金管理公司均有自身对倒行为。(4)在本次研究期间,没有双向倒仓行为。

作者还将两次研究的结果进行了综合分析,发现:(1)从新股配售来看,除了基金泰和,其余基金一般在配售上市的首日或次日抛出配售新股;(2)除嘉实基金管理公司,其他基金管理公司都存在着一定的自身对倒行为;其中,博时、南方和国泰的自身对倒较为严重,对倒品种仍然集中在重仓股票中,例如博时的国脉通信、清华同方,南方的南京高科、东方通信,国泰的第一百货、爱建股份等,这对基金维持或提高净值有着重要作用;(3)同一家基金管理公司管理的多家基金存在明显的共同减仓或建仓行为,其中博时、南方和长盛基金管理公司涉及的股票家数较多,对于共同建仓的基金,对提高基金持股集中度、通过维持或提高重仓股票股价、提高或稳定基金净值有重要作用;(4)第二次研究没有发现双向倒仓行为,主要体现在新入市的汉兴和景福基金上,原因可能在于前次研究期间在大盘下跌期,仓位较重的老的基金压力较大;此次研究期间在大盘上升期,仓位较重的基金压力不大。

【3】"倒仓"——更能迷惑人的操纵行为

上述引用的报告中还有"倒仓"的概念,即甲、乙双方通过事先约定的价格、数量和时间,在市场上进行交易的行为。

由于这里所涉及的甲方、乙方是同一家管理公司的两只基金,也有自买自卖的意思,也称双向对倒。

事实上,倒仓在市场中时有发生。我们还可以宽泛地描述这样的现象,即使双方在价格、数量和时间上没有事先约定,由于对某只股票的价格空间有分歧,也可以出现甲方将手中持有的大量股票抛售给乙方的现象。

但是,这样"倒仓"对甲方而言经常是求之不得的事。因为做庄的人都知道,从收集筹码(股票)到将股价拉抬至高位,仅仅是完成任务的一半;最困难的事是如何将筹码抛给别人,最终变现。所以,市场上流传着许多故事:庄家糊里糊涂地吃进许多股票,却怎么也走不了,最后做庄做成了大股东,进了董事会。

所以,一家基金公司管理的两家基金相互倒仓,无疑解决了先上市的基金的流动问题,又不影响甚至可以提高净值,真是"得来全不费工夫"。我们需要观察的是,及至开放式基金出现,是不是会再将封闭式基金的大量股票倒给后者?

倒仓比对倒在市场上更容易让普遍投资者看不懂。既然要倒仓,股票交易一定放量,但股价的波动却不一定很大,投资者稍有动摇,也被倒出去了(因为倒仓的价位一般较高,大家疑为庄家出货)。

在第一次研究中,作者如是描述"倒仓"的交易特征:

"从股价的波动性分析,大规模百万股以上的倒仓中,虽然倒仓量占了当日交易量的较大比重,但股票价格的波动并不明显,均在2%以内。在自身对导(即对倒,为报告作者笔误,下不赘述——编者注)中,除少数交易清淡日外,大多交易日的对导净额占当日成交量的比重较小,对价格不产生显著影响。"

第一份研究中还描述了两家或两家以上同"字号"的基金如何"增仓"和"减仓":

"在增仓的行为中,主要有两种方式:一是以一家基金为主,其他基金进行辅助建仓,在大成和博时管理的基金中较为多见;一是两家基金建仓总量差异不大,有的只是小规模买入,有的共同持仓筹码较高。而在交易行为中,一种是一家基金进行个股的经常性买卖,一家基金进行时机性买卖,如防止深幅下跌或波动性过大的时机性买卖,在博时的基金中相对较多;一种是一家基金先大规模买入,完成建仓后,多家基金再间断性小规模买入,在大成管理的基金中相对较多。在共同减仓的行为中,主要是多家同时较大规模的减仓较为多见。"

【4】"独立性"———一个摇摇欲坠的幻觉

从对倒到倒仓,乍一看都是为了基金投资人的利益。不过,当倒仓行为频繁出现时,人们不可能不会想到,这种倒仓不仅可以发生在同一公司的两只基金之间,也可在更大范围实现利益目的。这就牵涉到了基金的定位。

作者在论述基金的定位时,认为"如果基金发展为股东或发起人服务,那么基金的独立性就很成问题。非理性操作例如高位'接仓'等就会损害投资者的利益"。

这里已经在对基金的机制发问。当年第一批基金成立时,市场上就曾质疑其是否会迎合股东或发起人而出现倒仓行为,现在作者提出了同样的疑问。

他还指出,保持基金的独立性是衡量维护投资者利益的重要标准。由于我国的证券投资基金多是由证券公司发起,其独立性相对较差,不同程度地存在着与其发起人共同建仓的行为。其中,南方管理公司的基金天元和开元的独立性较差,在南京高科、飞乐股份、江苏工艺等重仓股上,与其发起人南方证券存在着共同建仓行为;博时基金管理公司管理的基金独立性也较差,与第一食品等存在着共同建仓行为;国泰管理公司、长盛管理公司、华夏管理公司、大成管理公司的独立性相对较差;华安管理公司、嘉实管理公司、鹏华管理公司的独立性较好;富国管理公司的汉兴和汉盛在泰山旅游上存在着高位买入股票,其独立性也较差。

虽然在研究期间并未发现基金与股东或发起人相互倒仓的直接事例,但从两者共同建仓的合作关系看,从基金双向倒仓时的肆无忌惮看,人们很难相信在机制上并未独立运作的基金与其股东和发起人之间没有更严重的违法联手做庄行为。特别是我国证券投资基金几乎都是以证券公司为母体,基金与发起人关系过分密切,公司决策人员主要来自大券商高层,交易经理大多来自券商自营盘的操作人员。

有人形象地将基金管理公司比喻成大券商的"资产管理二部",事实上这是并不过分的。对基金持有人造成损害的,可能是关联交易和内部人交易;但由于基金经理的权利和责任不对称,倒仓还可能以更恶劣的方式发生。

《财经》记者在采访中获悉,证券投资基金在一只股票股价高位接盘的情形在市场上并不鲜见。一个场景在市场口口相传:在热气腾腾的桑拿浴房中,谈判的双方"坦诚相见",没有录音或者泄密的可能,希望基金接盘的机构开出价码,"每接我一股,我给你个人一块钱"。

据说,基金高位接盘的市场行情是:每股一元起,甚至有每股十元的情形。全部现金,支付给个人,不用任何单据与签字。不少拥有巨额资金使用权的基金经理都有机会接到这类约会的电话和来访。

从理论上讲,"投资基金三角"——持有人、管理人、托管人之间是靠基金契约来调整各自的权利义务关系的——持有人持有基金资产,管理人管理和运用基金资产,托管人托管基金资产,它们的背后分别体现着所有权、经营权和保管监督权。

但是,由于基金持有人高度分散,有的基金达五六十万人,召开持有人大会的成本及难度均很大,重要事项审议所需要的50%以上表决权很难凑齐,因此持有人对基金管理公司实际上较少监督与制约;而国有商业银行作为托管人,基本上是"无为而治"的态度,地位超脱,监督不多。

由于制度方面的因素,基金运作的内部监控和外部监控都远远达不到应有的力度。其实倒仓早已在众多投资者的意料之中;见怪不怪,这才是证券投资基金真正的悲哀。

【5】"净值游戏"——不仅仅是表面的欺瞒

从上述分析中我们还可以看到,基金为了互相攀比,采取对倒、倒仓等手段将股价做高,提高自己管理的基金净值。这是否能够得出结论,为净值而对倒的仅仅是在"表面"上欺瞒投资者呢?问题不那么简单。

第一,目前基金都是封闭式基金,以对倒来提高净值,似乎只能说是"徒慕虚荣"。但今后一旦管理开放式基金,由于其规模随业绩的好坏而增减,如果继续以此手法提高业绩,就与上市公司做假账虚增业绩、吸引投资者如出一辙。

第二,表面上提高净值,最后的客观结果还是为了方便出货。很多人有一个误解,以为股价在高位下跌且无量,就把庄家也给套住了。其实,在很多情况下并非如此。因为如果庄家在上升的阶段反复洗盘,亦即经常高抛低吸,作阶段性的赢利,而且时间足够长,到了最后,它的成本已经极低。此时,即使股价暴跌,它仍有一倍甚至几倍的利润。

这样,若股价跌了1/3,很多投资者以为可以抢反弹了,庄家就可以把股票卖给他们;若股价又跌了1/2,更多的人以为见底了,又进去了,庄家再把股票卖给他们。最后,庄家仍大有斩获。

其实,这种利用"高价幻觉"的手法至少在1929年前的美国股市中就已经出现,并被当时的投机者记录下来。

由于除了嘉实基金管理公司,其余9家基金管理公司都管理着2家以上的基金,市场人士通过各种迹象早就在推测,同样"字头"的基金极有可能发生倒仓行为,只是没有确切证据,更不知道数量有多少。此次专题研究披露了有价值的信息,证实了识者的估计。

另外,市场上对基金获得的种种配售优惠的非议也并非没有道理。报告中指出,基金大多是在配售股上市日即抛出。这么简单的一级、二级市场套利行为,并不需要理财专家的慧眼。将对倒直接用于提高净值是基金特有的做法。过去的庄家或机构由于没必要公布自己的经营业绩,所以一般不会这样做。然而,由于股票质押贷款的合法出现,机构质押的股票市值与质押的款项的数量成正比。如不严加监控,庄家机构极有可能出现类似基金为净值而进行的对倒行为。

【6】"投资组合公告"——信息误导愈演愈烈

《证券投资基金管理暂行办法》实施准则第五条证券投资基金信息披露指引中规定,基金管理人应当在每个基金会计年度结束后90日内编制完成年度报告;于每个会计年度的前6个月结束后60日内编制完成中期报告;投资组合公告每季度公布一次,应在公告截止日后15个工作日内公告。

在这90、60、15日的工作期内,没有法规限制投资基金的仓位不准变化,也没有法规要求这种变化应该进行公告。于是,在投资基金进行公告的日子里,投资者看到的证券投资基金公告中持有股票的信息并不是"现在时"或者"现在进行时",很可能已经变成了"过去时"。但和许多猜想一样,"事出有因,查无实据",我们难以知道基金在"现在时"变为"过去时"的日子里,特别是季度投资组合公布的15天时间差中,究竟干了些什么。

根据目前读到的基金行为研究报告,可以获知基金在公告前的15天中作为多多,其持仓情况已有很大改变。这种"失真率"有日益扩大的趋势,而且极易在市场上造成信息误导。

作者在第一次研究中以1999年9月30日基金在沪市的重仓股为例,发现在公告基准日到公告日期间,76家基金重仓股中,存在着明显减仓或增仓(同公告日重仓金额相比在5%以上的)的股票18家,占全部样本的24%。因此可以说,基金公告日存在着20%左右的信息误导效应。

在第二次研究中,作者增加了对1999年12月31日和2000年3月31日两次基金投资组合中重仓股的信息披露研究,而整体期间包括了大盘的上升和下跌期间,因此更具有说服力。研究显示,基金在公告基准日到公告日显著增减仓样本占沪市重仓样本的比例,按照时间先后顺序依次为15%、34%和32%;而基金在公告基准日到公告日后11个交易日内显著减仓样本占沪市重仓样本的比例,按照时间先后顺序依次为24%、56%和34%。

研究把公告基准日到公告日之间的信息误导定义为狭义的信息误导,把公告基准日到公告日后 11 个交易日内的信息误导定义为广义的信息误导,发现狭义基金信息误导有加重的趋势。1999 年 9 月 30 日有 15％的样本在公告日前已经发生显著增减仓行为,而在随后的两次公告中,显著增减仓的样本比例上升到 30％以上;从时间序列看,基金利用公布投资组合的时机增减仓,越来越侧重在公告日前增仓或减仓,例如在 1999 年 12 月 31 日和 2000 年 3 月 31 日连续公告投资组合的基金重仓样本中,在公告前发生减仓或增仓的样本与公告日后 11 个交易上内减仓或增仓的样本之比,前者为 38∶54,后者为 52∶16。

进而观察基金管理公司,研究又告诉人们,在三次公布投资组合的基金中,嘉实基金管理的基金泰和信息披露没有误导性,国泰管理的基金金泰和金鑫、南方管理的开元、华夏管理的基金兴华和兴和、博时管理的基金裕隆和裕阳、富国管理的基金汉盛,其信息披露的误导性最强;鹏华管理的普惠和普丰、长盛管理的同益、大成管理的景宏、华安管理的安顺和安信,其信息披露的误导性相对较弱。

有人也许会认为,这是基金在合理利用"规则"。我们认为,至少有必要让投资者了解基金在如何利用"规则"。以后投资者们要各自小心,千万别轻信"基金是理财专家,所以它们的长期投资或看好的股票是值得理性投资的"的论调了。

无论如何,报告作者有关将 15 个工作日改为 5 个工作日的建议,是值得中国证监会的有关部门采纳的。

就信息披露一项而言,在该报告作者进行研究之后,市场的监管制度又有所更新。2000 年 5 月,中国证监会发布《证券投资基金信息披露指引》补充通知。该通知规定,基金中报、年报需列示按市值占基金资产净值比例大小排序的所有股票明细,至少应当包括股票名称、数量、市值、占基金资产净值之比;基金需列示报告期内新增及剔除的所有股票明细,至少应当包括股票名称、数量。

然而,政策刚刚下发,对策已经产生。厦门联合信托投资公司的胡立峰对此颇有研究,这又证实了基金行为研究报告的作者所揭示的相关问题具有某种根本性。

胡立峰仔细研究了 26 家证券投资基金按新规定所公布的 2000 年中报后发现,证券投资基金信息披露上最大的问题,在于"报告期内新增及剔除的所有股票明细"。

在各只基金的中报中,对此项的界定与解释是(有的基金未解释):本期新增股票包括股票期初为零、期末有余额,买入卖出数量为报告期内累计买入卖出总量;本期剔除的股票为期初有余额、期末为零的股票或期初和期末都为零,但本报告期内有买卖的股票;买入卖出数量为报告期内累计买入卖出数量。显然,各基金的"新增与剔除股票"与持有人及市场想要的基金股票增减变动信息有很大区别。

胡立峰举出了非常方便的操作手法:如果一只基金期初持有 A 股票 1000 万股,报告期期末余额 1 万股,但在这次中报中却不必披露累计买入卖出数量。因为这只股票不属于新增或者删除的股票。"如果所有的基金都很'聪明',虽然大规模甚至完全出货,但只要期末象征性持有 100 股,就可以'逃避'信息披露,尤其是关键性的重仓股可以'逃避'披露。"

一个简单的例子可以说明这一点。据胡立峰介绍,基金裕阳就没有披露风华高科、乐凯胶片、清华同方、电广传媒、东方钽业、东大阿派在报告期内的累计成交量。因为这 6 只个股期初、期末均有余额,于是就可以不必披露了。而报告期间,风华高科有增发新股、乐凯胶片 10 转增 5、清华同方 10 转增 4、东大阿派 10 转增 3,裕阳持股均有重大变动。这 6 只重仓股的市值高达 12 亿元之多,期间可能创造了巨大的滚动成交量。

按新《刑法》第一百八十一条规定:"编造并且传播影响证券、期货交易的虚假信息,扰乱证券、期货交易市场,造成严重后果的,处五年以下有期徒刑或者拘役,并处或者单处一万元以上十万元以下罚金。"

虽然上述种种信息误导行为没有直接构成犯法,但至少涉嫌"传播影响证券交易的虚假信息"。然而,证券市场中人在这方面很少感受到法制的威严,所以,政策总有对策,道高一尺,魔高一丈。

后记:庄家之变

我们的解析只针对这份报告中对市场影响最为严重的部分,报告对基金行为的分析远比此处披露的更为详尽。由于报告作者所拥有的数据资源优势以及令人惊叹的认真,使得此次对于基金行为的研究,成为中国股市 10 年来第一份对机构的交易行为有确切叙述的报告。它使得市场中流传各种的机构交易行为的说法和富有想象力的臆测黯然失色,并将成为后来人研究世纪之交的中国股市状态的历史文献。

中国股市自产生之初就有了"庄家"这个名词。但那时的"庄家"力量还很薄弱,资金实力也不够,所以有所谓"股票齐涨齐跌"。后来有一个股票叫"界龙"的,很牛。牛在哪儿呢?它在大市低迷时连拉了三十几根阳线,也就是说连涨了三十几天,走出"独立行情",庄家本色尽显。当时的证券公司也比较小心,最典型的是申银。市场上流传过这么一种说法,说是申银做股票赚个几毛钱就跑,所以总经理阚治东被戏称为"阚二毛"(二毛钱)。外地的机构最牛的则是辽国发。

1994 年和 1995 年,上交所开辟了第二战场——国债期货,为了让市场成功,自己做了"庄家",于是机构也胆大了,结果海通证券首先出局,接着是万国证券与辽国发。这是机构与机构的对决,对决的结果是国债期货市场关闭,宣告了上海地方证券公司势力的终结。

1996 年,深圳的证券公司卧薪尝胆,终于雄起。上海见深圳指数这么涨,也急了。于是,两地各自"做庄",大对决。最后到当年 12 月《人民日报》特约评论员文章一出,罢了。当时的申银万国和海通证券负责人随之去职。1998 年,最有市场影响力的深圳君安证券也开始谢幕。

但是,证券公司庄家们并未就此蛰伏,只是手法更显"高明"。在庄家眼中,证券投资基金未始不能被利用为做庄程序之一环。此次《财经》披露出证据的诸多证券投资基金,也颇多庄家气了——庄家不会消失,它们只是前赴后继。

于是,有两点建议:

第一,"超常规地发展机构投资者"的说法不谨慎,很容易(其实已经在)被利用。"超常规"意味着你可以超常规我也可以超常规。回想国债期货市场,上交所的超常规带来了辽国发的超常规,带来了更多有权势机构的超常规,其中教训值得总结。而且,凭什么说只要是机构力量就一定是积极的、稳定的?光举国外的事例不行,中国的情况很不一样,应该拿些国内的调查和证据来佐证或再做结论。

第二,市场的泡沫不可怕,可怕的是系统性的泡沫。市场的泡沫不可避免,市场不可能永远那么理性,但调整一下,就可以恢复健康了。1987 年美国股灾乃至世界性的股灾,一会儿就过去了,就是这个道理。但还有一种泡沫就可怕了。只要想一想南海泡沫、郁金香泡沫和美国三十年代的股市崩溃究竟是怎么回事,看看描述这些股灾的历史,就应当明白,它们已经将上上下下都牵进去了。当时投资者也没有这么傻,只是他们有一天觉得系统的"信用"已足以抵消一切市场的风险时,才那么奋不顾身的。

是为后记。

(《财经》杂志 2000 年 10 月 5 日)

报道背景

1991 年 10 月,经中国人民银行武汉分行和深圳南山区政府分别批准,"武汉证券投资基金"和"深圳南山风险投资基金"宣告成立,标志着我国基金业的正式起步。此后,陆续成立了许多投资基金。截至 1997 年底,全国共有投资基金近 80 只,募集资金 60 多亿元。这个时期的基金都属于封闭式契约型,规模较小,投资方向杂乱,很多以实业投资为主,并不是真正意义上的证券投资基金,市场上称为"老基金"。1999 年以后,这批老基金都进行了清理整顿,大部分改制为新的规范运作的证券投资基金。

1997 年 11 月 14 日,国务院颁布了《证券投资基金管理暂行办法》,为证券投资基金的规范发展建立了法律基础,中国证券市场迎来了"新基金时代"。1998 年 3 月底,基金金泰和基金开元两只封闭式证券投资基金问世,拉开了"新基金"的大幕。至 1999 年底,10 家基金管理公司管理的 22 只基金上市。这批证券投资基金早在正式推出之前,就承载着监管层的厚爱和舆论的殷望,被视为稳定证券市场的健康力量。市场上公开的观点认为基金因其相对规范和稳健的操作,对稳定证券市场发挥了重要作用。

事实是否如此？2000年6月以来，嘉实"地震"、成思危对证券投资基金违规操作的批评以及中国社科院王国刚博士的《四问证券投资基金》被媒体公开报道后，基金的负面作用与违规操作引起社会的关注，引发了投资者对证券投资基金的质疑。

《财经》记者获悉上证所监察部职员赵瑜刚撰写了对证券投资基金进行跟踪研究的报告。该报告分为《基金行为分析》和《基金风格及其评价》两份。《财经》记者辗转获取了这两份报告，对报告进行了解析式报道。

报道内容分析

《基金黑幕》一文对中国证券市场10年来第一次详细描述机构交易行为的报告进行了解析。

《基金黑幕》全文分为三大部分：前言、正文和后记。

前言部分主要介绍了文章刊发的背景。

正文部分是全文的核心部分。通过对赵瑜刚两份调研报告的解析，揭露了证券基金存在大量违规、违法操作的事实，得出了六大结论："基金稳定市场"是一个未被证明的假设、基金"对倒"制造虚假的成交量、利用"倒仓"操纵市场、基金的"独立性"很成问题、"净值游戏"不仅仅是表面的欺瞒和"投资组合公告"的信息误导愈演愈烈。

后记部分对正文解析部分做了简要的说明，提出关于证券市场发展的两点建议。

特 色

《基金黑幕》是一篇典型的解析性财经报道，充分体现了《财经》杂志"独立、独家、独到"的办刊理念。

独立的立场。《基金黑幕》曝光了基金操作中的违规、违法现象，矛头直指中国几乎所有的基金管理公司，彰显了《财经》杂志独立的立场和《财经》记者勇于追求事实真相的职业精神。面对该报道带来压力、指责甚至谩骂，《财经》杂志同仁表现了特有的韧性和无畏的勇气，时任主编胡舒立发表了《批评权、知情权和新基金使命》一文，宣称："媒体的批评权与公众的知情权作为公开性的保证，其重要地位必然地优于市场上某一利益集团自赋的或他赋的'历史使命'。"

独家的报道。独家报道是《财经》杂志的核心竞争力之一。独家报道因其特殊的新闻价值，历来是记者追逐的目标，媒体竞争的重要手段。在信息传播高度发达，新闻资源日益同源化的今天，获取和采写独家新闻的难度日益增大，也越来越具有挑战性。从《基金黑幕》一文可以看出，敏锐的新闻触觉、执著的新闻精神和广泛的人脉资源是《财经》杂志能够刊发《基金黑幕》这篇独家报道的关键。

独到的见解。独到的见解是成就新闻报道深度和影响力的重要因素。《基金黑幕》一文以精确翔实的第一手资料得出了和人们固有观念相反的结论,改变了公众关于新基金的看法,引发了股市大讨论。

报道的影响力

《基金黑幕》一文发表后,引起了一场轩然大波,触发了持续一年多的股市大讨论和监管当局一系列严厉措施的出台。

2003 年本文被收入《财经》杂志丛书之《基金与黑幕》,2009 年终本文被《南方周末》选入《传媒致敬:十年十文》。

相关知识链接

基金(Fund)有广义和狭义之分,从广义上说,基金是机构投资者的统称,包括信托投资基金、单位信托基金、公积金、保险基金、退休基金,各种基金会的基金。在现有的证券市场上的基金,包括封闭式基金和开放式基金,具有收益性功能和增值潜能的特点。从会计角度透析,基金是一个狭义的概念,意指具有特定目的和用途的资金。因为政府和事业单位的出资者不要求投资回报和投资收回,但要求按法律规定或出资者的意愿把资金用在指定的用途上,而形成了基金。

大事记

2000 年 6 月 12 日,嘉实基金管理公司根据总经理洪磊提议,提请中国证监会审查公司董事王少华的任职资格。6 月 15 日,王少华获董事长马庆泉授权召开董事会,通过了罢免总经理洪磊的决议。

2000 年 6 月 22 日,在全国人大关于《投资基金法》起草工作会议上,全国人大常委会副委员长成思危指出,"目前我国证券投资基金有一种不好的倾向,就是几家基金联合操纵几只股票,最后把老百姓给套牢。"

2000 年 8 月 14 日,中国社会科学院王国刚博士在《中国证券报》发表《四问证券投资基金》。

2000 年 10 月 5 日,《财经》杂志发表《基金黑幕》。

2000 年 10 月 15 日,十家基金管理公司在《中国证券报》等媒体发表《严正声明》,称《基金黑幕》一文"对基金的交易行为的判断与事实严重不符"。

2000 年 10 月 17 日,《财经》编辑部在《中国证券报》等媒体发表《〈财经〉杂志声明》,声明"本刊始终以客观、公正的报道作为事业追求准则","本刊认为,对于证券投资基金及其他市场发展热点问题的不同观点和建议都可以有充分的表达机会"。

2000 年 10 月 29 日,著名经济学家吴敬琏接受了中央电视台《经济半小时》独家专访,对证券市场上的基金黑幕进行了尖锐的批评,并对市场的监管力度提出了质疑。

2000 年 11 月 24 日,中国证监会新闻发言人就保护投资者利益问题发表了谈话,表示 11 月初集中核查涉及操纵市场、内幕交易、虚假陈述等案件。深交所公司管理部发出《关于进一步规范上市公司信息披露行为的通知》。

2000 年 11 月 27 日,中国证监会颁布关于《证券经营机构高级管理人员任职资格管理暂行办法》。

2001 年 1 月 12 日,吴敬琏再次接受了《经济半小时》的专访,将中国股市比喻成"赌场"。

延伸阅读 ······

中国社科院金融研究中心"投资基金"课题组:《四问证券投资基金》,《中国证券报》,2000 年 8 月 14 日

十大基金管理公司(大成、富国、南方、华夏、长盛、鹏华、博时、国泰、华安、嘉实):《严正声明》,《中国证券报》,2000 年 10 月 15 日

财经编辑部:《〈财经〉杂志声明》,《中国证券报》,2000 年 10 月 17 日

陈涛:《吴敬琏:股市不能太"黑"》,《南方周末》,2001 年 11 月 2 日

张志雄:《股市忧思录》,《财经》,2001 年 1 月号

中国证监会:《关于基金异常交易行为的调查结果》,中国证监会网站,2001 年 3 月 23 日

胡舒立:《事实胜于雄辩 是非终有分明》,《财经》,2001 年 4 月号

兰州证券黑市狂洗"股民"

王　宏　王克勤

免费的午餐　悲惨的股民

世界上真有免费的午餐吗？有,但好吃难消化。

在兰州,几乎所有的证券黑市都为不明就里的客户热情地提供每天一顿的免费午餐,而且为客户提供 4 倍乃至 9 倍于本金的"融资",即"借钱"让客户炒股;合法交易大厅里只能是散户的投资者在这里还能享受到大户的待遇,每人一台电脑,不受干扰;黑市还能为客户提供所谓"消息股",声称可以让客户年受益达 30%～80%,甚至更多。

在如此优越的条件下,许多在合法股市里的投资人被经纪人"CALL"到这里,吃着每天一顿的免费午餐开始"炒股"。但是,不久,就有越来越多的人发现,在这里做股票,只有一个结局——亏损。客户买的"消息股"从一上手就开始烂;自己没有融资,但账上却显示欠了公司的一大笔钱且全买了不知何时吃进的股票;自己不想买的股票,经纪人却自作主张大数目吃进;这里的电脑在股市行情看好时,不是停电,就是死机,或者出现系统紊乱,客户想买的股票总是无法到手;股票下跌时,客户永远无法及时抛出股票,直到造成巨额亏损,公司才以保全公司资金为由,为客户强行"平仓"。

"股民"李晶华,在兰州力鑫经济信息咨询服务有限公司炒股不到四个月的时间里,免费午餐就使她将自己全家多年积存及多方求借的 94000 元亏得只剩 3000 元,在无法向亲友交代的情况下,1999 年 8 月,风景如画的黄河之畔,李老太太绝望地走向了河水深处。

由于不明就里的儿子在证券黑市做了经纪人,徐作刚将老两口一辈子积下的辛苦钱及借来的 25 万元共计 39 万元全押在了儿子工作的"融兴公司"。结果在几个月之间就被洗得只剩下 2000 元。当发现这是一场骗局之后,徐作刚的老伴疯了——整天光着脚在寒风中走来走去。

在兰州融兴信息咨询有限公司租借的大桥饭店,曾有"破产"的"股民"从楼上坠楼身亡——证券黑市的免费午餐,不知道使兰州多少个家庭倾家荡产,甚至妻离子散,家破人亡!

经纪人痛陈黑市内幕

根据记者调查的情况看来,仅"华信公司"2000年就"洗"了1000万元至2000万元,而在兰州,近20家这样的公司"洗"了多少钱?四五年来,兰州的证券黑市究竟"洗"了多少钱?被兰州证券交易黑市"洗"光了的老百姓到底还有多少?!

2001年1月1日,记者通过种种方式,终于与一位甘肃华信投资咨询有限公司的经纪人接上了头,在向其保证不披露真实姓名的情况下,这位经纪人决定向记者披露华信诈骗内幕。他说:"你们一定要替我保守秘密,太黑了! 不然——"

以下是这位经纪人的叙述:

每年3—4月份,股市行情看涨,经纪人拉来客户后,公司要求他们最少也要在5万元以上才能开户,而有无股东卡并不重要,但是必须填写家庭住址、成员组成等情况。所有从正规交易所来的股民都要割肉之后才能到华信公司,股票不能转户,华信要我们解释是因为华信借的"机构账户",其实这是子虚乌有。

开户之后,公司给"股民"一个账号和一个招商银行的"一卡通",这个卡上并没有一分钱。然后,公司开始封仓操作,并要求经纪人尽量与"股民"签订全权委托交易协议书,并规定每次交易都不能少于1000股。之后,公司便以工资待遇等诱导经纪人开始恶意炒作。

他们的方法归纳起来就是:频繁交易、追涨杀跌、鼓动融资、深度套牢、强行平仓。当强行平仓之后,"股民"的实有资金因所买股票下跌已经"亏损",再与"股民"融资数额(实际上只是公司在"股民"账户上加的虚数字)相平,"股民"的资金就顺理成章地被"洗"进了他们的腰包。

到了10月份,这些人就被"洗"得差不多了,各种投诉也引起工商部门和证监会的关注并开始检查,这时公司便会很认真地告诉"股民":遵照上级指示,公司开始停业自纠,请广大股民赶快清仓。许多人在"洗白"之后就这样被清走了。

到了第二年,公司便会重新更换法人代表、重新注册公司名称、另搬一个地方开始新一轮的诈骗。又会有许多新的"股民"被他们以同样的手法堂而皇之地洗白。

证券黑市疑点多多

根据中国证监会兰州特派办的调查和甘肃省、兰州市工商局平时接受投诉的举报记录,在兰州,2000年至今还有甘肃华信投资咨询有限公司、兰州力鑫经济信息咨询有限公司、兰州信达经济信息咨询有限公司、万维达经济咨询有限公司、华陇财经、甘肃中亚财经有限公司、国泰财经有限公司等近20家非法证券交易场所。

记者重点调查了华信、力鑫、金业等几家非法股票交易场所,发现这里纯粹是黑市诈骗。

这些公司均选择偏僻地带或者高层写字楼内的出租房作为营业场所,利用几十台租来的电脑,通过卫星接收器、互联网或者有线电视接收股市行情信息,建成一个模拟的股票交易系统,采用空买空卖的手法欺骗"股民","股民"的资金从入账之后实际上就已经进了他们的腰包,根本就没有进入深市或者沪市。通过调查,记者发现了大量疑点:

一、这些公司没有中国证监会颁发的"证券经营许可证"。

二、在这些公司的营业执照注明的经营范围中,根本就没有证券经营或者证券代理项目。

三、这些公司根本就没有股票交易席位号。

四、在这里炒股,居然不用股东卡。

五、这些公司的交易系统纯粹是一个模拟的交易系统,根本就没有与深沪两市联网。据受害股民田国忠反映,甘肃金业商贸有限公司的交易系统就由距该公司50米外的一栋二层楼上的一间暗室控制。

六、这些公司均为"股民"提供1:4乃至1:9的融资,而实际上,"股民"根本见不到现金,所谓融资只是在"股民"的账号上加了一串数字而已,为合理洗钱埋下伏笔。而正规的股票交易机构是绝对不允许融资的。

七、私自制定风险值指标。当"股民"融资并且所买股票下跌后,其风险值便急剧下降,当"股民"风险值低于20%或者融资日期满10天后,公司便对"股民"强行平仓,洗钱阴谋由此得逞。

记者调查发现,这些公司往往每年都要更换一次法人代表、企业名称和办公地点。华信原来叫做"国泰",在甘霖大厦9楼,法人代表为臧国成,主要工作人员为王福有,当时就有80多人在炒股;次年,公司改为"中亚",搬到了金穗大厦,法人代表还是臧国成;之后,公司又搬到了兰州市二建大厦,改称"华信"。"金业公司"的前身为"惠康公司",而这个"惠康公司"是由"万鹏信息咨询有限公司"、"振坤"、"朝阳"等演变而来的。

背后还有"黑"势力

据记者调查与暗访,发现一些非法证券交易场所的确有着相当复杂的社会背景,在政府和一些相关部门,这些公司几乎无一例外地都有所谓的"关系"。这些背景和关系便是这些公司的保护伞。在一些由各部门联合组织的检查中,往往是行动还未开始,对方早已以各种理由将"股民"劝离,留下一层空楼,连电脑都搬得一台不留;待到检查人员行动一结束,这个公司便会迅速地重新开张。

另外,这些公司背后还有"黑"势力撑腰。1999年6月23日,甘肃省工商行政管理局公平交易处与证监部门对涉嫌诈骗的兰州新兰天投资咨询有限公司进行检查时,该公司两名负责人秦立东、李建宾仓皇携款潜逃。7月2日,受害投资人将秦、李二人团团围住追讨损失时,竟有约 20 至 30 名不明身份的人,身带手枪,手持刀子、铁棍闯入该公司将秦、李二人"保驾"护送走,去向不明。

2000 年 11 月 24 日下午 3 点,数十名被华信公司"洗白"了的"股民"在甘肃省人民政府大门口聚集上访时,突然来了十多位身着清一色黑色紧袖衫的男青年,对上访群众大打出手。报警后,这伙人不敢恋战,仓皇逃跑时,其中一人与前来解救同伙的另一青年被愤怒的"股民"当场抓获,并扭送到了公安部门。光天化日之下,什么人竟敢在省政府大门口公然行凶?

据了解,华信公司法人代表闫鹏山只是一个傀儡,后台大老板坐的是武警牌照的车,有一大批的保镖,这些人有经过特殊训练的保安队,有微冲、钢丝鞭等武器,但轻易不会出动。

华信绝对不许经纪人向外透露公司机密,并扬言谁要是产生重大问题,便要抄谁的老家。许多经纪人已经被华信公司套住,身不由己,而且已经有一个经纪人失踪多天了。

证监、工商部门无能为力

证监部门对非法证券机构束手无策,工商部门最严厉的查处手段莫过于认定其为超范围经营并予以罚款或查封。不料,查封之日,便是诈骗者阴谋得逞之时——政府面对证券黑市缘何如此软弱无力!

根据《中华人民共和国证券法》第一百七十八条规定:"非法开设证券交易场所的,由证券监督管理机构予以取缔……"但是,在实际上,由于没有必要的手段,证监会能管得了合法机构,但却管不了非法机构。

而工商部门只要一查封,这些公司就会借机将"股民"割肉甩出,携款潜逃,踪影全无。到了次年,他们又会注册一个新的公司来行骗。所以工商部门面对这些公司已经出现了不适应的情况,最厉害的处罚手段——查封——实际上无形中给诈骗者帮了忙。

所以,面对此类案件,工商部门轻易不敢查封,只有向公安部门移交。但公安部门往往认为证据不足,让工商局继续调查取证。工商部门执法手段极为有限,有些证据非得公安取证才行。

记者了解到,只要公安部门不出动,这些证券黑市的诈骗者就希望工商及证监部门来检查。因为是一年注册一个公司,三四月份"CALL"来的"股民"到了八九月份就也被洗得差不多了。这些公司做业务还真像农民种庄稼,春天播下种子,到了秋天,便将股民们像庄稼一样割得干干净净,榨得颗粒不剩,然后放一把火烧了秸秆,从头再来。

公安不出黑手难断

有专家针对此类现象提醒社会,警惕黑社会势力利用经济转型时期市场与法制不完善的空当与越来越多的官员腐败借机非法打造经济势力,进而酝酿政治要求!而在兰州,记者通过调查了解到,这些证券黑市也只有那么几个人在幕后操纵着,掠来的钱财都被他们一转身又以合法的身份投到了其他产业,主要是房地产之上。有人借此发家之后,已经成为了兰州乃至西北商界的名流——他们的关系已经盘根错节地伸展到了政界的各个角落。

近几年来,甘肃省政府已经认识到社会上的证券黑市利用模拟交易、虚假融资、反向操作等非法手段大量侵吞入场交易者资金的恶性事件,已经成为社会的一大经济公害,严重地干扰了正常的经济秩序,破坏了社会稳定。为打击非法证券、期货交易活动,甘肃省人民政府办公厅甘政发〔2000〕5 号文件对各部门联合打击非法证券、期货交易做了要求。文件指出:"对非法开设证券、期货交易场所,没有通过合法证券、期货营业部正常入市交易,采用假融资、对赌、对冲等手段诈骗投资者的机构,由公安部门牵头,证券监管、工商部门配合查处和取缔。"这就说明,甘肃省人民政府已经指定由公安部门牵头打击证券黑市的诈骗行为。但是,公安部门的牵头作用却没有体现出来。

据记者了解,近一两年来,证监会与甘肃省工商行政管理局多次向甘肃省公安部门移交了非法证券机构涉嫌诈骗的案件,但是,最终都在兰州市公安局卡了壳。记者曾先后两次到兰州市公安局就此类事件进行采访,都被对方以不能违反公安部门新闻发布纪律为由予以委婉谢绝。

"力鑫公司"进行非法证券交易活动被受害股民举报之后,工商部门对其进行检查之后认为,该公司已涉嫌诈骗,责令其停止非法活动,并于 2000 年 3 月 26 日将其案卷移交甘肃省公安厅,请求公安机关立案查处。甘肃省公安厅二处立即批示兰州市公安局二处进行调查,但至今,"力鑫公司"依然逍遥法外。

"华信公司"由"国泰"、"中亚"脱胎而来,三四年间,诈骗"股民"900 余人,有不知不觉中被他们连续洗了两三年的投资人称,该公司诈骗金额可能已近亿元。记者从甘肃省工商管理局了解到,由于公安部门一直认为工商部门提供的证据不足,"华信公司"被工商部门查封之后,其涉嫌诈骗的案卷却一直没有移交成功。在甘肃省公安厅,记者从"华信公司"受害群众上交给公安厅的上访材料上看到,2000 年 11 月 2 日,甘肃省公安厅厅长蔚振忠就做出批示,要求兰州市公安局迅速立案查处;11 月 27 日,近 70 名受害股民到公安厅上访,蔚厅长在上访材料上再次作了批示,要求兰州市公安局按批示办理,但兰州市公安局却认为:"1. 此类案件很多,这一起立了案,其他的都要立案。2. 应由工商部门作案前调查,如果构成犯罪,应向公安机关正式移交。"蔚厅长在上面批示:"不能以这类事情的多少作为立案的标准,如此理论成立,盗窃、毒品案子还要不要立案?这种观点是错误的。"直至如今,在"华信公司"受骗的投资人,依然在艰辛地上访申诉。

倾家荡产、妻离子散的受害者与每一位普普通通的兰州市民都在企盼着:

还太平盛世一个公道!

(《中国经济时报》2001 年 2 月 3 日)

报道背景

　　上个世纪末、本世纪初中国的股票市场对很多百姓来说还是充满神秘感的,对中国证券交易市场相关知识的匮乏也使许多人对股市望而却步或饱受欺骗。其实,兰州的证券黑市早在1996年下半年就开始出现。行骗者就是利用百姓对证券交易知识的缺乏而大行骗术。先后有近万名"股民"深陷黑市,被黑市所有者洗劫一空,轻者倾家荡产,重者精神失常、自杀轻生。有关部门虽然也一直在查处、取缔,但由于没有形成舆论强势,并没引起全社会的高度重视,惩治的力度不强。因此,四年多来,兰州的证券黑市一直明目张胆地存在着并危害着无辜百姓的利益。这期间,《兰州晨报》、《兰州都市报》多多少少做了一些这方面的报道,突然有一天全哑了,还有一家媒体记者拿着报社盖着公章的致歉信去向一家诈骗公司道歉,因为这些股市黑市大多与实力强大的黑社会勾结。当时在《甘肃经济日报》做记者的王克勤看到这一现象心绪难平,2000年11月,王克勤接到一系列股民投诉,他开始正式调查兰州的证券黑市。首先他以商人的身份频频出入兰州各大股市探访、了解相关情况,并邀请《中国经济时报》甘肃记者站的王宏与他一起调查。不久,他接到匿名电话,有的提出拿30万买他停止调查,有的说要打断他的腿,剥他的皮,王克勤感觉到前所未有的恐惧。在这样一种背景下,王克勤没有退缩,他经过细致艰难的深度调查,将兰州证券黑市的现状公开报道出来,从而成为"中国揭黑记者第一人"。

特　色

　　本文是一篇揭黑性的调查性报道,如何采访到最典型的、最具说服力的人和事,是报道能否成功的关键。本文之所以能产生如此大的轰动效应,与作者选择的事例、人物的典型性是分不开的。选取受害的"股民":一位是跳河轻生的股民,一位是由于被骗掉巨额钱款而承受不住压力终于疯掉的股民,还有跳楼轻生的股民,这些是受害百姓当中最典型、最有说服力的实例。再如,记者采访的关键人物:证券黑市里的经纪人,他所提供的信息应该是最真实可信的,所有的这些都使报道的事实无懈可击。

　　结构合理、逻辑严密是本文的另一个重要特色。本文大致分为五个部分,第一部分小标题:"免费的午餐　悲惨的股民",用几个血淋淋的事实揭开了兰州证券黑市骗人的事实;第二部分小标题:"经纪人痛陈黑市内幕",用黑市经纪人的叙述介绍黑市骗钱的整个过程;第三部分小标题:"证券黑市疑点多多",通过采访搜集到的事实提出了针对性很强的疑点;第四部分小标题:"背后还有'黑'势力",通过采访了解到这些黑市与黑社会勾结的事实;第五部分小标题:"证监、工商部门无能为力",第六部分小标题:"公安不出黑手难断",通过以上的报道分析指出,只有公安机关果断出击才能根除股票黑市,"还太平盛世一个公道!"这几部分层层紧扣,结构紧凑,有很强的紧张感和感染力。

报道影响力

2001年2月3日,《兰州证券黑市狂洗股民》在《中国经济时报》时报周刊刊发,甘肃省内各媒体以及国内各大网站纷纷转载,中央电视台《经济半小时》、《社会经纬》、《财经报道》栏目组等媒体都进行了采访报道。时任国务院总理的朱镕基亲笔对报道作了批示,甘肃省委书记、省长不仅认真批示而且部署展开了全省性的专项打黑斗争,此案成为2001年"全国经济秩序整顿第一大案"。王克勤直接挽回了受害股民数亿元的损失,间接保住了两万股民的身家性命。更重要的是在全国范围内引发了一场声势浩大的铲除证券黑市的运动。包括北京在内的全国26个城市先后清除了200多家证券黑市。正是这篇文章,让中国人民看清楚了这样一个重要的事实:众人眼中神圣的证券市场中也有假市场,犯罪分子已将罪恶的双手伸向财经知识十分贫乏的社会公众,你我他都有可能成为证券黑市的牺牲品,也正是在这篇报道的影响下,全国范围内掀起了对证券投资者的教育活动。

吴敬琏在《十年纷纭话股市》中评价王克勤《兰州证券黑市狂洗"股民"》引起了整个社会对平民百姓利益的重新关注。他说:"当我们作为时代的幸运儿得以享受改革的第一批成果的时候,不应忘了还有许多的平民群众,他们甚至没有得到应有的平等机会去谋求体面的生活。当看到一些生活无着的下岗职工拿着自己的微薄积蓄无奈地投身于极不规范的股市而没有别的出路的时候,我们不觉得自己有责任为他们做些什么吗?最近揭露出来的'血洗'数万名中小投资者的兰州证券黑市,就是触目惊心的一例。"

但本文发表后不久,王克勤也遭遇到了前所未有的人身威胁,恐吓电话、恐吓信源源不断,更有人扬言出500万买他的人头,一时之间他也被称作"中国身价最高的记者"。王克勤同时还受到了批评,有领导说他"给甘肃惹了大祸","报道负面影响大于正面影响,影响了兰州乃至甘肃全省的对外开放,打乱了政府打击证券黑市的部署,客观上起到为犯罪分子通风报信的作用,诱发社会不稳定因素"。说他"吃甘肃的饭,捣甘肃的乱"。11月25日,《甘肃经济日报》将王克勤开除。12月底,《中国经济时报》将王克勤调至北京。

王克勤因坚持新闻理想被业界称之为"中国的林肯·斯蒂芬斯(美国著名揭黑记者)",获CCTV组织评选的2003年中国新闻记者风云人物榜、《南方周末》评选的2002年度"社会关怀杰出表现"提名和2003年1月搜狐新闻月度人物和全年候选人名单以及搜狐十大社会维权杰出人物。

延伸阅读 ••

王克勤:《违法的回收窝点》,《甘肃经济日报》,1991 年 5 月

王克勤:《一个农民股份合作企业被逼面临倒闭》,《甘肃经济日报内参》,1997 年 5 月 23 日

王克勤:《公选"劣迹人"引曝黑幕》,《西部商报》,2001 年 10 月 17 日

王克勤:《北京出租车业垄断黑幕》,《中国经济时报》,2006 年 12 月 6 日

"柳市探秘"系列报道

张小国　康守永　黄　平

打假打出的电器之都

柳市非市。

在中国的版图上,这个背山面海的东南古镇难以寻觅。但在人们的心中,柳市早已声名远播,甚至带着一份传奇。据称,寄往柳市镇的信件,即使忘了邮戳,漏写了"温州乐清市",照样丢不了。

柳市的出名,其实就靠一件东西:低压电器。而在十多年前,它"名震全国"都是因为"假冒伪劣"!

从上世纪 80 年代起,柳市人就与电器结缘,全镇几乎没有不搞低压电器的。

市场混沌初开之际,"泥腿子"初闯市场之时,经济主体的趋利行为由于没有法制的规范和道德的约束,出现了只顾"私利"而不顾"公利"的情况。低压电器的触头必须用白银制作,柳市搞不到白银指标,便以白铜相代,产品质量、寿命和安全性能相差甚远。明明是柳市产品,却标北京、上海。国家规定低压电器必须凭证生产,而柳市上千家企业中,有证企业不到 1%,有证产品不到 0.1%。经检测,无生产许可证的产品全部不合格。这一切都是为了追逐那 30%～50% 的暴利。

一件假冒伪劣电器产品,就是一个事故隐患。河南某钢厂建成剪彩时一包钢水吊正要倾倒却突然卡壳,黑龙江一煤矿发生瓦斯爆炸多人死亡,新疆一名电工因劣质空气开关起火被严重烧伤致残,解放军某重要国防建设因电器是废品而受影响,……桩桩件件,全是柳市伪劣低压电器惹的祸。国家技术监督局 1990 年的权威调查表明:全国共检查了 7000 个经销单位,查出的伪劣低压电器产品超过 170 万件,价值 3000 多万元,其中大多数来源于浙江温州,特别是乐清的柳市镇。

"柳市黑潮"搅得人心不安,惊动了国家最高领导机关。国务院办公厅史无前例地为柳市这个小镇"单独发文"——《关于温州乐清县生产和销售无证伪劣产品的调查情况及处理建议的通知》,即柳市人人皆知的国办〔1990〕29 号文件。特殊举措预示着特殊的重大行动,打假治劣,已是刻不容缓。

国家七部局、省市县三级政府闻风而动,有令即行,近 200 人组成的工作组、督察队纷纷进驻柳市,进行长达 5 个月的治理整顿。迅即之间,柳市的店铺被取缔,产品被销毁,沿路沿海处处设防,假冒伪劣插翅难飞。公开的报道披露说,全镇 1267 家低压电器门市部全部关闭,1544 家家庭生产工业户全部歇业,359 个旧货电器经营执照全被吊销。公安部门立案 17 起、涉及 18 人,检察院立案 26 起、涉及 34 人。工商部门立案 144 起。

当时的浙江省工作组组长翁礼华,将那段难忘的岁月形容为"风雷激荡的日子"。而激荡之后,更多的人却在担心:柳市会不会一蹶不振,从此萧条?

"要想绝处逢生,必先置之于死地。"温州市委常委、乐清市委书记徐令义说,乐清打假,是真打,打得痛,打得死。为此,乐清在全国最早成立了县一级的技术监督局,柳市则建立了工商分局,还有水、陆两个检查站。

打假打出新柳市。1990 年,乐清国内生产总值 10.2 亿,而到 1999 年已达 131 亿;其中低压电器 1990 年产值只有 1 亿多。到了 2000 年,产值竟超过了 130 多亿。柳市镇的财政收入也由 1990 年的几百万元,上升到 2000 年的 3.45 亿元。

不仅如此,目前以柳市镇为主的全市低压电器企业已领到生产许可证近 4200 个,其中通过美国 UL、欧共体 CE 等认证 200 多个,220 多家企业通过了 ISO9000 系列质量认证。数量之多,在全国同行业中独一无二。以正泰、德力西、天正为代表的"大兵团"开始显山露水,42 家企业集团林立于同一个小镇,密度之大在全国屈指可数。

更可喜的是,1999 年,正泰、德力西荣获全国低压电器行业目前仅有的两块"中国驰名商标",开创了国内在同一镇、同一生产领域两个驰名商标比肩而立的先河。

最新的统计显示,柳市目前拥有工业企业 1400 多家,产量已占全国的半壁江山,把曾经名噪全国的京津沪、佛山、遵义等六大基地愣是比了下去,成为中国低压电器之都。去年开始的全国电网改造所选用的低压电器,有 50% 来自这个滨海小镇。同时,柳市已成为国内最大的低压电器出口基地,一年出口创汇 3 亿多美元,居全国之首。江泽民总书记曾经两度视察柳市,2000 年 5 月再访温州看到了柳市的十年巨变,他连声赞叹。

柳市,一个名副其实的电器之都。

柳市,一个打假打出的电器之都。

(《经济日报》2001 年 3 月 28 日)

报道背景①

经济报道总是紧跟着经济生活和经济管理的热点来走的，惟其如此，才能更好地服务于我们的社会主义经济建设事业。所谓"时势造英雄"，成就一篇或一个系列优秀报道的，绝不仅仅是文字上的表达技巧，更重要的是在选题策划上服务于经济建设大形势的眼光与功力。经济日报"柳市探秘"系列报道，就是在 2001 年全国打击"假冒伪劣"、整顿市场秩序这样的大背景下推出的。柳市是一个典型，但绝不是一个孤立的存在。类似于柳市这样因为大量生产假冒伪劣产品而一度败坏了地方信誉影响地方经济发展的个案，在当时的全国范围内肯定是大量存在的，但柳市作为一个典型，又通过打假获得了新生，这种浴火重生的过程对于有过类似经历的城市来说是有着很强的示范效应的。这样的报道素材如果策划得当，显然是会在规范整顿市场经济秩序的大形势下赢得它的社会生命力与社会反响。

内容分析

对于这样一个通过打击假冒伪劣让市场秩序从无序走向有序的典型个案，如何通过"解剖麻雀"的手法挖掘其典型意义，并将个案意义延伸至同类型的群体？

柳市探秘系列采取了组合式报道的策略，在选题策划、谋篇布局、素材取舍上统合设计，各有侧重，最终达到浑然一体的效果。

第一篇《打假打出的电器之都》采取先抑后扬的手法，对柳市由乱而治，从全国低压电器假冒伪劣最猖獗的地方变成低压电器之都的发展道路做了概括式的素描。文章开头先声夺人，从"据称，寄往柳市镇的信件，即使忘了写邮编，漏写了温州乐清市，照样丢不了"，而它"名震全国"的原因却是因为"假冒伪劣"这样一个典型细节把柳市的过去一笔勾勒出来，接着列举了一系列事故事件和国务院办公厅的发文证明当时假冒伪劣问题程度的严重性。在简短文字做足了负面铺垫之后，笔锋一转，用一系列数字描述了打假的过程和成效：1990 年乐清低压电器产值只有 1 亿多，到了 2000 年竟超过了 130 多亿；42 家企业集团林立于同一个小镇，产量占据全国的半壁江山，成为国内最大的低压电器出口基地，创汇居全国之首……

在编入本书的第一篇报道中，没有太多深入的探讨和评论，只是通过极端化的事实罗列和对比，把柳市这样一个因为打击假冒伪劣反而在发展上实现了一种超乎一般人想象的飞跃的"打假打出的电器之都"栩栩如生地呈现在读者面前，这无疑会激发读者对于这样一种发展路径背后故事的极大兴趣，为后文理下了伏笔。

---

① 本部分内容参阅《深度影响——经济日报经典报道案例》，经济日报出版社 2005 年版，330－351 页。

第二篇《假如当年不打假》是对过去所做的假设性反思。经过对见证过柳市前后变化的当事人的深入采访,借用当年的推销员和企业老总的感悟话语,抚今追昔,把打假的意义通过细节深刻解释出来。

第三篇《我们为什么不护假》是从地方政府的角度进行追问和反思。在这里对假冒伪劣问题进行了更深一步的讨论,提到了其中地方保护主义的因素及其危害,对于一度在三难论(难免、难为、难办)认识支配下打假的不力及其后果作出了剖析。接下来对地方政府在打假问题上的认识提升、文件规定和打假行为进行了系统详尽的介绍,乐清市委书记徐令义"打要打在要害处,扶要扶在点子上"的概括成为地方政府在打假问题上认识和表态的点睛之笔。

第四篇《打假打出了什么》在总体报道策划体系中起到了重要的价值提升作用,指出"打假打出了市场秩序,打出了市场道德,打出了信誉经济",而这几者才是市场经济背景下一个地方城市发展的立身之本。推出这组报道的后期,适逢全国整顿和规范市场经济工作会议召开,本系列报道的权威性、大局性由此显示出来,在社会各界基于当时时代背景的普遍关注之下,柳市系列报道成为一个典型引发了强烈的社会反响。

后来推出的几篇《再看石狮》、《再看白沟》、《再看晋江》则把柳市探秘系列报道的影响力作了进一步的延伸开发,让人们对打假这样一个主题的关注从单个的典型个案上升到类别性群体的整体观瞻和思考。

在这几篇报道之后,又推出《论整顿和规范市场秩序》的评论,通过深度评论让报道的意义进一步深化。

最后,又组织一些专家学者开了一次专门的研讨会,专家们在会上站在全局和理论的高度对柳市现象进行了分析,再根据这些发言做一个专版,集纳专家观点,把"柳市探秘"系列报道推向一个高潮。

报道特色

1. 反弹琵琶,欲扬先抑

在当时的大形势下,整顿经济秩序是党中央国务院的一个重大部署,《经济日报》作为党报必须做好宣传配合。一般来说,这类宣传有两种办法:一是问题揭露式的报道,比如可以选择假冒伪劣问题严重的地方进行揭露,给造假护假者以警示;二是动态成果式的宣传,某某地方公安工商部门联手出击如何打假等等。而本报道则独辟蹊径,反题正做,在报道思路上有所创新。它抓住了一个造假典型在打假之后发生的深刻变化,追溯其原因,反观其效果,为其他地方带来借鉴意义。

2. 得于敏锐,成于深入

本文的选题一开始不是有意为之。2001年初,柳市探秘系列报道记者之一的张小国回家乡温州乐清过春节,同时应邀参加乐清市组织的"首家中国低压电器文化节"。在全国每天都举行不少节会的背景下,这样一个文化节本身从新闻价值上说意义并不是很大。但记者敏锐捕捉到柳市的成长与打假之间的关系,以及打假和当时全国整顿和规范市场秩序之间的内在联系,从这个角度做文章,则柳市的典型性就凸显出来了。

在后续的采访过程中,记者们走访了大量企业界人士和政府官员,从不同角度收集素材,获取了许多鲜活的一手资料,在篇幅不长的报道中予以对比性的精彩呈现。应该说,采访过程的踏实深入,也是成就这个系列报道的重要基础。

3. 整体性、系统性、动态性、层层深入、步步拓展进行新闻报道策划

在内容分析部分,我们已经对柳市探秘系列报道相关篇目的设计及其内在关联作出了详细分析,此处不再赘述。

报道影响力

推出这组报道的后期,适逢全国整顿和规范市场经济会议召开,这组报道引起了很大反响,河南、晋中、四川、湖南等地的政府领导同志都对之作出了高度评价,"柳市现象"、"柳市热"再次成为人们关注的焦点,而"柳市现象"也因此成为整顿和规范市场经济秩序的一个生动而典型的个案教材。

延伸阅读

2001 年 3 月 28 日至 4 月 3 日《经济日报》"柳市探秘"系列报道:《假如当年不打假》、《我们为什么不护假》及《打假打出了什么》。

庄　家　吕　梁

胡舒立　李巧宁　李　箐

从组织资金进入企业筹划重组，到在二级市场控盘指挥，再到直接通过新闻舆论为自己造势，吕梁身兼三大角色轮转自如——他是中国股票市场上三位一体的"超级庄家"的典型代表。

亮　　相

终于有一个庄家，而且堪称"超级庄家"，自己站出来了

如果没有世纪之交"中科系"股票的雪崩，45 岁的吕梁可能仍然选择往昔的角色：在国内证券投资的小圈子里名气很大，而在社会上却尽量低调，免为人知。

不过，就在中科创业（0048）于阳历新年前连续拉出 5 个跌停之后，这位颇以"先知先觉"自诩的"庄家"还是坐不住了。元旦前的最后一个周四（2000 年 12 月 28 日），他就曾通过人找到本刊编委、《财经时报》总编辑杨浪，表示愿意披露有关做庄中科创业（0048）的内幕情况，但不可透露他的名字。杨浪坚持表示，要报道便不可能回避这个基本事实。

吕梁犹豫了两天。2001 年元月 1 日晚，在北京北辰花园别墅自己家中，他终于面见了杨浪和本文作者之一，讲述了那个自己作为庄家操纵康达尔（在 1999 年底改名为中科创业之前 0048 的名称）重组，最终吃亏上当、导致危机的故事。当时，采访是不被允许录音的。而且，显然是吕梁坚信自己更长于写作，第二天他又向报社传真了一份题为《中科崩溃内幕》的文字稿。

《财经时报》并没有在周三（1 月 3 日）立即发表这一独家采访。那正是"中科系"搅得市场上动荡不已的日子，兹事体大，编辑部要再做一些调查。谁知吕梁提供给报社的文字稿绝非独家，至周四（1 月 4 日），网上相关消息已经传得沸沸扬扬。至周末，《财经时报》、《中华工商时报》等多家报纸都刊登了中科创崩盘的"内幕消息"。当然，在当时，真正见到吕梁本人的只有《财经时报》记者。

吕梁提供的"内幕消息"中仍包含着重重疑雾，但最核心的事实却公之于众了。人们确切地获知，在 A 股市场上把中科创业（0048）及相关的所谓"中科系"股票炒得热火朝天的投

资者们是一批"北京机构",其中负责策划和指挥这场炒作的庄家首领人物叫吕梁;这位吕梁,又正是年来在媒体上神秘莫测地谈论大市的"K先生"。

从去年以来,证券监管层为了查处操纵市场的"恶庄人物"曾想过种种办法,无奈庄家们一人控制上千个户头,到头来串通一气死不认账。

这一回,终于有一个庄家,而且堪称"超级庄家",自己站出来亮相了!

前　传

从90年代前中期开始,吕梁沉寂下来,不再以文人身份在媒体上曝光了。他自己的解释是从此下了海——从1996年正式算起

吕梁居住的北辰花园别墅地处亚运村,算是北京黄金地段的豪宅,真正的富人聚居地。两年前,他一掷千万买下这里的5号楼,打通了原来的几十个房间,对装修师提出的设计原则只有四个字:"浪费空间"。房屋装修完毕,逾千平方米的两层楼只隔出四五间房,余则便是上下两处各占数百米的大客厅。寥寥数件设计精美的家具饰物散布其间,愈显出客厅的空旷与气度不凡。仅此一举,便曾使各类前往拜访的人们叹为观止。

从吕宅布置的独特与优雅,也可以看到吕梁的另一面。他虽然被圈里人传为中国证券市场的"大鳄"之一,但性情看去绝无"鳄鱼"之霸气。吕梁本属文化人出身,早年间既画画又搞文学创作,20世纪80年代中期从河北进北京后一直是自由撰稿人。1988年,吕梁有中篇小说《国运》在巴金任主编的《收获》杂志发表,其实验性的写作手法在一些文学评论人士中颇受好评;次年,当时文坛相当活跃的大型文学双月刊《东方纪事》改版,一批著名作家主持各个栏目,老作家汪曾祺出任总顾问,《人民文学》杂志编辑朱伟出任特邀编辑,而"特邀美编"就是吕梁——事实上吕梁不仅是美编还是作者,在《东方纪事》上,他先后发表的长篇报告文学《龙年邪说》、《疯狂·理智——1989年中国现代艺术展印象》等,都给人留下了深刻的印象。

吕梁从90年代初开始到深圳炒股。当时股票市场在报纸上声音微弱,而吕梁既做生意又写稿件,为一些有影响的报纸充当不拿薪水、只领酬金的记者,报道为什么要有股市和如何发展股市的大是大非。1992年5月2日,《中华工商时报》周末版从第一版开始,以三个整版的篇幅,刊出了他刚刚完成的长篇《1990~1991年中国"股市狂潮"实录》节选。1992年深圳"8·10事件"发生,吕梁在该报刊出了整版报道,题为《百万股民"炒深圳"》,因其痛快淋漓的描述、深刻的反思,很是轰动一时。

从90年代前中期开始,吕梁沉寂下来,不再以文人身份在媒体上曝光了。他自己的解释是从此下了海,从1996年正式算起,先是搞咨询,后来也直接指挥一些资金的投资运作。他在深圳、上海市场有动作,到1997年还曾在香港市场有动作。据说1996年12月《人民日报》特约评论员文章发表之前,吕对此就曾有预言;1997年秋又组织资金适时撤出香港,躲

过了此后红筹股的重创,也博得不少好评。

当然,这后来的"名气"主要是在证券投资界的圈子回旋撞击,吕梁活得很低调。直到1998年,他见到了老相识朱焕良,那位深圳著名的个体庄家。

此时,浸淫市场多年的吕梁已经积累了相当的经验、资金和关系。与朱焕良接头后,他有了新的决心和举动。

吕梁、"朱大户"、北京机构的结合

吕梁将自己的组织方式类比为国外的"私募基金",但也承认这在中国是违法违规的。"那合同要拿出来,连见证并签了字的律师都会被判刑"

吕梁后来多次向前来采访的记者重述过这个曲折故事的开头:1998年中,朱焕良到北京找到他,要求对其深套其中的康达尔(0048)股票施以援手。据说,朱当时通过上千个个人账户,掌控了深圳股票交易所上市的康达尔公司90%以上的流通盘,而康达尔的流通股占了该公司总股本的29%。

《财经》杂志尚无机会向朱本人核实当时的细节,但在深圳的康达尔公司总部采访,可以感觉到该公司管理层与朱焕良确实相当稔熟,不少员工甚至干脆直呼其为"朱大户"。据吕梁向《财经》提供的一份长达两万字的叙述性材料透露,吕在同意帮助朱解套后,与他最终签下了协议,其中"有两个关键词:一个是长期投资(三至五年),一个是改造国企(把康达尔从养鸡改成生物制药与高科技)";条件很清楚,他组织资金接下朱手中50%的康达尔流通盘,而朱配合长期锁仓,还须帮忙安排购入康达尔部分国有股,最终实现对公司的控制和重组。"这一战略投资的合作目标是五年。"

吕梁没有主要用自己的钱来与"朱焕良+康达尔"合作。以彼时的勃勃雄心,他写下了一份标明"长线投资、长线持仓"的项目建议书。建议书通过一些证券公司的营业部传入有兴趣入市的"北京机构"手中。作为吕梁的"客户",这些机构与吕梁签了约,确定"投入时间、赢利预期,协议时间由一年到三年不等,客户主要是一些大企业和不同形式的基金"。

吕梁在接受《财经》采访时,将自己的组织方式类比为国外的"私募基金",但也承认这在中国是违法违规的。"那合同要拿出来,连见证并签了字的律师都会被判刑。"吕曾经允诺向《财经》出示相关文件,但最终没有兑现。

有朱焕良配合,由吕梁组织的机构资金接过了朱手上50%的康达尔流通盘,时间在1998年底。此后,1999年4月和5月,吕梁又安排机构资金,两次收购了康达尔34.61%的国家股。他安排的人手也终于在康达尔董事会的11个席位中占据了7席。

据吕梁事后透露,收购康达尔流通股约在每股11元,共收购股份5500万股。按此计算,加上后来收购国有股所付1.75亿元,可知吕梁所组织的这一操作前后共动用资金7亿多元。我们至今尚无法确切地知道,参加吕梁此轮豪赌的"北京机构"主要包括哪些单位、哪些人,中间牵线的券商又是哪些公司。按吕梁本人的说法,在国内证券投资圈子里,佩服他的理论、追随他的投资模式者大有人在,而且多有"较高的文化品位","所有主要券商都有涉及"。前往听取他的见解、服从他的指挥的那些机构代表人物,主要是公司头面人物,"例如董事长、总经理什么的"。

这种说法或许并非完全虚构,不过理论或理念无论怎样冠冕堂皇都只能是遮掩。将钱交给吕梁的"北京机构"们当然知晓市场法规,也知道自己一旦签约便纯属合谋非法操纵市场。只是眼前的利益诱惑过于巨大,此时,谁也不愿意去考虑可能的法律后果了。

媒体操纵者 K 先生

吕梁把 K 先生发表的四次谈话,加上一些读者反应、附录资料,编辑成小册子在圈子里散发。小册子深蓝色的封面印有方形的"K"字标识,封面标题下的署名是"K 工作室"。在小册子灰色的封底,一行黑体字写道:"K 战略投资基金设计"

在组织资金接盘康达尔后不久,吕梁又以更高调的方式,证明了自己超乎寻常的"影响力"。

到底是记者出身,吕梁对媒体的力量相当熟悉。1999 年春,他以 K 先生的名义,在对二级市场影响很大的《证券市场》周刊上发表了《关于世纪末资本市场的对话》。对话调子很高,主要是在市场一片狼藉的形势下大言"机会来了",同时为自己的看法贴上了"讲政治,做大势"的政治标签。这篇在今天看起来主要是高谈阔论的文字中,讲大势的吕梁只是在一处不十分显眼的地方,小心翼翼地加入了自己的具体需求——先在某处说应当把对"投机"这个词的认识变成"风险投资"的一种;后来又在另一处提示,"你可以注意那些有重大重组题材的个股,新概念肯定会从那里脱颖而出。我看好农业和生物科技领域"。

比起市场上那些串联股评人士公然"点股"的低俗手法,吕梁的办法高明得多。不过只要认真排出时间表,仍然可以看出吕梁的文章大手笔与他的市场操作恰在同一时段。他的谈话发表在 3 月 6 日的杂志上,此后不久,他组织的北京机构两次受让了康达尔总计 34% 的国有股。而吕梁提出的重组康达尔的目标正是"农业加高科技"。

对话文章好,影响大,周刊为满足读者需要,刊登了一批讨论文章。吕梁借势将自己的文章做得更大。在此后两个月中,他连续四篇讨论,一直冲到 5 月 8 日。

在第二次对话中,吕梁在继续主张"做多"的同时,干脆直接谈到了"市场应该至少有一两本专业的权威刊物,一两个权威的王牌工作室,一年只要研究三两只股票就够了";并且再次小心地强调,"我们中国人还有世界上最好的口味","在生物技术和生物农业这个领域中国人完全可以与洋鬼子叫板"。

至第四次对话,K 先生给人的"战略家"印象已极为深刻,提出了"战略投资、摆脱预势、创造双赢"的口号,并终于在文章中公开点了康达尔的名。K 先生称,"比方说合金、湘火炬、康达尔,这是试金石,它们的走势完全摆脱了大市下跌的纠缠,构成了对传统市场分析方法的嘲笑"。此时的 K 先生已经成了被人追捧的战略家。

在今天冷静地复读 K 先生当时的文字,可以看出吕梁的确谈出了对市场的某些积极看法,很煽情也很独到,但并没有、也不可能预测到几天后突发的"5·19"井喷行情。例如在最后一次谈话中,他强调的是"市场下跌和基本面的大调整是一致的";"我们判断这个市场下跌的趋势还会继续,因为基本面的调整还看不出有大改善"。他甚至说,"市场不能启动,这时候盼望大牛市是极不现实的";希望只是在"重组"。

5月8日他的最后一次讲话发表,正逢中国驻南大使馆被炸,股市随之震荡。有意思的是两周后竟出现了"5·19",市场上的众多利益相关者喜出望外,雀跃不已。这时候,显然是借助了一系列"有心栽花"的动作,市场上种种说法将"K 先生对话"与"5·19"联系到了一起。这是一个利益极大的市场,人们需要一个让多方取胜的预言家,乐于相信这样的预言家。于是,吕梁一箭数雕,成了大赢家。

吕梁把自己的四次谈话,加上一些读者反应、附录资料,编辑成小册子在圈子里散发。小册子黑色的封面,印有方形的"K"字标识,封面标题下的署名是"K 工作室"。在小册子灰色的封底,一行黑体字写道:"K 战略投资基金设计"。

从组织资金进入企业筹划重组,到在二级市场控盘指挥,再到直接通过新闻舆论为自己造势,吕梁身兼三大角色轮转自如,毫无"防火墙"意识也毫无遮掩。此时的吕梁,其实已经成了中国市场上三位一体的"超级庄家"的典型代表。

外人并不知情,而知情人绝不以为非。中国证券投资界那些公然违法违规的"圈子"像个自有法规自有标准的地下社会,吕在其中的"名望"竟是空前地高涨了。

画饼 1999

"优质农业、生物医药、网络信息设备、网络电信服务、高技术产业投资等多个新兴产业领域"——出自吕梁关于康达尔的憧憬是何等辉煌

如今自认失败的吕梁,很喜欢强调自己两年来的运作中一直具有对理念的追求;而破坏他的追求、致使他功亏一篑的罪魁,便是当初收购的康达尔公司和朱焕良。

这种解释中包含着部分事实。因为按吕梁的说法,他试图收购的康达尔,本来应当是个具有相当价值的企业,特别是有可观的土地价值。而真正到深圳接手康达尔之后,才发现企业财务混乱,黑洞重重;原来被认为最有价值的几块商业用地早已售与他人,卖价十分低廉,而且相当一部分卖出款至今没有收到。

记者在采访中看到了康达尔(深圳中科)出售土地的合同,购买方为集浩房地产(深圳)有限公司,经手人韩锋锐。合同显示,康达尔卖地款应为 7290 万元,韩尚欠款 5500 万元。此外,从记者在深圳中科(康达尔)获得的一份《关于合作开发房地产项目的情况小结》中,也

可看出康达尔土地出售过程中黑幕交易重重,资金去向不明。

其实,早在1999年初正面接触康达尔之后,精明的吕梁已经逐步发现,此次收购"就像一个骗局"。不仅黄金地段的商业用地是不存在的,所谓"经营很好的房地产公司也有4个亿的假账,主营业务如果没有朱焕良送钱早就无利可言"。他在自述材料中坦陈,当时知道这些企业内部真实的操作故事后,感觉"仿佛落入了一帮犯罪分子中间,而且要迅速被沦为这些混蛋的同伙"。

但是,问题的关键在于,已经入主康达尔的吕梁及所率机构并未直面这样的无情事实,更不敢把上市公司真相公之于众。他和机构们的选择,只不过是将错就错,一错再错。

据说,当吕梁初次见到康达尔当任董事长曾汉山时,后者握住吕的手久久不放,热情表示他们"就像盼望解放军一样"盼望吕等人士"前来重组他们,解放他们"。吕梁的确不负众望。摊子还是那个摊子,企业还是那个企业,而吕梁除了带领机构挟巨资入场,在1999年一年中,对自己一直想"重组"的企业未有任何实质性作为。在市场上,仅凭借诸多大牌机构有组织介入的消息不胫而走,凭吕梁组织的资金与朱焕良联手锁仓的行动,康达尔的股价便稳步上升。

1998年秋冬,康达尔的股价在17元左右;到吕梁们进驻,股价于2000年三四月间稳稳地走到25元。"5·19行情"爆出了中国股市若干天的"满堂红",此后的7月则出现了一派惨绿。不过康达尔无虞,在1999年7月,康达尔的股价从36元跃至40元再跃至45元,在可观的价位上整整横盘了四个月,此后也仍然稳站在令人满意的40元上。到这年底,康达尔在深市涨幅最大的前20名股票中名列17位,全年涨幅是111%。

这段时间,配合康达尔的步步上涨,吕梁所做的最直接的事情,就是组织了一篇关于康达尔(集团)股份有限公司投资价值分析的文章。

文章1999年8月在《中国证券报》刊登了一个整版。虽然作者署名"和讯信息",但据记者查证,全部原始材料均由吕梁提供。

文章称,从买壳上市的操作过程、大股东的背景、准备注入的项目、今后发展方向的设计等方面综合评价,康达尔经过目前开始的资产重组后,将涉足优质农业、生物医药、网络信息设备、网络电信服务、高技术产业投资等多个新兴产业领域,通过项目投资、股权投资等多种投资方式以及其他资本运营手段,逐渐发展成为一家具有一定产业基础的投资控股公司。康达尔具有广阔的发展前景,将有望发展成为中国的伯克希尔·哈撒韦(美国著名投资家华伦·巴菲特的投资公司——编者注)。

"优质农业、生物医药、网络信息设备、网络电信服务、高技术产业投资等多个新兴产业领域"——憧憬是何等辉煌。但这一切后来被证明统统是画饼。

北京中科创业 一个新的平台

吕梁在北京中科创业并无正式职位,但事实上掌控北京中科创业,亦是一眼可见之事实到 1999 年中,入主康达尔的吕梁及其统领的"北京机构",已经成功地将手中的上市公司变成了股市的一个筹码(用他自己的话说是"财务工具")。此时,吕梁手握可观的操作业绩证明,更挟"K 先生"之威名,已有条件来搭建更宽阔的舞台,成就更宏大的事业。

往昔那些注册在海南、甘肃的小公司不够用了,他需要北京的舞台,需要响亮的名字,而且,需要有些真材实料的"背景"暗示。1999 年 7 月,在吕梁的一手操办下,中科创业投资有限公司(下称"北京中科创业"或"北京中科")在北京成立,注册资本 3000 万元。其经营范围包括项目投资、项目管理、管理顾问、财务顾问等。公司董事长为刘宇明,任职科技部直属的事业单位高技术研究发展中心副主任。

明眼人不难看出,"中科创业"的命名显然比"K 先生"更具匠心。20 世纪 80 年代由张晓彬等人创办的中国新技术创业投资有限公司虽然在 1998 年的金融整顿中遭到关闭,但其早期获得国务院高层支持的背景、其风险投资的概念,都曾在市场上极具影响力。北京中科创业的简称是"中科创",与昔日的"中创"只有一字之差。这样做当然算不得违法,而其潜在意味,完全可以引起外人无限的遐想。

吕梁本人非常喜欢向外人强调北京中科创业的"科技部背景",市场上更对此传得沸沸扬扬。其至在中科创危机发生之后,吕梁在向《财经》提供的文字材料中,仍然声称北京中科股东中有"科技部农村发展中心、火炬中心、生物中心等八个中心的属下公司"。

从北京市工商局的企业注册登记看中科创业的股权结构,无法给这种说法以有力证明。据查,北京中科创业 1999 年注册成立时的股东共有 7 家,即海南中网投资管理有限公司(占 33.3％股份)、深圳市英特泰投资有限公司(占 16.7％股份)、北京三河华鑫投资发展有限公司(占 16.7 股份)、深圳市国科自动化高技术有限公司(占 13.3％股份)、深圳市馨博龙投资有限公司(占 10％股份)、英特泰(五华)现代农业有限公司(占 6.7％股份)和北京兴国火炬科技发展有限责任公司(占 3.3％股份)。

资料显示,北京中科企业前三大股东的法人代表依次为高松、朱焕良和申呆华。在这里,朱焕良"大户"的个人身份早已人所共知;申呆华在被聘任北京中科创业副总裁及执行总裁之前,职位只是北京一家投资顾问公司的总经理,在此前曾在人民银行系统工作,与"科技"背景毫无关系,他的三河华鑫更是默默无闻,仅去年与贵州的一个旅游合作项目使公司在"西部开发"的宣传中小小地曝了光;而高松代表的海南中网虽然有"网"字,其实是海南一家民营投资管理公司。此外据记者了解,英特泰(五华)、深圳馨博龙均系朱焕良直接或间接控制的公司。

据了解,在北京中科创业的股东中,只有北京兴国火炬与"科技部八个中心"有某种联系,但北京兴国火炬的股份还不到 4％。

刘宇明本人出任北京中科创业董事长确是事实。据刘在电话中向《财经》表示,他最初同意参与组建北京中科,主要是想以科技部的背景来支持风险投资,但绝不同意公司直接参加股票二级市场操作。去年 6 月,他即提出辞去董事长请求,但北京中科一直拖延召开董事会的时间；经他一再催促，终在 11 月 4 日才得以辞职。

北京中科在 2000 年中经过两次股权更动，至 12 月，朱焕良已经出局，其股东缩减为 6 家，大股东为海南中网与江西燃气。另一位社会知名人士、北京市贸促会会长姚望出任了董事长。

吕梁解释说，请姚加盟北京中科，是因为在北京贸促会的申奥项目世界贸易中心大厦中，中科创业担任了"投行顾问"（"投行"系指"投资银行"）。姚望本人则对《财经》表示，他不认为北京中科创业是该项目的"投行顾问"；他之所以同意挂董事长之名，是因为受吕梁之邀。在与吕梁讨论时还曾有提议，"要将北京中科改组成世贸发展中心"，但无任何实质性计划。

一个月后，因世界贸易中心大厦项目无法继续运作，姚望已向北京中科董事会递交了辞去北京中科法人代表和董事长职务的辞职报告。据称仍然是因为"没有时间召开董事会"，所以至今在工商登记上仍表明姚望是法人代表。北京中科便显出"虎皮"犹在。

吕梁最初并未在北京中科创业给自己安排正式职位。但他承认自己参与了该公司的"所有项目策划，包括中科创业的筹组本身"。到 2000 年中，他开始着手筹划建立中科创业集团，自己出任集团副董事长和首席执行官。中科创业集团至今并未正式注册，但吕梁在去年 8 月给记者的名片上，已赫赫然标有此衔。

此外，吕梁实际掌控着北京中科，今年 1 月以来还有记者观察到的三个事实可谓证明：其一，他控制着该公司的公章；其二，在后来北京中科与沈阳飞龙进行的转让公司股权的交易中，全部生意在吕梁的花园别墅 5 号谈成，主谈判者为吕梁与姜伟；其三，在中科系雪崩事件发生后，一部分债权人手持与北京中科所签的合约，但都直抵吕宅，找到吕梁本人索债。

"中科系"庄股之网

据最保守的估计，"中科系"牵连的资金在 20 亿元以上。依目前同类庄家的典型做法，坐庄资金会包含一部分机构自有资金，一部分庄家以代客理财名义或高息方式向私人和企业"融"来的资金，但有相当大一部分则是机构或个人通过循环使用证券抵押向金融机构获得的贷款。吕梁在各种场合用很玄妙的字眼所说的"虚数填实数"、"财务工具"，说到底只是这样一类把戏

紧跟吕梁、信服吕梁的"北京机构"们，长期以来并未深究他的身份、他的职位。推而想之，机构中比吕梁更懂投资银行业务、懂基金业务、懂法律和懂市场的必是大有人在，而他们却又不约而同地需要吕梁这样的特殊人物。

更多的机构拿出一部分钱和一部分人，也开始追随吕梁。

从 1999 年到 2000 年前后近两年时间，掌握了康达尔又搭建了北京中科创业的吕梁在市场上呼风唤雨，以"钱生钱"之术结起了一个公开的庄股之网。这个网，被人们称为"中科系"。

1999年8月,新成立的北京中科协议受让上海华谊(集团)总公司所持的中西药业国家股中的2875万股(占总股本的20%);与此同时,北京中科的大股东之一海南中网从上海华谊受让中西药业国家股719万股(占总股本的5%),按11月财政部批准时间确定价格,此次收购价格为每股2.83元。

1999年12月,康达尔公司经深圳市工商局核准,正式将名称变更为深圳市中科创业(集团)股份有限公司,简称"中科创业"。

2000年3月,海南禾华公司协议受让浦东星火开发区联合公司所持中西药业全部法人股1256万1343股,成为该公司第四大股东,转让价格为每股1.86元。这里需要注意:海南禾华与"中科系"中的海南沃和、海南燕园、海南中网等公司,同样注册在海南这个中国的"百慕大",过去从未为人所知,仅在1999年12月突然出现在康达尔的公告中,据称以4500万元买下后者所属康达尔运输公司45%的股权,而收入又用于购买了中西药业的三个药号。可见,海南禾华亦属于吕梁控制或结盟之公司。此时,在上市公司中西药业,北京中科、海南中网以及海南禾华所持股份已达30%以上,超过了国有大股东26.41%的比例。

2000年4月,上海中科创业投资有限公司注册成立,注册资本1亿元,法人代表为申杲华。北京中科持有上海中科50%的股权,其大股东海南中网持有上海中科50%的股权。

2000年6月,新成立的上海中科以每股2.8元的价格,受让鲁银投资原股东淄博宏信资产经营集团有限公司所持公司全部法人股956万8125股,从而成为鲁银投资持股4.66%的第四大股东。

2000年6月,上海中科又以7200万元的价格,购买君安证券公司所持胜利股份900万股转配股,成为胜利股份持股3.76%的第四大股东。

2000年6月,中西药业以每股约22.35元的价格,购买了357万5822股岁宝热电的流通股,成为该公司占股2.62%的第四大股东。

2000年7月,中西药业发布警示性公告,宣布其国有大股东授权单位将向江苏阳光集团公司与海南禾华投资管理有限公司转让公司所持全部国家股股权,并于2000年6月30日分别与后两家公司签订了有关股权转让协议书。按此协议,阳光集团将受让中西药业国家股3500万股(16.23%),海南禾华将受让中西药业国家股2193万9896股(18%),每股转让价格均为人民币2.33元。至此,吕梁及其联盟者实际上已经十拿九稳地控制了中西药业。

2000年7月,北京中科及海南中网分别将所持的20%和50%的上海中科股权,以6973.95万元的总价转让深圳中科。与此同时,中西药业与深圳中科分别宣布双方建立互相担保关系,担保额为2亿元。

在这一时期,与这些很张扬、很有些"资本运作"味道的动作相联系,吕梁通过"咨询"手段做了另一件事情:以种种方式宣扬莱钢股份的投资价值,建议投资者在二级市场购入。莱钢股份在市场上的流通股只有18%,其余82%的国有股均为山东莱钢集团控股,但一时因吕梁的作用成为热炒对象。

吕梁在接受《财经》采访时表示,他本人并未去过莱钢,也未与莱钢管理层有直接接触。他肯定莱钢,纯粹是研究之后的"价值发现",认可其 H 型钢生产线的长远增长潜力。他透露说,自己如此看好的公司,也会拿出钱买一些股票,但他投进莱钢的钱并不多,"大约有一两千万"。

至于吕梁组织上述收购的资金来源,现在有不同的解释。吕梁自述系公司自有资金及相关机构资金,但又有一种解释说是通过在证券公司"融券"所获得的资金。市场上普遍分析,以康达尔当时的高价位,吕梁等从事收购时,应以股票为抵押从银行贷款最为便捷。深圳中科(康达尔)的管理层在接受《证券时报》记者采访时又曾透露,上海中科收购鲁银投资和胜利股份的 9879 万元资金系取自深圳中科。据称,后来正因深圳中科管理层不依不饶地追款,吕梁才同意干脆将上海中科划给深圳中科。

当然事到如今,除了若干次收购的资金来源,人们更关心"中科系"庄网在这一过程中的形成。从 2000 年中,市场上已经清晰地看到吕梁主控下的这组庄股的结构与动向:深圳中科与中西药业完全由吕梁及相关机构所控制,正是一对互动互利的"股市大筹码";而岁宝热电、莱钢股份也成为这组庄股的核心部分,曾随着有关中科创业的消息一荣俱荣,一损俱损。吕梁本人就承认,去年 11 月,"市场上风传要收哈岁宝之后,岁宝股价最高飚升到了 38 元";"这项投资账面收益最高时,让中西(指中西药业——编者注)赢利达 5000 万,这是中西转配股上市时 15 元有巨大承接力的重要原因"。

鲁银投资和胜利股份在"中科系"有限介入后,股票上攻走势不很显著,被认为属值得注意的"外围"。此外,还有一些相干或不很相干的股份,也在不同的情形下被视为"中科系"的辐射范畴,使整个"中科系"庄股形态更显扑朔迷离。

市场分析人士都说,那些严格意义的"中科系"股票在盘面上都有"强庄"介入。依目前同类庄家的典型做法,做庄资金会包含一部分机构自有资金,一部分庄家以代客理财名义或高息方式向私人和企业"融"来的资金,但有相当大一部分则是机构或个人通过循环使用证券抵押向金融机构获得的贷款。吕梁在各种场合用很玄妙的字眼所说的"虚数填实数"、"财务工具",说到底只是这样一类把戏。建立在空中楼阁上的金融游戏只要有一个环节出事,便会在旦夕间导致整个系统的崩溃。

据最保守的估计,"中科系"牵连的资金在 20 亿元以上。

"重组"康达尔

吕梁对康达尔所作的全部"重组"行动,除了首蓿项目已经投入 100 万元目前毫无收益预期,其余无一得以实施,完全是在"画饼"

吕梁是在 1999 年 12 月把中科创业的名字"赠送"给康达尔的。在此前后,早已描述多时的"重组"动作也逐步展开。从 1999 年底到 2000 年中,重组的消息曾频频出现在深圳中科的公告上，再被各种投资分析师、分析报告、分析机构转炒一遍，愈发强化出公司的"高科技"形象。这些项目最后变得人们几乎耳熟能详了，概括起来就有所谓五大项：

一是与北新集团建材股份有限公司、中西药业等企业成立全资公司，着手先进癌症治疗仪器——锎 252 中子后装治疗机的生产与销售，以及医疗科技产品的研制开发、科技项目投资管理、技术转让、技术服务和技术培训。

二是采用企业、科研机构和农民合作开发的方式，参与投资西北苜蓿项目。

三是与中西药业等公司共建"中国电子商务联合网"，组成 18 家不同所有制企业的大联合，创建一个跨地域、跨国界的大型网络平台、一座极具创新意识的超级电子商务大厦。

四是受让深圳市良林投资有限公司持有的"深圳天威数据网络股份有限公司"13％的股份。

五是与海南中网投资管理有限公司等组建"中国饲料业电子商务投资有限公司"。

这里且不谈纵使吕梁真的成功地进行了这些收购或投资，他和他所率领的机构同时联动企业操作和二级市场股价，也属于严重违法违规的行为；更重要的是，上述投资除了苜蓿项目已经投入 100 万元目前毫无收益预期，其余无一得以实施，完全是在"画饼"；而在 2000 年前后，这些"画饼"同步、持久地转化为市场上深圳中科股价高居不下的"业绩支持"。

吕梁就对自己和自己影响下的康达尔或称深圳中科股票奇迹有过非常生动的描述：

"1998 年、1999 年到 2000 年是康达尔大出风头的好年景。康达尔股价稳步上升，连续 26 个月被《中国证券报》公布在风险最小的十只股票榜首，被选为指数样板，被道琼斯选入中国指数样本，被《证券周刊》列为可以放心长期持仓的大牛股"；

"因为它已持续上涨，其间几乎从来没有一天下跌，因此也没有一个人在这上面亏过钱，这个'庄'成了'善庄'的典型代表，极为市场专业人士推崇"；

"K 的理论大行其道，一些大牌和老牌经济学家也开始注意他的言论。无数企业和地方政府给他挂上投资顾问的头衔。K 每天奔波在各个城市。坐飞机叫打飞的，经常上午在上海，下午在北京，晚上又回到深圳"；

"康达尔的股票会炒到这样人气十足，大出人们意外，朱焕良深感北京机构果然有超主力的气势。K 的影响力往往使负责二级市场操作的他几乎不用拉抬，股票自己就会往上走，'压都压不住'，这是他从来没有遇见过的"；

"康达尔股票冲上 80 元时，负责二级市场操作的朱给北京机构打电话：全是散户抢上去的，压都压不住。"

这里需要对吕梁的回忆进行一点补充的，还有个时间表：中科创业（康达尔 0048）冲上 80 元的时间在 2000 年 2 月，当时市场上"中国要出百元股"的鼓噪，已经使亿安科技冲过百元。

此外，吕梁真正为深圳中科进行的"成功重组"只有两件事，其一是将上海中科股权注入深圳中科，而上海中科由于当了鲁银投资与胜利股份的第四大股东，被描述成有"金融投资控股概念";其二是将中西药业所属的新生力核酸公司的控股权注入深圳中科,后者说到底是一种保健类药物。这两件事情都完成于 2000 年下半年,新生力核酸是 9 月底被转让的,而上海中科正式办理归属深圳中科的工商过户登记,已经到了 2000 年底。

崩　溃

"老鼠仓"大规模平仓出货之后,便引发了 2000 年底的深圳中科大规模崩盘

回过头来看,2000 年下半年对吕梁是个关键的时期。一方面,他掌控的深圳中科股价平稳,他组织的其他资本市场收购也都相当顺手,正可谓春风得意;另一方面,他已经感觉到早年间与康达尔联合阵线的重大裂痕,已经嗅出了"0048 危机"。

在接受采访时,吕梁告诉记者说,他最早听说朱焕良在出货,是 2000 年五六月间。"听说他从营业部提走现金,每次都是 1500 万。当时我们只是笑他,这么多钱怎么拿得出去。这是很危险的。"

2000 年 8 月的一天,约在凌晨 2 点,吕梁被人从睡梦中叫醒,紧急召到某公司在北京的总部大厦。吕梁事后透露说,那是一家在香港"很有办法"的公司,香港发生的许多事情都能知道。那家公司也属于吕的"北京机构"之列,所以对他、对朱焕良的行动都非常关注。

据说就在那个总部,吕梁被告知,一艘"大飞"(据说是对一种可用于偷渡的快艇的俗称——记者注)将一笔港币现金运到了香港。这笔钱的主人就是朱焕良。朱已经用这笔钱在港置业,还将部分资金转往海外。

吕梁不很清楚这笔钱的总数,只说"至少有 4 亿"。

中科系雪崩事件发生后,市场上曾传言朱焕良早已潜逃至香港,而吕表示朱至少前一时期一直在内地。《财经》也从深圳万科董事会秘书处证实,直到 2000 年 12 月 24 日,朱还作为万科董事,出席了万科的董事会。在那次会上,万科决定终止向华润集团定向增发 B 股的计划。

问题在于,只要吕梁所述情况大致属实,他后来在市场上的行动,就不可能不受朱焕良已经毁约这一重大事件的影响。

到 2000 年 10 月,0048 的股票在市场上仍是一派喜气洋洋。但吕梁又获知了另一个危机信号:他手下的重臣、北京中科的董事兼执行总裁申呆华受到一项重大案件的牵连,已被有关部门看管起来。从对申呆华的查处中,检察机关发现申本人在私下炒作深圳中科等公司的股票,按市场上的行话说,开了"老鼠仓"。"老鼠仓"本身的违规当然不会被吕梁看成"问题",关键是申呆华的老鼠仓涉资甚巨,可能多达数千万元,一旦进入调查就会被强行平仓。吕梁的担心来自平仓对股价造成的连锁反应。

他当然明白,在自己统领的公司中,此类"老鼠"绝不止申呆华一人;而且他相信,他们开仓所用的资金来自公司内部。

此后发生的事情，被吕梁自嘲为"搬起石头砸自己的脚"：他下令在深圳中科、北京中科内部查"老鼠仓"，并要求所有公司资金于年底以前结清。据他分析，先是因为朱焕良的"不配合"，后是因为这批"老鼠仓"的数目比他估计的要大，大规模平仓出货之后，便引发了2000年底的深圳中科大规模崩盘。从12月25日开始，一直平稳运行的深圳中科突然连拉9个跌停板，跌去50个亿市值。那种惨烈的情景，至今使投资人感到不寒而栗。

在吕梁2001年1月初公然指出深圳中科董事长持有"老鼠仓"后，深圳中科曾于1月9日发布了正式公告，坚称董事长陈枫绝无此类违法违规行为。但记者在深圳已经看到一份材料，上面记录着，一名为"裴瑞普"的客户，于2000年1月以其股票市值向中经开公司深圳证券业务部融资3000万元。记者通过电话向该材料中指定的交易员陈友谊证实，确有此名客户。深圳中科一位不愿透露姓名的知情人在向记者出示这份材料时补充说，当初他曾陪同陈枫前往营业部，用"裴瑞普"的账户市值融资3000万全部购买了0048股票。据悉，裴瑞普系陈枫的弟媳，深圳中科投资企业布吉镇自来水厂的普通工人。

吕梁当然早就知道陈枫开户的事实，据说吕听说陈枫搞到3000万元的融资额度，还夹带嘲讽地说："他本事还不小嘛！"但那是2000年早些时候的事。当时陈枫因为显得忠厚老实，愿意帮助追回康达尔出售土地的款项，正属于吕梁相中的企业管理人，可以取代原来的董事长曾汉山。

当然，后来的情形已经完全不一样了。

"善庄"之伪

吕梁要求公司先平"老鼠仓"，无非是担心后者会打乱出货战略

吕梁现在很愿意承认自己在0048项目上的"刚愎自用"。但在2000年春天之后的那些日子，如果他的刚愎自用还没有达到顶点，如果他心思灵活、善辨风向的一面也在发生作用，那么，他的主要热情应当逐步移到了0048之外。

许多事实可以佐证这种分析。

从2000年4月底开始，K先生又在《证券市场》周刊上出现了，其论述当然又是高屋建瓴气势磅礴的。不过只要细读文章，可以发现随着美国NASDAQ的大幅下跌，吕梁对市场"看多"的重心已经从高价高科技股转为传统国企大盘股。他出语惊人道："大盘国企股在市场上将有震撼性表现，现在还只是好戏刚刚开始。"

两个月之后，K先生再次发表谈话，再谈新经济时代与国企大盘股的复兴。他的观点更加鲜明也更加尖端，甚至提出反问：法人股上市会不会使市场走到5000点？国有股上市后股市会不会涨到10000点？

这些当然只是说法。但配合这些议论，吕梁也有同步的行动。市场上一直传说，2000年之后开始的马钢股份大涨，以及其所引发的春季整个钢材板块伴随钢材涨价而上涨，吕梁

与有力焉。去年8月本刊记者有机会与吕梁交谈，他也曾表示上半年的钢铁股行情确实与自己的操作直接相关。

更大的行动还在后面。就在2000年8月见到记者时，吕梁便曾透露，他彼时的主要行动是策划组建一家名为山东控股的投资公司，将山东省掌握的许多上市公司的国有股、法人股组装进去，进行统一运作。谈话次日，他本人便为此事再飞济南。在今年初的采访中，吕梁也曾多次提到他对山东控股的策划，并称按最初的设想，一旦成功后可收上千万元咨询费。

回首2000年6月以来吕梁主导的"中科系"资本市场收购行动，亦与此蓝图颇有关联：吕梁竭力看好、为其捧场的莱钢股份，是山东省境内的支柱级大型国有企业，其大股东莱钢集团是山东控股最主要的发起人。而由上海中科出面收购的鲁银投资和胜利股份，都是山东籍上市公司；与上海中科同步收购鲁银投资并最终成为其第一大股东的九洲泰和，是一家北京注册的以民营为主体的实业公司，又是山东控股的发起人之一；莱钢集团是九洲泰和的第三大股东，占股25.75%。此外，2000年6月30日已签下协议拟收购中西药业部分国有股的江苏阳光，据报道也是山东控股的主要发起人。

显然与这项庞大的山东控股操作直接相关，K先生于2000年11月再度在《证券市场》周刊上谈话，题目是直截了当的"做多中国"。文中竟提出"中国高科技企业也可能是最脆弱的"，"我们从不建议机构投资者去碰这些东西"；"我们看好国企大盘股，大国企问题大，但资源也最大"；"最大的资源莫过于法人股、国有股的上市"。

山东控股的组建目前尚未划上句号，也不是本文所关注的重点。这里需要引出的只有以下疑问：如果自2000年初吕梁的战略思考和行动重心已经转移；如果他又从2000年中，深刻地认识到当年与朱焕良等人结成的康达尔锁仓协议已被对方毁弃，时时感受着由朱等人在市场上出货所带来的抛售压力；如果他已经完全明白，深圳中科的公司管理层和第一大股东龙岗区投资公司不仅不可信任，而且很可能成为对头，那么，他为什么还要在2000年秋冬时节，把手上本来比较好的资产上海中科和中西药业新生力核酸项目"平价"转让给他，从2000年四季度开始，在深圳中科大查"老鼠仓"究竟是为了什么？

吕梁的解释，当然是自己的"书生气"、"理想主义"，"要把国企重组乌鸡变凤凰的典范做到底"，还声称要在公司基本面的80%得到改善后进行"二次重组"。不过这一切都显得太脱离实际也太缺乏理性。或许只有一种解释更说得通：至迟到2000年秋冬，吕梁及他背后的机构力量已经有心以某种方式放弃深圳中科这个"长庄"，及早套现早已获利但时时在承受风险、付出代价的6000余万股流通盘。此一期间的重大注资行动，是为了稳住股价择机出货，而吕梁要求公司先平"老鼠仓"，无非是担心后者会打乱出货战略。

一位与吕梁相当接近的知情人对《财经》说，在中科创业（0048）雪崩事发后，吕梁曾私下坦承，他自己原来是准备元旦之后开始拉抬出货的，谁知已经没有机会了。

倘如此，可能更符合逻辑，因为哪怕吕梁个人拥有"长线持仓重组"的伟大理想，尚然不可动摇,他身后的机构也不会为此"理想"去牺牲巨大的实利。"善庄"之善只能是伪善,最终还是要上演"图穷匕首见"!

做多中国?

吕梁对此次危机暴发是有预感的,只是没想到以这样的方式,如此剧烈地降临到自己主持的庄股头上。到 12 月下旬,他还在期望"做多中国"

接下来的,便是近期人们已经熟悉却又感到迷惑的图景:

2000 年底至 2001 年初,深圳中科连续跌停,引至"中科系"股票中西药业、莱钢股份、岁宝热电相继跌停;"中科系"株连市场上同类"长庄",又有"德隆系"(含湘火炬、合金股份、新疆屯河等)、"明天系"(含明天科技、黄河化工、华资实业等)等集体跳水;沪深两市大盘因庄家大溃败受到冲击,股指于 1 月 15 日一日暴挫超过 3%。

就在吕梁以庄家身份在媒体自我亮相的同时,"中科系"危机也在加深。在深圳中科,先有六名吕梁们所派董事集体辞职,后有公司管理层面见媒体痛陈庄家操纵;在中西药业,先是公司所持 357 万 5822 股岁宝热电流通股被申银万国全数抛售,后是北京中科、海南禾华所持公司法人股全部被法院冻结;在北京中科,中小债权人纷至国贸大厦 33 层公司总部、至北辰花园别墅吕宅索债……

在手中两大市场筹码尽失的局面中,吕梁堪称应变迅速。2000 年 12 月 28 日,市场已有公告,上海中科所持 4.66% 的鲁银投资已转入九洲泰和名下,使后者成为除山东经济开发区之外唯一持鲁银投资法人股的大股东;2001 年 1 月 7 日,从北辰花园又发出"新闻稿",北京中科已完成"重组",沈阳飞龙集团董事长姜伟将加入北京中科,并以大股东代表身份赴中西药业;1 月 20 日,《财经》赴北辰花园再次采访吕梁,得知此宅已抵押给诚成文化集团,债权人也已撤离。吕梁说,他在春节后将搬离此宅。诚成文化董事长刘波则透露,此宅抵押作价 800 万元,而吕梁欠他的钱在 1000 万元左右。

吕梁回忆说,他对此次危机的暴发是有预感的,只是没想到以这样的方式、如此剧烈地降临到自己主持的庄股头上。从 2000 年 10 月开始,北京的机构投资者便已经感受到"0048 股份的抛压越来越重","股价如果跌破 40 元,将直接影响到有融资行为的机构安全线。按这些机构总持仓 6500 万元计,这时每跌一元,这些机构就得补 6500 万元左右的市值"。

因为深圳中科的流通盘 90% 以上为庄家们所持有,大家早有共同锁仓协议。因此,抛压只能来自协议者内部。既然北京机构们没有抛,失信者便只有朱焕良。

吕梁也曾做过许多努力,企图劝说朱焕良遵守协议,但终于未能奏效。2000 年 10 月 24 日至 27 日,中科创业(0048)的股票从 38 元滑至 35.67 元,北京机构一下子又失去近四个亿市值。

"庄家同盟"内部阴云四合,吕梁深感到危机在加重。以市场上"庄家合理论"的思维惯性,他不愿意承认导致危机的根本原因在于大家本来就是非法操作,咎由自取。但在 11 月底接受《三联生活周刊》记者的采访时,他还是以更宽阔的视角表示,"如果说'5·19'行情主要是政策推动,那么到了今天的市场规模,制度推动跟不上的话,市场必将面临一次深刻的调整";"从这一角度讲,5·19行情结束了"。

很显然,喜欢想问题的吕梁能够举一反三。他从自己的"庄"联想到其他类似的"庄",已经意识到如果制度和法律环境并不允许,仅凭自我臆想由庄家来自定规矩,自我充当"私募基金"、"做市商"甚至"开放式基金",最终是不会成功的;即如此,靠"庄"来支撑的"大牛市"便保不住。

当然,彼时的吕梁还是不愿意自言失败。《三联生活周刊》的文章在 2000 年 12 月 20 日截稿,标题也叫"做多中国"。可靠消息表明,这一标题来自吕梁的意见。

此后便有了 12 月 25 日开始的"中科系"崩盘。12 月 30 日,已经定稿的"做多中国"以《三联生活周刊》封面报道位置正式问世,恰逢深圳中科宣布停牌。

吕梁毕竟是吕梁,2001 年 1 月 1 日,他便约见了《财经时报》记者,承认中科事件已是败局,揭露"不忠不义"的朱焕良、陈枫、申呆华,重申自己的"善庄理念"。

尾　声

至迟在新年以后,监管机构和司法部门已经着手对"中科系"事件进行调查,吕梁自然是事件的中心人物之一

自 1 月初公开在媒体曝光后,吕梁就成了中国证券市场上被议论得最多的新闻人物。出自市场上各类不同利益者口中的看法自然是不尽一致的,但有一点非常相似,就是都对吕梁自动向媒体"坦白"的举动大不以为然。少数熟识并同情吕梁的人觉得他大可不必引火烧身,多数人则干脆恶语相加,觉得他用心险恶,意欲拖垮整个市场。

吕梁对外界的议论同样不以为然。1 月以来的北京一直雪花纷飞,在那些日子里,吕梁坐守北辰花园,除了尽可能构思和洽谈"重组",接待一些友人,工作之一就是整理以往的法律文件,接受记者采访,以及写作(或指挥写作)一部关于中科事件的书稿。《财经》1 月 21 日从吕梁手中得到的文字材料,据说就是该书稿的一部分。吕梁表示,其中内容属实,绝无虚构。"这不是小说,是纪实。"春节之前,此书已完成 6 万字左右。

无论见记者还是写文章,吕梁对于中科系事件的全貌都只说出了一部分重要事实,而且更热衷于谈理念,谈想法。据他说,中科系事件背后牵涉的机构和人太多太复杂,必须一一理清,必须按合同文件说话;后来又说,即使有合同文件,现在为配合调查也不宜于和盘向媒体托出。他还透露,自己两年来做庄操作共涉及 400 多家机构,其中包括 60 多家较大的机构,具体情形极为复杂。

至迟在新年以后,监管机构和司法部门已经着手对"中科系"事件进行调查,吕梁自然是事件的中心人物之一。这起可与"国债 327"事件相比的重大事件究竟有何内幕,将如何处

置,会成为今后相当一个时期市场关注的持续热点。究竟还有哪些人在吕梁背后,更是萦绕在人们心头的尖锐问题。

作为中国证券市场上曾经红极一时的特殊人物,吕梁个人的"超级庄家"生涯结束了。造就他及同类人物的这个"庄家时代",也已经走向尾声。蛇年的市场会比往昔多一些透明。

(《财经》2001 年第 2 期)

报道背景

中国证券市场自诞生以来,就和"庄家"结下了不解之缘。1995 年到 2005 年期间的中国股市庄家横行,他们隐藏在股市背后,在法规尚未健全的股市上下其手,以各种违规行为和弥天谎言,一次又一次地玩弄着中小股民。

中科创业股票即中国股市有名的庄股。中科创业的前身是康达尔,是一家从事饲料、养鸡业的上市公司。在庄家吕梁等人的操纵下,1999 年 12 月康达尔更名为中科创业,公司业务广泛涉足医疗设备、电子商务、生物制药等高科技行业,一时间成为中国股市耀眼的明星,股价连年翻番。

庄家的内讧直接导致了"中科系"股票的雪崩。2000 年 12 月 25 日突然中科创业股价上演"大跳水",接连 10 个跌停板,每次开盘就被千万股以上的抛盘封死在跌停价。直至 2001 年 1 月 11 日,中科创业股票价格下跌的趋势才止住。至此,中科创业市值的三分之二已化为泡影。

股价的雪崩成为中科创业事件的导火索。2001 年 1 月 1 日,超级庄家吕梁从幕后走向前台,约见媒体记者,痛斥昔日盟友朱焕良、陈枫、申呆华的背叛,曝光了中科创业崩盘"内幕"。于是一场规模空前的庄家操纵市场案浮出水面。

报道内容分析

《庄家吕梁》一文通过对"中科系"股票"总指挥"吕梁的报道,揭露中国股市庄家肆意操作股票的内幕。

文章分为"亮相"、"前传"、"吕梁、'朱大户'、北京机构的结合"、"媒体操纵者 K 先生"、"画饼 1999"、"北京中科创业:一个新的平台"、"'中科系'庄股之网"、"'重组'康达尔"、"崩溃"、"'善庄'之伪"、"做多中国?"、《尾声》等部分,从报道超级庄家吕梁主动"亮相"入手,逐步深入,曝光了吕梁利用媒体为股票造势,通过 66 家证券公司 125 个营业部签订数百份融资协议,非法融资 54 亿元,指挥遍布全国的 70 多名操盘手,利用 1565 个账户,操作中科创业股票的过程。

特 色

《庄家吕梁》是新闻媒体对证券市场庄家的第一次近距离深入报道,具有重大的新闻价值。

事件具有代表性。1995 年后中国证券市场上庄家操纵股价现象相当普遍,成为中国证券市场公开的秘密。市场上流传着关于"坐庄"手法的种种传闻,但一直没有确凿的证据。中科系庄家的内讧把吕梁逼向前台,他是第一位主动约见媒体曝光坐庄内幕的庄家,具有明显的标本意义,《庄家吕梁》新闻价值重大。

文章可读性强。虽是典型的财经报道,《庄家吕梁》一文层次清晰,叙述简洁,语言通俗富有感染力,行文流畅,可读性强。虽然本文报道的重点是曝光庄家操纵中科创业股票的内幕,但在写作上文章以庄家吕梁这个人物为报道脉络,通过吕梁的行为和态度推动报道的深入,为文章注入人情味,进一步增强了可读性。

报道的影响力

《庄家吕梁》一文形象深入地揭露了庄家对股票市场的肆意操纵,曝光了中国股市的种种劣迹,震动了中国证券市场的监管层。以吕梁"坐庄"和"中科创业"的查处为标志,中国证券市场监管力度加强,2001 年被称为中国证券市场的"监管年"。

2003 年《庄家吕梁》被收入《财经》杂志丛书之《黑幕与陷阱》。

大事记

中科创业大事记

1994 年 11 月 1 日,由深圳宝安区养鸡公司改组的康达尔 A(行情论坛)股上市交易。

1996 年,庄家朱焕良在二级市场囤积康达尔股票。

1997 年,香港突遭"禽流感"袭击,康达尔业务瘫痪,朱焕良股市深套。

1998 年秋,朱焕良与吕梁达成合作坐庄的协议。

从 1999 年 3 月起,吕梁在《证券市场周刊》上连续发表 4 篇《关于世纪末中国资本市场的对话》文章。5 月 19 日,中国股市爆发"5·19"大行情。

1999 年 12 月,康达尔在深市涨幅最大的前 20 名股票中名列第 17 位,全年涨幅 111%。康达尔发布公告,将公司名称和股票简称均变更为中科创业。

2000 年 3 月和 7 月,吕梁分两次购买中西药业(行情论坛)的法人股,成为公司第一大股东。6 月,他购买胜利股份(行情论坛)900 万股转配股,成为第四大股东;同月,他又收购岁宝热电(行情论坛)的流通股,成为第四大股东。"中科系"赫然成形。

2000 年 2 月 18 日,吕梁新婚大喜,操盘手将当日中科创业的股价"做"到 72.88 元,以此为老板庆贺。

从 1999 年到 2000 年底,中科创业连续 26 个月被《中国证券报》列为投资风险最小的 10 只股票之一,并且长时间排名第一。

从 2000 年 5 月起,朱焕良开始私下抛售中科创业的股票,为了接下抛盘,"中科系"前后花了 6 亿元的资金。8 月,朱焕良将所得的 11 亿元现金偷运出境。

从 2000 年 12 月 25 日起,中科创业连续 9 个跌停板,50 亿元市值烟消云散,"中科系"股票均上演跳水惨剧。

2001 年 1 月 1 日,吕梁约见媒体记者,坦陈坐庄事实,声称与他有染的金融机构多达 400 多家。

2001 年 2 月 3 日,北京公安机关对吕梁实行监视居住;9 日,吕梁神秘失踪。

2001 年 10 月 29 日,中科创业发布公告,将股票简称变更为"ST 康达尔"。

2002 年 4 月,北京第二中级人民法院公开审理中科案,6 名相关人员以"操纵证券交易价格罪"被判刑。

(资料来源:吴晓波《大败局Ⅱ》,浙江人民出版社,2007 年 4 月)

延伸阅读 ·····················

李巧宁:《连续跌停六个交易日 中科创业交易内幕揭秘》,《财经时报》,2001 年 1 月 5 日

胡舒立:《吕梁究竟在哪里?》,《财经》,2002 年 6 月 11 日

靳丽萍、康伟平、于宁:《庄家天堂 谁在与庄共舞》,《财经》,2002 年 6 月 20 日

于宁:《中科创业二级市场操纵手法》,《财经》,2002 年 6 月 20 日

张志雄:《庄家吕梁是怎样一个人?》,《科学与财富》,2002 年 7 月

胡舒立:《吕梁、罗成和"东方不败"的支撑体系》,《财经》,2003 年 4 月 9 日

银广夏陷阱

凌华薇　王　烁

真相再清楚不过了：天津广夏 1999 年、2000 年获得"暴利"的萃取产品出口，纯属子虚乌有。从大宗萃取产品出口到银广夏利润猛增到股价离谱上涨，整个事情是一场彻头彻尾的骗局

过去两年间，广夏（银川）实业股份有限公司（简称银广夏，深圳股票交易所代码 0557）创造了令人瞠目的业绩和股价神话。

根据银广夏 1999 年年报，银广夏的每股赢利当年达到前所未有的 0.51 元；其股价则先知先觉，从 1999 年 12 月 30 日的 13.97 元启动，一路狂升，至 2000 年 4 月 19 日涨至 35.83 元。次日实施了优厚的分红方案 10 转赠 10 后，即进入填权行情，于 2000 年 12 月 29 日完全填权并创下 37.99 元新高，折合为除权前的价格 75.98 元，较一年前启动时的价位上涨 440%，较之于 1999 年"5·19 行情"发动前，则上涨了 8 倍多；2000 年全年涨幅高居深沪两市第二；2000 年年报披露的业绩再创"奇迹"，在股本扩大一倍基础上，每股收益攀升至 0.827 元。

"奇迹"并未到此为止。2001 年 3 月 1 日，银广夏发布公告，称与德国诚信公司（Fidelity Trading GmBH）签订连续三年总金额为 60 亿元的萃取产品订货总协议。仅仅依此合同推算，2001 年银广夏每股收益就将达到 2 至 3 元！在更早些时候，银广夏董事局主席张吉生预测，未来三年内每年业绩连续翻番"不成问题"。

这是个灿烂的未来，但并不是所有人都为之目眩。证券行业内部，相信银广夏神话的人并没有想象的那么多。

一位基金经理说："（银广夏的业绩）好虽好，但不符合常识。"

一位著名证券公司农业领域的研究员很久以来都不把银广夏列入观察范围，问其原因，答："有研究的必要吗？"

各个证券网站上进行着观点泾渭分明的超级大讨论。著名的证券专业聊天室"和讯大家谈"里，关于银广夏的帖子数以千计，质疑者和支持者各执一词，争论不休。在那里可以找到各种传言。

但仅凭"感觉"、传言、争论、甚至"常识"，还是缺乏依据。记者经过长达一年多的跟踪采

访,渐渐逼近真相,银广夏的"神话"被逐步还原了本色。一个即使在并不成熟的中国市场上也相当少见的特大造假骗局,展现在我们面前。

引　子

银广夏业绩的奇迹性转折,是从 1998 年发端的。这一年,银广夏传出了来自天津的"好消息"。

1994 年 6 月 17 日,广夏(银川)实业股份有限责任公司以"银广夏 A"的名字在深圳交易所上市。银广夏 A 被称作第一家来自宁夏的上市公司,但实际上,这家公司最早起源于深圳。

陈川是银广夏的创始人,在 2000 年 2 月去世前担任银广夏董事局主席兼总裁。他 1939 年出生,早年为银川话剧团编剧,1984 年 7 月南下深圳创业,先后创建深圳广夏文化公司和深圳广夏录像器材公司等。

陈川文人出身,据见过他的人说"极富领袖魅力"。1993～1994 年间,他长袖善舞,将广夏文化公司旗下几家软磁盘生产企业合并改组,并成功上市。其中的两家企业均在深圳,分别是广夏录像器材有限公司和广夏微型软盘有限公司;另外一家叫做广夏(银川)磁技术有限责任公司。该公司在银川注册,存在的时间只有一年,从 1992 年 9 月到 1993 年银广夏设立后即注销。明眼人知道,这家公司的功能,在于获得宁夏自治区的上市额度。该公司发起人之一为宁夏计算机技术研究所,而银广夏现任董事局主席、曾长期担任银广夏总裁的张吉生,即担任过计算机研究所的所长。张吉生生于 1946 年,除了在银广夏任职外,还担任着宁夏自治区科技厅厅长一职。

上市以后,围绕着陈川的银广夏高层队伍亦渐次成形。现任银广夏总裁的李有强来自天津。他生于 1941 年,曾任天津市工艺美术厂厂长,早在 1985 年就与陈川一起合作创业,1994 年银广夏进入天津后,长期负责天津业务。而身兼财务总监、总会计师、董秘等多职的丁功民则常驻深圳。

1994 年上市之时,国内软磁盘行业竞争已如火如荼,转眼间,每生产一张软磁盘就要亏损 2 美分。对以软磁盘为主业的银广夏来说,转型迫在眉睫。

此后,银广夏每年均在为维持 10% 的净资产收益率奔忙。当时的董事局主席陈川自己从不讳言这一点,在回忆、阐述银广夏的创业历程时每每提及。银广夏的项目换了一个又一个,从软磁盘生产以后,银广夏进入了全面多元化投资的阶段。1996 年年报称银广夏已经"成功地由创立之初的三家软磁盘生产企业的单一产业公司发展为拥有 27 家全资、控股子公司和分公司的跨行业实业公司",到 2000 年更发展成有 40 余家参股、控股公司的庞杂规模,从牙膏、水泥、海洋物产、白酒、牛黄、活性炭、文化产业、房地产,到葡萄酒和麻黄草,大部分项目是打一枪换一个地方,赢利水平始终貌不惊人,每次都仅是维持在 10% 净资产收益率的配股生命线上方而已。

银广夏最知名的项目是在银川西南永宁县西沙窝(现称征沙渠)治沙种草。1995年,陈川在赴京的列车上遇到了吴安琪。吴是宁夏自治区水科所所长,一直研究在水文调研的基础上治理沙漠,曾在银川附近治理过1200亩沙漠,后因资金匮乏而放弃。列车上一席谈,陈川对吴治沙并种植麻黄草的构想产生兴趣并随后决定投资。银广夏投资80%,水科所技术入股投资20%,成立了广夏(银川)天然物产公司,购买并治理了银川市郊2万多亩沙漠,并种上了麻黄草(麻黄素的原料)。吴目前是广夏(银川)天然物产公司和宁夏广夏制药厂的董事长,也是银广夏的董事之一。

治沙种草,为银广夏带来了异常良好的形象,但并没有带来什么效益。银广夏声称前后投资过6亿元,是一个夸大的数字。据《财经》了解,实际投资约9000万元。据说这一项目近期可持平,但要贡献巨额利润,为时尚早。

银广夏业绩的奇迹性转折,是从1998年发端的。这一年,银广夏传出了来自天津的"好消息"。

天津广夏"独撑大局"

1999年,银广夏利润的75%来自于天津广夏;到了2000年,这个比例更大

银广夏1994年在天津成立了控股子公司天津保洁制品有限公司。保洁公司曾经在1996年通过德国西·伊利斯公司(C. ILLES&CO.)进口了一套泵式牙膏生产设备,这是可查的银广夏与西·伊利斯公司最早的往来;此后,银广夏又从西·伊利斯公司处订购了一套由德国伍德公司(Krupp Uhde)生产的500立升×3二氧化碳超临界萃取设备。这是传奇的起点。

1998年,天津广夏接到了来自德国诚信贸易公司的第一张订单。其时,保洁公司已于1997年12月31日更名为天津广夏(集团)有限公司(下称天津广夏)。

银广夏当年10月19日发布的公告称,天津广夏与德国诚信公司签订出口供货协议,天津广夏将每年向这家德国公司提供二氧化碳超临界萃取技术所生产的蛋黄卵磷脂50吨,及桂皮精油、桂皮含油树脂和生姜精油、生姜含油树脂产品80吨,金额超过5000万马克。

几个月之后,1999年6月19日,在郑州召开的全国农业产业化龙头企业研讨会上,当时的银广夏董事局主席陈川这样讲述这单合同的暴利内涵:

"……德国诚信公司于1999年6月12日一次订货总价达5610万马克。6月26日,一艘载着天津广夏第一批农产品萃取产品的货轮起锚离港,远航德国。这第一批产品出口,竟获利7000多万元!"

1999年,银广夏利润总额1.58亿元,其中76%即来自于天津广夏(据张吉生一次内部讲话)。

随后，银广夏公告，将再从德国进口两条 800 立升萃取生产线，后又将计划升级为两条 1500 立升×3 和一条 3500 立升×3 的生产线。计划中的生产能力是天津广夏现有生产能力的 13 倍之多！一时间，市场为其展现的暴利前景而沸腾。

在 1999 年年报公布前夕，2000 年 2 月 14 日，陈川在北京突然遇疾去世，终年 61 岁。根据银广夏公告披露，死因是"突发性心肌梗塞"。

创始人陈川的去世，并未使银广夏 2000 年梦幻之旅受到丝毫影响。在 2 月 17 日进行的董事会改选中，张吉生继任董事会主席，时任天津广夏董事长兼总经理的李有强升任公司总裁。随后银广夏公布了 1999 年年报，每股赢利 0.51 元，并实行公司历史上首次 10 转赠 10 的分红方案。

从 1999 年 12 月 30 日至 2000 年 4 月 19 日不到半年间，银广夏从 13.97 元涨至 35.83 元，于 2000 年 12 月 29 日完全填权并创下 37.99 元新高，折合为除权前的价格 75.98 元，较一年前启动时的价位上涨 440%

2001 年 3 月，银广夏公布了 2000 年年报，在股本扩大一倍的情况下，每股收益增长超过 60%，达到每股 0.827 元，赢利能力之强，令人咋舌。

利润绝大部分来自天津广夏：银广夏全年主营业务收入 9.1 亿元，净利润 4.18 亿元。银广夏 2000 年 1 月 19 日公告称，当年天津广夏向德国诚信公司"出口"1.1 亿马克的姜精油、桂皮油、卵磷脂等"萃取产品"。2001 年 4 月 2 日，审计其财务报表的深圳中天勤会计师事务所特向记者发来函件，称当年追加定单补充合同共计 2.1 亿马克，2000 年度实际执行合同金额为 1.8 亿马克（约合 7.2 亿元人民币）。如果按照 1999 年度年报提供的萃取产品利润率（销售收入 23971 万元，业务利润 15892 万元，利润率 66%）推算，天津广夏 2000 年度创造的利润将达到 4.7 亿元。

更恢宏的利润前景在前头。2001 年 3 月，银广夏再度公告，德国诚信公司已经和银广夏签下了连续三年、每年 20 亿元人民币的总协议。以此推算，2001 年银广夏的每股收益将达到 2～3 元，这将使银广夏成为"两市业绩最好市盈率却最低的股票"。

银广夏传奇达到了顶峰。

2001 年 6 月 18 日：银广夏宣布，一条 1500 立升×3 二氧化碳超临界萃取生产线已在安徽省芜湖市建成。

不可能的产量、不可能的价格、不可能的产品

第一，以天津广夏萃取设备的产能，即使通宵达旦运作，也生产不出其所宣称的数量；第二，天津广夏萃取产品出口价格高到近乎荒谬；第三，银广夏对德出口合同中的某些产品，根本不能用二氧化碳超临界萃取设备提取

如果说银广夏的表现是一个神话，那么，"二氧化碳超临界萃取"——一项陌生拗口的专

业名词所指称的技术——起到了点石成金的作用。简单的解释是：这是一种根据二氧化碳在不同温度和压力下的性质进行天然原料萃取的技术。

听闻银广夏神话，清华大学化学工程系教授朱慎林和北京星龙生物技术有限公司总经理戴志诚有着一样的第一反应："超临界"为什么总会被人利用、炒作呢？专家们知道，应用这一技术也许可以取得比较稳健的收益，但绝对不至于暴利，而且绝非无所不能萃取。早在1998 年 12 月，中国超临界流体协会在广州召开的全国年会即将结束时，特地在会议纪要上补充了这么一段话："希望企业界对超临界萃取项目不要盲目上马、低水平重复。"然而，正是在这一年，银广夏神话的准备工作启动。

有理由相信，天津广夏方面特别是原天津广夏董事长兼总经理、现银广夏总裁李有强在整个过程中起了相当关键的作用。记者曾经向陈川原来的秘书问起有关德国客户和萃取方面的事，她只有一句话：去问李有强。西·伊利斯公司方面的回答也是如出一辙。

在专家和同行的眼里，银广夏凭此取得的惊人效益，处处皆是疑点。

第一，以天津广夏萃取设备的产能，即使通宵达旦运作，也生产不出其所宣称的数量。

即使只按照银广夏 2000 年 1 月 19 日所公告的合同金额，1.1 亿马克所包括的产品至少应有卵磷脂 100 吨、姜精油等 160 吨。可资为证的是，天津广夏称于 1999 年出口的价值5610 万马克货物中，就已包括卵磷脂 50 吨，姜精油等 80 吨。

但根据国内专家对这一技术的了解，一套 500 立升×3 的二氧化碳超临界设备实际全年产量绝对超不过 20～30 吨——就算设备 24 小时连续运作。

也许正是为了使之"符合逻辑"，2001 年 3 月，李有强在银川告诉记者，天津广夏已掌握了特别技术，能大幅提升产能。他以蛋黄卵磷脂的提取为例说，天津广夏的 500 立升×3 设备已经将萃取时间从 10 个小时缩短到 3 个小时并进一步缩短到 30 分钟；今后通过上一套"在线监测"设备，还将把萃取时间缩短到十几分钟；而且，天津广夏生产的蛋黄卵磷脂的精度已从 35％提高到 97％。加上天津广夏是"四班三运转"日夜工作，产量自然惊人。

"30 分钟"！所有听闻这一说法的专家均感到不可思议。萃取的工序包括给二氧化碳加压、萃取、释压等。仅仅给二氧化碳加压到几十个大气压这一步，就至少需要 40 分钟；提取卵磷脂，必需的时间量是五六个小时。只用 3 个小时提取出来的卵磷脂，精度上就要大打折扣。银广夏凭什么能做到 30 分钟提取卵磷脂？

李有强的回答是一个故事："我这个技术是大伙和德国人吃饭的时候，把他给灌醉了，拿到一张绝密的图纸——'二氧化碳在任何条件下的临界状态。'德国人卖给你设备，但这个东西不可能给你。等到我们的卵磷脂做出来，连德国人都感到惊讶了。后来那个德国人还因此被总部降了职。"

记者到清华大学化学工程系——这是李曾经提起过的"合作伙伴"——做进一步核实。杨基础教授闻此扶案大笑："我这里这样的图纸多得很，你要不要？那不过是最基本的一张技术解释图而已。"

杨基础是清华大学化学工程系教授,清华大学研究超临界萃取技术的三位主要专家之一,从 1978 年开始研究超临界技术,与企业界有着广泛的合作,被称为业内的"活字典"。

与银广夏有过接触的天津大学李淑芬教授也向记者表示,提取蛋黄卵磷脂,3 个小时是"神速",30 分钟"简直是奇迹"。

西北大学陈开勋教授则指出,李有强所谓能最后将生产时间缩至十几分钟的"在线监测"设备,只是研究文献上的说法,是检测手段的一种,与二氧化碳萃取没有什么关系。

简而言之,仅从技术上而言,天津广夏不可能在预定时间内生产出满足合同数量的产品。

第二,天津广夏萃取产品出口价格高到近乎荒谬。

在 2001 年 3 月银广夏股东大会前召开的二氧化碳超临界萃取研讨会上,李有强曾说:"以姜为例,50 公斤含水率在 10% 以下的干姜可以出 1 公斤油、1 公斤含油树脂。国内最好的山东产干姜每吨 7000 元,但'欧洲市场的价格'是每公斤姜精油 700～900 马克(折合人民币约 2800 元至 3600 元),每公斤含油树脂是 160～200 马克(折合人民币约 640～800 元),天津广夏的出口价还处于中上等。加上人工费、水电费、机器折旧费,你们可以算算利润率。"

根据这些条件,可以大略算出每公斤姜精油和含油树脂的原料成本加起来只有 350 元,可是"卖给德国人",就可以卖到 3440～4400 元。天下竟有此等美事!

银广夏提供的售价,与国际市场的伦敦价格,与众多国内厂家、行业专家提供的参考价有着巨大的差距。以姜精油为例,银广夏公布的价格是每公斤在 2800～3600 元,而 2000 年 11 月 17 日,伦敦市场 CIF 价是 100 美元/千克(折合人民币约 827 元/公斤),西安嘉德公司了解的国际市场价格只在 600～800 元/公斤,北京星龙生物技术有限公司(国内最早采用二氧化碳超临界萃取技术的生产企业)即使以小批量生产的价格算也只有 1000～1200 元/公斤,价格悬殊竟达 3～5 倍!

一位被告知银广夏萃取产品售价的专家笑称:如此昂贵的姜精油,简直可以与黄金媲美,看来要用滴管小心使用!

按 1998 年天津广夏向德国诚信公司出口货品的合同,有关货品合同价格如下:

桂皮精油	900～1100 马克/公斤
桂皮含油树脂	160～200 马克/公斤
生姜精油	550～700 马克/公斤
生姜含油树脂	150～250 马克/公斤
蛋黄卵磷脂平均	300 马克/公斤
	约合 120 万元/吨

2001 年 3 月,李有强在公开场合宣布的产品价格如下:

姜精油	700～900 马克/公斤

	约合 280 万元至 360 万元人民币/吨
姜油树脂	160～200 马克/公斤
	约合 64 万元至 80 万元/吨
桂皮油	700～1100 马克/公斤
	约合 280 万元至 440 万元/吨
桂皮树脂	200～500 马克/公斤
	约合 80 万元至 200 万元/吨

无论是上述哪个价格,与国内、国际的实际市场价格相比,均有大幅度高估。

第三,银广夏对德出口合同中的某些产品,根本不能用二氧化碳超临界萃取设备提取。

据专家介绍,二氧化碳超临界萃取技术有一个重大局限,就是只有脂溶性(也称为非极性、弱极性)的物质才能从中提取,而且往往需要与其他技术相结合才能生产精度较高的产品。

天津广夏声称其产品蛋黄卵磷脂的精度已经从 35% 提高到 97%。但是,一位专家告诉记者,仅凭天津广夏那一套 500 立升×3 的萃取设备,是不可能提取出精度超过 30% 的卵磷脂的,必须要配套利用大量乙醇来进行提纯的后期分离设备,但天津广夏并没有这些设备。

2001 年 3 月 1 日,银广夏发布公告,称与德国诚信公司签订每年 20 亿元人民币、连续三年总共 60 亿元的供货总协议,公司每年需要向德方提供桂皮精油 150 吨、桂皮含油树脂 150 吨、生姜精油 160 吨、生姜含油树脂 160 吨、脱咖啡因茶叶 9000 吨、天然咖啡因 157.5 吨、茶多酚 24 吨、当归根油 24 吨、银杏酮酯 30 吨、丹皮酚 26 吨、丹参酮 15 吨、葛根素 10 吨等萃取产品。

这一合同提到的某些产品如茶多酚,属于水融性(极性)物质,用二氧化碳超临界萃取技术根本提不出来。合同中提到的银杏酮酯、葛根素、丹皮酚也非常难提取。这是记者所采访的诸多国内专家如清华大学杨基础教授、中国化工大学余安平教授、西北大学陈开勋教授的一致意见。1997 年,河南南阳市以为利用二氧化碳超临界萃取技术能从银杏叶里提取银杏黄酮,为此投资 2000 万元,并把万亩农田改种银杏树,结果项目失败,农民当年颗粒无收。

此外,疑点还有很多——

银广夏称,2000 年,公司对德国出口了 50 吨以上的卵磷脂,这至少需要上千吨原料。但知情人透露,蛋黄卵磷脂的原料蛋黄粉在国内只有两个生产基地,分别在沈阳和西安,可事实上两地加起来卖给银广夏的蛋黄粉亦不过 30 吨。

记者还从天津获悉,某制药厂曾经也想上二氧化碳超临界萃取的设备,但天津广夏的一位高层管理人员私下向他们透露,此举需谨慎,因为天津广夏"已经很久开不了工了"。

对于银广夏计划在芜湖上的另一条 3500 立升×3 的生产线,根据银广夏的公告,将主要处理茶叶,每年向德国公司提供萃取产品咖啡因 157.5 吨、茶多酚 24 吨、脱咖啡因茶叶 9000 吨,这至少需要处理 2.7 万吨茶叶。余安平教授、杨基础教授对此分别进行测算,得到的结论是一致的：一套 3500 立升×3 的设备即使全年全天 24 小时不停运转，也只能处理茶叶 6000 吨至 7000 吨而已！

……

如此等等，不胜枚举。

嘉德的另一种命运

为什么同样的设备，在银广夏可制造暴利，在嘉德却贡献乏善可陈

到目前为止，中国只有三家公司购买了德国伍德公司制造的二氧化碳超临界萃取设备，除了天津广夏（500 立升×3，1999 年引进），还有西安嘉德（500 立升×2，2000 年引进）和广州的南方面粉厂（250 立升，1995 年引进自用）。2000 年 12 月全国超临界流体萃取学会的年会正是在西安杨凌举行的，赞助商就是嘉德。

虽然有此设备，西安嘉德的日子并不好过。这对银广夏竟然也造成了压力：必须解释，为什么同样的设备，在银广夏可制造暴利，在嘉德却贡献乏善可陈？

2000 年 7 月，张吉生首次对记者提到在西安还有一条同样从德国伍德公司进口的二氧化碳超临界萃取生产线，但一直闲置。2001 年 3 月，李有强在接受专访中声称西安嘉德公司是由于没有掌握设备的诀窍导致举步维艰，银广夏正考虑是否收购。天津广夏现任总经理阎金岱也在接受采访时表示，嘉德对萃取技术掌握太少，是其与银广夏命运迥异的主要原因。

这些说法经媒体报道后，对嘉德的影响很大。因为此时嘉德正在引资过程中。银广夏的表态使其陷入被动。

嘉德此时的确处于某种困境：嘉德于 2000 年 5 月引入设备，7 月试车成功至今，未能打开市场。和银广夏一样，嘉德也是通过西·伊利斯公司的驻华机构捷高公司的业务经理陶鹏，从德国伍德公司进口了这套二氧化碳超临界萃取设备。与天津广夏的设备相比，除了少一个釜（萃取所用的容器），结构几乎完全一样。

嘉德也和西·伊利斯公司签订了保护合同："在 3 年内西·伊利斯公司不得在陕西省境内出售安装类似设备。"最关键的是嘉德和西·伊利斯签订了至少 70％产品由西·伊利斯包销的合同，并有德意志银行做担保。

但是，这一包销条款至今没有兑现过。陶鹏几次允诺要带德国客户来嘉德，却始终没有成行。西·伊利斯方面已经承诺，嘉德公司可以依照合同规定，获得设备价款 10％即 40 多万马克的违约赔偿金，条件是不再承担法律责任。

记者了解到，与天津广夏神秘封闭的作风相比，嘉德公司从一开始就与西北大学化工系陈开勋教授有着全面的技术合作，在各种产品的试车和市场调研上下了很大工夫。在包销协议难以兑现的情况下，公司精心生产了各种样品，亦做了许多推销努力，包括德国方面，但全部石沉大海。嘉德的结论是：问题不在于技术，而是市场很难打开。

为什么西·伊利斯公司一方面宁愿牺牲上百万元的违约金，也不愿意包销嘉德产品或介绍客户，一方面却为天津广夏介绍了诚信公司这样的大客户？这是嘉德始终想不明白的事情。

"我们没有什么'秘密武器'，我也并不羡慕你的秘密武器，但我至少知道这套设备究竟能出多少东西。你在外面怎么说我不管，但若涉及嘉德的利益，我们不会永远沉默。"嘉德董事长李挺说。

德国客户之谜

为银广夏贡献了 1999 年和 2000 年主要利润的德国诚信公司，既非如银广夏所说为西·伊利斯公司的子公司，更非成立已 160 年的老牌公司。它成立于 1990 年，注册资本仅 10 万马克

银广夏的"秘密武器"，如果有的话，除去其"技术诀窍"外，恐怕就是大手笔的德国客户了。从西·伊利斯到诚信贸易，究竟是何方神圣？

为银广夏 1999 年、2000 年利润做出巨大贡献的德国诚信公司的英文全称为：Fidelity Trading GmbH。这家公司，尽管按银广夏的说法有着巨额对华贸易，但在中国居然没有办事处，在互联网上也查不到丝毫信息。

银广夏在 2001 年 3 月股东大会上分发的材料称，"德国的 Fidelity Trading GmbH 是在德国本地注册的一家著名的贸易公司，系德国西·伊利斯的子公司，成立已 160 余年历史。该公司是一家专门从事生物制药、食品和医用原料的贸易公司，在欧洲是一家信誉和口碑均很好的公司。"

德国西·伊利斯公司的确是一家历史悠久的贸易公司，德国伍德公司制造的二氧化碳萃取设备正是通过西·伊利斯出售给银广夏的。但诚信公司是否是其子公司呢？

记者曾多次向德国西·伊力斯驻华机构捷高公司核实此事，但该公司接待人员的态度十分含混，一时说诚信是德国公司，一时说诚信和西·伊利斯有关系，一时说诚信是其子公司。最后竟然是一再要求记者去问银广夏！诚信和西·伊利斯的关系怎么能由银广夏来证实呢？

在 7 月 16 日的一次电话采访中，捷高的有关业务关键人物陶鹏明确地告诉记者：诚信只是一家在德国注册的公司，与西·伊利斯有着业务往来，但并非西·伊利斯的子公司。

问题其实并不复杂。据知，2001 年 5 月，在《中国证券报》一次例行的编前会上，其总编辑提到，既然银广夏引起了那么多疑问，为什么不可以借助新华社驻德分社的力量去调查一下它的背景呢？此后，该报是否果真去德国调查不得而知，但确有新华社驻外记者在德国当地查询查号台，但该公司并未有电话号码登记。

记者了解到,中国工商银行总行通过其海外分行对诚信公司进行了调查,在德国汉堡商会查到如下记录:

"Fidelity Trading GMBH 公司于 1990 年在该会注册,注册资本 51129.19 欧元(约 10万马克左右),负责人为 Kiaus Landry,主要经营范围是机械产品和技术咨询。"

注册资金几万马克,对于贸易公司而言并不算离谱,但毕竟其与银广夏签下的是年度金额达 20 亿元人民币、总金额达 60 亿元的合同,对比过于悬殊。此次调查之后,中国工商银行总行没有恢复对银广夏的贷款。工商银行总行曾与银广夏于 1999 年 12 月 29 日签订流动资金贷款合同,借款金额为 2 亿元,期限定为自 1999 年 12 月 29 日起至 2001 年 10 月 28日止。2001 年四五月间,工总行提前中止了贷款。

银广夏的对外发言人丁功民曾向记者许诺,2001 年 4 月,当芜湖的萃取生产线建成之时,德国诚信公司将来华签订 2001 年的供货合同(每年 20 个亿、连续 3 年总共 60 个亿的总协议的一部分)。届时采访这家公司,任何疑虑都会迎刃而解。

直到 2001 年 6 月 18 日,安徽芜湖 1500 立升×3 的二氧化碳超临界萃取生产线终于试车之时,期待已久的德国诚信公司代表仍没有出现。参加试车典礼的人们看到了几位高大的德国人,但那是伍德公司派来的工程师,与订货合同全无关系。典礼的第二天,李有强飞赴德国,原因不明。

是不是诚信公司人士不露面,真相就永远无法获知了呢?

天津海关一锤定音

经过反复调查后,天津海关向《财经》出具了一份书面证明:"天津广夏集团有限公司 1999 年出口额 480 万美元、2000 年出口 3 万美元。"天津海关还查得,天津广夏从 2001 年 1 至 6 月,没有一分钱的出口额。

随着时间的推移,众多的疑点已经令很多人无法熟视无睹。

在 2001 年的股东大会上,宁夏证管办官员就冷静地提出:如此将整个企业的利润维系在单一国外客户上,蕴藏风险是否过大?

中央电视台"经济半小时"栏目曾对银广夏做过采访,相关节目由于种种原因至今尚未播出,但对银广夏的疑虑早有存在。

新华社宁夏分社已经就发现的银广夏诸多问题,向有关部门做过汇报。

就连银广夏总部也对天津广夏有了不满:实施 2000 年分配方案需派现 1.5 亿元,但创造了 4 亿多元"利润"的天津广夏却没有转来一分钱……

由于投资额超过 5 亿元,银广夏准备上的 3500 立升×3 生产线需要经过国家计委审批。国家计委按照规定,这一项目交给了中国国际工程公司进行项目评估。该公司的有关人士表示,已经注意到了银广夏有关项目的种种可疑之处。他的一个问题就是:"谁亲眼目睹过天津广夏的生产情况?"答案是,几乎没有人。近一年多来,银广夏谢绝了几乎全部参观或采访天津广夏生产车间的要求。

这位人士表示,对这个项目的评估工作目前正在筹备之中。如果得不到计委批准,项目将无法获得银行的支持,也不能享受进口关税的豁免。

这说明,越来越多的人开始冷静思考银广夏的神话是否可信。而天津广夏创造的巨额利润是否可靠,也越来越成为问题的关键。

不止一位银广夏的同行向记者指出:既然天津广夏的货物全部出口德国,那么按照现行税法,可以向税务机关办理出口退税,按照2000年天津广夏共出口1.8亿马克的说法,出口退税收入将不下7000万元人民币,而且这肯定会在财务报表里有所体现。

记者一再检索银广夏2000年年报,但财务报表上甚至找不到退税收入这一栏。7月10日,记者从天津市国税局进出口分局的官员处证实,天津广夏从未办理过出口退税手续,甚至连出口退税的税务登记都没有。

根据此前银广夏财务总监兼董秘丁功民的介绍,银广夏的会计师事务所深圳中天勤会计师事务所曾经向海关、银行征询过有关出口量、银行账务的情况。

2001年5月,记者径直来到了深圳中天勤会计师事务所会计师刘加容的办公室。在记者的要求下,刘拿出了厚厚的原始账目,出示了其中的银行对账单、海关报关单。不过刘表示这些单据均由天津广夏方面提供,事务所并没有直接向海关和银行征询。

令人起疑的是,这几份盖着天津东港海关字样的报关单上,每一样商品前的"出口商品编号"均为空白。稍通外贸实务的人都能发现,这是违反报关单填写基本常识的。记者记下了其中一张"报关单"的海关编号和内容。

两个月后,天津海关查得这个报关单编号根本不存在。

天津海关查阅有关资料发现,2000年天津对德国出口总额计6亿多美元,但金额最大的摩托罗拉公司,也不过3800多万美元,怎么可能有一家公司一年对德出口9000万美元(约1.8亿马克)?经过反复调查后,天津海关向《财经》出具了一份书面证明:

"天津广夏(集团)有限公司1999年出口额4819272美元,2000年出口33571美元。"

天津海关还查得,天津广夏从2001年1至6月,没有一分钱的出口额。

天津海关官员强调,这个数据包括了以天津广夏之名在全国任何口岸出口的所有金额,而不仅仅是天津海关。

就算是确有出口额的1999年,《财经》在天津海关查实的数据亦证实,当年天津广夏的出口总额仅是482万美元(约合4000万元人民币),还不到陈川所称5610万马克(约合2.2亿元人民币)数字的1/5;而出口的货物中,更有2/3是牙膏,此外还有少量的亚麻籽油。

真相终于清楚了,再清楚不过了:天津广夏1999年、2000年获得"暴利"的萃取产品出口,纯属子虚乌有。整个事情——从大宗萃取产品出口到银广夏利润猛增到股价离谱上涨——是一场彻头彻尾的骗局。

记者仍然记得最后得到天津海关证实的那一天。7 月的阳光相当刺眼，朗朗乾坤之下，似听到泡沫扑哧一下破裂的清脆声音。

我们终于知道了真相，它是如此简单而残酷。

（《财经》2001 年 8 月 5 日）

报道背景

中国证券市场自建立以来，市场上就存在着"道"与"魔"的较量，琼民源、郑百文、大庆联谊、康赛集团、猴王股份、黎明股份……中国股市中的"造假公司"名单可以列一长串，中国股市的信誉也一而再、再而三地受到冲击，中国投资者的信心一再受到打击，中国股市在媒体的舆论监督下不断修正前行。其中上市公司造假尤以银广夏的造假最为登峰造极，其造假手段之低劣、造假范围之广、金额之巨、持续时间之长、对股市杀伤力之大，都创下了新的纪录。

银广夏公司 1994 年上市，原是一家以生产软件为主要业务的公司，后不断转产，进行多元化投资。公司上市以来赢利水平一般，每年为维持 10% 净资产收益率奔忙。银广夏奇迹般的转折点在 1998 年。从 1999 年起，银广夏的财报出现了令人难以置信的业绩，股价也创造了神话。仅一年时间，股价从 1999 年 12 月 30 日的 13.97 元涨至 2000 年 12 月 29 日的 37.99 元，如果算上期间 10 转赠 10 的分红，股价折合 75.98 元，较前一年上涨 440%。2000 年全年涨幅高居沪深两市第二，成为大热的蓝筹股。银广夏股价的"异常"上涨，1998 年前后经营业绩的巨大反差，引起了财经记者凌华薇的关注。在经过一年多的采访调查后，凌华薇 2001 年 8 月发表了调查性财经报道《银广夏陷阱》，揭露了这家公司系统的、长期的造假内幕。

报道内容分析

《银广夏陷阱》一文以无可辩驳的证据，揭露了热门上市公司银广夏的惊人造假内幕。

文章分为"前言"、"引子"、"天津广夏'独撑大局'"、"不可能的产量、不可能的价格、不可能的产品"、"嘉德的另一种命运"、"德国客户之谜"、"天津海关一锤定音"等几个部分。报道从银广夏 1999 年、2000 年神奇的财报业绩和惊人的股价涨幅入手，对银广夏神话提出质疑，通过对银广夏公司发展史的简要描述，指出关键的转折点在于 1998 年之后天津广夏"独撑大局"，继而从各个层面探究天津广夏巨额利润的真实性，最后亮出来自天津海关的书面证明，证明天津广夏 1999 年出口 480 万美元，2000 年出口 3 万美元（银广夏提供数据为 1.8 亿马克），2001 年 1 月到 6 月甚至没有出口额，揭示出银广夏是一场彻彻底底的骗局。

特 色

《银广夏陷阱》是一篇非常典型的调查性财经报道。它以翔实的材料和周密的分析,揭露了银广夏数年来利润猛增,完全是大胆造假所致。该文刊发后产生了巨大的社会影响力,成为中国财经报道公认的名篇。

主题选择得当。调查性报道是媒体和记者履行环境监测责任、发挥舆论监督功能的一种报道方式,记者对问题的调查和揭露是为了发现问题,发出预警,促进问题解决或情况改善。因此调查性报道所报道的主题通常是与公共利益密切相关的事件或行为。银广夏作为一家上市公司,2000年股价涨幅高居沪深股市第二位,在证券市场知名度很高,其经营业绩关系着众多投资者的经济利益,是舆论关注的焦点和投资者关注的热点。选择银广夏作为报道主题,事关公众经济利益,容易引起受众关注。

采访周密扎实。《财经》记者凌华薇很早就对银广夏超速发展的神话业绩心存疑虑,她用一年多的时间追踪采访调查,克服各种困难,多方求证,最后查清了支撑银广夏巨额利润的子公司——天津银广夏瞒天过海的造假内幕,揭示了银广夏所谓的萃取产品出口业绩纯属子虚乌有,使银广夏诈骗案浮出水面,大白于天下。

逻辑分析严谨。作为一篇调查性报道,《银广夏陷阱》一文层次清晰、逻辑严谨。文章首先提出问题——质疑银广夏神话,描述了银广夏公司1998年前后惊人的业绩反差(引子);然后分析问题,层层深入,指出银广夏业绩奇迹性转折的关键在于天津广夏(天津广夏"独撑大局"),而天津广夏的业绩则是"不可能的产量,不可能的价格,不可能的产品",并以"嘉德的另一种命运"做对照,同时对银广夏神话业绩的关键另一方提出质疑——"德国客户之谜",从各个角度揭露银广夏陷阱的黑幕,最后亮出来自天津海关的书面证明——"天津海关一锤定音",问题至此水落石出。层次清晰,有理有据,对银广夏陷阱的论证有着充分的说服力。

《银广夏陷阱》一文奠定了《财经》调查性财经报道的领导地位。

报道的影响力

2001年8月5日《银广夏陷阱》一文于《财经》杂志刊发后,银广夏A股票当天被深交所停牌,并于一个月后创下连续15个跌停板的记录。中国证监会迅即派稽查组赶赴银川对银广夏一事正式立案调查。

银广夏造假余波殃及中天勤会计师事务所,中天勤是银广夏上市公司的审计机构。由于事务所的合伙人刘加荣和徐林文在严重失实的银广夏1999年度和2000年度财务报表上签署了"无保留意见",断送了自己和中天勤的前程。在该报道刊发一个月后,刘加荣和徐林文的注册会计师资格被吊销,中天勤会计师事务所的执业资格被吊销,中天勤因此崩塌。

中经开(全称中国经济开发信托投资公司)是另一家被此事牵连的公司。中经开是一家中央级信托投资公司(1992年1月由中国农业开发信托投资公司改名中国经济开发信托投资公司),业务涉及信贷、证券、实业投资等多方面,在证券市场上叱咤风云近10年,是经过数次整顿保留下来的三家中央级信托公司之一。然而,由于涉嫌违规操作(与银广夏和东方电子案有关),2002年6月7日中国人民银行发布公告称由于中经开"因严重违规经营",决定"撤销该公司"。中经开从此消失。

《银广夏陷阱》一文引发了中国股市的"信用炸弹",其影响至今尚未消退。该报道在唤醒证券市场信用机制,督促建立投资者利益保护机制方面起到了重要作用。银广夏事件披露后,2002年1月,最高人民法院发出《关于受理证券市场因虚假陈述引发的民事侵权纠纷案件有关问题的通知》,表示可以有条件地受理这一类案件,使股市民事赔偿制度的建立取得突破。

作为一篇出色的报道,《银广夏陷阱》荣获了2002年美国哥伦比亚大学古索科国际新闻提名奖;2003年被收入《财经》杂志丛书之《黑幕与陷阱》一书。

大事记

2001年8月5日,《财经》杂志刊发了题为《银广夏陷阱》的封面文章,揭露银广夏骗局。银广夏临时停牌。

2001年8月5日,中国证监会派稽查组抵达银川,对银广夏一事正式立案稽查。

2001年8月6日,银广夏发布公告,因董事局临时会议公告推迟至8月8日公布,为保护广大投资者利益,公司股票银广夏A将于8月7日下午起继续停牌一天。

2001年8月7日,银广夏召开公司董事局和监事会临时会议,成立了核查小组。7日晚发布风险提示性公告,表示"经初步核查,天津公司的确存在产品产量、出口数量、结汇金额及财务数据不实,问题严重,涉及面广,需要彻查"。公告称,公司将于8月8日、8月9日、8月10日连续三天刊登有关公告,在此期间,银广夏A股票停牌。

2001年8月8日,经公司申请,中国证监会批准,银广夏A股票自2001年8月9日起停牌30天。

2001年8月30日,据深交所消息,银广夏年中期报告推迟披露。

2001年9月1日,银广夏公布中期报告,亏损1953万元。

2001年9月7日,中国证监会稽查结果公布,银广夏所属全资子公司天津广夏(集团)有限公司虚构巨额利润,导致公司1999年度和2000年度利润等有关信息披露失真。涉嫌犯罪的有关责任人员已依法移交司法机关。

2001年9月7日,财政部对银广夏案所涉及的会计师事务所和注册会计师依法进行处罚。吊销刘加荣、徐林文的注册会计师资格;吊销中天勤会计师事务所的执业资格,并会同证监会吊销其证券、期货相关业务许可证;追究中天勤负责人的责任。

2001年9月10日,银广夏A股票复牌,创下了连续15个跌停板的记录。

延 伸 阅 读

康伟平：《银广夏前传》，《财经》，2001 年 8 月 3 日

胡舒立：《银广夏停牌的下一步当是彻底查处》，《财经》，2001 年 8 月 20 日

靳丽萍，凌华薇：《中天勤崩塌》，《财经》，2001 年 12 月 20 日

文虎：《CPA 困局》，《财经》，2001 年 12 月 20 日

贺劲松，韩振军：《银广夏造假追踪之一：7.7 亿多元泡沫是怎样吹大的》，新华社，2002 年 5 月 26 日

贺劲松，韩振军：《银广夏造假追踪之二：机构大户投资行为剖析》，新华社，2002 年 5 月 27 日

贺劲松，韩振军：《银广夏造假追踪之三：打造中国股市的信用基石》，新华社，2002 年 5 月 28 日

石东：《谁挖掘了银广夏陷阱》，《财经》，2003 年第 1 期

与神话较量的人

中央电视台《新闻调查》栏目

【调查者】

制片人：孙克文、赛纳、张洁

编导：张洁、黄洁龙、徐欢

出镜记者：王志

摄像：陈强、王忠新

录音：李宏卫

统筹：庄永志、杜晓静

制作：郑曼茜、张为

制片：姚志萍、魏安泰

监制：李挺、庄殿君

总监制：孙玉胜

【调查对象】　刘姝威，中央财经大学研究所研究员

【主要内容】

一、600 字短文质疑蓝田神话

蓝田股份，证券代码 600709，1996 年在上海证券交易所上市。5 年来的财务报表显示出持续的业绩高增长，主营业收入从 4.6 亿万元大幅增长到了 18.4 亿万元。三年间利润翻了三番多，蓝田股份有限公司也因此被誉为"农业产业化的一面旗帜"。然而，2001 年 10 月 26 日，刘姝威的一篇 600 字短文却直接改变了蓝田神话的命运。刘姝威写给《金融内参》的 600 字短文的标题是：应立即停止对蓝田股份发放贷款。文章指出，蓝田股份已经成为一个空壳，建议银行尽快收回蓝田股份的贷款。

刘姝威：尤其是陈老师和厉老师，对我有很大的影响：就是要跟祖国同甘苦。

刘姝威，著名经济学家陈岱孙、厉以宁的学生，中央财经大学研究所研究人员，专长于信贷研究。

刘姝威：写这个文章的起因是我在写一本书。这个书是应约写的，就是《上市公司虚假会计报表识别技术》。

记者：这本书的主要内容是什么？

刘姝威：主要内容就是说怎么来识别虚假的会计报表。因为当时已经出现了像银广厦、麦科特还有红光以及一系列给股民和投资者造成了严重损失的这样的虚假会计报表的案件。

记者：那你有注意到蓝田吗？

刘姝威：我注意到蓝田是在什么时候呢，是这样注意到的：是我的书初稿完成之后，有的同志看过了。他说：你一本书里边写了十几个案例。你这十几个案例，你不如在这一本书上详细分析一两家上市公司，把这一两家上市公司分析透了，这样的话有便于读者能够整体地和全面地了解和掌握这些分析技术。我觉得说得有道理。当时我要是能做到这一点，我必须能够找到一家上市公司，就是说这家上市公司能使我对它的财务报告分析，能够使用尽可能多的分析技术。正好这个时候(2001年)10月8号，蓝田发了一个公告，我在网上看到的——说证监会已经开始对它进行调查了。然后这个时候我才注意到蓝田。

2001年10月8日，蓝田股份董事会发布公告称，由于接受证监会调查，提请投资者注意投资风险。

记者：那也就是说你关注蓝田非常偶然，非常偶然的。

刘姝威：确实偶然。而且在这之前甚至没有任何一家银行跟我提到它。

记者：因为一个偶然的机会，你注意到了蓝田。那么蓝田跟别的上市公司相比有什么特别吗？

刘姝威：我是从10月9号开始对蓝田的财务报告各种方法进行分析的。当这个分析结果出来的时候，我非常震惊。因为它的分析结果是我第一次看到的。

记者：你看到了什么？

刘姝威：2000年它的流动比率已经下降到0.77了，速动比率下降到了0.35，净营运资金已经下降到—1.27亿元。那么按照它这三个主要的财务指标，都已经明显地超过了临界点了。

刘姝威在研究中发现，蓝田股份的流动比率小于1，也就是说，它在一年内难以偿还流动债务；而蓝田的净营运资金是—1.27亿元，这意味着它在一年中有1.27亿元的短期债务无法偿还。

记者：通过这些指标，你得出来的结论是什么？

刘姝威：短期偿债能力很弱。这不是我得出来的结论，所有的银行都会得出来：至少它有1.27亿元的短期流动负债不能按时偿还。

记者：你最后的判断呢？

刘姝威：最后的判断就是说，它已经失去了创造现金流量的能力了。它是一个空壳……

记者：你再重新说一遍行吗？

刘姝威：全部的结论是：蓝田已经没有创造现金流量的能力了。它完全是在依靠银行的贷款在维持生存。这是非常危险的，对蓝田危险，对银行更危险。

记者：你当时的感受呢？

刘姝威：我当时的感受，就是说如果银行继续给它贷款的话，那么蓝田股份它的债务负担会越来越重，它会无力偿还这些巨额债务的；那么对于银行来讲，那就更危险了，因为银行的贷款资金它是来自于个人和单位的储蓄存款,那么银行吸收这些储蓄存款,然后把它贷出去,贷出去之后到期它要收回贷款的本金和利息。这样,个人和单位到期的时候才能够到银行去取储蓄存款的时候银行有钱能支付给他们,并且支付他们的存款利息。如果要是银行发出去的贷款收不回来,那么到期的这些储蓄存款,它拿什么来支付给人家呢?如果银行继续再给像蓝田这样的依靠银行贷款生存这种空壳企业发放贷款的话,总有一天,银行就没有钱来支付已经到期的储蓄存款了。那么发生的局面是很可怕的了,就是说一家银行出现了不能支付了,会引起连锁反应。那么会引起挤兑风潮和金融危机,这是非常可怕的。

记者:你对自己的结论一直深信不疑吗?

刘姝威:因为太简单了。如果我要是用我自己发明的方法,或者是我自己发明创造的一种标准来做出这个结论,我会小心翼翼的。但是蓝田这太明显了。用最基本的财务分析方法,国际通用、国内也流行的这种判断标准,判断出来了它的短期偿债能力已经恶化到这种程度了,已经没有创造现金流量的能力了。这么明显的问题,还要我自己来肯定吗? 在这种情况下,银行应该做的一件事,就是停发贷款。

记者:蓝田为什么要公布这样的数据呢?

刘姝威:我不知道它为什么公布这样的数据。我分析出来结果是这样的,所以我怎么说呢。我从1995 年开始分析上市公司报告得出这样的结果是第一次。所以我非常震惊,我非常非常地震惊。我就想蓝田公布这个数据,它想做什么呢? 你企业的总会计师你也应该发现呀! 你在公布这些会计报表的时候,这些简单的财务比率你自己不计算吗?

记者:那你有没有想到过要找蓝田来核实这些数据呢?

刘姝威:我用不着核实呀! 这个数据是你经过审计的,而且是公开发表的。

记者:那我的第二个问题就是:这样的公开的数据,为什么只有你来提出异议?

刘姝威:因为我的导师对我说过:不要少年老成,要敢于提出自己的论点;只要是你能自圆其说的话,只要你认为你自己很严谨地推论出来的话,你就可以说。

记者:你得出结论以后多久才动手写这个论文?

刘姝威:马上。因为我是 10 月 9 号才开始动手分析蓝田的财务报告。那么到 10 月 26 号的时候,我分析完之后,我毫不犹豫地写完就传真给《金融内参》编辑部了。我是《金融内参》的联系的作者,我们有几年的合作。

《金融内参》是金融时报的内部刊物,报送范围只限于中央金融工委、人民银行总行领导和有关司局级领导。

记者:什么时候登出来的?

刘姝威:当天就登出来了。因为它只印了 180 份,很快的。

记者:当天是哪一天?

刘姝威:10 月 26 号。

2001 年 10 月 26 日,《金融内参》刊登了刘姝威的 600 字短文,此后不久,国家有关银行相继停止对蓝田股份发放新的贷款。

记者:是因为你这个 600 字的文章吗?

刘姝威:这个我不知道。我想按照正常的情况下,如果银行只因为我 600 字的文章就停了一家企业的贷款,这是不合常理的。如果要这样的话,银行就不能再办下去了。

记者:但是在我看来你的600字短文是直接的原因。

刘姝威:这个问题应该由银行来回答。因为我直到现在的话,还没有一家银行正式地通知我:是由于你的600字的文章,我们停发贷款。

二、不速之客

文章发表后24天,刘姝威的工作单位忽然来了两个陌生人。

刘姝威:首先是所长给我打个电话,说有两个先生找你。后来其中有一个先生就接电话:"我是蓝田的。"我就很突然。我和我们所长走到会议室的时候,两个先生就站起来了。站起来之后他们就递给我名片,我接到一看是瞿兆玉总裁,就是中国蓝田集团总公司总裁瞿兆玉;另一个是中国蓝田集团总公司副总裁陈行亮。

瞿兆玉,中国蓝田集团总公司总裁,1948年出生于洪湖市瞿家湾,1968年入伍,转业后曾担任沈阳电信局宣传部长、沈阳行政学院副院长,1992年创立蓝田公司,1999年因在蓝田股票发行材料中作假被中国证监会罚款10万元人民币。

刘姝威:我说:你们找我有什么事吗?他说:因为你关心蓝田。我说:你怎么知道我关心蓝田呢?他说:凡是关心蓝田的人,我会从各种渠道找到。然后就把《金融内参》第16期的复印件拿出来了。拿出来之后,我一看,我就特别地惊讶。后来我就问他,我说:《金融内参》是机密级刊物,你是怎么搞到的?他说是一位朋友给的。我说:《金融内参》的报送范围是中央金融工委、人民银行总行领导和有关司局的领导,你是不能看的。他说:我也是副司局级干部,我怎么不能看。我说:不是所有的司局级干部都可以看《金融内参》的,有严格的限制范围,人民银行的有关司局级领导才可以看,你不是人民银行的,你是不能看的。

记者:那你为什么很在意他是怎么得到的这个《金融内参》?

刘姝威:因为这属于至少是属于国家机密已经泄露了。然后他就开始发脾气,他说:你的这篇文章——《应立即停止对蓝田股份发放贷款》让所有的银行都停发贷款,现在全国所有的银行都已经停发贷款了。他说:中国证监会调查蓝田银行都没有停发贷款,但是一位领导在你的文章上签字了,所有的银行都停发贷款了,我的资金链断了,我们都快死了。后来我说:是哪位领导签字的?我说:是哪位领导在我的文章上做了批示了。我说:我怎么不知道?然后他就没有吱声。后来我说:银行停发你贷款不会影响你的业务呀,你们的资金量不是很充足吗?然后我说:我看到你的财务报表了,至少你们2000年的话,光是水产品的现金收入就有12.7亿元,这就相当于每天有380多万元的现金收入,你们怎么会缺钱呢?然后他就喊起来,他说:我们怎么不缺钱啊?!说:我们的业务都停了。

记者:那如果就蓝田本身的情况来说,不停它的贷款,它还能持续多长时间?

刘姝威:不停它的贷款的话,不是说它能维持多久,而是银行还能维持多久呢?我们国家有几个20个亿?这个20亿这个数据是瞿兆玉和我说的。他说的股份公司有3亿多贷款,总公司有十几亿贷款,那么二者合计超过20亿。那么银行已经给你20亿贷款了,你还不够吗?我们国家有几个20亿?我们是个发展中国家呀!20亿是个什么样的数字?用20亿资金我们能做多少事!你可以问问北京的奥申委,你说:我们给你20亿,你能做什么?蓝田一分钱还不了它,还在继续贷,那么当我们到银行去取存款的时候,银行拿什么钱来给我们? 它这件事,伤害的不只是银行,更进一步的话就是广大的储户和在银行有储蓄存款的单位。这个数量是远远多于股民的。

记者:那在你的研究当中,或者是在你的眼中,蓝田到底是一个什么样的企业?

刘姝威:蓝田离开银行贷款,它马上就不行了。就好像人的血液一样——比如说一个人,他自己已经不能造血了,完全靠着外界的输血。一旦我们把外界这个输血管掐断了的话他会怎么样,是一样的道理呀! 这个道理就是很简单的道理呀!

记者:他们来的目的是什么?

刘姝威:是解铃还需系铃人啊!

记者:他们要求你做什么?

刘姝威:瞿兆玉说:你公开发表你的分析报告。我说:可以啊。他说:在你公开发表分析报告之前,能不能让我们俩看一下,今天只有我们两个人来,只有我们俩知道这件事。我说:没有必要,如果你们要觉得我这个说错的话,你们可以公开进行反驳。我说:那么这个事就这么定了——按照你们的要求,我公开发表我的分析报告。然后临走的时候我说了一句,我说:我这样做是对蓝田负责任,因为你这么下去的话,债务越积越多的话,你是无力偿还的。最后蓝田的结果是什么他应该知道,对吧? 然后说完这句话之后,瞿兆玉大吼了一声,反正是大喊了一声:你已经把蓝田搞死了! 我也没吱声,我就送他们下楼了。

三、不祥之兆

刘姝威原以为这件事很快就会过去,没想到事态的发展渐渐超出了她的预料。

刘姝威:23 号的晚上 5 点多钟的时候,我家里电话铃响了。我一接:"我是蓝田的陈行亮。"当时我非常地震惊——因为你通过 114 是查不到私人的电话号码的。

记者:你不喜欢他打电话这种方式吗?

刘姝威:这个至少是不礼貌的。这轻了说是不礼貌的,而且尤其是在他们拿着《金融内参》的复印件找过我之后。我又不知道他们从哪里得到我的电话号码的情况下给我打电话。当时我有了一种不祥之兆。

记者:不祥之兆?

刘姝威:对,我觉得可能是要出什么事情了。

11 月 26 日,刘姝威把她对蓝田股份的分析过程写成了文字报告,递交给了有关领导。

刘姝威:在这篇文章当中,我首先说明了,就是说我在那篇文章当中的 100 字的现场描述是引自《粤港信息报》记者苏征兵的一篇文章,然后其他的是我研究的结论。

《粤港信息日报》记者苏征兵 100 多字的现场描述,主要介绍了蓝田股份水产基地的冷清场面,它印证了刘姝威对蓝田 2000 年水产品收入达 12.7 亿元的怀疑,因此被刘姝威引用在 600 字短文中,而当时刘姝威并没有注明这段文字的作者。

刘姝威:然后 12 月 1 日的时候又发生了一个让我很震惊的事情。

记者:什么事?

刘姝威:我在互联网上看到了湖北的《农村新报》登载的一则报道,说蓝田起诉苏征兵了,是因为他发表了我引用的那100字的那篇文章,而且向苏征兵索赔20万元。

记者:起诉苏征兵的消息为什么对你有那么大的震动?

刘姝威:震动是因为我在11月26日那个报告当中提到了我这100字是引用苏征兵的。

记者:你当时的怀疑是什么?

刘姝威:因为当时《金融内参》已经泄露给瞿兆玉了,而且《金融内参》报送范围是很窄的。

接二连三的消息,让刘姝威产生了不祥之感,她做好了应付各种事情的打算。

四、"以死相拼了"

记者:那到这个时候,你的观点有改变吗?

刘姝威:没有改变。

记者:你的观点没有改变,但是你的生活可能要改变?

刘姝威:是的。12月13日,我们所长给我打电话,说:洪湖市人民法院给你送传票来了,你接不接?我说:我接呀。他说:人已经到了。我说:好,你让他在所里等我,我现在就过去。

2001年12月13日,刘姝威接到了湖北省洪湖市人民法院的传票,案由是蓝田股份有限公司诉刘姝威名誉侵权。在起诉状中,蓝田股份有限公司称,刘姝威在文章里捏造事实,并把文章打印了180份分别送给中央金融工委、人民银行总行领导以及有关司局领导,蓝田股份有限公司请求法院判令刘姝威公开赔礼道歉、恢复名誉、消除影响,赔偿经济损失50万元,并承担全部诉讼费用。传票由洪湖市人民法院民事庭庭长送达。

刘姝威:然后就是办理完了交接手续。我问民事庭庭长,说:你知道这篇文章发表在什么地方吗?他说:发表在《金融内参》上。我说:你知道《金融内参》是什么密级的吗?报送范围是什么?他愣了:密级?他说:我不知道呀。我说:你们怎么能够拿着蓝田窃取的国家机密作为证据来立案呢?你们怎么能够受理这个案子呢?然后民事庭庭长说了一句:我们法院不管窃取国家机密的事。我说:你再说一遍。我说:《保密法》规定国家机关工作人员和公民发现国家机密泄露的时候都要及时地报告,要及时采取补救措施的。然后他说了一句:这不是我应该回答的问题。我接到诉状之后,马上给《金融内参》打电话,然后他们说:我们知道这件事了。没有做任何表示。

在这种情况下,刘姝威越发地感到孤立无援,她只有自己采取行动。

刘姝威:然后12月14号,我就到北京市第一中级法院去。我说:蓝田股份公司窃取了国家机密了。他们说:这个窃取国家机密是属于刑事案件,你应该到公安局去报案呀!然后我立即就打110,然后110说:报案的应该是《金融内参》,而不是由你来报案。然后我再给《金融内参》打电话的时候,根本打不通了。这个时候,那么我只能自己来采取行动了。

记者:你采取了什么行动?

刘姝威:我12月17号上午8点钟,我给瞿兆玉发去了一份传真。我说:如果你要不撤销对我和苏征兵的诉讼的话,我将向全世界公开我的分析过程。当天下午5点半的时候,瞿兆玉亲自给我家来了个电话。他非常高兴。他说:你知道吗,《金融内参》第19期发表声明了,你知不知道这件事呀?当时我的震惊要比瞿兆玉找我的时候还要震惊,因为我对这件事一无所知。后来我才知道,是12月12

号的时候,《金融内参》第 19 期发表了一个声明,就是《本刊启事》——本刊第 16 期刊载的《应立即停发蓝田股份贷款》一文,纯系作者个人观点。那么在 12 月 28 号的时候,我向洪湖市法院发去了一份管辖异议书。我在管辖异议书当中提出来:根据《保密法》,洪湖市的任何单位和个人无权接触《金融内参》,所以关于《金融内参》刊登我这篇文章的民事诉讼是不归洪湖市法院管辖的。我提出了管辖异议。

2001 年 12 月 12 日,《金融内参》第 19 期发表声明:刘姝威那篇 600 字短文属于个人观点,不代表本刊编辑部。

记者:对你的心情有什么影响?

刘姝威:对我的心情——当然是我知道了,我面临的危险是什么了。所以当时,我已经做了最坏的打算了。

记者:什么打算?

刘姝威:以死相拼了。这是我真实的想法。

记者:有那么严重吗?

刘姝威:有那么严重。

法院的传票彻底打破了刘姝威平静的研究生涯。从 2002 年 1 月 10 日开始,刘姝威陆续收到了一些来历不明的恐吓邮件,这更给她的生活蒙上了一层阴影。

刘姝威:我(2002 年)1 月 10 号晚上 8 点多钟的时候,我才打开我的信箱。他以电子邮件的形式给我发过来的。打开信箱之后呢,我就收到了四封恐吓信——就是 1 月 23 号是你的死期。

记者:1 月 23 号是什么日子?

刘姝威:1 月 23 号也就是我开庭的那一天。

刘姝威给记者看了她收到的电子邮件。

刘姝威:这一封是 2002 年 1 月 11 号——11 号的再继续发——21 点 16 分发出来的:2002 年 1 月 23 号就是你的死期,你死了我给你烧一炷香,不,三炷香,三炷香。然后就是:将死之人难免胡言乱语。就是这个:你应该把她的肠子从肚子里拉出来,然后在她脖子上绕几圈再用力一拉,整个世界都安静了;临死前,她吐出收别人的 100 块黑钱,全是 1 元硬币。然后我立即拨了 110 了。拨了 110 以后呢,然后几分钟之后呢,就是负责我们这个地区的治安巡逻的 110 的队长到我家来了。到来了之后呢,我把全部情况跟他说了。说了之后呢,他临走的时候,他说了一句话。

记者:什么话?

刘姝威(哽咽):他说:正义终将战胜邪恶!你不要怕,我支持你。这个是从 12 月 13 号我接到传票以来第一次得到的公开的、并且付诸行动的保护和支持。我会永远记住他的,我会感谢他一辈子。因为他是在我最困难和最危险的时候站出来的。然后第二天上午,就是负责我们这个地区治安的警察就到我家来了,到我家来对我说,谁敢伤害我们管辖地区的居民。当时我特别特别地感动。真的,我特别特别地感动。

记者:那么你当时在这个过程当中,反反复复,你真的很害怕吗?

刘姝威:我当时,实事求是说,我当时一点都没有怕。我怕也没有用。现在只是想起来后怕,后怕,就是说如果 1 月 12 号有关部门和公安机关不采取行动的话,一旦 1 月 23 号开庭的话,后果是什么?

记者：当时都在做什么样的设想？

刘姝威：我当时就是说，我跟你死拼了。我这结论是对的，绝对没有错。我绝对不会说——在任何时候、任何条件下，我绝对不会说我这篇文章是错的。

记者：你担心发生什么事吗？

刘姝威：我担心可能会有生命危险。因为以前出现过这样的事情。我现在就是说，经过了蓝田这件事，我才知道有的朋友为什么会死、为什么会自杀：因为当时呢，他不论怎么做，必死无疑。

记者：你只是一个学者，而你所做的只是把你的研究结论，在一个不公开的属于机密的内参上发表了你的研究结果。为什么会让你的生活陷入另外一个世界？

刘姝威：这是非常不正常的。按我的一位律师的话说，你这个案子将成为中国法律史上的一个大笑话。用一个不好听的名字的话，这是一个丑闻。

记者：你这样认为？

刘姝威：你不这样认为吗？

记者：为什么说它是一个丑闻，你的观点？

刘姝威：它玷污了法律。

五、"我不希望不了了之"

从 2002 年 1 月 3 日开始，刘姝威向国内 100 多家媒体发去了她的分析报告"蓝田之谜"。不久，全国各大新闻单位纷纷对刘姝威与蓝田的纠葛给予了高度关注。刘姝威与蓝田股份成为了一段时期以来舆论漩涡的中心。

刘姝威：1 月 22 号的时候，我收到了洪湖市法院的一个用特快专递送来的一个通知书，说我提出的管辖异议他们还没有裁定，所以 1 月 23 日的庭审中止，何时开庭，另行通知。

在此之前，事态的发展超出了刘姝威与蓝田股份的控制范围。2002 年 1 月 12 日，蓝田股份，也就是目前的生态农业董事会发布公告，因涉嫌提供虚假财务信息，瞿兆玉的继任者、董事长保田等 10 名公司管理人员被拘传。而此前改任中国蓝田总公司总裁的瞿兆玉也接受了有关部门的调查。2002 年 1 月 21 日、22 日以及 23 日上午，生态农业被强制停牌，当天下午全线跌停。3 月 18 日，生态农业股再度停牌一天，股票简称由生态农业变为 ST 生态。

记者：就是 600 个字，粉碎了一个上市公司的神话。这件事本身我们听起来就令人难以置信。不知道你作为当事人来说，你的个人感触是什么？

刘姝威：我纠正你的说法，不是由于我 600 字粉碎了一个神话。它这个蓝田的问题的话，我想的不是我首先发现的。你不能说是因为我发了这 600 字，才把这个神话来粉碎的。在我之前，证监会已经开始进行调查了。

记者：但是问题是，你是第一个吹响预警信号的人。

刘姝威：如果这样的话，那你太小看了我们银行家了。现在我要考虑的问题是什么呢，这么简单的问题，银行不会发现不了。那么为什么不应该发放的贷款发放出去了呢？应该停发的贷款停发不了呢？这就说明一定是有其他的因素在干扰。

记者：照你这么说，就是没有人来关注这件事。

刘姝威：没有人说出这件事。银行没有及时采取行动的原因，不是因为技术上的原因。

记者：不是由于技术上的原因？

刘姝威：从技术上，现在银行有那么多博士和硕士，他们都受过很好的训练，他们怎么能够看不出来呢？绝对不是由于技术上的原因，而是由于技术以外的原因。

记者：你指的这个因素是什么？

刘姝威：就是什么呢？作为一个上市公司的话，瞿兆玉哪有那么大的本事上天入地。他为什么能那么迅速地就能拿到《金融内参》呢？如果这个因素你不消除的话，保证我们的信贷安全是很难的。

记者：你指的这个因素是在商业游戏规则之内呢，还是之外？

刘姝威：我想这不是市场经济允许的。要是在一个健康的市场经济当中，这些因素是不可能存在的。这些因素呢，会威胁到我们国家社会主义市场经济的健康发展。而我以前的研究，就像瞿兆玉对我的评价一样——你太学术了，我对这些因素原来关得太少了。

记者：你指的这个因素是权力吗？

刘姝威：你说呢？

记者：我问你。

刘姝威：我问你。你听了我的讲述的话，你认为这个因素是什么？

记者：你是当事人。

刘姝威：这个问题我想应该让公众来分析吧。现在的问题是如果是权力的话，这就有一个——他为什么会用他掌握的权力干出这种事？怎么才能够制止他运用手中的权力干这种事？这是我们应该思考的问题。那么对于决策部门来讲，是不了了之呢，还是要一查到底呢？如果你这个问题你不一查到底的话，以后他还这么干；如果这个因素你再纵容它存在下去的话，银行没法办，行长无法当，这是很危险的。

记者：你认为会不了了之吗？

刘姝威：我不希望不了了之。

记者：你的预测是什么？

刘姝威：我的预测……我无法预测。

记者：预感呢？

刘姝威：我无法预感。

记者：这个事情让很多人难以置信。那么你作为当事人，你的最大的感触是什么？

刘姝威：要从大的来讲，就是说，要使我们国家的社会主义市场经济健康发展，使我们国家的经济能够持续稳定地增长，老百姓的日子能够越过越好，我们还有许多事情要做。如果因为干扰银行信贷工作的这些因素——同时也是干扰我们社会主义市场经济健康发展的因素，最终它会妨碍我们老百姓过好日子，对吧？那么如果这些因素你不消除的话，早晚有一天，怎么说呢，它是一个蛀虫，它会把我们国家经济最核心的部分给蛀空。

目前蓝田股份有限公司并没有撤销对刘姝威的名誉诉讼，这起官司何时开庭还是一个未知数。据了解，中国证监会正在对蓝田进行全面调查，相信不久，蓝田真相将大白于天下。

（中央电视台《新闻调查》栏目 2002 年 3 月 23 日）

报道背景

曾几何时，"蓝田"这个名字在全国颇具声望，多少人对其敬仰，又有多少人觉得神奇，蓝田总公司总裁瞿兆玉也因此成了"大红人"。1996年，蓝田股份上市时股本为9696万股，至2000年底已扩张到4.46亿股；主营业务收入从4.68亿元猛增到18.4亿元。是什么本领绝技使这家从事水产品开发的农业企业创造出中国股市的这段神话？人们一直觉得是个谜。然而，2001年10月26日，中央财经大学研究所研究员刘姝威一篇600字的短文在某种意义上却击碎了蓝田神话！而刘姝威老师此后所遭遇的压力与危险也是她根本没有想到的。

《与神话较量的人》虽然在《新闻调查》播出，其实是电视专访《面对面》的一个样片，这也是为什么《与神话较量的人》从形式上完全符合电视专访体例的原因。蓝田事件正扑朔迷离、莫衷一是之时，《面对面》正在酝酿之中，虽然王志也觉得这样的选题存在播出风险，但为了创造一个耳目一新的新栏目，也希望大胆地去进行一次尝试，因此才有了这期精彩绝伦的电视专访。

报道内容分析

这期节目分为"600字短文质疑蓝田神话"、"不速之客"、"不祥之兆"、"以死相拼了"、"我不希望不了了之"五个部分。

这五个部分按时间先后顺序将刘姝威与蓝田之间的纠葛始末清晰地展现在了观众面前。按时间先后顺序的叙述方式符合电视观众的收视习惯，同时，这五个部分又不是简单的平铺直叙。前四部分的叙述是第五部分分析与展望的基础，第五部分是一个更深层次的分析。所以，才使得节目并不仅仅停留在对整个事件的回顾，而是有了更有深度的内容，这也是该节目的价值所在。

特 色

1. 对财经事件的剖析深入浅出

蓝田事件的核心问题是"蓝田已经没有创造现金流量的能力了。它完全是在依靠银行的贷款在维持生存。这是非常危险的，对蓝田危险，对银行更危险"。记者通过层层深入的访谈，直指问题的核心，将复杂、专业的财务问题转换为普通百姓都能读懂的话题，财经分析既专业而又深入浅出。

2. 节目编排逻辑缜密，险象环生

在节目的编辑上可以看出编导煞费苦心，将刘姝威与蓝田的对抗编辑成了一个环环相扣、悬疑重重而又险象环生的财经故事,这既符合电视媒介的基本特性,又增加了可视性。

3. 棋逢对手的对话

王志的采访以质疑为标志,但刘姝威的回答也同样充满挑战,两人的对峙旗鼓相当,难分胜负。文中有这样一段对话:

记者:你指的这个因素是权力吗?

刘姝威:你说呢?

记者:我问你。

刘姝威:我问你。你听了我的讲述的话,你认为这个因素是什么?

记者:你是当事人。

刘姝威:这个问题我想应该让公众来分析吧。现在的问题是如果是权力的话,这就有一个——他为什么会用他掌握的权力干出这种事?怎么才能够制止他运用手中的权力干这种事?这是我们应该思考的问题。那么对于决策部门来讲,是不了了之呢,还是要一查到底呢?如果你这个问题你不一查到底的话,以后他还这么干;如果这个因素你再纵容它存在下去的话,银行没法办,行长无法当,这是很危险的。

记者:你认为会不了了之吗?

刘姝威:我不希望不了了之。

记者:你的预测是什么?

刘姝威:我的预测……我无法预测。

记者:预感呢?

刘姝威:我无法预感。

这是本期节目中最精彩的一段访谈,记者站在与被访谈对象的对立面,层层追问、步步紧逼,而被采访对象机智回旋、掷地有声的回答则把整期节目推向高潮。此时的电视观众,如同看一场足球表演,双方都不愿把球踢进球门,因为双方都不想结束这个精彩的表演,最后球未进,而谁胜谁负,观众心中自有评判——"妙"不可言。

▒ 报道影响力

虽然蓝田事件当时还未尘埃落定,充满变数,但基于事实的理性分析与大胆预测对于观众来说很有吸引力,尤其是当事人的判断与预测,更加吸引眼球,《新闻调查》播出《与神话较量的人》之后,"蓝田事件"受到全社会的广泛关注。

▒ 蓝田事件大事记

1996年5月,蓝田在上交所上市

1999年10月,证监会处罚公司数项上市违规行为

2001年11月,刘姝威在《金融内参》发表600字短文,此后蓝田资金链开始断裂

2002 年 1 月,涉嫌提供虚假财务信息,董事长保田等 10 名中高层管理人员被拘传接受调查

2002 年 3 月,公司实行特别处理,股票简称变更为"ST 生态"

2002 年 5 月,因连续 3 年亏损,暂停上市

延 伸 阅 读 ....

康伟平:《掌门人称资金链已断 蓝田神话凋零》,《财经》,2001 年 12 月

马腾:《刘姝威蓝田谁在"等死"?》,《21 世纪经济报道》,2002 年 2 月 4 日

严桦:《新闻人物:刘姝威——600 字粉碎蓝田神话》,《中国青年报》,2002 年 1 月 28 日

骆晓鸣,卢晓利,刘巧云:《蓝田留下的三大悬念与四大质疑!》,《证券时报》,2002 年 1 月 23 日

张念庆,甄荦:《蓝田一案是否另有玄机 谜团之外悬念丛生》,《北京青年报》,2002 年 1 月 28 日

刀锋——金融家命运启示录

张志雄

第一部分 海南：失败的突围

（1）历史的回响

上海某郊县，一群朋友围坐在一起准备吃河豚。其中一位性急，举筷欲先尝其鲜，另外一位连忙阻止说，"还是我先来，万一有什么事情还可以为咱们家留个香火。"说这话时，这位男子表情悲凉。

这位男子就是李建民，原海南赛格国际信托投资公司总经理。而那位性急者则是李的弟弟。其时，作为海南信托投资公司中的后起之秀，海南赛格国际信托投资公司被最终关闭的命运已经注定。接下来的，将是一连串的清算。对于近在咫尺的牢狱之灾，李建民肯定已经心知肚明，唯一不能确定的，是这场牢狱的期限。此情此景，也难怪这位曾经在海南金融界叱咤风云的人物，在席间大发悲声。

听闻这个故事几个月之后，赛格信托案即告宣判：李建民被一审判刑 3 年。这项判决还同时判处李的两位助手万善颐、阮庆生有期徒刑 2 年半。这项由海口市新华区人民法院做出的判决称，在 1997 年到 1998 年，"海南赛格国际信托投资公司未经国家主管部门批准，采取超额发行、重复发行、变相发行的手段，擅自发行公司债券，数额巨大。后果严重，其行为已构成擅自发行公司债券罪。"

虽然我们无法详细索解赛格信托案的真实内幕，但可以肯定的是，李建民及其同事所重复的不过是中国金融界近年来一再发生的故事：利用模糊的规则打擦边球——这实际上也是中国金融乃至整个改革一直沿用的核心潜规则。对于这个终于到来的判决，李建民应该感到庆幸，因为它毕竟没有与具有强烈道德化色彩的腐败联系起来。而这种特殊勾连在我们见过的金融案件中几乎成为一种惯例。如果是那样，李建民面临的指控将会严厉得多。

对于大多数人来说，李建民并不知名，但对于海南，对于中国的金融改革，2002 年 8 月由海口这个区级法院所作出的判决，却具有十足的象征意味。作为中国最大经济特区的海南，正在悄悄了结那场轰轰烈烈但却十分尴尬的巨大实验。事实上,早在1993年南方地产泡沫破灭的时候,海南的正剧就已经落幕。这场由海南发端然后又迅速燃及整个南方的地产狂热,差一点导致了一次金融崩溃。据说,由于当时全国各地的资金争先恐后加入南方的地产炒作,许多内地银行都濒临关门的危险。相信,亲历过那场狂热的人们,都不会怀疑这种说法的真实性。当时中央银行头寸的紧张状况,为1949年建国以来之仅见。这也最终导致了从1994年开始的新一轮金融改革。从那个时候开始,在中国20多年的改革史中,海南即成为一个无人问津的遗迹,一个"其兴也勃,其亡也忽"的典型案例。而最近几年陆续曝光的海南金融案,不过是那个时代就已经撞击出的历史回响。

(2)海南信托:特区中的特区

现在的青年们已经很难体会到海南当年那种独特的精神魅力了。在他们眼里,海南不过是一处美丽的海滨度假地,那里不曾发生过任何惊天动地的故事。而对于当时那一代青年,海南简直就是一个圣地。正如抗战时期的延安,海南也曾经引发了中国改革之后最大的一次人口集中迁移,其主体成分也同样是青年学生和青年知识分子。经历了20世纪80年代启蒙运动的一代理想主义青年,将海南这个带有神秘色彩的边陲海岛当做他们理想和激情的避难之地。于是,"到南方去!"成为那个特殊时代最富魅力的选择。能够准确刻画这种魅力的,是一位朋友的例子。这位从小到大都小心谨慎的上海孩子,在大学毕业分回上海一年之后,也犹犹豫豫地被卷入了去海南的潮流。在海南一个洗钱公司干了一年之后,这位朋友做出了现在看来非常聪明的决策,重新回到了上海。现在,这位朋友早已经当上了上海一家老牌四星级酒店的老总,其年龄不过32岁。而那些死守在海南的同学们,许多仍然在"海里"艰难地漂着。

客观地说,这批青年人对海南的冲动是非常复杂的,其中既夹杂着强烈的理想热情,也包含了强烈的经济企图。所以,在20世纪90年代初期汇聚在海南巨大的喧嚣中,有一种声音一直不愿隐退,那就是:不仅要将海南建成中国的经济特区,还要将海南变成中国的体制改革特区。这样的人口成分与这样的信念,构成了海南独树一帜的改革模式。当时对海南很经典的一个概括是,深圳是西化的,但海南是中国的。对深圳的概括未必准确,但对海南的描述却非常到位。的确,海南是中国的,这不仅是指海南的主要经济成分是中国的,更是指海南独特的氛围:它是由一群带有鲜明时代烙印的青年知识分子构成的独特世界。在那里,一群怀抱强烈企图心的青年知识分子以一种理想主义的姿态塑造着他们自己的空间。实际上,活跃在当年海南风云际会的舞台上的,正是这批急欲突围的年轻人。中国的特区大多选在传统行政体制控制能力比较薄弱的边远地区,深圳如此,海南亦复如此。此种原由,也为这些急于成就事业的年轻人提供了更多个人发挥的空间。但现在看来,当时的海南并不具备成为任何一种特区的基本条件。海南,对于当时这批年轻人来说,只是一个历史误会。这一点在海南金融业上表现得尤其明显。

在中国所有的经济领域中,中国金融业的改革最为滞后。这虽然与金融业的特殊敏感性有关,但最主要还是受制于中国改革具有强大惯性的总体模式。出于这样的原因,在1994年之前,中国金融改革采取了与其他领域一样的所谓双轨制模式,信托业就是当时并立于传统金融体制之外的最大一根"轨道"。虽然从1979年中国国际信托投资公司成立开始,中国信托业几经整顿,并最终在这几年被彻底"推倒重来",但在那个时期,信托业无疑是中国金融体制改革最"繁荣"的一个领域。换句话说,当时信托业是中国金融领域的一个最大的"特区"。两个特区加在一起,海南的信托业自然就成为"特区中的特区"。这种特殊的土壤,造就了海南信托业空前绝后的荣景。据我们统计,海南信托业全盛时期,海南的信托投资类公司竟然达到21家之多。这个数量让几乎所有的省份都瞠乎其后。在那时的海南,信托业就是金融业,金融业即是信托业。就连海南在1995年成立的唯一一家地方商业银行——海南发展银行也是由五家当地的信托投资公司合并而成。信托业当时在海南举足轻重的地位由此可见一斑。然而,如此多信托投资公司挤压在这个没有任何产业基础,没有任何地缘经济优势的狭小孤岛上,其生存空间可想而知。不过,有了这一批极富想象力和充满激情的年轻人,奇迹是迟早要发生的。当时海南流传甚广的一句语录非常贴切地表现了这批青年知识分子旺盛的企图心:没有做不到的,只有想不到的。于是,海南的特区之"特"(可以炒卖地皮)与信托业的金融之"特"(可以大量融入资金)开始同时发挥作用。在资金大量聚集但又没有任何资源可以依凭的情况下,脚下的土地就成为唯一可以下注的筹码,一场史无前例的地产炒作"会战"就此登场。在海南及北海炒地最狂热的1992年,许多生怕错失机会的外地炒家,经常是直接驾驶装满现金的小车奔赴目的地。由于涌入的资金太多,当地银行的营业部经常出现十元钞票(那时候还没有百元大钞)堆积如山的情形。这些地处边远的银行职员经常发出的一个疑问是:从哪里冒来这么多钱?以现在的眼光看,那绝对是一场想象力与勇气的比赛。但在那个时候,已经没有任何东西能够约束这帮年轻人,商业经验的苍白和对经济的浅薄理解都不能构成障碍。在他们面前,只剩下辉煌的个人成就和豁然洞开的金钱诱惑。这一刻,海南如流星般短暂的辉煌及日后绵绵不断的痛楚同时铸就。而这其中,海南信托业举足轻重。在海南地产最狂热的时候,一位海南信托业的名人曾经气壮如牛地发誓:要将海口所有的地皮都买下来。这句今天看上去无论如何属于商业噱头的豪言壮语,在当时却十有八九是发自内心的。其中底气来自海南信托业早期的巨大成功。在早期的地产炒作中,海南信托投资公司凭借其资金优势大发横财,资产规模在短时间内急剧膨胀。一时间,那些导演这些天方夜谭的金融家们,个个变成了点石成金的英雄。海南的滚烫的土地上到处都有这样的传奇人物。笔者的一位好友当时曾经供职于海南省信托投资公司,他不止一次地向我提起这家只有1000万元注册资本的公司在短短几年中快速发迹的神话,语气中充满羡慕与景仰。而让这个神话特别具有诱惑力的,是因为创造这些神话的,竟然是几个与我们几乎同龄的年轻人。显然,这并不仅仅是海信的神话,而是整个海南的神话。由海南信托业为主力所创造出来的表面繁荣一度被誉为"海南"模式,并在全国广受推崇。在一段不短的时间中,海南曾经作为与传统体制完全相反的另外一极而受到人们的顶礼膜拜。本人曾经亲眼见识过90年代初期上海商人对海南金融人的毕恭毕敬。当我上面提到的那位朋友奉命在沪上筹备第一家证券营业部时,上海当地人跑前跑后帮忙的热情表现,直到现在我还很难忘记。对于有浓厚优越感的上海人来说,这种发自骨子里的尊敬是非常少见的。这也反衬出当时海南金融业带给人们的神秘和感召力。就在那段时间,笔者有幸与海信的一位副总共进过一次晚餐。谈吐之间,这位年轻副总所流露出的自信与见识,让人自惭形秽。不过,这已经是遥远的往事。在随后的年月中,我这位朋友所在的公司前后有两任老总携款潜逃,不知所终。让人感慨的是,这种结局几乎是所有当年海南金融巨子共同的命运。除了我们上面提到的李建民之外,这个名单上还写着:

李耀祺,原海南港澳国际信托投资公司法人代表,2002年3月被海口市中级人民法院以贪污罪、挪用公款罪和私分国有资产罪判处死刑。该判决还同时判处苏国华(海南国际信托投资集团公司原总经理、副董事长)有期徒刑15年,判处霍文铭(海南国际信托投资集团有限公司原副董事长)有期徒刑13年,判处张澄光(海南国际信托投资集团有限公司原副董事长)有期徒刑13年。这个判决意味着,当年在海南威风八面的港澳帝国的主要人物几乎被一网打尽。

李耀祺领导下的港澳国际在20世纪90年代初期曾经创造令人炫目的历史。其旗下不仅有电厂、鞋厂等各类实业,更有各类金融公司和上市公司,投资遍及南方几乎所有热点地区。由于在海南初期开发中所起到的重要作用,李耀祺曾经被评为"海南特区拓荒创业先行者"及"优秀企业家"。

但是,李被捕后的审计却发现,港澳亏损巨大,资产质量低下。与此同时,李个人的财富积累却达到7000万元。据说,李是1998年9月以"商谈相关工作"的名义从广州被调至北京并最终被捕的。在长达3年多的时间中,海外曾经一度传言李自杀身亡。饶有意味的是,李耀祺是在离任后被逮捕的。这实际上表明,海南十年前的旧账仍然远远没有算清,千金散尽,掀起一场巨大的泡沫,但人却成为历史的抵押。

朱邦益,原海南南方信托投资公司法人代表兼总经理,1998年被逮捕,罪名是非法提供金融担保构成诈骗。荒唐的是,朱早在1991年即被人行海南分行暂停职务,但朱邦益却是在1996年为一笔1.18亿元的贷款提供担保的。同样荒唐的是,检方认定朱无权提供担保因而构成诈骗的理由竟然是,"从1991—1996年原人行海南省分行再没有对朱邦益的职务问题下发文件。"海南信托业当时混乱的情况由此立现。排除个人贪欲所起的作用,在导致海南金融家纷纷跌入深渊的过程中,荒谬的制度安排实在难辞其咎。

在李建民即将宣判的前夕,一位非常熟悉海南早期情况并幸运逃过海南劫难的企业家告诉作者,"海南当初的风云人物已经差不多抓完了",语间充满隔世之感。说这句话的时候,他肯定已经注意到了,就在2001年底,海南仅存的几家信托投资公司也被同时关闭。其中包括在岛外也颇有名气的海南华银和海南汇通。

种种迹象表明,随着海南最后一批信托投资公司的关闭,还会有更多当年的金融名人将陷入深渊,我们上面那个远不完备但已经足够让人唏嘘不已的清单将会进一步加长。不过,现有的事实已经足够可以说明,建立在特殊金融模式下的海南模式已经失败。海南将从中国金融改革的中心舞台彻底退隐,重新回到她原来的边缘位置。海南,依然是那个美丽、迷人,甚至有点挑逗意味的边陲之国,是流放者一个孤独的歌吟之地。蓦然回首,我们开始懂得,海南曾经有过的重要意义,原本是为一种青春的想象力所赋予。

(3)需要公平和清晰的规则

20世纪90年代中期前后,在经过了漫长的等待和煎熬之后,许多青年知识分子包括作者的许多朋友开始逐渐向内地回流。他们一部分开始重新回归那个他们曾经厌烦的体制,更多的人则是再也回不去了。他们要么留在南方,要么回到内地。但无论是哪种,有一点是共同的,他们主要是在旧体制中新生长出的灰色地带寻求机会,而这个灰色地带总是更多地与体制中心相重合。不过,他们不再是一个同质的整体了,他们被以个体的方式安放在一个个利益集团中。他们是分散的,无奈的,被动的。南方已经消耗掉了他们一生的激情。当然,崩溃带来的不仅仅是死亡,也同时带来了成熟甚至世故。实际上,现在不少在舞台上其为活跃的民营企业家都是从海南的废墟下爬出来的。他们今天的成功与在海南惊心动魄的历练是分不开的。但不知道他们是否意识到,他们有今天并非是由于他们更聪明,而是由于他们更幸运。因为从严格的意义上说,他们一开始就玩金融起家的,以后在内地的很多年里,他们仍然是准金融家,而他们今天的事业与当初海南的事业并没有本质的区别。唯一不同的是,他们逃离了海南——一个太容易水干见底的地方,而留在那个快速干涸的池子里的金融家们,则陆续被渴死了。更应该提醒这些过来人的是,他们实际上并没有上岸,仍然身处同一个模糊的体制之中,这个体制依然没有(甚至比海南时期更没有)清晰的规则,他们只能凭直觉、凭本能、凭随机应变的机会主义智慧采取行动。与过去相比,他们一点都不安全。

当初在海南,人们就是想利用制度的模糊而乱中取胜,但大多数人最终反过来被这种模糊所击倒。在中国改革的词典中,特区的准确解释就是制度性模糊。它并不明确地告诉你可以做什么,不可以做什么,只有语义模糊的政策暗示,只有精明人对这种暗示的借题发挥。所以眼见着一批金融人成为阶下囚,一位信托业人士相当委屈地说,以前从来没有规定什么可以干什么不可以干,怎么回过来全都变成违规了?

虽然,在绝大多数情况下,许多当事人都是因为个人原因而利用制度空白故意试错的。但是,既然有制度空白,负主要责任的就不单是当事人。而我们在海南金融人的个人悲剧中所看到的,正是这样一种畸形的风险收益比例。一些人赌赢了,更多的人却被埋葬。赌赢的人未必明天还能赢,而赌输的人却永远被埋葬了。这大概就是中国金融改革独特性所在——一个将人作为工具而不是作为目的的改革。但愿,在这一些人倒下之后,人们会越来越清醒地意识到,公平和清晰的规则,不仅有益于经济的长期发展,更直接关乎我们个人的旦夕祸福。

从总体上看,海南模式,是中国整体改革模式与中国第一阶段金融改革模式在海南这个特殊时空上的一种混合。在这个意义上,海南模式并不特殊,它在其他特区及内地大城市都不同程度地存在着。而这种模式之所以在海南被发挥得如此极端,则主要是因为海南当时特殊的人口构成。虽然在海南的实验中,也有一些如李耀祺式的旧体制人物,但其主体仍然是我们前面所提到的青年知识分子,这其中不乏优秀的金融才俊(虽然他们还远远不是金融家,但他们在当时非常少见的专业背景使他们比别人更有希望成为未来的金融家)。经验的缺乏与激情的过剩都很容易使这些年轻人失控。这也是为什么我们一想到海南,就特别伤感的原因。的确,在这决定个人命运的所有因素中,较之于制度,个人的才智、性格及修养,实在太过渺小。制度无常,命运即无常。

如果说海南模式有什么特别之处的话,那就是海南实在太脆弱了。无论是基础设施、产业基础、地缘条件,海南都无法与其他特区及内地其他大城市相比,而金融根本无法脱离这些基础而单独繁荣。就像我们已经看到的那样,虽然海南的金融人在地产泡沫崩溃之后,也曾作过艰难的挣扎,并将业务伸向内地和其他诸如证券之类的新生领域,但无奈海南大本营的资源实在过于贫瘠。所以,这种模式才在海南崩溃得如此迅速、如此彻底。但这并不意味着这种模式在其他地区不会失败。以这个角度观察,那些在中国其他地区从事同样金融冒险生涯的金融家们,不过是走运的时间更长一些。他们偷吃了河豚,却没有死去。但很显然,这只是一种巧合。

十多年了,人们被大潮裹挟着东奔西走,左冲右突,从未有时间仔细端详自己的过去。十年的时间只是历史的一刹那,但对于我们这一代,对于中国改革,海南短暂的历史却显得格外凝重。远远的回头望去,那些被埋葬在废墟之下的昔日强人,就像是祭献。在中国,这或许是一个必然的仪式,但没有什么仪式比这更原始、更让人感慨万千了。

第二部分 上海－深圳:边缘的游走

(4) 仰融:看不见的金融家

从 1993 年年中实施的紧急宏观调控开始,中国的金融改革即进入第二个阶段。虽然这个阶段在金融的宏观体制方面作了某些新的尝试,比如设立政策性银行、外汇体制改革等。但从总体上说,这一阶段的金融改革仍然服务于中国改革的整体思路,表现出渐进和模糊的鲜明特色。这与第一阶段的金融改革在精神上实际上一脉相承。不过,在这一阶段中,中国金融领域却生出一块更大的体制外生存空间——中国证券市场。与当初局限于某一区域的信托业相比,中国证券市场不仅是全国性的,而且其聚集资金的能力也远远超过当年的信托业。以今天中国证券市场动辄几千亿的进出,当年的信托业简直就是小打小闹。毫无疑问,这是一个更加让人眼热心跳的巨大舞台。于是,一批老英雄和一批后来者,在这里开始了他们更加宏大的淘金之旅。由于传统行政官员对证券市场几乎一无所知,所以,在这个舞台上尽情舞蹈的又是一批年轻人。

仰融,中国资本市场最神秘的人物之一。其神秘倒不是因为仰融积累了号称 70 亿元的身家,而是因为这个在我们眼皮子底下成长起来的富豪,我们对他的过去竟然浑然不知。以至于有人猜测,仰融原本不姓仰,因为在中国姓氏中根本就没有"仰"这个姓。仰融这个名字是后来改的,其意为"仰慕金融"。这位人士进一步发挥其想象力猜测到,仰融曾经因为某种特殊原因而整过容。虽然,对这种传言的真实性,我们必须保持必要的怀疑,但在一个透明程度仍然止步于传统社会的舆论环境中,小道消息的流传是非常容易理解的。实际上,今天这种对仰融们莫衷一是的传言,正是对我们舆论长期缄默的一种历史报复。所以,我们现在看到的有关仰融的简历是如此残缺:仰融,45 岁(?),安徽人(?),西南财经大学经济学博士(?)。之所以一一加上问号,实在是因为我们无法考证这些最基本的事实。在 2002 年 1 月发表在《经济参考报》上一篇我们认为比较可信的文章中,作者在介绍仰融的籍贯时,也只是称:"经国外专业调查公司查证,籍贯安徽的仰融与中国政要们没有任何亲属关系。"很显然,这种介绍方式非但不能撇清人们对中国富豪某种惯有的背景联想,也同时表明作者对这个问题并无真正的把握。一个在中国资本市场拥有数间上市公司的公众人物,其最基本的情况竟然要靠外国调查公司的资料,这不仅与信息披露的基本原则不符,更远远不能满足公众的好奇心。在中国,新富阶层的麻烦,经常发轫于公众这种带有强烈民愤色彩的好奇心。仰融深谙这种国情,所以仰融明智地保持将近十年的低调。这种风格与中国许多暴发户的炫耀冲动形成了鲜明的对比,足见仰融超凡的克制与冷静。不过,仰融还是出事了。

今年 4 月之后,有关仰融出事的消息,一直是中国资本市场上的一个最热门的话题。小道消息无奇不有。有人说仰融已经被有关部门双规,也有人说,仰融已经远走他乡,避走于美国及加拿大一带。而最有想象力的猜测则是,仰融正在有关部门的严密看守之下,在缅甸一带清收资产,因为仰融在当地设立了多家洗钱公司。铺陈如此具体的细节,猜测者肯定是想证明消息的可靠性和权威性。而我们最近得到的比较确切的消息则证实:的确有级别相当高的部门在审计华晨在上海方面的公司。猜测归猜测,但苏强——一位追随了仰融 10 多年的左膀右臂,还是间接证实了老师的下落。在最近接受的一次采访中,苏强说,我很尊重仰总,我们这帮年轻人都是仰总带出来的……但我们是职业经理人。话语中替恩师惋惜、与恩师告别的意思已经一目了然。以苏强与仰融几乎一样的沉稳性格,这句话其实已经证实,仰融出事了。这批在混沌时代追随仰融并逐渐完成了原始积累的后生们已经意识到,他们必须挥别过去,在一个新的时代成就他们更加名正言顺的宏图伟业。毕竟,他们还年轻,有着同时代人根本无法企及的金融及管理历练,有比恩师更加可为的事业前景。然而,混沌时代真的结束了吗?苏强们的职业经理人之梦真的可以就此开始了吗?游戏规则真的已经天翻地覆了吗?恐怕到目前为止,这依然只能是苏强们的一种个人愿望。作为华晨神秘内幕的见证者,苏强们肯定已经忐忑地意识到,历史并不能轻松割断。这大概也是苏强们——一批青春岁月即遭逢混沌时代的青年们,无法摆脱的特殊困扰。混沌造就了这批年轻人,恰如造就了他们的仰总,但混沌会毁掉他们吗?

那么,仰融与华晨究竟有什么样的不为人知更不愿为人知的历史呢?

就我们现在所能知悉的公开材料,仰融的华晨帝国发端于两个公司,一是 1990 年注册于百慕大的"华晨控股有限公司"(Brilliance Holdings Ltd.)。仰融以董事长身份代表国家国有资产管理局持有 100% 的股份。第二家则是 1991 年 2 月注册于香港的华博财务公司(Broadsino Finance Co. Ltd.),出资人为仰融及郑金海。仰融占有股权 70%。以这两家公司开始,仰融开始了气势恢宏的金融跋涉。现在熟悉资本运作的人们大多已经知道,在百慕大成立公司意味着资本运作的第一步。但在 1990 年,即便是中国金融专业人士对这类操作也相当陌生的时期,仰融就有了这种不同寻常的眼光。这个事实足以说明仰融是中国资本市场最早的觉醒者。而仰融在其后一系列稳健而成功的操作更进一步证明,仰融不只是一个敏锐的先行者,而且还是一个老练的金融资本家。实际上,在仰融之后的黄鸿年所缔造的"中策模式",虽然更为轰动和知名,但远远没有仰融成功。而 90 年代中后期在中国资本市场所诞生的所谓庄家,与仰融相比,更是等而下之。从专业的角度讲,仰融的确是一个不可多得的金融资本家。不过,这种天赋,并不是华晨成功的唯一因素,更不能保证仰融能够继续做他的金融家。决定仰融命运的还有仰融不能回避的"出身"。

已经有许多人注意到,仰融的履历中有非常让人疑惑的残缺。他的履历总是从 1990 年开始的。那么,在这之前,仰融在干什么?按时间推算,1990 年的仰融应该只有 33 岁。为什么 33 岁的仰融即具有如此广泛的国际视野?为什么仰融在那个时候即能够轻松游历世界?要知道,在那个时候,即便所谓的高干子弟具备如此见识及方便条件的恐怕也不多见。这就是说,仰融要么出身所谓高干,要么出身所谓特殊部门。仰融在 20 世纪的 1990 年注册于百慕大的"华晨控股有限公司"(Brilliance Holdings Ltd.)中的国有资产代表身份含蓄地表达了这一点。以我们的了解和观察,仰融应该属于后者。实际上,早在 90 年代初期,当所有人都为华晨在美国上市这一石破天惊的壮举所震慑时,即有朋友告诉作者,华晨是某某部门的。相信,在 20 世纪 90 年代初期在南方热点地区混迹过的商人都经常碰到过自称或确实是这些特殊部门的人。不过,此后的仰融一直低调,人们也就逐渐忘记了华晨的这些特别之处。虽然仰融一直声称,在华晨的"奇迹"中,国家没有投一分钱(站在仰融的角度,这可能是对的),但仰融可能忘记了,直到今天,他的这种"特殊出身"依然是种稀缺资源,又何况在 20 世纪 90 年代初期呢?换句话说,金融家仰融如果没有这种特殊身份,他能够顺利地贷到款来取得他的第一桶金吗?如果没有第一桶金,仰融又如何能在以后大展其金融天才的身手,并逐渐建立起他的华晨帝国呢?没有这种"特殊出身",仰融又如何能够在十年的资本运作中如此顺风顺水呢?我们倾向于相信,仰融已经在账目上还清了所有的原始贷款,拥有比较稳健的财务状况(这在中国地下的私有金融家中可能是非常少见的),但站在赋予仰融"特殊身份"的那些国有部门的角度讲,仰融还远远不能是一个干净的"私有者",赋予仰融以特殊身份,即赋予了华晨以巨大的无形和有形资产。在这些人看来,仰融的这些成就应该归属于某种"职务发明"行为,仰融个人的努力和天赋是微不足道的。而仰融恐怕很难这样看待自己的这些成就。这大概是一个打不开的死结。棘手的是，发生在仰融身上的这种产权纠葛，并不仅仅是仰融所独有。仰融代表的不仅仅是仰融，而是一批人。在这个意义上，仰融实在是一个符号，一个准确反映了中国改革20多年"地下路线"的符号。仰融戴上了一顶特殊而且脱不下的红帽子。

确实，这顶特殊的红帽子曾经给仰融及华晨带来过特殊利益。有媒体查证，1999年3月，华晨曾经在几天之内火速成立了"珠海华晨控股"。在极力保持了多年的低调之后，仰融突然调转枪口杀回国内，很明显是冲着国内的资本布局而来。1999年3月，正是中国证券市场"5·19"行情发生的前夜，是中国证券市场政策发生根本性转折的关键时刻。如果这不是巧合的话，那就只能证明，仰融及华晨的消息已经准确到了令人难以置信的程度。仰融在国内的根基由此可见一斑。不过，到今天，仰融恐怕要为当初的决策后悔了，真所谓成也萧何，败也萧何。这就好比在一个巨大的老鼠仓上下错了注。在一次接受记者采访时，仰融曾经提到他与宝马董事长相谈甚欢，他将这种彼此投缘归结为他们的共同之处：用自己的钱心疼。但现在看来，仰融对华晨的产权归属还是过于乐观了。

在中国证券市场上，还有许多如仰融的地下金融家。这其中包括我们熟悉的这个系那个系，也包括许多完全不知其姓名的"厉害角色"。虽然这些人都声称有这样和那样的实业基础，但明眼人看得很清楚，他们实际上都是地地道道的金融家。这固然是中国大量民营企业一直以来的基本生存状态，但就真正的实业基础以及财务状况而言，他们大概很难与仰融的华晨相提并论。以此判断，他们面临的处境丝毫也不好于仰融。他们应该醒悟到，混沌的时代可能成就我们于一时，也完全可以置我们于非命。

现在，如果没有像中国证券市场突然蒸发的许多人那样远走高飞，仰融应该正走在归隐的路上。在还未来得及看清仰融的真实容貌时，我们却看到了他远去的背影，像一名神秘的过客，也恰如我们这10多年。

（5）管金生的同行们

与仰融们不同，管金生代表了中国证券市场上的另外一类人物。他们有体制赋予的合法的金融家身份，但却在从事体制外的边缘金融事业。或者换句话说，他们从事的是未被体制明确规定界限的所谓创新工作。这可能是这类金融家们独特的工作风险。问题的关键还在于，这些金融家们不仅是在从事业务创新，而且实质上也是在从事某种体制创新。他们的行为具有鲜明的跨体制特色。在这样的情况下，我们究竟是以体制内的原有规范来界定他们的行为，还是以体制外的规范来判别他们的罪与非罪，就成为一个非常困扰的问题。因为，在一个全面失范的体系中，我们已经失去了统一的评判标准。将他们定义为罪犯是非常容易的，将他们塑造成英雄也同样容易。而实际上，不光是他们，我们所有人都处于这样一个似是而非的时代。这不仅是我们这些评判者所面临的困境，更是这些当事人所面临的困境，在体制中如囚徒般无力的管金生们的人生挣扎由此而来。

管金生，男，1947年5月19日生。硕士文化程度，原上海万国证券公司总经理，1997年

2月被上海市第一中级人民法院以受贿等多项罪名判处有期徒刑17年。据管的老朋友称，管现被关押于上海非常有历史的提篮桥监狱。从1995年5月19日被逮捕时算起，管已在高墙中度过了7年。7年，中国证券市场已经天翻地覆，大多数人也早已经忘记管金生。只有在申银万国证券公司这个奇怪名称的背后，我们才能依稀看到管金生当年的峥嵘岁月。看到今天的中国股市，不知管金生会想些什么？惟愿他已经心如止水，毕竟他还有10年的铁窗生涯。到那个时候，管将是年近古稀的老人，一切都将与他无关，甚至包括生命。

有业余的堪舆专家曾经对作者说，管金生面相不佳，遂有"3·27"之祸。不过，在管金生的悲剧中，我们看到更多的是有迹可寻的体制局限，而不是乱力怪神的无情捉弄。无论从哪个角度看，"3·27"都是一场赌局。但这场赌局的发生并不是管金生个人可以左右的。当人们无力左右制度的时候，我们往往容易将灾难归咎为当事人的性格缺陷。但可以肯定，这只是对制度一种惯有的绥靖。具体到"3·27"，我们可以问，如果管金生即将输掉的20亿元人民币不是国有资产，管金生还会如此狂热吗？如果万国当时的决策权不是管金生一人独揽，而是有较为健康的治理结构，万国会在一夜之间输得干干净净吗？如果……，无须所有的条件都一一齐备，只要一条具备，管金生与万国的结局就可能大相径庭。虽然，我们很难排除在这场灾难性赌局中，管金生个人性格所起的作用，但人之所以为人，就是因为他有缺陷。体制应该尽量限制这种缺陷，而不是放大这种缺陷。但很显然，在"3·27"事件中，我们看到的是后者。进一步说，如果将体制缺陷及个人性格共同造成的灾难，完全归结为个人责任，则肯定是出于对制度的无知和人性的险恶。当然，从"3·27"管金生失控的表现中，我们发现，管既不是一个好的行政官员，也远远不是一个称职的金融家，他仅仅是一个与时代同步但受到时代局限的乱世强人。但这并非都是管金生的错，他不过是被时代推上了这个位置。不过，对于管金生来说，最难以接受的可能是他的罪名。谁都知道，管是由于"3·27"所导致的巨大亏损而惹祸的，但他的罪名却是受贿及挪用公款。在中国证券市场短暂的历史中，管金生和万国无疑象征着一个时代，接下来的是君安和张国庆时代。然而，这又是一个短命的时代。

在1996年发起于深圳股市时间接近两年的牛市中，张国庆率领的深圳君安证券公司大出风头，一举奠定中国证券市场的霸主地位，人称君安时代。但无论从哪个角度看，所谓君安时代，都只是中国证券市场江湖上的一种名不副实的传说。实际上，据君安知情人称，在1995年年底，君安已经发生巨额亏损，财务状况极端恶劣，接近破产边缘。在这个意义上，1996年并不是君安发动了行情，而是行情挽救了君安。而在这个也许是中国证券市场最大的牛市之后，君安的财务状况也没有根本好转，这一点，在君安后来与国泰合并时提供的审计报告中可以看得非常清楚。讽刺的是，这与"5·19"行情之前以及今天中国券商的情况极其相似。也许有些人会觉得奇怪：大牛市的利润到哪里去了？其中原因非常简单，大牛市的利润都通过证券公司被转移了。所以，君安时代不过是中国证券市场资产大转移的一个段落，而君安作为一个新锐券商，也只能是这个游戏台面上的布罩。

谈君安不能不谈到张国庆。张国庆，湖北人，出身于 1956 年，曾任人行深圳分行证券管理处处长。这个与仰融一样有着谜一样身份的人物，在 1992 年创办君安证券公司，并担任总经理。其后，君安在张国庆的领导下，成为国内最具创新意识的券商，一时领风气之先。对于君安的背景，坊间传说甚多。但不管君安的背景如何复杂，他依然带有转型期中国企业普遍具有的那种"暗箱"特征。这种暗箱特征在下面的一个例子中可以看到。

作者的一位朋友曾经在君安总部的财务部门任职。当时君安一位高层人物曾非常神秘地托付这位朋友保管一个他的个人股票账号。于是，这个账号便成为这位女士观测老鼠仓动静的一个重要窗口。但奇怪的是这个账号很少有动作。有一天，这个账号终于有了动作，这位女士马上兴冲冲地跑来告诉我们。但让诸位老乡扫兴的是，这只股票不仅不动，而且每天放量小跌。其时，1997 年的行情已经接近尾声。这个时候大家才最终明白，君安高层以一个当时最翻新的方式让大家吃了套，老鼠仓变成了老鼠套，而真正的老鼠仓是决不会让你看见的。虽然君安在当时的券商业务上有不少创新，但君安在私下的创新也实在不遑多让。

不过，最能体现君安创新意识的，还是张国庆在处理产权方面的技巧。如果说管金生犯的还是纯粹国有企业的错误的话，那么，张国庆的失误，就更加具有某种时代先锋的特征——一种在管金生之后越来越流行的"公司合营"企业的错误。导致君安出事的直接原因是，张国庆及杨骏等君安高层通过一系列复杂的股权操作，用"儿子"收购了"老子"。这最终引爆了君安之变。然后，张国庆被捕。在没有什么公平报道审理的情况下，张国庆现在却已经出狱。如果他能够重战江湖，他可能还是中国证券市场大大的红人，因为他当初对君安的操作，正是现在中国证券市场如火如荼的 MBO。不仅有人做了，而且还有更多如长虹这样典型的国有企业正准备做。在这一点上，张国庆绝对是中国吃 MBO 螃蟹的第一人。可惜的是，张先生这一口吃早了两三年。短短几年，形势大变，张国庆有一万个理由感叹自己的运气太差。一位张国庆早年的司机曾经告诉本人，张国庆很相信面相，也凭面相提拔过君安的多位高层。相信经过君安之变，张国庆恐怕"要灵魂深处爆发革命了"，对体制无常之痛也当刻骨铭心。

与张国庆一样，他曾经的同事、湖北证券董事长陈浩武如今也获得自由。陈在 2001 年 6 月曾被检察机关提起诉讼，罪名是受贿，金额不大。最终还是幸运地免于刑事处分。

与中国证券市场许多第一代创业者不同，陈浩武具有典型的学者形象：儒雅、斯文，在湖北当地是一位颇有影响的经济学家，以著作等身、廉洁奉公、思想新进而著名。有意思的是，陈还是中国第一位提出要追求阳光利润的人。以此观之，陈大概是一个货真价实的博士。然而，就是这样一位 1991 年 39 岁时就担任湖北证券董事长，已经成功规避了种种凶险的读书人，也最终踏入了陷阱，不能不让人感受到这个新兴行业无所不在的高风险。

管金生、张国庆、陈浩武代表了中国证券市场不同的时代、不同的路数，但却不约而同地踏入了同一条河流。那么，他们的后来者呢？

中国很有智慧的经济学家谢平先生曾经将 1997 年之后划分为中国金融改革的第三阶段,并将此阶段的核心内容明确定义为整顿金融秩序,防范金融风险。但仅从证券市场的情况看,这个风险似乎越防范越大,公正和透明的秩序离我们还非常的遥远。亚洲金融危机虽然使我们半夜惊醒,但我们却服下了一颗安眠药。显然,我们并没有因为危机而早起。直到今天的事实表明,中国证券市场还远远没有走出混沌的年代,在这个混沌中冒险闯荡的老老少少的金融家们之中,恐怕还会出现更多的管金生、张国庆、陈浩武。而今天中国券商比之从前有过之而无不及的艰难时世,实际上已经充分暗示:中国金融家的流逝名单还会成批量地增加。

第三部分 体制内的金融:刀刃上的舞者

(6) 陨落的新星

1996 年 11 月,朱小华赴港履新,出任光大集团第三任董事长。

对这位年仅 47 岁,但已经具有中国金融系统完整履历的技术官僚来说,光大可能是他更上一层楼之前的最后一次外放。虽然他还是一名地地道道的体制内官员,但香港毕竟给了他更大的个人发挥空间,所以,他要利用在光大的机会,放手一搏。然而,朱小华没有料到,光大之任,竟成为他仕途及职业金融家生涯的最后一程。

1999 年 7 月,朱小华回到北京,一下飞机即被中纪委"双规"。其时,朱在光大董事长任职不足三年。此后的朱小华如人间蒸发一样杳无音讯。

2002 年 8 月,事隔三年之后,朱小华失踪之谜终于尘埃落定。一则 2002 年 8 月 15 日发自新华社的消息称:"近日,中央纪委、监察部通报了中国光大(集团)总公司原董事长朱小华严重违纪违法案件的查处结果。经党中央、国务院批准,中央纪委、监察部决定给予朱小华开除党籍、开除公职处分。"随后的几天中,朱小华案以超级速度开庭审理。朱小华被控犯有受贿罪,且"数额特别巨大"。

起诉书上的一句"数额特别巨大"已经明确无误地显示,朱小华已无回天之力。这意味着,中国金融界又一颗耀眼新星就此陨落。改革 20 年以来,尤其是近 10 年来,中央政府部长级官员的年轻程度,以金融界为最。虽然这与金融业的专业要求有关,但这批才华横溢的年轻部长们还是引起了人们的高度关注。朱小华只是其中的一个。当然,他并不是最早陨落的一个。

朱小华,浙江鄞县人,1949 年出生。1966 年 17 岁时候下放北大荒。1977 年回上海,进入上海银行系统,正式开始他的职业金融生涯。与当时所有被耽误了大学之梦的年轻人一样,朱小华一边工作,一边开始进入上海财经学院夜大学上学。朱小华这个不起眼的夜大学学历,在博士如林的中国金融新秀中,显得格外奇特。不过,这也显示了朱小华与众不同的基层经历。的确,朱小华从基层一路打拼上来。他曾经做过人行上海分行金融研究所的副所长(实际上最初只有三个人),然后是处长,再然后在 80 年代末期成为上海人民银行的副行长。正是在这个副行长的任上,朱小华将要时来运转,开始了他从一个地方官员跃升为中央级官员的关键转折。他先是出任新华社香港分社经济部副部长,以增加必要的海外阅历(朱曾经担任过上海人民银行外汇管理处的处长),然后于 1993 年 7 月直接升任中国人民银行副行长并于 1994 年年初开始兼任外汇管理局局长。

朱小华的噩梦始于光大任上。光大,作为最老牌的红筹公司之一,可谓水深浪急。虽然在香港,朱小华面对的环境约束一点都不比他呆过的其他地方好,其风险程度甚至远甚从前。而对于香港这个市场,朱小华虽然也有出任新华社香港分社经济部副部长的短暂历练,但这毕竟还是一个陌生之地。但朱小华还是出手了,积蓄多年,朱小华已经急不可耐。

在短短的一年多时间中,朱小华在光大展开了一系列的并购活动,扩张势头十分迅猛。颇有让光大脱胎换骨的味道。时值香港回归前后,炒家借势发力,光大系股票扶摇直上,成为红筹股中最热门的炒作对象。一时间,朱小华变成红筹公司当之无愧的形象代言人。有香港媒体更直接将此归纳为所谓"朱小华热"。

从专业的角度来讲,无论是快速并购还是股市热炒,朱小华已经卷入了一场很不理智的亢奋。而从职场的角度看,朱小华这种惹眼的出镜活动就更加不合时宜。让人感叹的是,在内地多年的职业生涯中,朱小华一直是以克己、低调著称。虽然他思想活跃,但决不激进和张狂。一个真实的故事可以证明朱小华这种谨慎作风和良好的风险控制意识。20 世纪 90 年代早期,上海股市初创,但已经相当狂热。就在朱即将离任之际,朱小华在《上海证券报》上发表文章,直指股市市盈率过高。文章一经发表,股市即告大跌,惹得当时主管的副市长直接询问此事。一位亲历过此事件的朋友回忆说,直到现在他还叹服于朱的理论说服力。而在那个时代的上海股市,能够保持如此清醒头脑的人恐怕就更加少见。据说,在光大的朱小华变得十分强势,这种形象与他早年同事印象中的谦和、平易,似有天壤之别。然而,经过多年艰苦跋涉,险峰在即的朱小华已经顾不上那么多了。

现在已经非常清楚,无论是在人生上,还是职场上,朱小华在光大的激进表现,都是他整个人生中的一个致命的败招。在这里,我们仿佛又看到了管金生的影子。于是,同样的灾难刹那间降临。

将朱小华与十恶不赦的腐败分子联系起来是非常简单的,但这只能表明我们民族的健忘。因为朱小华这个名字所隐喻的,是一个异常庞大的群落。且不论这十几年中国金融系统如过江之鲫的失踪、入狱人员,仅与朱小华同一级别的年轻高官,就还有王雪冰、李福祥、段晓兴等多人。

王雪冰,1993 年出任中国银行行长时年仅 42 岁,比朱小华升任同一级别时,还年轻两岁。虽然出身工农兵学员,但风云际会,使王雪冰有机会很早就来到纽约这个世界金融中心。由于其在纽约表现出了杰出的交易员才能及长袖善舞的交际能力,遂得以步步高升,直至中国银行行长。在 2000 年转任中国建设银行行长两年多之后,王雪冰被撤职。无疑,王雪冰的人生已经就此断送。

李福祥,曾经与王雪冰在中国银行时共事,1998 年 45 岁时即担任国家外汇管理局局长,2000 年在北京一家医院跳楼自杀。

与我们前面列举的所有人物不同,朱小华、王雪冰、李福祥代表了这十年来中国金融家中另外一批截然不同的人。他们生在体制内,决定性的人生经验都在体制内完成。这就决定了,虽然他们都有某种专业背景,但本质上仍然是官员,而不是金融家。所以,这批人的腐败,就绝不仅仅只意味着金融家的腐败。在绝大部分时候,我们看到,他们的失足与其他官员并没有什么两样。贪污、受贿和渎职成为他们身陷覆辙最具标志性的原因。虽然在某些特殊场合,我们不能排除这些金融人才倒霉的其他因素,但无论如何,他们总是被人抓住了把柄。许多外国观察家在对中国金融家表示同情的时候,总是认为导致这些人最终掉进陷阱的原因,是因为他们作为金融家的收入太低。但他们究竟是金融家还是官员? 这显然是一个极大的问题。在中国,所有的规则都是模糊不清的,微观到鉴别一个金融家的身份。这经常被许多人称之为中国人在 20 年改革所表现出的独特智慧。然而,看看这些金融家们的悲剧,你能相信,这是真的吗?

导致这些金融官员翻船的另外一个原因是,虽然身为金融官员,但这批体制内的金融人实际上相当缺乏必要的市场磨炼。一旦进入真正的市场,他们的许多理论错觉就会经受到市场的严峻挑战,作为一个行政官员对市场的极度不适应症状随之而来。朱小华在香港的失败,就是一个生动的例证。也正是在这个意义上,我们很难将朱小华们看作真正的金融家。但是,如果朱小华们不是真正的金融家,那中国还有金融家吗? 是的,只要你去看看中国的银行的现状,你就会发现,那里根本就没有诞生金融家的土壤。在那里,中国的银行更像是一个行政机关,而不是一个商业机构。这种尴尬,实际上也深刻反映了中国核心金融体系的改革,其中所蕴涵的巨大风险。当然,我们愿意相信,金融改革的迟滞并不是金融本身造成的,隐身于金融体制之后的,还有更具压迫性的体制力量。

但愿,朱小华、王雪冰等将是中国金融改革拂晓前的最后一批吃河豚者。而实际上,朱小华们——这批因改革而声名鹊起的年轻金融家们,如流星般的纷纷坠落,已经急切地昭示:中国金融改革已经走到了无可彷徨的十字路口。

第四部分　尾声还是引子:不期然跳出的历史

就在我们准备结束这篇长文的时候,中国证监会一个出其不意的公告又一次将我们拉回了海南。显然,历史并不愿意就此了断,它是有记忆的。这种顽强的记忆力可能出于许多人的意料之外。

2002 年 9 月 7 日,证监会不动声色地发布了关于大连证券停业整顿公告,这则公告称:

"鉴于大连证券有限责任公司严重违规经营,为了维护证券市场及金融秩序稳定,保护投资者和债权人的合法权益,中国证券监督管理委员会根据《中华人民共和国证券法》和国家有关规定,决定会同辽宁省及大连市人民政府成立停业整顿工作组,自即日起对该公司实施停业整顿。"

这是中国证监会开始行使关闭证券机构权力之后,在一个月之内关闭的第二家证券公司。不过,不要以为这是刚刚过去的那次股市崩溃的后果,实际上,这是我们在为中国证券市场更早的历史买单。由于中国证券市场中的许多大鳄都是从这段混沌的历史中走出来的,证监会在发布公告时的低调是非常容易理解的。对于如此事关重大的事件,证监会甚至超乎寻常地选择了指定媒体很不起眼的位置。不过,在这种"低调"中,我们还是看到了中国金融监管部门表现出的不安。毕竟,历史并不能轻易绕过。

与鞍山证券相比,大连证券的关闭恐怕更加意味深长。大连证券的董事长石雪曾是华银信托的主要领导人之一。而华银信托,更能够反映这十多年中国金融体制外生成的全貌,它几乎参与了从信托到证券的所有历史。

华银信托,全称为海南华银国际信托投资公司,主要股东为华远集团、中国金融学院,以及中国银行北京分行,1989年1月12日开业。在90年代早期,华银信托一度是中国证券市场上主力的代名词,凶悍名声如雷贯耳,其主事者也是海南信托业声名显赫的名人。1991年上半年,华银信托将当时上海股市的龙头股电真空从100多元拉抬至900多元,是中国股市的第一庄,当时以至于市场一有行情,便有人猜测为华银所为。90年代中期之后,华银在公开媒体上突然选择了低调,但私下里,华银在证券市场中仍然凶猛如常。看得出,这种低调是刻意选择的。然而,再低调,也有水落石出的一天。据知情人称,华银信托2001年11月被关闭后,一座潜伏多年的巨大冰山开始浮出水面,大连证券及仰融的华晨不过是其最早撞翻的两艘船。大连证券及华银信托虽然直到今天才翻船,但祸根早在90年代中期即已经埋下。知情人表示,华银信托及大连证券不仅涉及早年大量的国债卖空事件,而且也涉及近年一直持续的非法集资问题。多年来资金链一直紧绷,资产质量之低下非外人能够想象。不过,经历过1995年国债回购市场崩溃的人,对事件牵涉的资金规模及内幕应该心领神会。令人奇怪的是,许多亲身参与者一直担心的清算和审判居然没有发生。然而,正当在那场崩溃中积累了巨大的财富的人们以为,时间即将彻底尘封这段往事的时候,历史不期然跳到了我们的面前。在那场崩溃后,一些人销声匿迹,静悄悄地离去,一些人改头换面,继续在这个市场上厮杀,并成为鼎鼎大名的庄家。但如此大的资金流动,如此大的财富再分配毕竟有迹可寻。作为一直浸淫于这十几年中国金融改革灰色操作地带的代表,华银可能正将一部隐秘的历史带到世人的面前。

(《科学与财富》之价值专刊,2002年10月10日)

报道背景

　　与众多西方同仁相比，这一代中国财经新闻人无疑是幸运的。当西方的新闻报道越来越细分为公司新闻、贸易新闻、金融新闻，越来越纠葛于数据资讯的细节时，我们却在见证、经历和记录一个处在深远转型与变革中的社会，体制的变革与人性的冲突纠结博击，财经、政经、产经交错融合，为财经新闻人源源不断地提供着跌宕起伏如传奇故事般的报道素材。而于事件汪洋中对这些素材的遴选、组合和驾驭就成了考量新闻人境界、视野和新闻敏感的试金石。

　　有人说过，历史往往要隔了一段时间才能看得清楚。写当代史不容易，书写当代金融改革史更是一个挑战。在纷繁复杂的政策变更背后充斥着利益的博弈和力量的消长，而这些又跟一些金融弄潮儿的个体命运沉浮纠葛在一起，让这段历史成为种种偶然与必然的交集，编年式的盘点远不足以解释体制变革和个人命运沉浮背后时代的脉络与趋势，而后者才恰恰是更为重要和有意义的。对于中国金融改革这样一个带有宏大叙事色彩的题目，如何在很短的篇幅中予以历史画卷般的呈现，既照顾历史发展脉络的完整性，又照顾报道的生动性、趣味性和典型性，是颇富挑战的一件事。

内容分析

　　作者在这篇题为《刀锋——金融家命运启示录》的深度报道中，另辟蹊径，采取经纬结合，以点带面的手法，以中国金融改革史的三个阶段为经，以这三个阶段中体制外和体制内不同领域代表性金融人物的命运浮沉为纬，用生动形象的笔法描摹人物情状，用犀利深刻的语言点评兴衰浮沉，在不算很长的篇幅中让人对步履蹒跚的中国金融改革既能有脉络上的清晰把握，也不乏直击心灵的触动与震撼，更在这种触动和震撼之后不由自主进行深刻的反思。

　　以对海南信托业人物沉浮的书写为例，文章的开头颇富寓意，"拼死吃河豚"的场景故事既把中国金融改革第一阶段中重要的代表性人物引入读者视野，同时也是对金融改革中这些弄潮儿诸般做法的一种隐喻。但作者并没有简单停留在讲故事的层面。在对以李建民为代表的海南信托淘金者们的命运沉浮介绍之后，作者借用李建民即将宣判的前夕一位非常熟悉海南早期情况并幸运逃过海南劫难的企业家的话"海南当初的风云人物已经差不多抓完了"，对海南信托时代人物的命运结局做了一个概貌的总结，作者自己对企业家当时说这些话时"语间充满隔世之感"的点评更让人不胜唏嘘。

　　如果说单个人的冒险与没落有其性格缺陷带来的偶然性，那么一个群体的没落就需要从当时的历史大背景和制度的缺憾处反思了。因此作者在后面紧跟着进行评论，这种评论让这篇文章凸显出深度和力度，它把人物命运沉浮放置于中国金融体制改革的大背景中，指出个体悲剧的发生乃是制度缺憾使然，深刻剖析了中国金融改革的弊端源头——将人作为工具而不是作为目的，对制度建构和完善的期待跃然纸上。

接下来，作者又分别列举了仰融、管金生、张国庆、朱小华等金融人物，夹叙夹议，对其出身、发迹和没落的沉浮经历做了简要而不失深刻的介绍。人物的选取既照顾历史在时间轴线上的脉络延展，也照顾体制内、体制外各自的代表性，并且用点睛式的语言把这种代表性一举点明：

"仰融代表的不仅仅是仰融，而是一批人。在这个意义上，仰融实在是一个符号，一个准确反映了中国改革 20 多年"地下路线"的符号。"……

"与仰融们不同，管金生代表了中国证券市场上的另外一类人物。他们有体制赋予的合法的金融家身份，但却在从事体制外的边缘金融事业。"……

"在这一点上，张国庆绝对是中国吃 MBO 螃蟹的第一人。可惜的是，张先生这一口吃早了两三年。"……

"与我们前面列举的所有人物不同，朱小华、王雪冰、李福祥代表了这十年来中国金融家中另外一批截然不同的人。他们生在体制内，决定性的人生经验都在体制内完成。这就决定了，虽然他们都有某种专业背景，但本质上仍然是官员，而不是金融家。"……

在文章即将结束之际，作者用"尾声还是引子：不期然跳出的历史"这样一个标题，借中国证监会一个出其不意的公告，将读者的视线再次拉回海南，带入对这段历史的整体反思之中，结语"作为一直浸淫于这十几年中国金融改革灰色操作地带的代表，华银可能正将一部隐秘的历史带到世人的面前"耐人寻味，给读者留下了极大的反思和想象空间。

特 色

1. 经纬结合，以点带面，通过典型个案展示时代变迁，带有历史纵深感。

作者以中国金融改革史的三个阶段为经，以这三个阶段中体制外和体制内不同领域代表性金融人物的命运浮沉为纬，分别撷取李建民、仰融、管金生、张国庆、朱小华等金融人物作为典型个案，人物的选取既照顾历史在时间轴线上的脉络延展，也照顾体制内、体制外各自的代表性，以此形象展示中国金融改革的历史画卷。

2. 夹叙夹议，评述结合。

有鉴于本文选题的宏大性，单纯的报道型叙述远不足以深刻揭示中国金融改革背后的复杂利益博弈与深层制度变迁。因此，作者在沿中国金融改革的时间轴线组织材料的基础上，对于每一阶段的代表性人物和每一阶段的基本特征都作出了画龙点睛的评论，这种评论起到了主题升华的作用，可以帮助读者更好地认知文章的深层意义指向。

相关知识链接

什么是信托

信托是指委托人基于对受托人（信托投资公司）的信任，将其合法拥有的财产委托给受托人，由受托人按委托人的意愿以自己的名义，为受益人的利益或者特定的目的，进行管理或者处分的行为。概括地说是"受人之托，代人理财"。

信托的基本特征：

（1）信托是以信任为基础，受托人应具有良好的信誉。

（2）信托成立的前提是委托人要将自有财产委托给受托人。

（3）信托财产具有独立性，信托依法成立后，信托财产即从委托人、受托人以及受益人的自有财产中分离出来，成为独立运作的财产。

（4）受托人为受益人的最大利益管理信托事务。

中国金融改革大事记

1983年9月，国务院作出《关于中国人民银行专门行使中央银行职能的决定》。从此，中国人民银行不再办理针对企业和个人的信贷业务，成为专门从事金融管理、制定和实施货币政策的政府机构。

1997年3月，中国人民银行建立了货币政策委员会，同年4月，《中国人民银行货币政策委员会条例》正式颁布。

1990年12月，上海证券交易所成立。

1991年4月，深圳证券交易所成立。

1992年10月，国务院证券委员会（简称证券委）和中国证券监督管理委员会（简称证监会）宣告成立。

1997年8月，国务院决定，将上海、深圳证券交易所统一划归中国证监会监管；同时，在上海和深圳两市设立中国证监会证券监管专员办公室；11月，中央召开全国金融工作会议，决定对全国证券管理体制进行改革，将原由中国人民银行监管的证券经营机构划归中国证监会统一监管。

1998年4月，根据国务院机构改革方案，决定将国务院证券委与中国证监会合并。经过这些改革，加强了中国证监会的职能，基本形成了集中统一的全国证券监管体制。

1999年7月1日，《中华人民共和国证券法》正式实施。

2004年5月27日，中小板市场在深圳证券交易所成立。

2009年10月24日，创业板市场在深圳证券交易所启动。

延(伸)阅(读)•••

王广谦,应展宇,江世银:《中国金融改革:历史经验与转型模式》,中国金融出版社,2008 年

谢闻麒:《信托业三十载沉浮 新规能否管住"坏孩子"》,《金融时报》,2007 年 11 月 8 日

疫区山西

胡舒立　楼夷　李其谚

上篇　飞来横祸

（一）

太原市退休女工谢某刚从北京奔丧归来，就觉得身体不适，胸闷发烧。她立即前往太原的山西省人民医院看急诊。

谢某的哥哥刚刚在北京过世。他去求治结肠癌，结果死在佑安医院，死亡证明上说："发热，原因不明"。此刻，谢某也是"发热，原因不明"。

这是 2003 年 3 月 23 日。世界卫生组织已经在八天前将中国广东、香港和亚洲一些国家发现的传染性"非典型肺炎"定名为 SARS，确定为对全球所有国家具有重大威胁的疾病。香港已经处于 SARS 大爆发的前夜，病毒从医院扩散至社区，媒体关注铺天盖地。在北京，许多人听到一种传言，说非典型肺炎已经悄然进了北京，佑安医院就是医治点之一。

如果谢某是个消息灵通的人，她至少会把哥哥的可疑病情告诉人民医院的医生；如果她有足够的知识，她完全可能意识到自己的危急状况；如果……

可惜她在山西，在太原。她不懂英文，不上网，甚至没有机会听说"传言"。所以，没有"如果"。她以为自己是普通的感冒发烧，也没有介绍哥哥的不明死因。她被安排在人民医院急诊室观察暂住，三天后死亡，死前才被确诊为非典型肺炎。

在医疗水平相对落后的山西，省人民医院是最好的医院之一，但也是个没有专门传染科、以往也并不接受传染病人的综合性医院。

一切都是猝不及防！谢某被怀疑染有"非典"后，医院曾为她留住急诊室的观察区打了隔断。但就连为临时隔离区接通电路的电工，后来也染上了"非典"。

这一轮，仅人民医院就有 10 多名员工感染 SARS，最后一个倒下的是急诊室副主任梁世奎。4 月 24 日晨 8 时，57 岁的梁世奎终因疾患过重不治身亡。

4 月 25 日，在山西省人民医院的院长办公室里，书记和院长向《财经》记者回忆起这一切,伤心地流了泪:"当时我们怎么会想到,北京也是疫区呀!"

(二)

3月27日,在世界卫生组织(WHO,网址是 www.who.org)终于把全球的 SARS 案例中国项从零调为"中国广东972例"之后,又宣布:越南河内、新加坡、加拿大多伦多,还有中国的广东、北京、山西、香港、台湾为"疫区"(affected area,参见本刊2003年4月5日号《世卫组织专家去广东》)。

将山西定为疫区绝不为过。4月2日,山西报告的确诊 SARS 病例为4例;6日,升为24例;14日卫生部调整诊断标准后,山西在一天内增加了50例,总数字调至82例;到18日,山西的确诊病例增至95例——不仅如此,山西还是当时全国唯一报告疑似和观察病例的省份,称总住院人数为140例。

4月20日,随着卫生部长张文康和北京市长孟学农的去职,北京的"非典"病患总数升至300例以上,并连日大幅上升。然而直至现在,山西仍是全国仅次于广东和北京的 SARS 重灾区。

截至4月30日10时,山西报告确诊病例299例,疑似病例130例,死亡9人,出院22人。这个内陆省份有一个地区和10个地级市,现在除晋城一地尚未发现 SARS,其余地市均已发现确诊或疑似病例,形势极为严峻!

"我们遇到了突如其来的灾难,事先没有准备。""这场疾病现在还没有得到有效控制。"4月26日,在山西 SARS 防治指挥中心的"新闻通气会"上,卫生厅长李俊峰的语气相当沉重。

作为中部经济落后省份之一,山西陷入 SARS 之灾倍显残酷。人们在想,为什么山西会成为 SARS 在中国的重灾区呢?偶然之中,必然何在?曾有人简单推测,恐与广东疫发之初多有人前往山西贩醋有关。经《财经》调查,事实并非如此。

(三)

山西官方在报告本地病例时,常用"输入型"与输入之后的"继发型"。所谓输入,是指从外地传入;所谓继发,是指在本地又传染给他人。需要分析的是从哪里输入,又如何继发。

上述谢某,并不是山西最早发现的"非典"病人。在她之前,还有两个首发病例,每一例身后又有一串。连同谢某,山西当地称为三条链。

第一链的源头于某,是常年在太原一家商场包租柜台做珠宝买卖的女商人。2月下旬,她在广东进货时染疾,发烧胸闷。当时,广东媒体对于"非典"的报道已经趋于寂然。身为山西来客的于某无从知晓,2月初一度在当地引起恐慌的"非典"还在继续扩散,自己也有可能被传染;更无从知晓一旦患上这种传染病,应在当地迅速求医,隔离治疗。

回到山西,她的病情愈发沉重,却一直与家人生活在一起,父母亲朋往来密切。

在太原求治若干家医院未果之后,于某家人不再相信当地医院。按当地富裕人的习惯,于某3月1日租车到北京看病。7日,在解放军301医院被确诊为"非典",转入302医院。可是已经晚了,父母、丈夫等一家相关者8人都出现类似症状,有重有轻。全家相继抵京就诊。

从目前《财经》所掌握的情况看,于某正是北京的首发病例,曾导致301医院一批医护人员染病。其父母很快病死在北京。其本人和其他家人后来被要求接回山西继续治疗(参见本期"焦点人物")。

那是山西医疗界首次亲睹SARS的传染强力。在于某最后求诊的山西省人民医院,3月8日以后有5名医护人员相继病倒,都是"非典"。

对于山西和太原的防疫人员来说,"亡羊补牢"式的努力从一开始就在进行。3月9日,太原疾控中心主任赵宝新便亲率员工赶赴北京,在病房找于某了解发病过程和曾经接触了哪些人。经过这种被专业称为"流行病学调查"的步骤,赵宝新们在山西确定了30个患者的密切接触者,按上面要求"内紧外松"地"布控"进行医学观察,而且后来发现其中果然有4人发病,即送到医院救治。

于某这一链,山西住院者一共有近20人。潜在影响则无法估计。

然而,山西的灾难还远远不止于此。

(四)

3月20日,又是在山西省人民医院,一位从北京301医院诊治口腔溃疡的患者入驻,还是治口腔溃疡,不过有些发烧。

患者岳某,太原市郊清徐县的一个乡党委书记。书记病了,消息传出,许多同事赶往太原探望。

3月23日,岳某被怀疑患有"非典"。可是已经晚了。前往探望过他的清徐县政协主席4月5日终因重症"非典"死亡。四天之后,送岳氏去北京的县交通局司机,一个32岁的年轻人和他的妻子双双染恙,相继死去。

清徐是山西陈醋的产地,也是山西比较著名的富裕县。2月初广东闹"非典"的时候,当地据传醋能"治非",一瓶卖到数十元,于是也有一些商贩到清徐进货。

"从那时就听说有这种'非典型肺炎'了。不过,一直觉得对我们是非常遥远的事情,而且听说广东已经控制住了。"在清徐县防疫站弥漫着消毒水气味的办公楼里,身着防疫制服的站长啜瑞义告诉《财经》。

他还肯定地说,虽然当时来过不少广东人,但清徐并未发现由此染病的。"首发病例,就是岳某。"当然,无论啜瑞义还是岳某本人,都没有想到这种可怕的传染病不仅没有在广东消失,竟又转道北京,潜入清徐。

清徐县一夜间成了疫区。从3月下旬开始,啜瑞义和他手下的40多名防疫人员就在夜以继日地工作,动员"疑似者"住院,记录观察密切接触者的症状,从中再发现新的"疑似者"。

"当时不敢叫'非典',这是保密的。所以我们对外说'春季呼吸道传染病'。好多人想不通呀,这么个病干吗要住院呢?我们挨了多少骂呀。"防疫站的财务科长马秀珍回忆道。

按啜瑞义的记录,在岳某一链,密切接触者有7人,医学观察对象有128人,最后住院者有 24 人,死亡 2 人。绝大多数接触者和观察者都是县城人。

一串又粗又长的链条,加上 3 名死者,清徐成山西省 SARS 灾区的重中之重。街道冷落、学校停课自不待言,清徐人上太原,到饭店下榻也多遇冷脸。

(五)

直到 4 月中旬,在太原 SARS 预防控制一线,勤勉的专业人员还在按照首发链条追踪病人。除了上述三链,还有一根无头的链条,又可以串出 20 余人。

SARS 是一种传染力非常强的疾患,远远超过以前人们所知的呼吸道传染病。3 月初以来数例重症病人相继在太原出现,事前没有征兆也难有准备。事发之后,当地对 SARS 的预防救治一直被要求以"绝密"的方式进行,防疫人员无法广而告之,取得公众的广泛配合。

很难想象,在如此形势下,山西脆弱的医疗防疫系统能够挡得住病毒的进一步蔓延。很难想象,在数例而扩至上百例病人出现、大批医护人员感染后,没有更多的潜在带菌者存在。更何况,SARS 病毒此时已在北京也在全国扩散,外部环境同样堪忧。

果然,及至 4 月,尽管一线倾其全力,人们很快发现山西新增病例此伏彼起,再无法用有形的链条串联。前方防守亦愈加吃紧。

4 月 26 日,卫生厅长李俊峰说:"到目前我们掌握的疫情仍然是输入型继发感染,同时也有散在病人出现。有一部分病人(病源)不明确,所以为控制疫情增加了难度。"

在清徐县,整日疲于奔命的啜瑞义也已经无法理清楚本地的链条。他说,清徐现在需要进行医学观察的"流调"(即流行病学调查)对象则有 1300 多人。每天县乡两级防疫队伍跟踪调查,天天要忙到凌晨 2 点。

清徐有了可疑的 SARS 病人,总是送到 40 里开外的太原市去住院。4 月 21 日,清徐县西关村有一名农民疑似患者在太原被隔离以后,竟然逃离私自回家。啜瑞义得知,立即带几名防疫员赶到那位农民家,做了两个多小时工作,把病人劝回医院。还好,没有动用公安。

农民患者回去了,他的家眷都是留在家里的隔离观察对象。啜瑞义说,他实在无从知晓,那位农民是如何染病的。

在太原,此类无头可寻的新病例已经不胜枚举,有民工,也有干部和市民。4 月 23 日,市区一个桥洞下还出现了一具尸体,经过鉴别,确定为外来民工,且为 SARS 疑患。一线防疫人员奔走四方,辛劳已极。

在临汾,4 月 13 日首次报上一例病人,据称是在太原学习后染上"非典"。不日,一位在太原打工的河南林县农民又在火车站被发现患有"非典",住在当地医院。23 日距临汾 20 多里地的吴村死了两个农民,均为"非典",一是老人,一为学生。两人一直长居乡村,并未外出。据了解,现在吴村已经戒严,经过按户排查,又发现几个小孩有发热迹象,怀疑是"非典"的疑似病例。

到 4 月 26 日,太原以外的 10 个地级市已有九个发生了疫情,不少病案源头已难以理清。

4月23日,世卫组织将中国的山西、北京和加拿大的多伦多与广东、香港相提并论,列为建议旅行者取消非必要旅行的地区。此后,在该组织确定的"SARS疫区"一栏,已经加入了美国、英国伦敦和中国的内蒙古。按世卫组织的解释,所谓疫区,是指当地出现了人与人之间的传染链。那种可以清晰辨识出传染链条的疫区,算是轻疫区,其余则是重疫区。

轻疫区包括了台湾地区、美国和英国伦敦。当然,山西属于重疫区。这不是偶然。

下篇　背水之战

(一)

在山西,4月15日又是个分界。

13日,国务院召开全国非典型肺炎的防治工作会议以后,当晚,省长刘振华便紧急部署,决定拿出600万元专用于"非典"的救治和疫情控制。15日,山西成立了由省长领衔的防治领导组,领导组办公室主任正是分管卫生和财政的副省长王昕。

至此,山西防治"非典"成为政府的中心工作,全线动员,紧锣密鼓,步步为营。

4月20日以后,山西当地媒体对"非典"的报道开始加大力度,报人们说,较之过去报道量多出三倍以上。山西卫生部门也更公开地公布疫情,不仅每天正式发布,而且详细说明患者在全省各地的分布。

临汾13日报告一起确诊病例后,太原以外的疫情引起高度关注。18日,山西出台了《加强非典治疗管理的紧急通知》,要求地市党政一把手坐镇指挥不得外出,并明确"严格疫情报告制度,严格控制跨市地转送病人,严格落实首诊负责制"。4月2日,刘振华又签署了第162号令,以紧急通告形式布置地县政府的"非典"防治工作。

在26日的新闻通气会上,卫生厅长李俊峰告诉与会记者,"现在省委书记、省长每天与我们一起研究疫情,说的都是'行话'了"。

在19日到26日的一周中,山西新报告病例仍在上涨,按统计,平均每天新增确诊病例8例,疑似病例19例。李俊峰认为可以说明两点,一是疫情确实在上涨,二是早发现早报告的措施加强后,病例增长较快。"总之,这说明疫情还没有控制住。"李俊峰分析说。

山西将眼前的SARS称为一场恶战,其方针是"动员各行各业都来参战,尽可能早发现病例,防止其散入医疗卫生条件较差的农村地区"。参战者已经动员到了城市的居委会与乡村的村委会一级。而热线举报电话的原则是"宁错勿漏"。

人人心中一本账:以太原的条件,救治尚且困难。如果疾病在农村暴发,后果将不堪设想。

(二)

激战之际,愈显出防疫一线的作战部队长年给养不足。

啜瑞义是转业军医,1984年就当了清徐县防疫站站长。他记忆所及,县防疫站近20年来只拿到过一次设备投资,是在 1986 年,用 10 多万元钱购置冰箱和一些简单的化验仪器。从 1999 年开始,县财政拨付防疫站的款项就出现了大缺口,只有通过卫生监督获得收入,可以勉强开出工资。

比如去年,县财政只给了 20 万元。防疫站有 14 名退休职工,就需要 21 万元。其余的全部由防疫站自收自支。全站的工资加费用,一年要 80 多万元,所以日子格外紧。防疫站的平均工资 900 多元,并不高,但到年关,常常发愁开不出工资。

今年出现紧急疫情,清徐县防疫站在费用上更显捉襟见肘。3 月 24 日出现首例患者后,财务科长马秀珍立即购置了一批防疫必须使用的白大褂和一次性防护服。

4 月 17 日,县里为防疫紧急拨款的 2 万元到账,总算付了款。

4 月 24 日,疫情报警一个月以后,马秀珍终于狠狠心买了一箱方便面和火腿肠,让天天加班到凌晨两点的防疫员们吃上了宵夜。"这些日子,看着他们实在太苦了。"说着,她抽泣了。

县级防疫站如此,太原市的疾控中心担子更重,处境也只有更艰难。主任赵宝新没有时间算细账,只是觉得"人手根本不够"。为防止疫情扩散,需要进行"流行病学调查"的对象越来越多,现在太原市疾控中心 200 多人中,100 多人被抽调建立流调队。不过,当疫情扩大成散发,一切变得很难,"散发了,不知道传染源在哪里,也搞不清接触史。"

赵宝新他们想了很多新办法,包括盯人、现场追踪、医疗督导、系统排查。这些都意味着人员和设备,可人员和设备都远远不够,甚至办公用电脑也不能满足需要。除了再想办法,联合各路人马设置重点观察哨,就是加班加点。

工作实在太忙太累,连采访赵宝新本身都非常难。他除了不停地接电话,一有间歇就只想打瞌睡,让人不忍发问。记者随他的"流调"队伍前往一个发现了"非典"的工地进行排查。人们刚刚散开,只见这位疾控中心主任靠着一棵大柳树,竟已悄然入睡。

据副省长王昕向《财经》介绍,山西整个的防疫系统都相当落后,设备人才远远不足。不仅基层,甚至省级疾控中心,也只是在 20 世纪 80 年代流行出血热的时候武装了一点,90 年代初出现脊髓灰白质炎时又添加了一些。中心没有任何科研能力。此次山西是疫区,但在病原样本研究方面毫无作为。

她透露,因为这些年公共卫生方面欠账太多,国务院最近已经作出计划,从国债基金中拿出一部分钱,用于建立加强省市县三级疾病控制体系,初步的说法是县级 100 万元,市级 300 万元,省级 2000 万元。这种钱是为了长远建设,但眼下防疫体系应急已经困难至极。

在全国,山西还属于基层医疗系统相对完善的省份。除县级医院外,乡镇一级卫生院尚且存在并没有被拍卖,有合作医疗点的村庄在全省占到了 88.9%。据王昕介绍,这得益于1998 年山西搞过一次"农村健康工程",山西自己拿钱又靠国家少量援助,改建了一批防疫站、妇幼站和乡镇卫生院(或是中心卫生院),搞起了农村合作医疗,还确定了基层医务人员的培训计划。

现在,山西用于农村健康工程和农村卫生院建设的专项经费每年约在 1000 万元左右,偌大的省份,仅卫生院就有 1800 多家,实在是杯水车薪。

王昕很实在地说:"幸亏多少做了点事情,否则情况更糟,现在更要难办了!"

(三)

山西的医疗救治系统,同样在飞来横祸面前暴露出脆弱性。

太原好医院不多。最好的三家,人民医院、山西医学院第一及第二附属医院,从一开始就设为定点医院。王昕说:"这是为了让老百姓信任,因为治疗这个病有难度。"不过,这些医院的设备条件仍嫌偏差,不足以应对突如其来的危机。

临床医疗救治力量和设备也严重不足。诊断治疗和护理 SARS 这类呼吸系统急症需要经验丰富、有专业特长的临床专科医生和护士,还需要呼吸机(有创及无创)、血氧监护仪、床头 X 光机等专用设备。李俊峰说,山西只有几家设呼吸科的医院,一家最多也只有三四十张床位的实力。最初,当地决定由山医一院和人民医院充当指定治疗 SARS 的医院,各准备了 50 张床位。谁知病人,包括确诊、疑似和观察病人增长的速度超过预计,专设的 SARS 病房很快不够用了。到 4 月初,新病房一时准备不出来,一度曾出现收治困难。一个疑似病人在门诊见不能马上入院,情急之下,竟然扯下接诊医生的口罩,迎面啐去……

真正体会了"有备无患"意味着什么,山西从 4 月 8 日开始进行大规模调整准备,至 18 日,终于在太原安排出总计 406 张专治"非典"病人的病位,以应对疫情的继续蔓延。然而,救治设备的缺口仍非常显著。省人民医院的武晋副院长在向《财经》谈及设备需求时,一口气说了 20 多项,包括了急救车、抢救床、呼吸机、床边 X 光机、空气消毒机等基本设备。

人民医院的呼吸科副主任魏东光曾经接诊过最早的患者于某,3 月 8 日就发现自己也染了病,同时感染的还有其他医护人员。事发突然,山西曾通过卫生部协调请来经验较多的广东专家会诊。

魏东光 3 月 24 日出院后又重入病房,成了人民医院救治"非典"的主力医生之一。他告诉记者,早期得以在太原向广东专家求教获益匪浅,算是"因祸得福"。据悉,此间山西省卫生厅也抓住机会,请专家们在太原给一些医院的临床医生进行了诊治方面的培训。"幸亏我们下手早,现在这些专家还不好请了。"李俊峰说。

SARS 的诊断和救治有相当专业难度,山西的医疗界在这方面起点很低,只能通过"临阵磨枪"式的专业培训做些最起码的准备。为应对 SARS 走出太原后的局面,山西从 3 月下旬起,分批对地市级医生也进行了诊治"非典"的专业培训。全省各地目前准备接收"非典"床位已达到 2000 张以上。不过,李俊峰承认,在地市一级医院,内科病房一般不设专门呼吸科,专科大夫相当少见。而且,县级医院和乡镇卫生院还根本来不及进行正式培训。太原之外一旦有大规模的非典暴发,医疗救治力量仍会面临严峻挑战。

实践中,看去又是疫情走得更快。

《财经》记者一行在山西采访,了解到多数人认为政府定期披露的疫情数据确是真实的报告数字。所担心者,无非是疫情正在蔓延,在基层在农村真有患者未必能及时发现。副省长王昕说:"我们没想过要瞒,这些都是老百姓的命啊!"她还承认,因为基层诊断水平有限,仍然很可能发生误差。

"我们现在只好掌握一个原则,宁可宽些,不要漏掉。"

王昕最担心的是晋西一带的防治能力。例如吕梁、忻州和朔州市医院。据她介绍,朔州的医院是城区医院改建的,条件较之一般地市医院又要差去许多。

水平偏低,发现和确诊 SARS 都会有困难。救治难度更大。例如吕梁刚买了两台呼吸机,不过,目前尚不能确认当地医疗界有能够熟练掌握呼吸机的人才。

要紧的是晋西已经发现了为数不少的"非典"病例。到 29 日 18 时,疑似与确诊合计,忻州 5 例,吕梁 3 例和朔州 5 例。危象已现。

(四)

虽然太原"先富起来的人"有条件赴北京看病,山西其实是个很穷的省。

山西有过相当富庶的过去,但毕竟是过去。近 10 多年来,这个地处太行之西、黄土高原之上的内陆省份经济实力一直增长比较慢,排名在全国不断下滑。20 世纪 80 年代初期,山西的人均 GDP 曾排在全国第 10 位左右,至 1998 年已经下降到第 17 位,1999 年则滑到 18 位。2001 年,山西的人均 GDP 仅为 7529.384 元,比起排名第一的上海的 37382 元,相差了五倍之多。

即使在中部地区的六省中比较,山西也是排名比较靠后的,位次低于湖北、湖南和河南,仅仅列于安徽和江西之前。

如果看标志人民生活水平高低的城镇居民人均可支配收入指标,山西位列全国倒数"三甲";农民人均收入也长期徘徊在全国第 20 位之后。

突如其来的 SARS 之灾,对于山西不啻是雪上加霜!

王昕告诉《财经》,今年以来,山西的经济形势本来非常好。现在第一季度的各项经济指标已经公布,山西 GDP 的增长是 13.2%;工业增长速度达到了 21.7%,财政收入的增长达到了 28.4%,城市人均可支配收入则增长了 13.9%,农村人均现金收入也增长了 9.5%。

"今年是铆着劲要好好干一下。过去落后,要赶一下。现在,感觉很不乐观了。"她说,"(SARS)对山西的冲击太大了。"

山西省财政拿出钱"抗非"是见诸报端的,据统计,目前总额为 7460 万元。其中,省级财政 1900 万,市级以下财政拨付 5560 万。这些钱是应急,买设备,一线医疗人补助,还有必需的防治费用。省财政厅副厅长王亚对《财经》说,山西各地市基本上是"吃饭财政",至少有一半属于困难县,还要靠转移支付才能保住饭碗。拿出这些钱,"吃饭"一定会受影响。可现在只能先救急。

他有些悲观地说,现在有两个不确定性,一是确定不了疫情持续时间,二是确定不了疫情范围。谁也不知道疫情什么时候结束。照目前的一般趋势,他粗算,山西的防治经费缺口至少在 1.5 亿元。

王亚还提到,除了疫情可能向农村扩散让人担心,还有煤矿。煤矿工作面小,人员居住集中,一旦瘟疫流行,后果堪忧。"特别是还会大大影响山西的煤炭生产",那就直接关系到国家的能源供应了。

"天下之形势,必有取于山西也。"SARS 阴影重重之中,山西正在奋争。现在还不是胜算在握,但这是一场只许成功不许失败的战争!

(《财经》2003 年第 9 期)

报道背景

2003 年 1 月,广东省河源市、中山市发生两起医院和家庭聚集性不明原因肺炎病例,经回顾性调查,最早的病例发生在 2002 年 11 月 16 日。2003 年 1~2 月间,广西、湖南、四川三省分别有少数输入性病例报告。2 月下旬,山西省发生 1 例输入性病例,并引发当地传播。2003 年 3 月初,北京市发现来自山西省、香港特别行政区的输入性病例。3 月 27 日,世界卫生组织宣布北京为非典疫区。

《财经》杂志从"非典"爆发一开始就关注这一烈性传染病的发展,从 2003 年 2 月到 4 月发表了《广州之役碰撞国家防疫体系》、《疫中香港》、《危险来自何方》等重量级报道,引起了各界的关注。进入 4 月后,北京的非典确诊病人和疑似病例急剧增加,中国政府以对人民高度负责的态度,在 4 月 20 日,宣布将非典列入中国法定传染病,同时将防治非典不力的卫生部长张文康、北京市委副书记孟学农免职。《财经》抓住时机,分别到非典重灾区山西、北京对疫情进行深入报道。《疫区山西》就是在这种情况下采写的。

报道内容分析

这是一个报道公共卫生危机事件的名篇。本报道全景式地叙述了非典重灾区山西的疫情情况,报道了山西政府和医疗卫生系统人员的一线抗击非典的艰苦努力,为国内外关心中国疫情的各界提供了及时、准确的信息。

本文分为上下两大部分。上篇《飞来横祸》介绍的是山西非典疫情的起源和蔓延情况,下篇《背水之战》报道的是山西政府和医疗卫生系统人员的一线抗击非典的艰苦努力,以及山西在公共卫生方面存在的问题。

上篇《飞来横祸》共分为五节,其中第一、三、四节叙述了谢某、于某、岳某三个非典首发病例的链条,第二、五节叙述了非典在山西蔓延的总体情况。

下篇《背水之战》共分为四节,其中第一节报道了山西省政府面对非典肆虐采取的防控措施;第二节介绍的是山西防疫系统的艰苦努力,同时着重介绍了防疫系统在资金、防疫设备等方面的严重不足;第三节报道了山西医疗救治系统抗击非典的工作,同时着重介绍了医疗救治系统在救治力量、医疗设备等方面的严重不足;第四节从财政角度报道了山西在抗击非典中存在的严重困难。

特 色

1. 独立、独家、独到

《财经》以"独立、独家、独到"为其办刊宗旨,坚持公民的知情权,树立了《财经》在财经新闻业内的权威地位。《疫区山西》就很好地体现了这一价值取向。

在选题上,《疫区山西》体现出《财经》"独立、独家、独到"的眼光。当非典还只是在广东、香港蔓延时,《财经》团队就以其独到眼光关注了这一新闻,发表了《广州之役碰撞国家防疫体系》、《疫中香港》、《危险来自何方》等文章。到2003年4月,非典疫情日益严重,国家开始全面启动应急机制后,《财经》团队借助其此前报道的优势,又对重点疫区山西、北京作了深入采访报道,显示出《财经》团队超出一般媒体的前瞻能力。

在报道态度上,《疫区山西》体现出冷静客观、认真踏实的特质。《疫区山西》是当时非典的重灾区,对其报道能否做到客观真实,是能否取信于民的关键。《疫区山西》报道团队以扎实细致的采访、严谨认真的核实,将山西遭遇非典袭击的过程与抗击努力真实地再现出来。

特别值得一说的是,《疫区山西》对山西防疫系统、医疗救治系统存在的明显不足的叙述,是用各种具体事例、数据来实现的。在报道了这些不足的同时,又真实再现了当地政府和医疗防疫系统干部员工的不懈努力,使该篇报道获得了较好的平衡感。

2. 财经视角

《财经》本以追踪中国经济改革的重大举措、政府高层的重要动向、市场建设的重点事件为重点报道对象,那么在报道非典这样的公共卫生突发事件时,也应当具有自己的独特视角,这样才能与其他媒体同类报道区别开来。

我们在《疫区山西》中,可以很清晰地看到,财经是贯穿始终的一个视角。特别是在下篇《背水之战》中,作者以充满忧患的目光审视着他们所收集到的事例、数据,思考着财政投入与公共卫生系统之间的内在联系。

3. 写作特色:点面结合、感性表达与理性思考有机融合

点面结合的情况见"报道内容分析"部分的表述。而感性表达与理性思考有机融合也是本文重要特色。大量的个案描述、细节描写使本文具有相当强烈的现场感,但所有这些事例、细节,作者都以客观冷静的笔调来表现,作者少量的评价都是在客观事实表述之后的水到渠成,如上篇第三节最后两段:

于某这一链,山西住院者一共有近20人。潜在影响则无法估计。

然而，山西的灾难还远远不止于此。

下篇第三节最后一段：

要紧的是晋西已经发现了为数不少的"非典"病例。到 29 日 18 时，疑似与确诊合计，忻州五例，吕梁三例和朔州五例。危象已现。

"潜在影响则无法估计。""然而，山西的灾难还远远不止于此。""危象已现。"这几句话我们既可以看作是作者对事实的评论，也可以看作是由事实推导出来的结论。这种表述方式使得本文具有一种无可辩驳的冷峻的力量。

报道的影响力

本文属非典报道中的名篇。2009 年被收入《财经》杂志丛书之《危机中国》。

相关知识链接

传染性非典型肺炎，又称严重急性呼吸综合征（Severe Acute Respiratory Syndromes），简称 SARS，是一种因感染 SARS 相关冠状病毒而导致的以发热、干咳、胸闷为主要症状，严重者出现快速进展的呼吸系统衰竭，是一种新的呼吸道传染病，极强的传染性与病情的快速进展是此病的主要特点。

"非典"自 2002 年 11 月在我国内地出现病例并开始大范围流行，大致可以分为两个阶段：2002 年 11 月至 2003 年 3 月，疫情主要发生在粤港两地；2003 年 3 月以后，疫情向全国扩散，其中尤以北京为烈。2003 年 6 月 24 日，世界卫生组织（WHO）宣布解除对北京的旅游禁令，表明中国内地抗击"非典"取得胜利。

非典时期大事记

● 2002 年

11 月 16 日

中国广东佛山发现第一起后来称为 SARS 的病例。

● 2003 年

2 月 18 日

中国疾病研究中心宣布，广东严重呼吸道综合征的病原基本可以确定为衣原体。

3 月 15 日

世界卫生组织将此疾改称严重急性呼吸系统综合征（SARS）。

3 月 25 日

广东省中医院护士长叶欣殉职，她是抗非典战斗中第一位被患者传染而牺牲的医护人员。

3 月中旬至 4 月 1 日

  网上流传的"北京疫情"部分在现实中得到证实,政府对于非典型肺炎的认识和应对措施经历着艰难而痛苦的转变。

  4月16日

  世界卫生组织在日内瓦宣布,病毒已经找到,正式命名为SARS病毒。

  4月20日

  这一天,应该写进历史,标志性的事情包括:

  (1)北京非典确诊病人和疑似病例,较之前一天成倍增加。

  (2)党中央、国务院明确提出要以对人民高度负责的态度,及时发现、报告和公布疫情,决不允许缓报、漏报和瞒报。卫生部决定,原来5天公布一次疫情,改为每天公布。

  (3)非典被列入我国法定传染病。

  (4)由于防治非典不力,卫生部长张文康、北京市委副书记孟学农被免职。

  4月21日至4月底

  北京非典疫情严峻,最高一天新增病例达150多人。4月21日,冲锋在抗击非典最前线而被传染的中山大学附属第三医院传染病科党支部书记邓练贤不幸逝世。

  国务院今天宣布:为防止人员大面积流动造成传染,取消今年五一长假;卫生部宣布:自今日起,向国际卫生组织汇报中国非典疫情,由原来5日一次,改为每日一次;中国民航总局规定,自4月21日起,乘坐国内航班的旅客,必须填写《健康申报表》方可办理登记手续。

  4月22日

  王岐山出任北京市代市长。同日,中国公布非典元凶冠状病毒图。

  4月23日

  北京市通告,对非典疫情重点区域采取隔离控制措施。4月23日,北京市4000多名施工人员进驻小汤山医院施工现场。

  4月24日

  北京市中小学开始停课两周;对人民医院实行整体隔离,这是该市第一家被整体隔离的单位。4月24日,中央军委下达紧急支援北京组建小汤山非典定点医院的命令。

  4月26日

  国务院副总理吴仪兼任卫生部长。

  5月1日

  经过8天的紧急筹建,北京市第一家专门治疗非典的临时性传染病医院小汤山医院开始接收病人。

  5月6日

  《工伤保险条例》颁布。据此,医务人员在救治患者的过程中感染非典应算做工伤。

  5月7日

  卫生部表示,鉴于目前国际上对SARS病原体的最后确认还没有形成共识,我国暂时将

SARS 归入乙类传染病的特殊传染病。5 月 7 日,世界卫生组织将天津、内蒙古和台北增列为旅游警告地区,建议旅行者除了必要的行程,应该考虑延后前往上述地区。

5 月 8 日

中国部分高校表示,优先录取抗非典英雄子女。截至 5 月 8 日上午,台湾 SARS 通报病例达到 930 例,其中可能病例增至 131 例,其中 13 人死亡;而疑似病例增至 229 例,所有病例中已有 146 人出院。

5 月 9 日

北京新增病例数首次减至 50 以内;温家宝总理签署国务院第 376 号令,公布施行《突发公共卫生事件应急条例》;劳动和社会保障部要求,将把农民工纳入防非典统一管理。同日北京宣布,医务人员的感染比例已经呈明显下降趋势。

5 月 11 日

北京疫情大幅下降已有两天。有人担忧,山西、内蒙古等地疫情有向农村蔓延的趋势。

5 月 14 日

实验人员从 6 只果子狸标本中分离到 3 株非典样病毒,从 1 只貉标本中分离到 1 株非典样病毒。科研人员通过电镜对病毒形态进行分析,确定是冠状病毒。

5 月 15 日

小汤山非典定点医院第一批 7 名病人痊愈出院。

5 月 22 日

北京首批高三学生复课,体温超标者严禁入校。

5 月 25 日

研究发现非典病毒来自野生动物,与家畜宠物无关。

6 月 1 日

首都高校应届毕业生首批返校。

6 月 2 日

北京疫情统计首次出现 3 个零:新收治直接确诊病例为零,疑似转确诊病例为零,死亡人数也是零。

6 月 10 日

外交部:限制中国往访团组和人员的国家已有 127 个。

6 月 13 日

世界卫生组织宣布从 13 日起解除到中国河北省、内蒙古自治区、山西省和天津市的旅游警告。

6 月 20 日

小汤山医院最后 18 名患者出院。在不到两个月的时间里,这座全国最大的非典定点收治医院完成了从组建、运转到关闭的全过程,共有 672 名非典病人在这里获得新生,治愈率超过 98.8%。6 月 20 日,中华人民共和国中央军事委员会发布通令,嘉奖在抗击非典斗争中建立突出功绩的小汤山医院全体官兵。

6 月 23 日

世界卫生组织在日内瓦宣布,中国香港特别行政区已被排除在爆发非典型肺炎疫情地区的名单之外。

6 月 24 日

世界卫生组织宣布,北京的非典型肺炎疫情明显缓和,已符合世卫组织有关标准,因此解除对北京的旅行警告,同时将北京从非典疫区名单中排除。这一决定从宣布当天开始生效。

8 月 16 日

卫生部宣布全国非典型肺炎零病例,至此,全国共确诊非典型肺炎病例 5327 例,死亡 349 人。

(来源:《中国青年报》)

延伸阅读 ·

朱晓超:《广州之役碰撞国家防疫体系》,《财经》,2003 年第 4 期

曹海丽:《疫中香港》,《财经》,2003 年第 7 期

朱晓超,曹海丽:《危险来自何方》,《财经》,2003 年第 8 期

赵小剑:《人民医院大规模感染调查》,《财经 SARS 每周调查》,2003 年 5 月 16 日

国有银行紧急刹车
江浙经济高速旋转车轮猛着陆

吴雨珊

江浙经济高速旋转的车轮正在经受银行贷款突然收紧的考验。

6月10日，中国人民银行发布的5月金融运行形势报告表明，金融机构各项贷款增长偏快的态势明显减缓，当月人民币新增贷款1132亿元，同比少增1404亿元。

这一落差体现在2003年信贷第二大省——江苏省的贷款数据上，变成一条更清晰的迅速跌落的曲线：今年一季度，江苏平均每月新增贷款300多亿元，4月份骤降为158.99亿元，5月更探至54.59亿元的低谷……

"一季度江苏新增贷款是全国第一，现在下降的速度也在全国名列前茅。"江苏银监局一位人士说。

浙江与江苏几乎比肩而行。这个去年以全年3000多亿新增贷款居全国第一的省份，今年一季度新增贷款980亿元，至5月底新增贷款1194亿元，意即在4、5两个月里，仅新增了214亿元，相当于去年一个月的增长量。

没有人知道，这是不是最后的底部，就像没有人确知脚下是软泥还是硬地一样。"调控已发挥积极作用，需要注意研究可能出现的负面作用。"在关于宏观调控的最新表述里，中国人民银行行长周小川显露了他的担忧。

银监局紧急调研

在江苏，这已是去年以来的第二次贷款增速急速下降。

来自人民银行南京分行的数据表明，2001年江苏全年新增贷款640亿，2002年为1530亿，2003年为3057亿，去年贷款年增长率接近30%。

不过30%只是个笼统的反映：去年1～3季度，江苏新增贷款平均每月约为300亿元，第4季度受国家信贷控制政策影响，下降到100多亿元——是为第一次回落。

数月之后，今年4、5月份，新增贷款再度从一季度的月均300多亿分别下降至4月份的158.99亿元和5月份的54.59亿元，如换算成年增长率，已猛然低至12%左右。

"30％肯定高了,有虚的成分,不一定是有效需求,但 12％明显偏少,一些虚的成分被挤出去了,但一些有效需求也被遏制了。"人民银行南京分行一位人士说。

他认为,江苏新增贷款的急速下降是宏观调控效应的集中体现,但让人担心的是,"我们用了 6 年的时间和努力才走出紧缩,会不会一下子又被打压下去?"

类似的疑虑也出现在一些学者身上,北京大学中国经济研究中心博士赵晓评价说:"(新增贷款骤降)实际上表明,宏观调控已经有些过头了,继续下去,信贷收缩可能会造成通货紧缩。"

这已经引起了监管部门的警惕。

6 月 14 日上午,记者采访江苏银监局时,该局刚刚完成对国家开发银行江苏分行和中国农业银行江苏分行的贷款情况调研。农行江苏分行是江苏 5 月份贷款增速回落最大的银行之一,有关人士解释说:"农行反映,那是因为他们一季度就把上半年的贷款指标用完了,早放早收益。另一个因素是,银行的贷款手续更规范了,不再在完成手续前提前发放贷款,所以贷款投放速度就慢了下来。"

据有关部门介绍,江苏省近期减少的主要是短期贷款和票据融资,特别是过去以流动资金名义贷给房地产等固定资产投资项目的,在国家宏观调控措施出台后纷纷收敛。票据融资则从去年 5 月的增长 40 多亿,变成今年 5 月的下降 50 多亿,同比下降近 100 亿元。

由于中长期贷款有一定惯性,多数授信都在年初一次完成,然后按项目进度提款(这也属新增贷款);此外,过去一些以短期贷款垫付固定资产投资的违规行为被规范后,也相应地置换成了中长期贷款。因此,中长期贷款仍有少量增长。

这与全国的形势基本一致:央行报告表明,5 月份全国新增短期贷款及票据融资 290 亿元,同比少增 1253 亿元;新增中长期贷款 850 亿元,同比少增 54 亿元。

江苏银监局另一位人士分析,目前从数字上看,个人贷款是唯一不受宏观调控影响的,但个人贷款大多是按揭贷款,随着房地产开发贷款的戛然而止,个人贷款以后也会受到相应的影响。据估计,6 月份江苏的贷款仍将保持较低水平,7 月会略有反弹。

商业银行"不贷不错"?

暂时没有人知道这是好是坏——贷款收缩迅速波及实业层面,一些城建项目因为"断粮"而停顿下来。

"平湖的房地产开发贷款 4 月末就停了,能贷的也不贷了。"人民银行浙江平湖支行一位人士说,"现在很多银行私下的观点是,多做多错,少做少错,不做不错,避免政策风险。"

浙江省耀江集团是一家有政府背景的房地产开发公司,在平湖市政府的支持下进行城南路改造,起初的计划是利用银行贷款进行滚动开发。今年年初,他们与工行和建行签订了银企协议,两家银行向耀江集团授信 7 亿元。现在,该拆的都拆了,道路已经封死,该项目却因为两家银行停止贷款而不得不暂停下来。企业和地方政府面临骑虎难下之势。

"实际上,平湖的金融环境一直比较好,比如建行平湖支行的不良率就只有0.025%。"上述人民银行人士说,"但是,银行对严厉的行政调控手段还不太适应,有些无所适从,因为没有人告诉它这个项目合规与否,合乎信贷政策和产业政策的导向与否。"

"这是一件值得担心的事情,在现有的宏观调控压力下,有可能造成很强的负激励效果。银行'不贷不错'恰恰是大错。"赵晓认为。

江苏方面试图解决这个难题。有关人士说,上个星期,江苏银监局专门请来国家发展改革委员会的领导给一些银行讲解产业政策,指导银行的贷款投向。

"不贷不错"带来的另一重担忧是,在贷款大幅缩减的情况下,银行的当期利润如何实现?

数位人民银行分支机构的人士都持有同样的观点:由于银行的利润大部分来自于存贷款利差,一定的贷款量是实现利润的前提,大幅缩减贷款,可能使一些银行完成不了今年的利润指标。

前述人民银行南京分行人士进一步指出,信贷风险也在暗中酝酿——由于许多企业对贷款的依赖程度很高,大约70%甚至更高比例的资金来自银行,银行突然停贷使一些项目成了半拉子工程,企业今后的还本付息就成了很大的问题,新的不良贷款将在一段时间后体现出来。

一些银行开始在强力调控下寻求暗渡陈仓的机会。

变通的手法之一是,一家有融资需求的房地产公司如果背靠一个集团公司,那么银行就向集团公司下的其他企业发放流动资金贷款,再由这些企业将资金周转调节到房地产公司。

而房地产企业也在寻找新的融资途径。

上海市一位专门从事房地产类事务的律师透露,最近几个月,房地产商寻求非银行融资的特别多,房地产信托一度特别火爆。后来,有监管官员提醒信托公司注意相关风险,许多信托公司都暂停了房地产项目,企业只好另想办法。

此时,无奈中的房地产企业有三种融资途径:

一是企业间通过银行进行委托贷款,采取这种方式的较少。二是公司间私下进行高息借贷,一般利息在15%或更高。

还有一种成本更高的借贷方式,就是通过地下渠道融入国外的资金,利息通常不高于22%就算正常。在浙江,甚至有一些中小房产开发商为了解决资金短缺问题,以高于银行五六倍的利息,将土地使用权或房产抵押给典当行,以获得资金。

"这种借贷有很大的风险隐患,因为房地产公司的资金成本很高,但是为了保命必须去搞高额借贷,最后能不能还得上就很成问题。"这位律师说。

国有银行刹车

一些迹象表明,在此次宏观调控中,国有商业银行受到的影响更大于股份制商业银行。

"部分国有商业银行的分支机构今年1～5月份的新增贷款同比下降50％以上,达到近年来的最低水平,而股份制商业银行不那么明显。"一位央行人士说,"目前还不清楚是否因为国有商业银行更严格地执行了宏观调控的政策,我们会进行调研。"

这一趋势在更早的时候已经开始显现:5月11日,央行发布货币政策执行报告称,今年一季度,人民币新增贷款同比减少的主要是国有商业银行,其他各类金融机构贷款普遍增多。股份制银行增加1602亿元,同比多增273亿元,国有商业银行增加3999亿元,同比少增984亿元。

5月18日,央行首次向以股份制银行为主的银行发行了500亿特种央行票据,以回笼部分股份制银行过多的流动资金。

央行研究局一位人士认为,行政手段对国有商业银行非常管用,而股份制银行所受的影响要小一些,"这是加强对股份制商业银行调控的强烈信号"。

接下来的5月下旬,股份制商业银行风险管理座谈会在南昌举行。会上,中国银监会副主席唐双宁特别强调,股份制银行同国有商业银行相比,由于缺少过去宏观调控的经历,对国家产业政策、信贷政策的研究薄弱,目前仍存在贷款盲目增长、盲目占领市场份额的倾向,容易发生新的风险。

在调控面前,国有银行确实要比股份制银行"先知先觉"。

"四大行对宏观调控政策执行比较严格,有的甚至超过了监管标准。"人民银行南京分行一位人士说,"比如,今年2月国务院发出钢铁、电解铝、水泥三大行业过度投资预警,而工行早在去年四季度就已经制订了限制贷款的行业目录和企业目录,企业目录甚至详细到了近期要支持或不支持哪些企业。"

结构性问题是关键

调控重手之下,过热行业的过热现象终于得到了初步遏制。"比较敏感的热点行业,比如钢铁、开发区等的贷款审批权已经上收到总行。其他行业的中长期贷款审批权集中在省级分行,下面的分支机构,基本上只继续发放那些已经签订了贷款协议或授信合同的贷款。"江苏银监局有关人士说。

但刹车并非没有代价。

"贷款在大起大落,也就存在经济大起大落的风险。"人民银行南京分行一位人士认为,"(信贷)控制的声音应该和支持的声音一样大,主要应当解决的是结构性问题。"6月1日至4日,央行行长周小川在人民银行济南、成都、南京分行调研时也承认,在区别对待地区结构和行业机构方面,央行发挥的作用有限。

这种结构性的弊病,在此轮调控中益发凸显。

在经济总量远低于江苏、浙江的江西省,近几个月的贷款增幅亦大大放缓。过去,钢铁、水泥、房地产等是江西贷款增长的主要方面,现在,银行除了继续发放原有协议的老企业的流动资金贷款外,几乎不再对新的项目发放中长期贷款。

"多年来,每隔一段时间的清理整顿已经成了潜规则,为避免政策风险,很多人不敢放手干。"江西银监局一位人士说,"要注意调控力度的大小,不要矫枉过正,特别是有的地方和部门,不要过分强化和放大国家的调控力度。要分地区、行业(区别对待),毕竟欠发达地区本来已经落跑了,如果再踩刹车,就没法发展了。"

国务院发展研究中心一位专家说:"此次加强宏观调控决策本身是非常正确的,但我们一些政府部门所采取的措施,不是利率、税率等可以预期、可以计算、可以选择、灵活可变的市场化调节手段,而大多是一些不可预期、不可计算、不可选择和不可变化的行政干预手段。"他认为,行政干预必然要求投资者齐步走、同步化,极易导致投资和整个经济的大起大落。

赵晓也表达了他的担忧:中国经济可能没有完成全部的起飞动作,即掉头向下。

(《21 世纪经济报道》2004 年 6 月 16 日)

报道背景

2003 年的春天,对于中国大地来说,并不是一个阳光灿烂的季节,非典肆虐,人心恐慌。经济领域也暗涌着令人不安的躁动,这就是金融机构货币信贷出现了过快增长的迹象。央行统计资料表明,4 月末,全部金融机构各项贷款(含外资机构)本外币余额为 15.05 万亿元,同比增长 20.3%,是 1997 年以来最高的。5 月末,广义货币 M2 余额为 19.95 万亿元,同比增长 20.2%,是 1997 年 8 月份以来的最高值。货币信贷增长呈现逐月提速的态势。

与此同时,房地产投资及信贷出现了过快增长的态势。国内局部地区出现了房地产投资超速增长、商品房(尤其是高档商品房)空置面积增加过多、房价上涨过快、土地供应过量及商品房结构严重失衡的局面。一些商业银行为了抢占市场份额,违反有关规定,放宽信贷条件,助长了房地产投资过热,个人住房贷款中的不良贷款问题已开始暴露。

针对这种货币信贷增长提速和房地产投资及信贷增长过多的现象,央行高度警觉,并及时及早地采取了调控措施。在非典刚刚过去之际,6 月 13 日,中央银行对外发布了《关于进一步加强房地产信贷业务管理的通知》(即"121"号文件)。为加强房地产信贷业务的管理,央行发布的《通知》提出了加强房地产开发贷款管理、引导规范贷款投向,严格控制土地储备贷款的发放,规范建筑施工企业流动资金贷款用途,加强个人住房贷款管理,重点支持中低收入家庭购买住房的需要,强化个人商业用房贷款管理,充分发挥利率杠杆对个人住房贷款需求的调节作用,以及加强个人住房公积金委托贷款业务的管理等 7 个方面的明确要求。

　　一年时间过去了，央行一系列宏观调控措施的有效性开始显现，房地产等过热行业渐渐开始回归理性，但信贷下降过快的信号又使上层和业内人士有了新的担忧，会不会有负作用出现呢？本篇报道就是在这样一种背景下采写的。

内容分析

　　本文首先概括了央行自2003年下半年开始实施银行信贷的宏观调控以来，全国金融机构各项贷款增长偏快的态势明显减缓的现状，同时进一步概括了2003年信贷第二大省——江苏省的贷款数据，呈现出更清晰的迅速跌落的态势。然后引用中国人民银行行长周小川的话："调控已发挥积极作用，需要注意研究可能出现的负面作用。"点明本篇报道的主旨。接下来从四个部分以江苏为例，具体报道调控后江苏金融业的一些积极和消极甚至是危险的现象。第一部分：银监局紧急调研。用银监局调研的数据揭示江苏新增贷款急剧下降的事实，并用业界人士的话表达出对这种现象的担心。第二部分：商业银行，不贷不错。指出信贷的下降导致一些城建项目放缓甚至停滞，一些银行抱着不做不错，多做多错的观点，停发了许多进行中的项目贷款。第三部分：国有银行刹车。报道了在宏观政策的影响下，国有银行的新增贷款下降幅度是最大的。第四部分：结构性问题是关键。揭示出银行信贷控制的一刀切是有代价的，那就是在区别对待地区结构和行业机构方面，央行发挥的作用有限。在第四部分的结尾处，也就是本篇报道的结尾处，引用了学者赵晓的话来进一步点题：中国经济可能没有完成全部的起飞动作，即掉头向下。

特　色

　　本文是一篇关于宏观经济的报道，最大的特色是简洁、扼要，见微知著。

　　1. 大视野，小切口

　　对宏观经济的报道较容易笼统、空洞，所以选取报道的角度是非常重要的。本文为了揭示银行信贷调控政策对经济的影响，选取了具有代表性的江苏作为切入点，以点带面，从政策实行一年以来江苏银行业及城建项目的现状，折射出全国相关领域的状态，起到了见微知著的效果。

　　2. 综合各个层面的声音

　　本文显然带有明显的倾向性。揭示一项政策可能带来的负作用，仅靠记者一个人的声音，一定不足以服人，也会冒风险。所以本文记者兼顾了各个层面权威人士的声音，既有政策制定者，也有政策执行者，还有专家学者的声音，各个不同层面的声音汇集到一起，表达的倾向趋于统一，这样，有力地支撑了记者的立场，增强了报道的说服力。

　　3. 结构紧凑，言简意赅

　　一句话的议论式导语直接切入正题。主体部分用最有说服力的数据概括了全国及江苏、浙江两省一年以来的银行贷款变化之后,随即分四大部分作报道,每个部分笔墨不多,但事实充分,数据可靠,采访得当,语言精练。所以文字虽少,但内容丰厚,意义深刻。结尾采取了自然式结尾的方法,直接用一位学者的话结束全篇,也与主体开头部分周小川的话呼应,强化报道的主旨。从财经新闻写作的角度来说,这是一篇难得的好新闻。

相关知识链接

财政政策

财政政策指的是"通过政府部门的收入和支出来控制经济"的政策意向与活动。即国家或政府以特定的财政理论为依据,运用各种财政工具以达到财政目标的经济政策,是政府宏观经济政策的重要组成部分,其制定和实施过程也是国家实施财政宏观调控的过程。

货币政策

货币政策是国家为实现特定的宏观经济目标而采取控制和调节货币供应量的方针政策的总称。在我国,中国人民银行在国务院领导下,制定和执行货币政策。货币政策目标是保持货币币值的稳定,并以此促进经济增长。为实现货币政策目标所运用的调控手段,一般包括再贴现率、存款准备金率、公开市场业务、直接信用控制等。

大事记

十年来国务院采取的主要宏观调控政策:

1998 年,为应对亚洲金融危机冲击,国务院宣布实施积极的财政政策,其主要措施是增发长期建设国债,支持重大基础设施建设,对稳定经济发挥了重要作用。

1998 年,我国开始实行稳健的货币政策。

2005 年,转而实施稳健的财政政策,主要针对投资过热等问题。

2007 年下半年,针对物价上涨过快、投资信贷高增等现象,货币政策由"稳健"转为"从紧"。

2008 年 11 月 5 日召开的国务院常务会议提出实行积极的财政政策和适度宽松的货币政策,为应对世界金融危机日趋严峻的形势,抵御国际经济环境对我国的不利影响,出台十项更加有力的扩大国内需求的措施。

延 伸 阅 读

李慧莲、段树军:《什么是当前经济运行的主要风险》,《中国经济时报》,2004 年 5 月 10 日

成败陈久霖

张　帆　　王晓冰　　李　箐　　傅凯文

中航油（新加坡）被步步推向悬崖，既是因为主事人陈久霖与市场对赌失败，也是因为深植于国有垄断企业的制度错位无从约束乃至鼓励了与市场对赌的"豪气"

2004 年 12 月 5 日，周日中午，湖北黄冈市浠水县竹瓦镇宝龙村。43 岁的陈久霖跪在祖父的坟前，上了一炷香。11 年来，他还是头一次到这个离家约半小时路程的坟前拜祭。

就在五天之前，陈久霖任职 CEO 的中国航油（新加坡）股份有限公司［英文为 China Aviation Oil，下称中航油（新加坡）］发布了一个令世界震惊的消息：这家新加坡上市公司因石油衍生产品交易，总计亏损 5.5 亿美元。净资产不过 1.45 亿美元的中航油（新加坡）因之严重资不抵债，已向新加坡最高法院申请破产保护。

消息公布后，已经被停职的陈久霖于次日奉母公司中国航油集团之命回国，旋即在新加坡引起巨大反响，要求其立即返新接受调查。陈久霖在北京没有久留，于 12 月 4 日返回家乡湖北黄冈市浠水县竹瓦镇宝龙村探望父母、祭扫祖坟，随后于 7 日晚乘机返新。

8 日凌晨 1 时，飞机甫一落地，陈即被新加坡警方羁押。次日，他获保释。

无论陈久霖还是中航油（新加坡）及其母公司中国航油集团，如今都处在舆论聚焦之中。

多年来新加坡市场上风头最健的"龙筹大班"陈久霖突然在石油期货市场上翻船，很容易让人联想起当年同样在新加坡从事期权投机搞垮了巴林银行的英国人里森；中航油（新加坡）近一年石油期权交易亏损连连，一直未曾披露，直至 2004 年 11 月 12 日仍然在三季度业绩报告中大唱利好，使海外投资者再度对中资上市公司的治理结构和诚信发出严重质疑；中国航油集团在 2004 年 10 月 21 日明知上市公司处于高风险状态，仍然隐瞒真相，向一批基金出售旗下中航油（新加坡）15％的股份，将所得款项用于补仓，明显涉嫌内幕交易。

国内还有更为广泛的思考。中国航油集团海外采购的"独臂"突然折断，使人担忧随之而来的补救将加大航油进口成本，也意识到航空油料供应的垄断局面本就极不合理，早该结束；中航油（新加坡）期市亏损数额巨大，让人对国有大型企业在国际期货市场的风险控制能力深感忧虑，也对现有的监控体系发生怀疑——

事发后，面对媒体滔天的指责，陈久霖曾对友人说："我的情况与里森不一样。我不是里森。"2004 年 12 月 4 日上午，在首都机场候机时，他还用手机短信发了几首自写的诗。其中一首说:"风萧萧兮易水寒,壮士一去不复还。人生本有终归路,何须计较长与短。"那心情,确也与当年危机发生后潜逃到德国后来又被引渡回英国的里森大不相同。

历史有时正由这种惊人的相似与相异组成。"中航油(新加坡)巨亏"发生后,《财经》派出记者在新加坡、北京两地采访了大量市场人士以及陈久霖的亲友、同事,也曾派记者到他的湖北家乡。陈久霖本人对事件内幕缄口不言。但《财经》在采访中获得大量事实及文件,已足以对此一事件始末缘由、对事件主角陈久霖的行为进行较为准确的还原。

真实的故事比推测更深刻也更令人震动。《财经》发现,陈久霖和中航油(新加坡)在约一年的时间中一错再错,到后来完全是同时犯下若干项大错,至今看来仍然情节恶劣,难以宽恕。不过,这些错误并不仅属于一个人、一家公司,而且也并非偶然。

至迟在 10 月 9 日以后,这起事件极度恶性的演变,已应由包括陈久霖在内的中国航油集团管理层整体承担责任;而最后将中航油(新加坡)推向悬崖的是一种合力。这种合力既蕴藏在期货市场的波诡云谲中,更深植于国有垄断企业的制度错位之下。

中航油(新加坡)风波在相当长时间都不可能平息。整个事件的调查进展值得关注,未来公司生死及债务清偿牵涉多方,陈久霖的个人命运同样是个悬念。在中国国内,这样一起冲击强烈、损失巨大的事件谁人问责、如何吸取教训,仍然需要决策者作出回答。

履险如夷的底蕴

恐怕极少有人能够想到,多年在海外打拼、如今在期货市场上铸成大错的陈久霖,对于石油衍生品交易的风险管理其实缺乏最起码的常识。他的风险意识几乎等于零,甚至直到今天。

如今,在 5.5 亿美元已经灰飞烟灭之后,陈久霖痛心之余,也曾经面对友人,做过反思:自己确有一些地方是错了。错在何处呢?"我太相信别人了,公司有资深交易员、风险管理委员会、内审部三道关呀!"他也承认,自己开始时并没有想到,"后来需要那么多保证金,我们根本拿不出那么多钱来。"

在资本市场上,"现金是王",而身为 CEO 的陈久霖甚至并未根据公司的财务实力,为此次投机交易明确设定一个现金头寸的上限。无限开放的赌注,加之永不服输的心理与支持这种心理的"判断",爆仓只是迟早之间。

1982 年秋,21 岁的陈久霖成为村里有史以来头一个考上北京大学的学生。提着一个大红箱子坐火车到北京的时候,曾经为去学校必须转乘的"电车"、"汽车"迷茫过好一阵。可能在那时,他就下决心学会了悄悄地边闯边学。

然而,22 年以后,在石油衍生品交易的激流险滩,身为公司 CEO 的陈久霖并未真正学会掌舵行船。由早年的期货交易进入更为复杂的场外石油期权投机,各方交战激烈,赌注越码越高。一旦判断失误,他无法凭运气闯过生死关口。

中国一些大型国有企业从上世纪 80 年代后期开始在国际期货市场上闯荡,90 年代前期曾相继爆出巨亏丑闻。1994 年底,中国证监会等国家有关部门曾发出联合通知,严禁国有企业从事境外期货交易。不过,1997 年赴新的陈久霖并没有受到这种"严禁"的束缚,也从未认真审视同行们的前车覆辙。

至 90 年代末,他领军的中航油(新加坡)即已进入石油期货市场,也曾多有赢利。2001 年 11 月中航油(新加坡)上市,招股书上已经将石油衍生品交易列为业务之一。在 2002 年的年报显示,中航油(新加坡)凭投机交易获得相当赢利。2003 年 4 月,中航油(新加坡)的母公司中海油集团也成为第二批国家批准有资格进入境外期货交易的企业。

2003 年下半年开始,中航油(新加坡)进入石油期权交易市场。到年底,公司的盘位是空头 200 万桶,而且赚了钱。

石油期权是期货交易的一种,但又略有不同。由于新加坡的期货交易为场外市场,交易基础是双方的信用度。许多业内资深人士指出,做期权而且做空头,纵使交易量不很大,但从此时起,中航油(新加坡)已然涉身险地,因为这已经是明目张胆的投机而非套期保值。2001 年 6 月由中国证监会、国家经贸委、外经贸部、国家工商总局和国家外汇管理局联合颁布的《国有企业境外期货套期保值业务管理办法》(下称《办法》)也曾对投机交易有明确的禁止规定。

然而,陈久霖对此事看得很平常。

"身在海外并且受新加坡法律管辖。"陈久霖觉得公司做投机生意是合法的。据了解,在中航油(新加坡),是项期权交易由交易员 Gerard Rigby 和 Abdallah Kharma 操盘,两人分别在市场上有 14 及 18 年经验,均为资深外籍交易员。陈久霖后来不止一次地告诉熟人说,两名操盘手进入期权市场他事先并不知情,事后也并没有要求报告。"亏损了才报告。他们这样做是允许的,也可以理解,他们都有业务指标。"

亏损在 2004 年一季度显现。由于 Gerard Rigby 和 Abdallah Kharma 在头三个月继续卖空,而石油价格一路上涨,到 3 月 28 日,公司已经出现 580 万美元账面亏损。这是一个不小的数目。

此时正是中航油(新加坡)年度财务报告公布的前夜,公司更处于股价持续攀升的火热局面。据知情人回忆,陈久霖当天召开了两名交易员和七人风险管理委员会成员参加的会议,讨论解决方案,但久议难决。次日,风险管理委员会主任 Cindy Chong 和交易员 Gerard Rigby 本人前往陈久霖办公室,提出了展期的方案。陈久霖接受了这一建言。由是,在期权交易中的盘位大增。

两天之后,中航油(新加坡)宣布了 2003 年年报,全年赢利 3289 万美元,股价冲至 1.76 新元高位。然而,油价没有停止上涨的步伐。中航油(新加坡)的账面亏损消失了,而为了翻本,盘位随即放大。到 2004 年 6 月时,公司因期权交易导致的账面亏损已扩大至 3000 万美元。

这一回,在又一次风险控制委员会的会议中,有人担心"会不会搞大"了。据一位知情人回忆,当时大部分人仍觉得可以展期持仓,而陈久霖再次显示出"魄力",同意把所购期权的到期时间全部后挪至 2005 年和 2006 年。这种做法已远远超过《办法》中只允许炒 12 个月的上限,交易量被进一步放大。

"无知者无畏"

或许,此时的陈久霖已经意识到风险。但亏盘已经太大,把成功看得很重的陈久霖输不起也不愿意输。特别是他精心策划的从三位印尼商人手中收购新加坡石油公司 20% 股份即将签约,陈久霖需要公司在账面上有更好的表现。

他更愿意相信自己的判断:油价冲高之后必然回落,冲得越快,跌得越狠。最后就会赚钱。

"伦敦国际石油交易所 1981 年开始做期货,纽约商品交易所 1978 年开始做。陈总他们对这两个交易所历年来的油价,包括航煤、WTI 轻油、BRENT 原油三种价格进行了综合,认为在过去的 21 年中间,平均价没有超过 30 美元。即使在战争年代的平均价,也没有超过 34 美元。所以他觉得把盘位往后挪可能是所有方案中的一个最佳选择,并判断没有太大风险,不会亏,甚至可能赚。"新加坡一位接近中航油(新加坡)管理层的当地人士这样复述陈久霖的思路。据他介绍,陈久霖极为自信,超乎寻常。

这位人士还说,陈久霖当时甚至没有想过,如果油价继续上涨,公司套进去怎么办?"他根本没想到如果不斩仓,而油价一个劲涨,会是什么结果;不知道将来很可能要付那么多保证金,要用那么多现金补仓。"作为 CEO,陈久霖在内心为这场赌博设下了开放的头寸。

中航油(新加坡)爆仓之后,很多人怀疑公司内部根本就没有风险控制体系。其实,体系在形式上一直存在。据《财经》了解,中航油(新加坡)的《风险管理手册》由安永会计师事务所制定,与其他国际石油公司操作规定基本一致。公司内部也有风险管理委员会,由七人组成,包括四名专职人员,一个运作部主任,财务部主任和一名财务经理,均为新加坡公司员工。根据安永的设计,风险控制的基本结构是从交易员——风险管理委员会——内审部交叉检查——CEO(总裁)——董事会,层层上报。每名交易员亏损 20 万美元时,交易员要向风险管理委员会汇报;亏损达 37.5 万美元时,向 CEO 汇报;亏损 50 万美元时,必须斩仓。

关键在于风险管理体系必须由具备高度风险意识的总裁来执行。而陈久霖本人不具备这种素质。接近陈久霖的人说,直到今天,陈本人仍然认为自己并没有违背风险管理的基本规定。"50 万亏损应当指实际亏损,不是账面亏损。我们当时只是账面亏损。"

他不止一次作出这样的解释,行家闻之啼笑皆非。在新加坡 BNP Paribas 一位从事衍生品交易的资深人士指出,50 万美元就是一条停止线,亏损超过 50 万美元就必须自动斩仓。中航油(新加坡)的最后损失已超过 5.5 亿美元,这意味着"要撞到这条停止线 110 次"。他的结论：要么风险控制体系没有启动，要么就是有人在说谎。"如果你有一个防火探测器，但你从来不用，它就不会带来任何好处。"

《财经》采访的北京一位资深专家则指出，陈久霖对期货交易的风险可能理解得并不深刻，但通过展期和无限开放头寸来掩盖当期账面亏损，这个办法和里森是一样的。"只是里森不可能说自己不懂罢了！"

陈久霖甘冒风险、将错就错的思路在延续。既然坚信油价必然下跌，既然不愿意也没有胆量承认失败，既然投机之心尚存幻想最后能赚大钱，从7月到9月，中航油（新加坡）随着油价的上升，唯有继续加大卖空量，整个交易已成狂赌。到2004年10月，陈久霖发现中航油持有的期权总交易量已达到5200万桶之巨，远远超过了公司每年实际进口量。这些合约分散在2005年和2006年的12个月份。其中2006年3412万桶，占总盘位的79%。

油价在大幅上升，公司需要支付的保证金也在急剧上升。跨过10月，纽约交易所的油价在突破每桶50美元之后继续上行，中航油（新加坡）从当年38美元出货调整到2006年的平均43美元，此时已觉势如骑虎，且因现金流耗尽而身陷绝地。

2004年10月10日，中航油（新加坡）账面亏损达到1.8亿美元。公司现有的2600万美元流动资金、原准备用于收购新加坡石油公司的1.2亿银团贷款，以及6800万美元应收账款，全部垫付了保证金。此外，还出现8000万美元保证金缺口需要填补。

然而，弹尽粮绝之时，陈久霖仍未考虑收手。他正式向总部在北京的集团公司进行了汇报，请求资金支持。

救与不救，还是斩不斩仓？

回过头来看，无论陈久霖最初的过错有多大，如果中国航油集团管理层整体有起码的风险意识和责任心，此次中航油（新加坡）巨亏，本来可以在1.8亿美元以内止住。虽然仍会是一个大数目，但比后来的5.5亿美元要小得多。

可惜事实并非如此。陈久霖提出的是要求集团进行"内部救助方案"的计划。令人惊异的是，整个中国航油集团的思路很快转向这一方向。2004年10月15日，油价曾一度跌至每桶45美元，已较为接近中航油（新加坡）卖出期权的平均价格，但集团仍未指示或建议斩仓。

接近该集团的消息人士说，当时，中航油（新加坡）提出的"内部救助方案"提供了几种方向不同的救助选择。其一，如果集团提供足够的资金支持，公司可能不会出现亏损（最高约2.5亿美元）。出发点仍是基于油价的判断，认为油价长期徘徊在高价位会最终影响世界经济，从而制约需求，拉低油价。其二，跟国际石油公司合作，让他们接盘。其三，从国内石油公司融资。

方案引用中航油（新加坡）购买的主要期权品种WTI为例，称当时全球21家金融机构和跨国石油公司分析2005年、2006年的价格最高不会超过40美元，明显低于中航油（新加坡)的平均期权销售价 43 美元。

方案还提出,中航油(新加坡)在国际市场上是中资企业的一面旗帜,要面对的是 7000 多股东的利益。内部方案可增强金融机构和供应商对中航油(新加坡)的信心,即使出现亏损,公司在平和救助后仍可通过配股来弥补。对可能出现的最坏情况,中航油(新加坡)提供了预案减低风险,如"买顶"、纸货对冲、部分斩仓等,当然,这一切都需要现金,而现金需要由集团支持。

报告递交后,身为集团副总裁的陈久霖曾回到北京汇报情况。上述消息人士说,当时,在由集团六名主要领导参加的党政联席会议上,陈做了检讨,并力陈问题的严重性,希望引起集团的高度重视。陈还要求集团出资追加保证金,并保证打进去后不会造成亏损。

此时的中国航油集团管理层不可能对陈久霖是次危险的交易全无概念。中航油(新加坡)每年的进口量约为 1500 万桶,卖空投机的盘位高达 5200 万桶,已经超过中国航空用油三年的用量。数额之大、投机之甚,足以令人叹为观止。然而,陈久霖的要求仍然得到了支持。

2004 年 10 月 20 日,中国航油集团提前实施了本准备在年底进行的股份减持,将所持 75% 股份中的 15% 折价配售给部分机构投资者。中航油集团总经理、中航油(新加坡)董事长荚长斌为此专程赴新。然而,无论是他还是陈久霖本人,都没有向买家披露公司已因卖空期权将面临上亿美元亏损。中航油(新加坡)此次配售以购买新加坡石油公司股份的名义进行,而在事实上,中航油管理层已经决定放弃是次收购。此次配售筹得 1.08 亿美元,悉数贷给上市公司用于补仓。

市场油价继续攀升。集团公司派出高层人员前往新加坡现场了解情况并指示运作。10 月 26 日,中航油(新加坡)在期权交易中最大的对手日本三井能源风险管理公司正式发出违约函,催缴保证金。在此后的两天中,中航油(新加坡)因被迫在 WTI 轻油 55.43 美元的历史高价位上实行部分斩仓,账面亏损第一次转为实际亏损 1.32 亿美元。至 11 月 8 日,公司再度被逼斩仓,又亏损 1 亿美元。

纵到此时,中航油(新加坡)既未索性斩仓止损,亦未披露真实情况。11 月 12 日,中航油(新加坡)在新加坡公布第三季度财务状况,仍然自称:"公司仍然确信 2004 年的赢利将超过 2003 年,从而达到历史新高。"

后来的陈久霖曾经对友人坦承,他在这段时间的心情有如"坐过山车"。据说当时"一会说要救了,一会又说不救了。已经由不得他做主"。

接近中国航油集团的消息人士称,事实上,在 10 月下旬至 11 月下旬的这段时间内,集团内部一直为继续救助与否而举棋不定。仅 10 月下旬的十天中,集团总经理兼上市公司董事长荚长斌就曾三次飞往新加坡了解情况,考虑对策。集团其他领导,如党组书记兼副总经理海连城、财务处副处长李永吉也曾专程赴新。11 月间,陈久霖更有十数次往返于新加坡与北京之间,参加集团研究如何救、讨论是否救助的会议,也曾在有 20 多人的会议上当众痛哭。

面对越来越难以把握的局面,中国航油集团管理层着手向主管机关请示。据《财经》了解,国资委作为中央国有资产的总管家,曾经对中国航油集团有意救助的想法进行研究,其间一度给予认可,据称向外管局申请了数亿美元的保证金额度;后来又进一步统一意见,否定了最初想法,认为不应对单个企业违规操作招致的风险进行无原则救助,由企业自己对自己的行为负责。国资委还阻止了国内另一家国有企业试图先出资后入股,"救助中航油(新加坡)挺过难关"的非常规做法。一度经批准的数亿美元保证金也始终没有汇出。中航油(新加坡)的资金链最后终于断裂。

一位接近中国证监会的知情人也向《财经》证实,证监会在10月收到中国航油集团的报告后,意识到问题的严重性,曾立即找到国资委产权局,建议严肃处理企业负责人,追究管理层责任。"国家已三令五申明令只许做套期保值,他们竟然做上了期权投机。这是严重违规"。该知情人说。

尽管国资委已经给出明确意见,中国航油集团高层还在救与不救之间徘徊,而可以相对减少损失的斩仓时机继续被错过。至11月25日,高调的三季度财报公布后13天,中航油(新加坡)的实际亏损已经达到3.81亿美元,相比1.45亿的净资产已经技术性破产。

直至此时,中航油(新加坡)仍未正式公告真相,7000多小投资者仍蒙在鼓中,但机构投资者中的先知先觉者亦不乏其人。中航油(新加坡)的股价一直在下跌,至11月27日周五收市,中航油(新加坡)的股价已跌至0.965新元,比一个月前向公司配股时跌了四成。

2004年11月29日,周一,中航油(新加坡)申请停牌。翌日,公司正式向市场公告了已亏3.9亿、潜亏1.6亿美元的消息,并向法院申请债务重组。市场大哗。

成也萧何　败也萧何

陈久霖12月1日抵京。当晚6点,他接到了来自新加坡《海峡时报》的电话,遂在电话中简短表示:"我对不起投资者。但我已经尽了力了。"在此之后,陈在几次有限地接受新加坡媒体电话问询时,"我已经尽了力"这句话,每常脱口而出。

可能只有非常接近陈久霖的人,才能读出此话的潜台词。陈久霖所说的"尽力",其实是指他已经尽力筹钱,试图挽狂澜于既倒。直到现在,陈仍然坚持认为,"只要再有一笔钱,就能挺过去,能翻身。"

接近陈久霖的人说,眼见当前油价出现下降趋势,陈久霖现在更坚信自己对市场的判断没有错,"缺的就是现金,也许只要5000万就够了。"他甚至想象过,政府应当有一笔直接"走出去"的战略基金,紧急情况下可以调用,"因为最后是可以挺过去的。"

"他总在重复油价必然下跌的道理,到现在还不承认期市投机的博弈玄机——可能也不愿意承认这个玄机。"这位消息人士说。

陈久霖坚信自己炒期权输了应当得到国家输血，还有另一个非常"充分"的理由，就是"因为中航油（新加坡）是海外中资企业的一面旗帜"。有消息说，外交部、商务部和我国驻新加坡使馆有关官员也曾为中航油（新加坡）到北京说项，理由也是"旗帜论"。

陈久霖和他领军的中航油（新加坡）的确得到过很多荣誉。其中最值得称道的包括中航油（新加坡）曾在 2002 年 3 月被新加坡证券投资者协会评为该年度新加坡"透明度最高的 56 家企业"之一，2004 年进入标准普尔中国海内外上市企业第 40 位，2004 年 3 月入选道琼斯新加坡蓝筹股"道琼斯新加坡泰山 30 指数"（Dow Jones Singapore Titans 30 Indexes），等等。

"都说中国企业要走出去，这样的企业都得不到支持和保护，还有谁能走出去？"新加坡一位接近陈久霖的人曾这样转述他的看法。

中国大陆和新加坡的许多媒体，都曾经刊登过陈久霖富于"传奇色彩"的故事，介绍其在新加坡如何以 20 万美元起步，将一家奄奄一息的中航油船运公司发展成年销售额数十亿美元的石油贸易公司，最终挂牌新加坡股市。中航油（新加坡）的成功还成为经典案例，进入了新加坡国立大学的 MBA 教材。

其实，昔日的陈久霖能登上成功的巅峰，起初走的也是一条特殊的道路。中航油（新加坡）的母公司中国航油集团在 2002 年集团化之前名为中国航空油料总公司（下称中航油总公司），原本是中国国内航空公司油料的总供应商，垄断了高成长中的中国航空燃油大市场。不过在早年间，中航油总公司旗下地区公司和分公司采购航空煤油一直是分散进行，最终经中石油、中石化旗下拥有石油进出口权子公司代理进口。昔日的中航油（新加坡），不过占了母公司进口总量的 2％。

陈久霖从这种局面中看到了商机。1997 年赴新以后，他说服母公司，同意自己将本无作为的石油运输公司转型为石油贸易公司，以批量采购的办法降低采购成本，为母公司系统的所有用油户采购石油。三年后，借母子公司之便，中航油（新加坡）的采购量占到了中航油总公司系统全部用油量的 98％强，垄断之躯接上了伸向海外的独家手臂。

2000 年 3 月，中航油总公司正式下发文件，要求包括参股企业在内的所有下属公司在今后几年内必须通过中航油（新加坡）在海外进行采购；2001 年 10 月，中航油总公司又再次承诺决不撤销以往的安排。2001 年 11 月，中航油（新加坡）挂牌新加坡股市，中国航油垄断进口商的地位已相当醒目。

陈久霖当然属于富于创业能力的企业家。不过他的成功实践，主要是创造性地获了国有力量的荫庇；他的成就，主要是创造性地建立了行政性垄断地位。2003 年 10 月，世界经济论坛将陈久霖评为 2003 年度"亚洲经济新领袖"，认为他是一个"有潜力的企业家"。然而，身处海外、英文流利的陈久霖，其实与他常有来往的那些市场上的企业家并不一样。多年来，在市场的疾风狂潮面前，陈久霖习惯了身后有一面墙，这面墙就是"中国国家"。这成了一种优越感，使人对风险愈加麻木。

这种优越感其至不仅属于陈久霖，或是不仅属于像他那样的许多海外"红筹大亨"或是"龙筹大亨"，有时也会传递给陈久霖们在市场上的对手。中航油（新加坡）在新加坡场外交易市场上信用等级迅速放大，或正拜此所赐。

新加坡期货界一位资深分析人士就对《财经》说："中航油（新加坡）在 2002 年的保证金账户只有 2000 美金，到后来变成了 1600 万美元，交易对家为什么要一再调高它的信用额度呢？德意志银行为什么不进行尽职调查，就为它做配售呢？"用比较客气的语言，他说，"可能是对中国国企的迷信发生了作用。"

服从谁的规则？

2004 年 12 月 3 日清晨，中航油（新加坡）丑闻曝光后的第三天，《财经》记者来到了新加坡。

在 Suntec 大厦 31 楼的中航油（新加坡）总部，从外面的走廊，可以透过玻璃看到里面半透明玻璃区隔的会议室。气氛紧张，接待台前身穿蓝色制服的专业保安正在踱步。公司的发言人云大卫（Gerald Woon）客气地把记者带到楼下，连续抽了两支烟才说，由于还没设定公开的解决方案，公司和特派小组不能向媒体表态。

连日来，在新加坡，有关中航油（新加坡）事件是当地最重要的新闻，占据了两大报的主要版面。在最高法院，在新加坡股票交易所，在投资人协会，几乎每一处都能看到当地记者为此事件奔走的身影。

新加坡证券市场一贯以监管严格著称。11 月 30 日，中航油（新加坡）突然公布公司因期货投机已经破产，许多中小投资者仍觉在睡梦之中，难以置信。中航油（新加坡）在新加坡一贯被视为信誉良好的公司，2001 年 11 月上市以来，股价稳步上升，今年更是增长了 80%。其中，4 月和 10 月，在中航油（新加坡）发现投机失利和耗尽现金的两个关键时点，其股价更是达到最高点，分别为 1.73 新元和 1.68 新元。

《财经》在新加坡采访的一些小投资者和分析员均表示，中航油（新加坡）投机生意失败固然令人遗憾，但真正使人愤怒不平的是公司对这种失败瞒而不报，欺骗了小股东。特别是 2004 年 11 月 12 日公司季报仍然对形势一派看好，此后至停牌两周中交易量达到 1.98 亿股，交易总额为 2.20 亿新元，其间必有许多投资者上当。

"这算不算给市场提供虚假信息呢？如果这样，按新加坡法律应当判处七年监禁或是 25 万美元罚款，或是两者一起执行。"一位律师说。新加坡发展银行分析师 Chris Sanda 则向记者表示，他一直以为中航油（新加坡）说的是实话，没想到竟有隐瞒。"难道法律允许撒谎？法律会不会追究？监管者会作出决定。"

"人们现在总在问为什么会这样，为什么会撒谎？其实在赌博的时候掩盖事实真相是人的本性，这样你才不会丢脸。在拉斯维加斯，人们天天这么干。"Chris Sanda 说。

这种揣测，可能与陈久霖的真实想法接近。

作为新加坡上市的中国国有控股企业，陈久霖在期货投机交易中，其实面对两套规管。一为新加坡本地法律，一为国内有关规章制度。接近陈久霖的人说，对于后者，他并不很在意，每常强调中航油（新加坡）是海外注册的独立公司，应当接受当地法律管制，服从公司董事会决议。

据中国证监会有关监管人士透露，中航油（新加坡）在当初上市之后，并未按规定在15天内报备，亦未主动向证监会申请海外期货交易执照。后来还是证监会看到其招股书有期货交易一项，主动为其补报材料，批了一个资格。"当时是担心不要给国有企业造成严重损失，因为如果境外投资者知道他们没有这个资格，有权利起诉他们。"

然而，对于服从当地法律，陈久霖并非不上心，也非常珍惜已经有过的"透明度最高企业"荣誉。从3月底到最后，从最初的交易账面亏损、巨额账面亏损到实际亏损，每一次瞒报他其实内心都在挣扎。最初的自我安慰是"既然还是账面亏损就可以不说"。到后来，隐瞒高风险的配售发生，违规已成事实；交易方逼债频仍，实际亏损已经发生——为什么还不披露？为什么不担心法律责任？

至此，陈久霖的解释又回到了上述起点。"如果国家出手，危机挺过去甚至公司还赚了钱，为什么还需要披露呢？"在他看来，10月20日中国航油集团隐瞒事实的配售，只是增加了国家救助的理由。

当然，时至今日，一切都已是过去。在武汉，陈久霖本人在上飞机之前告诉《财经》记者，他已经做好了回到新加坡会坐牢的思想准备。

"纵有千千罪，我心坦然对，竭忠为大众，失误当自悔。"他给记者看了一首自作的诗，竭力显得镇定。

后　记

陈久霖的老家湖北黄冈浠水县，距武汉有两小时车程，而他出生的宝龙村，离县城又有30里路。

从村口通往陈家是一条有些蜿蜒的水泥路，看去有些不起眼。几年前，陈久霖在新加坡出书挣了一笔稿酬，修了这条路，余下的捐给了民政部。陈家的二层砖房也是近年来他出钱修建。"原来住的是泥草房，每到刮风下雨，屋子就像要倒了。"陈的弟弟说。

在新加坡，陈久霖是众所周知的"打工皇帝"。他2002年获得的税后个人薪酬为490万新元（1新元＝4.8元人民币），其中包括基本工资48万新元，三个月花红12万新元，外加集团利润分成430万新元。2003年中，他向董事会提出要求，主动下调了薪酬。

不过，熟人们都说陈久霖并不很在意钱，衣着用品并不奢华。他有过贫苦的少年农家生活，也有些会花几百万美元订做纯金手机的朋友。他常说，"有钱没钱，都是那么回事。"

12月7日,在武汉,陈久霖向《财经》表示,"我原来计划希望两三年内将公司建成首家拥有完整供应链的海外中资石油企业。如果没有这次事件,目标应该不难实现。出现这样的事件,违背我的初衷,我感到撕心裂肺般的疼痛。"

12月9日,被保释不久的陈久霖在新加坡从互联网上看到国内有媒体对他的报道,给《财经》记者发来一则短信:"我没有操盘,也不会操盘。"他复又说:"我没说过再给五亿就会翻身,我只要两亿五。"

（《财经》2004 年第 24 期）

报道背景

2004 年 11 月 30 日晚,在新加坡上市的航空燃料供应商中国航油(新加坡)股份有限公司〔简称中航油(新加坡)〕发布了一个令世界震惊的消息:该公司因石油衍生品交易,总计亏损5.5亿美元。净资产不过1.45亿美元的中航油(新加坡)因严重资不抵债,已向新加坡最高法院申请破产保护。公司总裁陈久霖本人因此被迫离职。

中航油(新加坡)股份有限公司 1993 年在新加坡成立,是中国航空油料集团公司的海外控股公司,成立之后因经营不善处于休眠状态。1997 年陈久霖担任中航油(新加坡)总裁,他说服母公司把公司业务从单纯的航油运输转变为航油采购、进口和运输的石油贸易,以批量采购的办法降低采购成本,为母公司系统的所有用油户采购石油。通过与外商平等竞争,中航油(新加坡)在中国进口航油的市场份额中逐步攀升,业绩斐然。三年后,中航油(新加坡)的采购量占到了中航油总公司系统全部用油量的 98% 强。因经营业绩显著,1999 年陈久霖被新加坡的《联合早报》冠以"航油大王"之称,2003 年陈久霖被世界经济论坛评选为"亚洲经济新领袖"。

2003 年下半年开始,中航油(新加坡)进入石油期权交易市场,最初涉及 200 万桶石油,中航油在交易中获利。2004 年油价持续攀升,中航油(新加坡)违规操作,既未斩仓止损,又未披露真实信息,以致造成5.5亿美元巨额亏损。消息公布,舆论哗然。

报道内容分析

《成败陈久霖》一文是关于中航油(新加坡)巨亏事件的调查性报道。

文章选择中航油(新加坡)总裁陈久霖作为报道主题,以他在事件发展不同阶段的心理状态为节点,通过"履险如夷的底蕴"、"'无知者无畏'"、"救与不救,还是斩不斩仓?"、"成也萧何 败也萧何"和"服从谁的规则"等部分,向读者逐步展示了巨亏事件的全貌,探究事件背后的深层次原因,直指国有垄断企业存在的制度错位和监管缺位。

特 色

中航油事件被称为中国的"巴林事件",其巨大的新闻价值引起了媒体的高度重视,给新闻媒体提供了一个同台竞技的平台。凭借天时地利人和,新加坡《联合早报》最先发布了该消息,在时效性方面胜出一筹。随后国内媒体快速跟进,积极参与。在将近一个月的报道中,报纸、杂志、广播、电视、通讯社以及网络媒体各类媒体大展身手。众多报道中,《财经》杂志的《成败陈久霖》一文尤为出色,彰显了《财经》杂志的综合实力。

对新闻事实的精准把握。中航油事件是一件有着重大新闻价值的事件,公众关注,媒体聚焦。如何很好地还原事件原貌是媒体报道成功的关键。《成败陈久霖》一文之所以能在众多报道中脱颖而出,首先得益于对事实的精准把握,抓住了事件的关键切入点——中航油(新加坡)总裁陈久霖。作为中航油(新加坡)掌舵人,陈久霖近乎一意孤行的狂赌,是造成中航油巨额亏损的直接原因。

强大的新闻突破力。该报道彰显了《财经》杂志强大的新闻突破力。拥有广泛的人脉资源是新闻突破力的关键,是新闻媒体或记者不可或缺的重要条件。中航油(新加坡)事件曝光后,各路媒体竞相报道,由于《财经》记者在第一时间采访到了该事件的多名关键人物,报道最为深入。反观其他媒体的报道可以看出,很多媒体没能接触到事件的核心人物,致使报道表面化。

缜密深入的调查能力。《成败陈久霖》一文充分展示了《财经》杂志专业的新闻调查水准。从文章可知,这篇文章是记者分赴三地采访的结果。一路记者随陈久霖回湖北老家,从陈口中获悉事件发展过程,甚至一些细节(如陈发送的手机短信内容)。一路记者在北京采访中航油集团高管人员,了解危机发生后集团高层的决策。同时派赴新加坡的记者则采访调查中航油新加坡内部管理机制,获悉相关内幕。

娴熟的写作技巧。该文在写作方式上糅合了华尔街日报体和中国式人物传记的写作手法。文章从小处落笔、向大处扩展,通过细节塑造人物,剖析事件,将整篇文章写得有血有肉,人物形象丰满,事件脉络清晰。文章首先以充满人情味的陈久霖回乡祭祖开始,然后自然过渡至新闻主体部分——中航油事件中的陈久霖,以陈久霖的心理历程为节点,集中笔墨探究造成巨亏的原因,文章最后部分呼应开头,再次回到对陈久霖家和陈久霖的描写,进行主题升华,意味深长。

报道的影响力

《成败陈久霖》一文被《南方周末》评为 2004 年"致敬之年度经济报道"。在致敬理由中,南方周末这样写道:"致敬理由:中航油事件刚曝光,即有人在猜测《财经》杂志该如何报道。该刊一出手,果然不让人失望。在很多媒体还在做外围报道时,《财经》显然接触到了较为核心的事实和关键性的人物,报道对事情的始末缘由和陈久霖其人作了较为准确的还原,并直指国有垄断企业存在的制度错位。整个操作显示出《财经》的新闻突破能力和调查水准。从目前看,《财经》杂志在财经专业领域的调查能力在国内是最高的。而在业内,也隐隐形成了碰到财经界的大事就想看《财经》怎么操作的期待。"

▋ 相关知识链接

期权(option;option contract)又称为选择权,是在期货的基础上产生的一种衍生性金融工具。从其本质上讲,期权实质上是在金融领域中将权利和义务分开进行定价,使得权利的受让人在规定时间内对于是否进行交易,行使其权利,而义务方必须履行。在期权的交易时,购买期权的一方称作买方,而出售期权的一方则叫做卖方;买方即是权利的受让人,而卖方则是必须履行买方行使权利的义务人。期权分为看涨期权和看跌期权。

▋ 中航油巨亏事件备忘

2003年下半年:中航油公司开始交易石油期权(option),最初涉及200万桶石油,中航油在交易中获利。

2004年一季度:油价攀升导致公司潜亏580万美元,公司决定延期交割合同,期望油价能回跌;交易量也随之增加。

2004年二季度:随着油价持续升高,公司的账面亏损额增加到3000万美元左右。公司因而决定再延后到2005年和2006年才交割;交易量再次增加。

2004年10月:油价再创新高,公司此时的交易盘口达5200万桶石油;账面亏损再度大增。

2004年10月10日:面对严重资金周转问题的中航油,首次向母公司呈报交易和账面亏损。为了补加交易商追加的保证金,公司已耗尽近2600万美元的营运资本、1.2亿美元银团贷款和6800万元应收账款资金。账面亏损高达1.8亿美元,另外已支付8000万美元的额外保证金。

2004年10月20日:母公司提前配售15%的股票,将所得的1.08亿美元资金贷款给中航油。

2004年10月26日和28日:公司因无法补加一些合同的保证金而遭逼仓,蒙受1.32亿美元实际亏损。

2004年11月8日到25日:公司的衍生商品合同继续遭逼仓,截至25日的实际亏损达3.81亿美元。

2004年12月1日:在亏损5.5亿美元后,中航油宣布向法庭申请破产保护令。

（资料来源:世界经理人网站《2004年中航油事件》）

延伸阅读 ·

黄河:《中航油石油期货亏5.5亿美元　传奇总裁职务暂停》,《第一财经日报》,2004年12月2日

王晓冰、李箐:《中航油噩梦　监管者去了哪里》,《财经》,2004年第24期

罗绮萍:《玩家陈久霖　最风光一刻走向末路》,《21世纪经济报道》,2004年12月8日

钟加勇、王强:《陈久霖揭秘中航油事件》,《商务周刊》,2005年1月6日

程苓峰:《牵连个体命运公司前景国家声誉　中航油重组迷离》,《中国企业家》,2005年1月24日

李富永:《巨亏中航油:涅槃的背后》,《中华工商时报》,2005年6月29日

健力宝案原委

龙雪晴　张　翔

　　自2004年末以来，广东健力宝集团有限公司（下称健力宝集团或健力宝），这一中国民族饮料业巨头，经历了太多的混乱和迷茫。

　　先是有11月16日的一项重要股权交易，一位来自北京的投资者李志达从健力宝原来的私人股东张海、祝维沙、叶红汉手中买下91.1%的股份，开始组织生产。然而，李的股份无法过户，股东地位迟迟得不到确认。至12月6日，仅持有8.9%股份的佛山市三水区政府单方面接管运营，更引起海内外舆论大哗。

　　健力宝由此处于其诞生21年以来历史中的最暧昧时期——在表面上，它仍是一个不断生产出健力宝牌汽水的工厂；但事实上，它已无法像一个普通企业那样运作，既无董事会，亦无股东会。企业竟被掌握在地方政府成立的恢复生产工作小组之手。

　　昔日的饮料大王，沦落到今天的窘迫境地。但是，先后的所有者、经营者、地方政府，方方面面对整个事件解说不一，各执一词，诉求迥异，事件全貌和真相愈发显得扑朔迷离。

　　健力宝乱局究竟缘何而起，是何根由？是什么样的情节和逻辑导致今天的结局？如何诠释其中的是非，又如何寻找解开死结的办法？

　　这些问题，正是《财经》数周前展开调查健力宝之乱的起点。

“转制”中的魔鬼

国有资本退出的战略选择，在操作中变成了与企业家的 MBO 诉求赛跑，仓促而且草率

　　无论如何，整个事件必须回溯到三年前。

　　正是在三年前的2002年1月22日，28岁的张海取代执掌健力宝17年半的国有企业家和创业家、62岁的李经纬，成为健力宝的法定代表人。在健力宝集团，张海集大权于一身，是董事长兼总裁。

　　健力宝，税收占到当地财政收入近半数，员工数千人，高峰时年销售额高达60亿元，纵使2000年企业滑坡之际，仍然是一笔巨大的财富，一个富有生机的大型饮料企业，其兴衰更牵动地方经济方方面面。政府从这样一家大企业退出，究竟应当把权柄交给什么人？纵在

当时,张海能是合格的买家吗?

《财经》早在三年前就曾想调查此次交易的内幕,但一些关键性文件始终未能得悉。利益各方唯至今天乱局方始吐出实情,细节中的魔鬼依然清晰可辨。

健力宝原为三水当地独一无二的大型支柱型国企,由创业元老李经纬和他的团队掌管。自2001年下半年起,当时的三水市政府(即目前区政府前身)想出让健力宝股权,是为"转制"。而由于对执掌企业17年的李氏团队缺乏足够认可等原因,心中又不愿意以MBO方式将企业卖给李经纬等。消息暗中传出,当时有意购买者多达20余家,其中不乏既具资本实力又富实业经验的国际战略投资者,包括法国达能和新加坡第一家食品公司(下称第一家食品)。

第一家食品公司曾一度接近收购谈判的终点线,出价3.8亿元欲购健力宝100%股权,其收购方案获三水市政府通过。双方于2001年11月20日签署备忘录,收购方首付定金500万元人民币,并允诺对健力宝资产状况做补充调查之后,于指定日期开出1亿元的信用证。

然而,作为一家国际性公司,第一家食品的进入意味着一系列调查和论证,而三水市政府根本不愿意等待。企业近年来的效益滑坡,对李经纬及其团队的骄横难以接受,都使政府急切地希望健力宝转手。至年底,政府放弃了第一家食品,后者亦撤走存在银行的500万元定金。当时,市场仍普遍认定健力宝即将"远嫁新加坡",而政府未敢公布实情,唯恐引起外界对健力宝资产状况的负面推测,影响股权转让。

其后的事态发展可谓迅雷不及掩耳。一位前健力宝高层向《财经》披露了一个戏剧性的细节:2002年1月9日,在三水市政府召集的一次健力宝高层会议上,李经纬质问政府为何完全抛开健力宝创业团队,一意要将健力宝对外出售,并提出"为什么不让我们买回来?"市长李贻伟当即表态:"要买可以,我给你们一个星期的时间。"双方商定以4.5亿元的价格完成健力宝集团100%的股份交易。随后,健力宝管理层多方寻找资金。第六天早上,李贻伟再度召集健力宝高管层在市政府开会。众人甫一落座,市长李贻伟便开口说:"这事已经定了。我们现在决定把健力宝卖给浙国投(即浙江国际信托投资公司,下续称浙国投)。"

提到浙国投,只是听起来有机构出面,其身后便是两手空空、踌躇满志的张海。

张海和他的"敲门砖"

以腾挪资金的"财技"当敲门砖,几番谈判下来,三水政府主要领导对年少气壮的张海深信不疑

据说幼年便具有"特异功能"且行走江湖进行表演的张海,当时已有"资本大鳄"之声名,身兼东方时代投资有限公司(下称东方时代)董事长、方正科技(600601)董事、中国高科(600730)董事长数职。

东方时代持有浙国投23.87%的股份,系浙国投第二大股东。而东方时代一度被认为是

方正科技的关联公司,张海也一度被媒体称作浙国投副董事长。但张海的这一职务,据闻从未获得浙国投的正式任命。

张海向《财经》称,当时他在飞机上翻阅报纸,得知健力宝正要作股权转让,兴奋之情难以名状,立刻赶赴三水与政府洽谈。

在此次健力宝案中,浙国投为财务公司,其幕后出资人即为张海。张海本人虽然并无收购健力宝所需要的巨资,却深信自己能够腾挪资金。借此"财技",加之年少胆大,便使他有了问鼎健力宝的野心。

随着与第一家食品的交易陷于停顿,急于出手健力宝的三水政府接待了张海,其后的谈判可谓紧锣密鼓。回过头来看,整个交易进行得草率而缺乏规范。如此巨额资产出让,三水政府一方既未请财务顾问提供中介服务,亦未对买家的资信进行调查。交易过程更是黑箱操作,长期秘而不宣。

一位参与交易的知情人告诉《财经》,交易拍板前,三水市长李贻伟曾与张海彻夜长谈,后者长于展示自己的资金实力与人脉。几番谈判下来,三水政府主要领导便对年少气壮的张海深信不疑。

谈判很快有了结果。1月15日,双方对外公布,三水政府向浙国投转让健力宝75%股份,作价3.38亿元。3.38亿,正是当初安达信所估健力宝4.5亿元资产的75%。这个价钱高于第一家食品,也使三水一方颇感安慰。

此时,健力宝集团股东有三:政府通过三水公有资产投资管理公司(下称三水公投)全资持有的广东健力宝饮料厂持股75%,两家境外公司——香港顺明公司和澳门南粤公司持有另外25%的股份。据《财经》了解,香港顺明系中国银行广州分行所有,澳门南粤则隶属广东省政府旗下之粤海集团。因此,健力宝集团虽看似中外合资公司,实则百分百的国有企业。

股权交易的具体形式是,三水公投将其持有的健力宝饮料厂100%的股权,以3.38亿元的价格售予浙国投。由此,健力宝饮料厂所持健力宝集团75%股份转至浙国投之手。

当年参与交易的一位前浙国投人士透露,双方商定,与此项大宗股权交易相配套,在境外中资公司手中的25%健力宝部分也将被购回。其中由张海出资买下15%,其余10%由政府购买。

在75%的主体交易中,张海拿出的3.38亿元将分三期注入三水公投账户:首期1亿元于交易当天支付,其后两个月内再支付1.38亿元,余下1亿元在一年之内付清。后来,最后1亿的付款条件有了修订,取决于三年内发现的公司或有负债情况。

张海果然行事迅速。1月16日,首期1亿元股权款到账。

1月20日,张海等人全面入主健力宝,其团队核心成员,系张金富、郭泳二人。45岁的张金富为港商,张海的熟人。郭泳则为张海旧部,张于2001年出任方正科技董事后,即将郭调至方正科技下属证券部任总经理。

1月22日，健力宝饮料厂股权正式转至浙国投名下，其法定代表人李经纬的名字随之变更为张海。次日，李经纬便因脑溢血住院。

1月底，健力宝集团董事会改组，包括李经纬在内的原董事一一去职，张海、张金富、郭泳三人组成新董事会。

3月，张海将另外1.38亿余款也打入三水政府账户。

新伙伴：铁三角？冰三角？

正天科技的名字虽与方正科技仅一字之差，其实是一家私人企业，张海、祝维沙和叶红汉的临时同盟

当然，出手豪阔的张海，其实并不具备如此巨资。虽然挂了不少上市公司董事长或董事的名义，张海最大的本事，不过是搞一点必须偿还的"短期拆借"。上述消息人士向《财经》透露，张海首付的1亿资金便是一笔通过国债回购而来的短期融资。

正因此，虽然拿到钱的三水市政府已经对张海信任有加，付了钱的张海却立即开始寻找真正的买家。很快，他盯上了方正。

张海与方正相交甚深，这是一种来自"资本游戏"的交情。

方正科技系北大方正集团收购上海延中实业股份有限公司股份改名而来，为当年为数不多的全流通A股之一，方正集团一度持股约5％。2001年5月，北京裕兴机械电子研究所及北京金裕兴电子技术有限公司（以下统称北京裕兴）联合另外四家公司，大举购进方正科技股票，意欲谋取控股地位。是次股权争夺战被称为"举牌事件"。

正是在此次举牌事件中，张海原协同裕兴老板祝维沙企图逼方正集团出局，后发现形势复杂，又改与方正集团联手，击退了方正科技内部当时已有反水之想的董事长祝剑秋。

"举牌事件"后，魏新取代祝剑秋出任方正科技董事长。张海本人成为方正科技董事。

因为当年于魏新"有恩"，也因为张海深信健力宝的吸引力，以负债之身购下健力宝之后，他专程找到魏新，建议方正出资，与他共同执掌健力宝。

由是，时任方正科技董事长魏新曾专赴广州健力宝总部大厦，并与三水政府洽谈。参与当年谈判的三水政府一位知情人还告诉《财经》，方正甚至表示，一旦进入健力宝，方正科技设在东莞的电脑生产基地也可考虑搬到三水。据称该基地生产规模与健力宝相若。

这一前景，颇使三水政府心向往之。然而，企业彼时已经轻率地交入张海之手。有权做出决定的只有张海了。

关键是张海请方正入局，需要的只是资金。他并不愿意失去企业控制权。张海与魏新最后如何不欢而散的细节不得而知，消息人士仅告诉《财经》，魏新曾表示如果入股就必须由方正控制，否则最多只能给予短期的"过桥贷款"。"后来魏老师谈了谈，觉得张海这个人有些靠不住，就撤了。"他说。

就在这时,祝维沙出现了。祝维沙是北京裕兴老板,国内首家在港上市的民营 IT 企业裕兴电脑(现更名裕兴科技。8005,HK)的董事长,堪称国内资本风云人物。裕兴电脑于 2001 年 1 月在香港创业板首发上市,筹资 4.2 亿港元。张海与祝维沙的交情可溯至当年裕兴电脑的上市配股,更在"举牌事件"中加深。

知情人向《财经》透露,2002 年 4 月间,拉方正入伙未果的张海找到祝维沙,意欲借后者资金入局,以将之前自己短期拆借而来的 2 亿资金解套。

工商资料显示,2002 年 3 月 20 日,佛山市三水正天科技投资有限公司(下称正天科技)成立,股东为张海、祝维沙、叶红汉三人,三人所持股份为 4∶3∶3 架构。三人商定以正天科技名义出资,接盘健力宝。

叶红汉,当时手中亦持有数家公司,因笃信佛教,与据说"佛门出身"的张海之前即已相熟。据称,叶红汉认为张海佛性甚高,悟性极强。

据时任三水市委秘书长周永基回忆称,2002 年"五一"长假过后,之前的收购方——方正科技在一夜间消失了,取而代之的是正天科技。

此后,浙国投名下的健力宝饮料厂 100% 的股份被全部过户至正天科技,张海之前支付的股权收购款撤出,祝维沙的巨额资金打入了三水公投的账户。

变更当月,张海、祝维沙、叶红汉三人同时进入健力宝饮料厂董事会,张海任董事长。但在饮料厂控股的健力宝集团,之前的董事会架构并未改变,仍为张海系三人。

就这样,资本玩家张海依靠他人资金倒手做局要价,成为中国最大的民族饮料企业的单一最大股东和掌门人。

由谁付钱

祝维沙付了收购款 2.38 亿元。不过祝维沙和叶红汉很快就意识到,张海虽然信誓旦旦,其实是不可能还这笔钱了

今天的乱局,其一切起因在当年已经铸成。

这不仅因为交易的主要对手张海之"资本大鳄身份"与经营管理健力宝所需要的实业管理者实在相去太远,殊不可信,而且因为张海本人并无购下健力宝的自有资金实力,其"空手套白狼"式的操作,实在是具备了太多的投机性。

三水政府此番"嫁女",确实是"所托非人"。事实很快证明了这一点。

还有一个事实也必须正视,就是张海、祝维沙和叶红汉的三角联盟。

三水政府一方在 2.38 亿落袋之后,很可能将三角看成了"铁三角",而且幻想出资方有着长期投资的预期。以其对于资本运作的想象力,当初或难以洞见,这笔钱相当一部分很可能会"羊毛出在羊身上"。

不过,对于资本玩家张海来说,这其实是最起码的"财技"。

《财经》经多方求证获知,在张、祝、叶三人的新资本组合中,张、叶二人基本未拿现金。叶向正天科技注入的只是自己在广州白云山上一处物业"天麓湖山庄"。后来在与张海决裂后,他已经把物业收回。

替张海把拆借款还上的是祝维沙。一位参与交易的知情人告诉《财经》,2001 年祝维沙为"举牌"方正科技而调集了 2 亿现金,事后一直未予调走,此番即投入健力宝。在给张海这笔钱时,张、祝、叶之间有一个协议,2 亿资金小部分为祝维沙购买健力宝的股本金,大部分则是给张海的借贷。

有消息称祝氏拿出的 2 亿元极有可能来自其香港上市公司,但《财经》尚无法确认此事。有关当事人仅告诉《财经》,付款之时,张海曾承诺十天之内将返还祝维沙 1 亿元,余款会在 2002 年年底还清。

祝氏调集资金进入健力宝集团,却未进入健力宝集团董事会。这一情景颇令人费解,以至于在利用舆论问题上心思缜密的张海最初很少披露这一事实,竭力将正天科技、健力宝饮料厂和健力宝集团董事会混为一谈。不过在事实上,这种架构是张、祝等人当时的协议安排,正确保了张海的实际控制。

张海没有钱,又承诺还钱,这笔钱只能来自健力宝。这家企业的年销售额一度突破 60 亿元,在转手前号称仍逾 20 亿元,可谓现金滚滚。这正是张海当时做出承诺的基础。

在三水市政府、张海、祝维沙、第一家食品或是达能,还有方正眼中,健力宝是不同的健力宝。张海看上的健力宝只剩了一组虚幻的现金流,一组可交易可控制的抽象权益,一个可以赌博和投机的舞台。这是与庄家吕梁们"虚数填实数"非常相似的一种影象。

张海三角接盘健力宝后,又有过一系列股权变更操作:2002 年 7 月,健力宝饮料厂变更为健力宝健康产业投资有限公司(下称"健康产业"),其股东有二:正天科技持股 90%,张海以自然人身份持股 10%。

至于健力宝另外 25% 的境外股份,张、祝、叶三人与三水政府按事先约定,分别购下 15% 及 10%。

一位接近交易的知情人说,政府当初与张海谈判时,打算买下 10% 补偿 MBO 不成的李经纬团队。然而及至 10% 到手已是数月之后。李经纬团队因不配合张海入主,冲突已经激化。李本人也因脑溢血住院。2002 年 7 月以后更有原团队涉嫌经济案问题出现,补偿之想早已改变。

由是,三水政府持有 10% 便有了长期投资的意愿。为在三水当地直接持股,政府与张海等又有一系列复杂的换股安排:先由张海等在英属维尔京群岛(BVI)注册成立 CASA 亚洲有限公司(下称 CASA),部分健康产业股份转入 CASA;再由政府将境外股份与张海等换股,政府的 10% 境外股份进入 CASA,张海等的健康产业将 10% 转入三水公投名下。

至 2003 年 10 月 10 日,健力宝集团产权变更为:张海等的健康产业持股 53%,张海等在英属维尔京群岛(BVI)注册成立的 CASA 持股 37%,三水公投持股 10%。健力宝集团董事会增加了来自三水公投的代表谭超。

及至 2003 年 12 月 23 日，张海等的健康产业再向健力宝集团增资 34,674,061 元，由此，健力宝集团股权架构微调为健康产业持股 58.32％，CASA 持股 32.81％，三水公投持股 8.87％。（详见图：健力宝股权变更）

到此，围绕健力宝新股东与原国有股东的全部股权变动终于落定。剩下的只有"三角联盟"的内部结算了。而到了这时候，张海仍然未能兑现诺言，偿还当初从祝维沙手中调集的巨额收购资金。

"其实到 2002 年底，无论是祝维沙还是叶红汉，都已经把张海看透了——张海是不可能还这笔钱的了。"知情人如是说。

"快钱游戏"原来并不好玩，而祝维沙必须解套，不可能无限期地等下去。

"张海新政"

张海的奠基礼在亚洲最豪华的游轮"处女星号"上举行。其后的两年，健力宝走向更大的衰败

2002 年 8 月底，新加坡。亚洲最豪华的游轮"处女星号"上觥筹交错，笙歌盈耳。健力宝的 300 多位经销商和数十家国内媒体记者齐聚甲板，欢庆健力宝的"18 岁华诞"。

其情其景，至今使人记忆犹新。同样记忆犹新的是另一个重要事实："处女星号"之行，正是新任董事长兼总裁张海的"登基礼"！

健力宝，这个上世纪 80 年代中期冉冉升起的饮料巨星，这个 90 年代初因为体育健儿李宁的加盟而备显辉煌的名牌企业，在经历了始于 1997 年的黯淡之后，告别其创始者李经纬团队，告别国企身份，落入 28 岁的张海之手。始于年初的这场交易一波三折，其结局不乏戏剧效果，也曾引起媒体种种狐疑。

"处女星号"之游结束，胜者为王的原理开始显示，舆论质疑让位于对"资本经营高手"张海的赞许和期冀。

经过海上洗礼的张海，此时或许有一些搞好健力宝的意愿。当年，张海在经营管理上也投入了相当精力：削减冗员、推出"第五季"、竞标"2002 年世界杯赛事独家特约播出"权……颇有"实业气象"。一份财务报表显示，2002 年健力宝集团利润达 1.2 亿元，远远超出 2001 年 4600 万元的利润额。

财务报表的可靠性只有另论。而张海的"比较优势"仍然是"资本运作"，所以从 2002 年底开始，张海开始以健力宝品牌介入资本运作。

当年底，健力宝耗资千万入主河南宝丰酒集团，之后又斥资上亿元受让"深圳足球俱乐部"，改名为"健力宝足球俱乐部"；2003 年中，耗资数亿元，间接持有在港上市的平安保险（2318，HK）法人股 7000 余万股，经配售于当年底增持至 1.4 亿余股；直接购入原周正毅持

有的福建兴业银行7000万法人股;2004年1月,尝试整体收购江西景德镇华意电器总公司,意图间接掌控华意压缩(000404)(后收购搁浅);同期曲线收购辽宁和上海的两支球队。

值得注意的是,在这些"资本运作"之中,两笔最有流动性的交易——平安保险交易和福建兴业银行交易本身被由张海等的健康产业公司持有,并不属于健力宝。

如此大手笔的资本运作显然耗资巨大,外界普遍疑其资金来源为挪用健力宝所获银行贷款,这些贷款本应用于健力宝的饮料生产。尤其是在购进平安保险及兴业银行股份之后,健力宝更加陷入现金流短缺、负债比攀高的危险旋涡。

审计报告显示,在张海时代,健力宝向银行的借贷大幅飚升,截至2003年底,健力宝整体的银行贷款额为22亿元。而在张海入主之前,健力宝截至2001年的银行贷款余额仅为13.6亿元。

与此同时,健力宝主业经营发生了一系列失误,遭受重创。"第五季"推出后,片面强调媒体广告投入,却忽略了生产和物流的支撑,导致最终失败。2003年,因为质量监控不力,健力宝更出现了一次重大生产事故,导致价值2亿元的产品报废。

资本运作领域耗费巨额银行贷款,导致本已短缺的公司资金更加捉襟见肘;主业领域又频繁受挫,直接影响健力宝饮料的产销和利润。这一切矛盾在2003年底、2004年初之际上升到了顶点——

健力宝自身报表显示,2003年饮料销售额为20亿元,利润为6500万元。而事实上,当年饮料销售额仅为17亿元,另外3亿元为虚增而来,当年公司已出现约3亿元的巨额亏损。此举之动机,被三水政府方事后指为"便于进一步骗取银行贷款"。

时间进入2004年,健力宝主业凋敝,多元化战略大多劳而无功,张海、祝维沙、叶红汉三大股东终于关系恶化。祝、叶二人更怀疑张海在外的一系列资本扩张系谋私之举,有转移集团资产之嫌。

祝、叶夺权

削权、"逼宫"之举或降低了祝维沙的投资风险,但已无法挽回健力宝的颓势

在三角联盟之中,为是次收购出钱出力的另外两位股东不愿再等下去了。祝维沙无法用法律逼张海还款,因此,让张海出局成为出路。

祝、叶二人联手,于2004年4月召集健康产业股东会,以股东决议形式,限制张海以健康产业名义对外投资。健康产业持股健力宝集团58.3%股份,因此上述决议也在很大程度上限制了健力宝集团的对外投资。

与此同时,一直未曾参与公司运营的祝、叶二人不再担任"被动投资者",而要求进入健力宝集团董事会,并最终于2004年7月遂愿。当月,健力宝集团董事会改选,原董事会四名董事中,郭泳出局,张海系仅留张海与张金富两人;同时,新增四名董事,分别为祝维沙、魏小军、叶红汉和叶选基。四名新董事中,祝、魏二人为裕兴同事,叶选基为叶红汉的叔叔。

8月下旬,祝、叶二人又联手召集健力宝集团董事会,董事会作出决议,免去张海集团董事长及总裁职务,仅留董事身份。祝维沙全面掌控公司经营大权。这就是当时外界颇为懵懂的"张海下课"事件之内情。

当然,投资圈内对祝氏此番由幕后走上台前的动机自是了然。一位投资人士对《财经》分析称,当年携手进入健力宝的三大股东中,唯有祝维沙真正出资,且一直急于收回资金。当健力宝陷于危机之时,祝维沙愈感风险增大,资金恐难收回,因此急于掌控健力宝,意在找寻接盘者,为自己安排后路。

当然,时至今天,削权、"逼宫"之举或许降低了祝维沙的投资风险,但已无法挽回健力宝作为企业的颓势。时至2004年8月,健力宝深陷主业疲软的资金缺血症,2004年初以来的半停产状态,此时已发展至频频全面停产的窘境。银行催讨利息,工资久拖未付,供应商因收不到货款而拒绝提供原料,经销商因无货可提而上门追讨之前垫付的货款……

企业风雨飘摇,危若累卵。而祝维沙取代张海经营团队之后,只能勉力维持,考虑的唯有择机退出。

三水政府在这场危机中受到的伤害是双重的:作为小股东,其权益受到侵害;作为地方父母官,当地最大企业的衰败,后果更是不堪忍受。昨天的"所托非人"代价深重。

不过,补救昨天的错误,出路何在?

三水政府出场

政府一朝遭蛇咬悔意连连,但也有公权力可以采取行动

2004年9月22日,三水的金融机构召开联席会议,对健力宝发出最后通牒。提出要与区政府一起成立"健力宝债权银行委员会",专责处理健力宝债权事务,并要求健力宝须于当月28日前还清各金融机构欠息及到期信用证,否则将集体起诉。

9月27日上午,三水区区长宋德平等主要领导紧急召集健力宝董事会成员召开协调会议。政府要求董事会拿出时间表和解决方案,同意董事会成员采取"内部自救"方式,也可引入富有资金实力的大集团大企业加盟。几方协定的结果是:若祝维沙有能力解决危机,则张海退出健力宝股份;若祝无力应对而张海能找到大集团加盟,则祝退出股份。

政府并责成股权持有人于10月8日前恢复健力宝正常生产,否则政府将以三水公投的名义实施托管。

当日下午,健力宝董事会共商对策。由来自三水公投的董事谭超率先提议,董事会初步选定与福建阳光集团洽谈收购事宜。但其后祝、叶等人发现阳光集团与张海有所关联,予以反对,此项合作就此搁浅。

此时的健力宝董事会各方成员已是各怀心思。寻找"战略投资人"最积极者为祝维沙,

陆续引来多家企业相谈。然而,在9月底健力宝集团召开的董事会上,祝维沙的一系列引资方案遭三水公投方代表谭超全部否决。一朝经蛇咬之后,三水政府对于昔日张海的同盟推荐的投资人已经不再信任。新的方案在酝酿中。

唯一有所突破的引资方是台湾统一集团,经过一段时期的谈判,2004年10月9日,统一集团和健力宝在北京签署合作草案,统一集团拟收购健力宝的主业资产和品牌,但对集团其余资产和负债不予接纳。

10月9日、10日两天,统一集团派出的代表抵达三水,考察健力宝厂区,随后派出工作小组进驻健力宝广州总部,进行调查。按计划,双方将在11月签订正式的股权转让协议。

势如破竹的进度或许最投合祝维沙尽早脱身的期望,对企业的大债权人金融机构也可接受,但又使另一利益群体心生疑虑,这就是长期以来已与健力宝形成共存生态的经销商们。在健力宝的债权人群体中,经销商债务所占比例小,按说发言权并不大,但这批大经销商多为三水当地人,对于政府有特殊的影响力。

对健力宝经销商来说,台湾统一进入威胁可见,因为台湾统一自有销售网络。同时,健力宝经销商也并不愿意这家企业在半停产的状态下继续拖下去。无论企业将来如何,他们希望及早运转起来,挽回自身的损失。

在这个时候,三水市政府选择了站在经销商一侧。在对张海、祝维沙等资本类投资人均失去信任后,三水市政府对于让企业恢复大规模生产心急如火,对于正规和漫长的股权交易或对外合作再次显出缺乏耐心。

《财经》获悉,早在2004年9月,政府已在为接管健力宝做准备,其接管的合作方正是经销商群体。双方商定的合作方案是:成立一家贸易公司专事健力宝的生产销售业务,贸易公司不对健力宝集团的所有资产和负债负责,亦不对健力宝此前对各供应商、经销商的债务负责,仅负责注资快速启动生产,并将销售所得悉数收归己有。此举,即是后来被外界广为诟病的"体外循环"方案。

与此同时,经销商们开始组织一系列反对将健力宝股权转让统一的抗议行动,声称:"卖给统一,不如卖给我们经销商。"

10月上旬,来自经销商的"抗议"声浪愈演愈烈,甚至演变为激烈的对抗行为。10月中旬,在就统一收购问题召开的健力宝集团第二次董事会上,三水公投代表谭超投了弃权票,并就统一入主健力宝提出了反对意见。

之后,原定于11月初召开的"统一收购健力宝"新闻发布会被临时取消,双方亦未对外界进行任何说明。

统一的发布会刚刚取消,时任三水区委书记的蒋顺威就把白坭镇镇长欧柱明叫到家中,商定由欧代表政府出面组成复产工作小组,采取"体外循环"方案接管健力宝。

显而易见,值此健力宝危机当头之际,早年的共同利益者已是各谋出路;非但大股东联盟的祝、叶二人与张海势同水火,小股东政府方与小债权人经销商亦有自身强烈利益诉求。

在统一收购方案不能满足各方共同利益之时,政府以掌控公权力的先天优势,决定与经销商集团合作,强势接管健力宝。而正当政府准备将计划付诸实施之时,不甘受制于政府、急于脱手健力宝股份的祝维沙偏偏又找来了新的接盘者——北京汇中天恒投资有限公司(下称汇中天恒)董事长李志达。

李志达入局

在付出 1 亿元控股九成之后,新的投资人还要摆平多少利益方

50 岁的李志达曾系深圳丽斯达日化有限公司创始人,深圳丽斯达是国内著名化妆品品牌"小护士"的生产商。2003 年 12 月,深圳丽斯达被世界化妆品巨头欧莱雅集团全盘收购,李在收购交易中获利丰厚。之后,李依托汇中天恒等投资公司,转以医药、旅游、房地产等为投资之主业。

2004 年 10 月初,李志达委托深圳大鹏创业投资有限公司(下称大鹏创投)作为收购顾问,对健力宝资产状况进行摸底。

当时,围绕健力宝的各方利益群体正在紧张博弈,无论是卖家还是政府,都不可能给李志达充分时间进行尽职调查。此时收购健力宝股权,势若火中取栗。关键是当年股权交易过于不透明,李志达绝无可能确知火中取栗的艰辛与危险。

大鹏创投的总经理张维向《财经》透露说,2004 年 10 月间,官方提供的审计报表显示,健力宝尚有 6.9 亿元的净资产。大鹏创投通过自行摸底调查,重新估值为零到负 1 亿元之间;同时,对健力宝的无形资产进行评估,确认健力宝品牌资产应当在 8～10 亿元之间。而如果全面恢复健力宝的正常运营,所需资金约在 5 亿元左右。

李志达据此判断收购可行。之后,李开始与股权出让方接触,11 月 6 日至 11 月 15 日,李志达以旗下汇中天恒及北方亨泰两家投资公司名义,受让张海、祝维沙、叶红汉三人在健力宝集团控股公司的全部股权——

与张海签署的协议一份,李志达作为新股东,受让张海在正天科技 40％股份,在健康产业 10％股份,在 CASA40％股份。上述股份转让价格为人民币 1 元。

与祝、叶分别签署两款协议,分别受让二人在正天科技和 CASA 的股份。其中,就正天科技股权转让而签署的协议中,收购方以 1 元价格,分别受让祝、叶二人在正天科技 30％的股份;就 CASA 股权转让而签署的协议中,收购方以 5000 万元人民币的价格,分别受让叶、祝二人在 CASA30％的股份,祝、叶二人分获 5000 万元现金。

由于健康产业和 CASA 合计共持有健力宝集团 91.1％股份,李志达通过受让两家上游控股公司 100％股份,已实际持有健力宝集团 91.1％股权。

对张海以 1 元向李志达转让所持全部股份,外界素有质疑。李告诉《财经》,签约时,张海曾提出回购以健康产业名义持有的平安保险、兴业银行股份,遭李拒绝。

《财经》另从相关当事人处获悉,李志达向祝维沙支付5000万元现金,是为祝"平账"之用。早在2004年8月张海"下课"时,祝再向张海催讨欠款。截至当时,祝尚有逾亿元资金困在健力宝无法抽走。张海间接购进平安保险法人股,每股价格约为3.25元,总计间接持股1.48亿股。至2004年8月尚有9000余万余款未付。

为此,祝、张达成协议,由祝代付9000余万元尾款。作为交换,祝从健康产业名下拿走5100万股平安股份。当时,平安保险法人股每股已溢价至5元左右,祝所获5100万平安法人股市值约2.5亿元,减去之前所代付9000余万股价尾款,祝实际进账约1.5亿元。有关当事人向《财经》透露,至此,祝维沙"不亏也不赚,把账做平了"。祝维沙终于成功解套。

2004年8月走上前台后,祝维沙虽一心想脱身,但找买家的同时,尚需维持企业运营,为此,祝又陆续向健力宝注资数千万元。至11月李志达接盘时,所付祝维沙5000万元现金,正是为祝在8月至11月间的后续投资埋单。而祝从李志达手中拿到5000万元后,"再次把自己的账做平了"。

2004年11月16日,健力宝股权交易各方在广州亚洲大酒店举行股权受让仪式,三水公投方代表谭超出席仪式。会后,谭超在酒店大堂向李志达提出,健力宝集团尚欠三水公投6600万元,需由新股东尽快支付。李志达当时并未拒绝。

早在交易签署之前,李志达就已知道:张海收购健力宝的3.38亿元资金中,尚有1亿元尾款未付三水公投。当年双方曾有协议,约定这1亿元在三年后支付,但前提是健力宝集团没有其他或有负债。而据李志达所知,健力宝至今官司缠身,或有负债其实已超出1亿元。

由此,对李志达而言,收购健力宝的成本与收益并不复杂:在向各股东方支付总计1.66亿元后,即可收购健力宝集团91.1%的股份,进入后再陆续注入资金,启动生产。而鉴于健力宝品牌仍有相当价值,只要维持正常生产,健力宝饮料及铝罐两大产品销售无虞,每年至少可带来逾20亿元的产销额。利润亦相当可观,税前毛利当在30%以上。

当然,这一切设想不过是生意人的商业计算,完全未把健力宝三年来遭遇的冲击和苦痛考虑在内。李志达哪里知道,此时的三水市政府已经失去对大股东"资本运作"的基本信任。台湾统一这样的大战略投资者完成收购耗时耗力难,李志达这样的小战略投资者则连验明正身也难。

况且,此时的利益各方都蓄势待发。想进入健力宝,李志达要摆平的还有许多。

交易日20天后,矛盾终于爆发。这就是12月6日政府入主之后的事变。

宋德平做出选择

健力宝之乱的死结是怎样系上了最后一扣

以三水区长宋德平为首的政府方对李志达的敌意,似乎由来已久。据多方当事人分析,宋对李的敌意,渊源有二:

其一,早在2004年10月李志达介入对健力宝的调查摸底,并进而在11月与原股东方多方洽谈之时,宋就一度怀疑李与张海有染,并根本不相信李的资金实力和经营能力。

李本人曾多次向媒体表示过他对宋的费解,据说宋多次问李:"你知道不知道健力宝的资产是多少?如果是负8亿的净资产,你怎么办?"

其二,李于10月有意进入健力宝时,正值政府方急欲启动经销商"体外循环"方案,接管健力宝之际,而李以绝对控股股东的身份进入健力宝,无疑打破了政府方筹划已久的计划。

一位健力宝前高层分析认为,三水政府在饱尝了张海团队入主健力宝以来的一切苦果之后,对来历不明的外来投资者尤为过敏,可谓当年仓促转制落下的"后遗症"。

此种心态下,政府一方面分外关注新股东的资金到位状况,一方面随时做好启动"体外循环"方案的准备。

为此,政府在股权交易次日,即将张海的股份冻结,以阻挠李志达完成股权过户和工商变更。政府以此为要挟,要求李志达划拨总计1.66亿元的资金进入三水公投账户,结清历史旧账。

但此时的李志达,已经日益感到来自政府的某种敌意,因此并未立即接受以1.66亿元资金换股权过户的条件。

尽管如此,李志达团队自11月17日入主健力宝董事会之日起,还是陆续向企业注入资金总计1.08亿元,分别用于购买原料、支付经销商欠款和销售公司欠薪。但因为原料到货尚需一段时日,所以迟至12月初,健力宝并未真正复产。

与此同时,厉兵秣马已久的经销商们打着保护民族品牌的旗号,不断向政府施加影响,以图迅速成立贸易公司,以"体外循环"方式启动生产,回笼资金。

在这种情况下,以宋德平为首的三水政府必须在经销商和李志达之间作出选择。最终,宋德平选择了政府接管方案,放弃了李志达。

12月6日,宋德平赴健力宝总厂召开中高层干部大会,宣布成立健力宝复产工作领导小组,由三水区白坭镇原镇长欧柱明担任组长。

当天,一家新公司在佛山市工商局注册成立,公司名为佛山市三水健力宝贸易有限公司(下称贸易公司),注册资本100万元,为国有独资企业,法人股东为三水公投。

7日,新股东方派出健力宝集团的六名董事被复产小组驱逐,健力宝集团董事会仅余谭超一人。

政府以贸易公司接管企业之时,先前李志达购买的生产原料已陆续到货,生产得以启动,贸易公司开始产生大量营业额和利润,但所得利润全部留存贸易公司,与集团公司无关。

之后发生的一切,已广为媒体报道:政府一直三缄其口,而张海则频繁会见记者,就健力宝足球俱乐部归属问题,对李志达大加指责。新股东方则于12月下旬协同两名出让股份的老股东祝维沙、叶红汉,发表措辞严厉的联合声明,指称三水区长宋德平"操纵和指挥"他人组成复产工作小组,强行接管健力宝公司等行为"极其严重地践踏了国家的宪法、公司法以及其他法律"。

时间进入 2005 年之后,双方一度沉寂。而据《财经》了解,三水政府虽如愿启动健力宝生产销售,且从复产以来健力宝已有数亿元销售额,但实际已成骑虎难下之势。

北京法学界人士指出,三水政府此举,或许有其可以理解和同情之处,其当初的改制方向也应予肯定。但地方政府最初在国有股权退出,选择新股东时过于轻率,缺乏对收购者起码的资信调查和资格考量,致使企业在落入投机者手中,损失惨重。

如今,企业处于危局,因事关债权人、员工和当地经济,也关乎国有小股东的利益,地方政府当然有责任和义务有所作为。但政府所为不应离开法治轨道,须以尊重投资人的合法财产权利为前提。

如果擅用公权行事,无视大股东权益,甚至驱逐大股东、查封公司账册资料去搞企业的"体外循环",则会直接影响当地建立公正的投资环境,只能是饮鸩止渴之举。

分析人士还认为,政府目前的做法不仅缺乏法律依据,而且体外循环的贸易公司本身也难以持久存在,一旦春节销售旺季过去,产销利润下滑,经销商联盟也将濒于瓦解。与此同时,李志达一方也已做好起诉准备,一旦和谈破裂,即将向广东高院起诉三水政府。

时至今日,尽管外界仍有种种传说、猜测,围绕健力宝事件的种种迹象却表明,双方已有和解倾向,持续数月的这一轮健力宝之乱有望重回法治轨道,获得根本解决。

(《财经》2005 年第 2 期)

报道背景

健力宝由李经纬一手创建,1984 年洛杉矶奥运会后一炮走红,被誉为"中国魔水"。作为中国第一个添加碱性电解质的饮料,健力宝率先为国人引入运动饮料的概念。到上世纪 90 年代中期,健力宝达到企业巅峰,年产值最高时达 60 亿元。但进入 90 年代后期,健力宝内部人控制企业问题凸显,销售增长乏力,管理出现混乱,腐败现象严重。针对李经纬个人及其管理团队的举报不断出现,至 2000 年再创新高。2000 年,三水市政府决定对健力宝实施国企产权改制,但多次否决李经纬团队的 MBO 方案。2002 年 1 月,三水市政府决定向浙江国际信托投资公司转让健力宝 75% 的股份,张海入主健力宝。7 月,李经纬管理团队成员杨仕明、阮钜源、黎庆元等被"双规"。不久李经纬也因涉嫌贪污,被广东省检察院立案调查。10 月,被罢免全国人大代表资格。2004 年 8 月,张海被股东联手逐出。2005 年台湾统一公司加盟健力宝,健力宝改制工作基本结束。

　　健力宝改制过程纷繁复杂，它涉及到创业团队的业绩认定和补偿、创业团队与政府关系、政府在改制过程中如何依法操作等问题，这些问题说到根本，实则是多方利益博弈的问题。正因为如此，健力宝改制才会波澜起伏，枝节横生，出现了企业反复易手、当事人出局入局且锒铛入狱的诡异结局。

　　健力宝案的复杂，实则是中国社会在进入到改革开放三十年之后，社会阶层发生巨大变化，各个社会阶层利益诉求不断凸显的必然结果。也正是在健力宝案发展过程中的2004年，香港学者郎咸平发文公开质疑国有企业产权改革，掀起了"郎旋风"，引发了全国性的国企改制大讨论。本文就是在这样的背景下采写的。

报道内容分析

　　本文全面梳理了2001年至2004年底之间健力宝改制的全过程。由于本案线索复杂、当事人众多、过程曲折，延续时间长，本文报道篇幅较长，约16000字。

　　本文分为九部分，分别是"'转制'中的魔鬼"、"张海和他的'敲门砖'"、"新伙伴：铁三角？冰三角"、"由谁付钱"、"'张海新政'"、"祝、叶夺权"、"三水政府出场"、"李志达入局"、"宋德平做出选择"，详细叙述了健力宝改制过程中各方博弈的真实图景。

特　色

　　1. 以超然态度报道全过程

　　健力宝改制工作延续时间长，牵涉的利益关系、恩恩怨怨复杂，同时采写本文之时，正值"郎旋风"引发全国关注之时。就健力宝当事人而言，张海已被股东逐出，李经纬及其管理团队共四人被检方指控受到调查。在这种环境下报道此案，必须要采取超然客观的姿态，才能引导舆论冷静理智看待健力宝改制问题，使读者通过了解此案，进一步思考国企改制问题。在这个方面，本文做得十分出色。

　　2. 以侦探的眼光还原事实真相

　　前《财经》资深记者赵小剑曾与笔者讨论财经类调查性新闻的报道特点，她认为，大量的财经类调查性报道，从采访开始，就是在做一个类似于侦探的工作。把各方力图掩盖的事实真相通过艰苦细致的采访调查（很多时候是冒着生命危险的），还原出来。笔者深以为然。

　　本文将三水市政府领导、李经纬、张海、叶红汉、祝维沙、三水健力宝经销商、李志达、台湾统一公司等利益各方，深度介入健力宝改制工作的来龙去脉作了尽可能客观的叙述，梳理出了整个过程的清晰脉络。

　　3. 主辅文密切配合

　　由于线索、人物繁多，时间跨度大，《财经》杂志在报道此案时，在同一期刊物上采取了主辅文密切配合的方法，以《健力宝原委》为主文，《李经纬与健力宝2002年转制》、《张海其人》

为辅文,同时发表了著名学者张文魁的评论《健力宝案凸显治理转型挑战》,这样,就可以将本案相关的信息更加充分地展示出来,实现《财经》"独立、独家、独到"的宗旨。

报道的影响力

本文属国企改制报道中的名篇。2009 年被收入《财经》杂志丛书之《企业变形灰幕》。

大事记

1984 年:健力宝诞生,随中国体育代表团首次出征奥运会,被誉为"中国魔水"。

1985 年:荣获全国最佳运动饮料,并成为人民大会堂国宴饮料。

1990 年:北京亚运会中国队专用饮料。

1991 年:在美国成立分公司,购入帝国大厦一层楼。

1984~1996 年:连续四届成为奥运会中国体育代表团首选饮料。

1993 年:中国常驻联合国外事接待饮料。

1994 年:亚运会中国队首选饮料。

1995 年:中国饮料酿酒业销售首位。

1996 年:全球第一颗以企业命名的小行星"三水健力宝星"诞生。

1997 年:中国驰名商标,销售额 54 亿元,中国饮料业第一;但从本年开始,销售增长出现停滞。

1999 年:中国饮料工业十强;从本年开始,销售下滑速度加快。

2000 年:中国市场商品质量调查第一名;自 1995 年起,针对李经纬个人及其管理团队的举报不断出现,至本年再创新高。11 月,三水市政府决定对健力宝实施国企产权改制。

2001 年:三水市政府多次否决李经纬团队的 MBO 方案。7 月,三水市政府决定,出售健力宝。

2002 年:企业利润由鼎盛期的 2 亿元下滑到 4000 余万元。1 月 15 日,三水市政府决定向浙江国际信托投资公司转让健力宝 75%的股份,张海入主健力宝。1 月 23 日,62 岁的李经纬突发脑溢血入院治疗。7 月,李经纬管理团队成员杨仕明、阮钜源、黎庆元等被"双规"。不久李经纬也因涉嫌贪污,被广东省检察院立案调查。10 月,被罢免全国人大代表资格。

2004 年:8 月,张海被股东联手逐出。

2005 年:4 月,张海被佛山警方刑拘。10 月,统一加盟健力宝,当年销售额 12 亿元。

2006 年:销售额 16 亿元。

2007 年:销售额达成 18 亿元;2 月,佛山中院以职务侵占罪、挪用资金罪一审判处张海 15 年徒刑。

2008 年:拿下 2010 年广州亚运会赞助权,成为指定运动饮料;9 月,广东省高院对张海案作出终审判决,将张海的刑期改判为 10 年。

2009 年：健力宝亚运啦啦队全国选拔赛启动。12 月 14 日，佛山中院以贪污、受贿罪对健力宝三名原高管杨仕明、黎庆元、阮钜源作出一审宣判，李经纬在医院就诊，裁定对李经纬中止审理。

延伸阅读

张文魁：《健力宝案凸显治理转型挑战》,《财经》,2005 年第 2 期

张翔, 龙雪晴：《李经纬与健力宝 2002 年转制》,《财经》,2005 年第 2 期

龙雪晴：《张海其人》,《财经》,2005 年第 2 期

龙雪晴、苏丹丹：《统一曲线入主健力宝》,《财经》,2005 年第 22 期

龙雪晴：《张海真相》,《财经》,2006 年第 23 期

从北京到唐山暗合的预警

田 毅

钢铁,对于中国人有着太多爱恨交织的故事。宏观调控,对于这个国家的人们来说则是市场经济道路上的必经路途。

2003年至今的唐山,付出了不少,收获了很多。而历史仍在继续。

205国道,唐山生命线。这是一条川流不息的大路。

纷繁的车灯不时交叉闪过,光线中尘土飞舞,卡车轰鸣声抑或钢筋碰撞发出的声响,一起敲打着人们的耳鼓。2005年4月3日晚10点,当记者站在这条大路唐山市至古冶区一段上时,偶尔一辆呼啸而过的卡车上还能看见微微泛着的红光——那是还未冷却的钢带。

就在这条"钢城"的命脉上,2003年底至今,不仅往来着各色商人,还频频出入着各级官员、学者,围绕在他们心头的几乎都是那四个字:宏观调控。

今年4月,中央专门开会再次提出"加大钢铁行业结构调整力度,抑制钢铁生产能力盲目扩张",并下发了建国以来第一个《钢铁产业发展政策》(4月20日由国务院常务会议审议并原则通过)。这之前的一年多到底发生了什么?我们到底能从中体会到什么?

省委书记:"怎么看?怎么办?"

2003年12月16日,河北省省委书记、省长、省人大副主任、省政协主席等领导的办公桌上同时多了一份报告。

这份调研报告披露,河北2003~2004年在建的134个项目中,50万吨以上的有85个项目,100万吨以上仅有19个,2003年前9个月全省钢产量增长56%,不过如优质钢、合金钢等技术含量高的产品增长则远远低于这个数字。

钢铁企业的粗放式发展直接的问题是资源支撑方面的"六大难题",而最直接的是污染,"由于我省钢铁产能分散、管理难度大,加上少数地方政府为了短期利益而放松了管理,一些小企业只顾效益不顾环境,造成二氧化碳过度排放和大量酸雨、农田土壤退化等问题。邯郸的武安和唐山的迁安、迁西一带尤为严重。"

"实在"、"客观",是河北省委书记白克明看过调研报告后的批语。他写道:更重要的是考虑钢铁业在我省经济发展中的重要战略地位,是考虑在钢铁业发展贯彻结构调整、增进效益这条主线,是考虑市场之变化,未雨绸缪,防止不测,确保钢铁业持续、健康发展。

在河北省,谁不知道钢铁那沉甸甸的"重量"呢?全国钢铁看河北省,2003年,这里聚合着全国钢产量的八分之一,而钢、生铁和钢材产量连续三年已是全国首位,该年1至9月全省工业利润的三分之一更是来自钢铁;河北看唐山,唐山钢产量和利税、利润都分别占河北省钢铁业的半边天。

也就在白克明书记看过报告不到一周,2003年12月23日,国务院办公厅下发了那个著名的[2003]103号文件《关于制止钢铁、电解铝、水泥行业盲目投资若干意见的通知》,其中给钢铁投资建设项目重新设定了一系列最低条件。

"——河北省钢铁业到底怎么发展?

——近年来我省钢铁工业发展到底是什么状况?

——河北省钢铁工业怎么看?怎么办?"

据河北省发改委一位官员向记者证实,这是2003年9月下旬白克明书记在一次听取汇报时提出的三大问题。而同年10月24日,河北省冶金行业协会秘书长宋继军也正是带着这三大疑问,与省政府研究室联合组织开始了一个多月的赴唐山、邯郸、张家口等地的调研。这就是两个月后报送省四大班子领导的《关于我省钢铁工业发展情况的调查报告》的由来。

"2003年比2002年钢产量一下子增长了1000万吨,这个数字相当于以前多年增长的总和!不过从10月份开始,矛盾和问题也渐渐发现了很多。"2005年3月22日,宋继军向记者回忆道。

宋继军是"老冶金"了,2003年初,他在国内首先提出"唐山现象",为高速发展的河北省、特别是唐山钢铁业喝彩。虽然那时也指出了需要结构调整等措施,11月份这次调研让他感到情况变化的确太快。

实实在在的产销良好、投资效益高增长、国有和民营企业共舞等都是河北钢铁总体上"热而不过"的体现。不过调研后大家列出的问题更是实实在在的:

"河北是钢铁大省但不是钢铁强省。总量虽大但技术工艺水平不高,企业虽多但平均规模不大。如果把河北省2002年前十大钢铁企业产量相加,则仅比一个宝钢多162万吨,而利润则刚过宝钢的一半。"宋继军告诉记者。

比如唐山南部丰南区虽早已进入全国经济发展百强县,但在2000年底全区统计的大大小小99家钢铁企业中,工艺水平落后、产品结构趋同和资源严重浪费尤为明显,缺乏延伸产品。整合钢铁业的整合成为改变这一面貌的一个途径。

胡世宁是唐山市发改委工业经济处处长,他记得唐山钢铁业整合实际上从2003年8月就开始了,当时全国钢铁上游原材料涨得尤其快,"所以2003年夏天市委市政府主要领导召集发改委、工促局、统计局开会研究这个问题,让统计局摸清情况,让我们作分析。"胡世宁2005年4月5日对记者说。

2003年12月,唐山市下发了《地方钢铁工业结构调整指导意见》,明确提出,沿海发展增量,内陆调优存量。规模、资源、工艺、生产力布局和所有制结构是整合的五大重点。

不久，唐山市政府专门开了一个座谈会，把有钢铁工业的各个县区领导都招来，还有不少企业。参加会议的胡世宁告诉记者，大家都比较赞成政府钢铁要整合的基调，尤其是一些大企业。

"如果自己配套不好、规模不行，将来面临的市场风险很大，另外小钢铁的不良竞争也对大企业压力很大，所以他们非常赞同政府的想法，而且提了很多整合建议。但一些小企业因为形势好，看不到未来的风险，一些个别县区人士思想也不是很到位。"另一位参加了那次会议的官员对记者说。再后来一次开会一个地方领导的话给他留下的印象很深："我们也赞成整合，但这些企业这么挣钱，不好吗？为什么非要给拆了！"

其实，此前的 2003 年 10 月 31 日，就在河北省冶金行业协会秘书长宋继军开始调研之后的一周，唐山丰南区已经演义了一出"三丰归一"。

"三丰"指的是 1993 年丰南区胥各庄镇分别与香港中旅（集团）有限公司和香港中银（集团）公司合资的国丰钢铁公司和银丰钢铁公司，以及 2001 年底由这两家共同投资的新丰钢铁公司。在 2000 年后的一年多内，80 多家小钢铁厂被取缔，之后一时间，丰南"三丰"互望。

记者查到唐山市委机关报《唐山劳动日报》当时的报道，其上丰南区委书记侯志宇和"合一"后的国丰钢铁有限公司总经理指出，"钢铁航母"有能力抗击更为激烈的市场竞争。其言半年后果然印证。

钢铁投资又变为钢铁需求

的确，2003 年 8 月至 2004 年 3 月的唐山与全国一样，钢价一路狂涨。

不过一些大中经销商在这样的好行情下却坐不住了。

"那时不是高兴而是迷茫。这四五年钢材价格涨了有 3000 多元，平均一年涨 800 多元。我们做钢铁时间这么长，越做越觉得不可理解。"2005 年 4 月 2 日，唐山市路南区唐柏路的吉祥钢材市场外不远处，一位不愿透露姓名的经销商（下称"经销商 A"）向记者感慨 2003 年底的心情。

他的库存在上千吨，这在唐山经销商里算中等。"价格大涨其实不像外界认为的对我们都是好事，其实那就是潜在的风险。"圈内的人现在总说，干钢铁比炒股票风险还大，"从 2004 年一年来看还真是这样。"

经销商 A 的迷茫不是没有道理。

这是一个矛盾的事实：一方面 2003 年全年钢材产销基本平衡，河北省发改委的数字显示，当年一季度河北省钢产量增长 44.37％，达 794.27 万吨，但产销率达 100.39％，说明还消化了些库存；另一方面专家估计，如果按 2003 年的势头发展下去，2005 年中国的钢铁产能将是那时缺口 3000 万吨的 200％。那么，在这样白热化竞争的前夜，为什么产销两旺，价格节节攀升呢？人们要问，到底谁是真正需求的大户呢？

答案有时就在问题中。

"说实话中央的调控不是早了,而是有些晚了,再不调就风险更大了。"2005 年 4 月 7 日下午,在唐山市丰润区的钢铁批发市场内,五十上下脸色黝黑的苏贵喜对记者这样说。苏贵喜在辽宁辽阳一家建筑公司做了 20 年的钢铁采购,谙熟其道。

"需求从哪里来呢?其实据我估计差不多一些品种钢材的 60% 是用作盖新钢厂的。"苏贵喜点出玄机。

如前所述,河北省 2003～2004 年在建的 134 个项目中,50 万吨以上的有 85 个项目,100 万吨以上仅有 19 个。而据河北省冶金行业协会秘书长宋继军提供给记者的数据,2003 年 1 至 6 月全国在建钢铁项目为 1502 个,其中新开工 781 个,占在建项目个数的一半。

2002 年年末,唐山的钢铁规模总量是 1200 万吨,到 2003 年底,这个数字变成了 2100 万吨。一年之中增长率超过 70%。"建设高潮在 2003 年,2004 年的前两个月新上的可能又有一两百万吨,那时在建或拟建的,可能还有一两百万吨。"唐山市发改委胡世宁处长如是说。

一位唐山民营钢铁公司老板给记者算了一笔账,按新建一个年产 100 万吨的钢厂一般需要钢材 2 万吨左右计算,全国 1502 个建设项目则共需钢材 3000 多万吨。而记者从中国钢铁协会取得的数字显示,2003 年全年全国和河北省分别是钢产量 22011 万吨和 4035 万吨。也就是说,从数量上比较,可以说全国新建钢厂就"吃掉"了产量全国第一的河北省一年钢材的四分之三。

中国钢铁协会 2004 年的总结中也证实了这样的判断。这份总结指出,钢材消费增长幅度回落的原因主要是 2004 年固定资产投资增幅比 2003 年回落 4 个百分点,特别是消费钢材强度较大的钢铁、电解铝、水泥等行业投资增幅回落较大;制造业中用于钢铁和有色工业自身发展的"冶炼设备"增长幅度由 2003 年的 103.4%,回落到 18.7%。

"再过一两年这些在建的钢厂就建成又要出钢了,那时卖给谁呢?如果不是宏观调控,除了国家大钢厂外其余的三五年后会垮掉一大片。2004 年年中时倒闭一些,但是我觉得还是有些管晚了,因为很多项目已经开始建设了。"苏贵喜分析道。

对于河北省,其实这一波钢铁行情发端于 2002 年 10 月,河北省统计局城调队盛亚平在一份报告中的数字显示,那个月河北省黑色金属冶炼及压延产品出厂价与上年同期比出现回升迹象,而到了 2003 年每月的增幅都在 10% 以上,全年平均达 22%。

(《第一财经日报》2005 年 5 月 9 日)

报道背景

2003 年,中国银行业信贷激增,一些行业发展出现过热的现象。国务院出台了一系列宏观调控措施,其中包括 12 月 23 日国务院下发的 103 号文件《关于制止钢铁、电解铝、水泥行业盲目投资若干意见的通知》，钢铁业在行政权力主导下被整肃，2004年的铁本被查事件就是突出例子。

一年多的时间过去了，这一年多钢铁业究竟发生了什么？有什么变化？对钢铁产业的整肃其必然性在哪里？其中涉及的人又有什么想法？这些很少被提及，但也是很多关心钢铁产业的人们想要了解的。2003年，河北钢产量占全国钢总产量的八分之一，而钢、生铁和钢材产量已连续三年占全国首位，全省工业利润的重要部分就来自钢铁，唐山又是河北钢铁的重镇。因此，从唐山入手，揭开钢铁产业一年多的艰难历程，就尤其有代表性。本篇报道就是在这样一种背景下诞生了。

内容分析

本篇报道主要挖掘了中央和河北关于钢铁业调整决定暗合的内在逻辑性。首先，本文从河北省冶金行业协会于2003年底提交的一份《关于我省钢铁工业发展情况的调查报告》入手，报道了在国家出台103号文件之前，河北省就已行动在先，开始了对省内钢铁行业的调整。接着记者介绍了河北省尤其是唐山市钢铁产量在全国的地位，揭示出唐山市作为钢铁生产重要城市的代表性。之后，记者又通过采访和各种数据的引用，介绍了河北省一年多来钢铁业的显性和隐性问题，并概括了河北省进行钢铁业整合的必然性和历程。接下来，记者带着问题去求证，为什么钢铁产量大增，而钢铁价格也在大涨，真正的需求在哪里？同样，通过采访及数据的考证，记者向读者揭示出原来大量的钢铁生产出来是用于建设新的钢厂。钢铁业盲目发展的隐患也显现出来：等到这些钢厂都建成，生产出来的钢又卖给谁呢？至此，中央和河北省关于钢铁整肃暗合的内在逻辑性清晰地展现出来。

特　色

从1983年中国第一份以经济命名的经济类报纸《经济日报》创立到现在，中国的财经新闻经历了笼统称谓的经济新闻年代、证券新闻风起云涌的年代以及如今财经新闻分类越来越细化的时期，产经新闻就是如今对财经新闻领域细化的一个类别。产业经济指一些重要和热门的产业，如汽车、钢铁、家电、有色金属等产业，产业经济的报道就是对这些产业状况、企业经营活动的报道，《从北京到唐山暗合的预警》正是一篇关于钢铁产业的财经报道。

1. 从宏观到微观，将"人"字突显

从产业经济报道产生那天开始，它的报道一直重在宏观层面，展示产业现状，分析产业动态，预测产业走势，这是产经新闻报道的目的。但是随着人们对重点产业关注不断深入，产经报道从报道的角度、题材的选择和表述的方式等方面都在悄悄地发生着变化。本文选择了在中国钢铁产业发展中颇有典型意义的河北唐山，从2003年聚合着全国钢产量八分之一的钢铁大省河北，从钢产量和利税、利润都分别占河北省钢铁业半边天的唐山，透视着从

2003年到2004年一年多来中国的钢铁产业由争相上马到遭遇整肃的必然性。从报道中我们既看到了决策者的身影，上至河北省委书记、河北省发改委的领导、河北省冶金行业协会秘书长，下至唐山市发改委的领导，又听到了大大小小钢材经销商、采购商、钢材公司老板的声音，一个关于区域内钢铁产业在一个重要转折期的发展历程通过这些形形色色的人物活动及语言清晰地展示出来。同时由于采访地点选择非常典型，因此我们几乎看到了中国钢铁产业在那一个时期变化的全景。没有生硬的概括、总结，只有钢铁产业各个链条中穿梭的身影，他们是鲜活的。

2. 挖掘事实，记录历史

2005年4月3日晚10点，当本文记者站在205国道唐山市至古冶区一段上时，"偶尔一辆呼啸而过的卡车上还能看见微微泛着的红光——那是还未冷却的钢带"。此时离著名的103号文件下发已有一年多，钢铁运输线依然是唐山的生命线，记者忽然很想知道：2003年底至2005年初，这一年多钢铁业究竟发生了什么？有什么变化？其中涉及的人又有什么想法？这些都是很少被提及的。大凡重要的文件或决策出台，人们记住的是重要的事件，重要的人物，但无论是事件还是人物之所以能浮出水面，是因为背后那些无数不起眼看似寻常的小人物及小事件在支撑与推动。记者要寻找的正是这样的人和事，他们不应该被历史遗忘，他们应该被记录下来，历史即事实。事实本身的内在逻辑性是挖掘真相的出发点，本文记者正是紧紧抓住了事件本身的逻辑性提出问题，在事实中求解。这里有两条逻辑性的线索，一条是面对多年不见的轰轰烈烈大炼钢铁的热潮，省里领导们"怎么看？怎么办？"另一条是"为什么产销两旺，价格节节攀升呢？人们要问，到底谁是真正需求的大户呢？"坚定地追问，执著地求解，记者终于能在不同层次间，不同的场合，捕捉到最真实的声音与行动。在事实中思考，在疑问中求证，这依然是调查性产业经济报道的成功之道。

3. 让数据也生动

数据的运用往往是令产经记者头痛的事情，产经新闻离不开数据，但数据用不好，却会使付出的辛苦毁于一旦，可谓成败皆萧何。本文的数据引用并不少，但却巧妙地让数据生动起来。林林总总的数据被记者精心地分布在文章的各处，既使文章厚重可信，同时又不枯燥乏味，每一处数据的运用都做到了润物细无声，当读者读过被采访者的讲述，读过记者的表述，正觉得需要什么更有力的支撑时，"铁证"数据就应时而至了。数据也不是一个个孤立的数字，它也是活的。比如："一位唐山民营钢铁公司老板给记者算了一笔账，按新建一个年产100万吨的钢厂一般需要钢材2万吨左右计算，全国1502个建设项目则共需钢材3000多万吨。而记者从中国钢铁协会取得的数字显示，2003年全年全国和河北省分别是钢产量22011万吨和4035万吨。也就是说，从数量上比较，可以说全国新建钢厂就"吃掉"了产量全国第一的河北省一年钢材的四分之三。"一句总结"从数量上比较，可以说全国新建钢厂就"吃掉"了产量全国第一的河北省一年钢材的四分之三"使之前的所有数字都变得有实际意义。所以数据并不是堆砌到一起就可以了，必须有归纳，有总结，让数据真正说话。

另外,新闻无定式。这句话也同样适用于产业经济的报道,本文的导语就是典型的抒情性导语,在一篇调查性产经新闻的报道中,这样的导语运用并不多见,却能在娓娓道来中引发人的思考,追随着记者视线一路走下去。虽然新闻无定式,但新闻的内在逻辑、记者的理论框架却是具有普适性原则的,本文记者之所以大胆运用抒情性导语,正是有着深厚的行业修养与经验,才能在形式的运用上应用自如。

相关链接

《国务院办公厅转发发展改革委等部门关于制止钢铁电解铝水泥行业盲目投资若干意见的通知》(103号文件) 中国水泥网2004年3月4日

延 伸 阅 读 ‧‧‧‧‧‧‧‧‧‧‧

张子鹏:《江苏铁本:一个地方钢铁大王的崛起与陨落》,《21世纪经济报道》,2004年4月28日

陆磊:《"铁本事件"留给我们的思考:铁本与国本》,《财经》,2004年第11期

金秋梅:《"铁本"警示民营企业离腐败有多远》,《中国经营报》,2005年10月28日

谁 的 鲁 能

李其谚　王晓冰

2006年12月30日，山东省省会济南市迎来了2006年的最后一场雪。纷飞的雪花中，带有"鲁能"字样的各色广告灯牌悬挂在主要的道路边，在深夜清冷的街头显得格外耀眼。

鲁能近年来崛起于山东大地，横跨煤电、矿业、房地产、工程建设、金融、体育等多项产业。这个名字不论是对电力业界资深人士，还是街头匆匆而过的行人，都如雷贯耳。

鲜为人知的是，经过一年来的辗转腾挪，这个庞大的企业王国已悄然易主。

鲁能集团，这个原为国家电网山东电力集团公司下属的"三产多经"企业（电力行业内部对"三产"和多种经营公司的通称），如今已然是羽翼丰满的企业王国，总规模不仅超过原母体山东电力集团，也超过胜利油田、兖州煤矿、海尔集团等其他知名本地企业巨头。据国家统计局山东调查总队截至2005年底的数据，鲁能集团以总资产738.05亿元傲居山东企业第一。

很少有人知道，这家"巨无霸"数年前已并非国有企业，主要由具有垄断地位的电网系统职工控股；更少人知道，今天的鲁能，已经完成了惊险的一跃：在内部人严密运筹之下，职工退股已经基本完成，两家位于北京的企业——北京首大能源集团有限公司（下称首大能源）和北京国源联合有限公司（下称国源联合）——已获得鲁能集团91.6%的股份。

鲁能集团股权的作价依据，为鲁能集团截至2005年底的账面净值，并且减去了鲁能集团向股东支付的2005年度现金红利。以此计算，两家公司收购总价格约为37.3亿元。

2006年12月，中国投资协会会长、原国家计划委员会副主任陈光健上书国务院，反映鲁能清退职工股并引进两家私人企业股东的情况。这封信措词峻急，请求国务院成立专门调查组，查清这一事件中可能涉及的"腐败问题"。

鲁能两个"新主人"的名称，在鲁能内部一个极小的圈子里一度被称为"绝密中的绝密"；如今，正是这两家名不见经传的神秘公司，成为这一大型综合性财团的绝对控股人。从这两家"幸运的"新股东往上追溯，则是层层叠叠密如蛛网的股权转让与交易网。

今天的鲁能究竟属于谁？云深不知处，答案在这张网中。

既 成 事 实

"鲁能集团公司层面的职工退股已基本完成。"2006 年 11 月 8 日,鲁能集团政治工作部宣传负责人金涛向《财经》记者证实。

事实上,鲁能集团远不止是"基本完成"职工退股而已。在鲁能内部,北京两家私人企业入主鲁能集团的说法早就悄悄流传,但长期以来,无人知晓是哪两家公司,更不清楚是用什么价格、什么方式转让股权。即便到了 2006 年下半年,鲁能集团股权转让及相关的股权变更手续完成以后,这一消息仍然被严密封锁。《财经》记者遍询鲁能集团与山东电力业内人士,无人说得出新股东的名称。金涛在接受《财经》记者采访时,仍然否认鲁能正在进行改制和引进战略投资者的说法。

与此同时,中央国资委、国家电监会等部门的高级官员也表示,迄今没有接到鲁能集团股权转让的报批文件。

然而,新晋股东绝对控股鲁能集团,早在半年前就已成为现实,有关工商登记变更业已完成。

山东省工商局资料显示,北京首大能源集团有限公司、北京国源联合有限公司于 2006 年 5 月获得了当时鲁能集团 35.77 亿股本中的 91.6%。鲁能集团 50 家股东中,除 3 家公司,其余股东均已完成职工退股,随即将所持鲁能集团股权悉数以净值作价转让。其中,山东省电力工会委员会(当时名称为中国水利水电工会山东电力委员会,下称山东电力工会)持有的 31.52%股权转让给首大能源;其余 46 家股东合计持有 60.09%的股份则转让给国源联合。

2006 年 6 月 10 日,鲁能集团已经召开了新一届股东会,刚刚完成股权变更的新晋大股东立即宣布增资。首大能源与国源联合计划共同增资 37 亿元左右,采用分期付款出资的形式进行。目前,第一期认缴出资 7 亿余元(国源联合 4.1 亿元,首大能源 3.4 亿元)已打入鲁能账户;第二期认缴出资 29.7 亿元约定于 2006 年 12 月 31 日之前到位。

待增资完成,鲁能集团的注册资本将达到 72.94 亿元,国源联合、首大能源分别拥有 57.29%和 38.59%。

鲁能集团新一届董事会亦已正式产生:原董事会成员钱平(山东电力集团总会计师)、焦德房(鲁能物业公司总经理)、刘建旬(山东青岛供电公司总经理)、王鲁军(山东电建三公司经理)等去职,同时去职的还有于世昌(山东电力集团公司党委书记)等五名监事。新晋大股东国源联合派出三名董事李彬(国源联合董事长)、霍宏、肖翠兰,首大能源派出两名董事熊宏伟(首大能源董事长)、曾鸣(首大能源子公司首大能源科技公司董事长),在九人董事会中共据五席。

代表新大股东进入鲁能集团董事会的国源联合董事长李彬年仅 36 岁,是内蒙古包头市人氏。

鲁能集团核心人物董事长高洪德与总裁徐鹏继续担任原职。

高洪德与徐鹏均从山东临沂起步。高洪德历任山东临沂行署办公室科长、电业局副局长、山东电力局局长助理、山东鲁能控股集团公司总经理、党委书记等，之后经历鲁能历次股权转让，目前仍担任鲁能集团的董事长；徐鹏曾任山东临沂电业局局长，2003 年前后进入鲁能集团总部，任分管地产业务的副总裁，其后很快被提升为鲁能集团总裁。

如果一切顺遂，新董事会及其所代表的新晋大股东意志，将主导鲁能这家总资产超过 700 亿元的企业巨头未来的命运。

"转制"三部曲

2006 年的这场改制，对鲁能决策者来说，可能是水到渠成之举。

作为一家由山东电力集团公司养育的公司，鲁能集团近年来在业务层面数道并进，跨地区跨行业拓展雷厉风行，作风高调进取，迅速崛起为煤电、房地产和资源行业的重要玩家；同样是近年间，鲁能集团内部股权结构与资产交易频仍，作风同样激进却极为低调，令业内资深人士也难窥堂奥。

"鲁能的企业性质到底是什么？"前不久，电监会价财部一位负责官员向鲁能旗下鲁能发展集团有限公司一位高管发问。答曰："不是中央国有，不是地方国有，也不是私人企业，是'四不像'。"

"那资产呢？"

"资产也说不清，国有、私营都有。"

"说不清"的鲁能，历史原本并不模糊。

"鲁能"，原本是山东电力集团（当时为山东省电力工业局）下属第三产业和多种经营企业的总称，创建于 1995 年，其前身可追溯到 1988 年成立的鲁能电力开发公司。鲁能第一任总经理崔兆雁回忆，创业之初"只有五个人，一间办公室"。这是第一阶段的鲁能，至 1998 年时总称"山东鲁能集团总公司"，经营的资产约 26 亿元。

1998 年，山东电力集团撤销"山东鲁能集团总公司"，成立"山东鲁能集团公司"。

这是第二阶段的鲁能，特点是职工持股和国有股共存。这一时期鲁能集团的股权结构是：山东电力工会代表职工持股超过 20%，而山东电力集团直接持股为 17%，另有由山东电力工业局下属的鲁能物业持股 19%。

第二阶段的鲁能为时其短，1999 年 9 月以后，山东电力集团确定以鲁能控股有限公司（下称鲁能控股）为核心来管理旗下"三产多经"企业。鲁能由此进入第三阶段：鲁能控股由山东电力集团全资拥有，将本已试行职工持股的鲁能重新全数纳入国有轨道，并大量注入山东电力所属国有资产。

此时的鲁能控股，规模已然不小。原来的"山东鲁能集团公司"则更名为"鲁能发展集团有限公司"(下称鲁能发展),主营发电业务,成为鲁能控股旗下骨干企业之一。30多台发电机组从山东电力划拨到鲁能发展,总装机容量400多万千瓦,相当于彼时山东全省总装机容量的10％以上。正是依托早年间电力系统的行业垄断地位,鲁能控股获得极大发展,是山东电力集团辖下同时拥有电力和非电力资产的国有企业。这一时期,山东电力工会开始通过协议转让等方式收购鲁能控股旗下的优质资产。

2001年是中国电力体制改革的启动年。电力体制改革的核心,就是打破多年集发电、配电职能于一身的国家电力公司及下属各省公司的超级垄断地位;而改革的第一步,就是实行"(发电)厂(电)网分开"政策,原电力系统仍然能够以垄断地位掌握电网资源,旗下电力资源则划至国家五大电力集团公司,亦即华能集团、大唐集团、华电集团、国电集团、中电投集团。

依改革之势,原山东电力的资产一分为二,电网资产组建山东电力集团公司,为"中央驻鲁企业、国家电网公司所属企业",以垄断地位专责山东电网运营;发电资产则大部划入五大国有发电集团。但是,已经在此前划至鲁能发展的电力资产不在"分家"之列。

此后,山东电力又在"鲁能"这一旗号下,迈出了关键性一步:2002年11月8日,鲁能集团有限责任公司(下称鲁能集团)成立,由此进入鲁能的第四阶段。山东电力工会将持有的鲁能发展、恒源经贸、鲁能物资等公司的股权作价8.6亿注入鲁能有限。当年年底开始了职工集资改制。集资由山东电力集团正式提出,要求"自愿集资,数额固定……普通员工和科级干部3万元;处级干部5万元;局级干部8万元"。

完成了改制的鲁能集团,已接近百分之百的职工持股。与此同时,国有的鲁能控股依然存在,二者并存至今,但始于2002年,从国有之鲁能控股到电网职工之鲁能集团的资产交易便开始了。

挡不住的扩张

在2001年电力改革大局已定之后,山东电力透过原多种经营企业鲁能集团,以"职工持股"模式大规模持有电力资产,很快引起诸多质疑。

2003年初,就在鲁能集团的职工持股已经一切就绪之时,《21世纪经济报道》发表《鲁能暗推民营化——31亿员工集资控制360亿国有资产》一文,在电力行业引起轩然大波。随后,中国投资协会会长陈光健就鲁能职工持股的问题上书国务院。

当年8月,国资委、国家发改委、财政部联合下发紧急通知,明确要求"暂停电力系统职工投资电力企业"(即国资37号文)。

职工持股公司是一个遍及全国省级电力(电网)系统的普遍问题。这一做法始于上世纪80年代末期的职工集资办电,初为电力紧缺时代发动电力系统积极性的过渡措施,在90年代中期受到学界普遍批评后本应回落,但电力系统的职工持股却随着2002年前后电力改革厂网分离方案的酝酿与落实,逐渐达至高潮。包括山东、江苏、贵州、四川、湖南、宁夏等在内的诸多省份由省电力集团发动,掀起大规模职工持股浪潮。在此过程中,各地职工持股企业的规模、持有电力资产的性质数量虽各不相同,但均与已经实行厂网分离、主要属于电网系的省电力集团发生种种关联交易,利益关联交错,具体情形相当复杂。

国资 37 号文认为,电力系统职工投资,"对职工参与公司治理、调动生产经营积极性,起到了一定的作用",但问题明显,如"违规实施国有电力企业职工持股改制;企业改制未经中介机构进行财务审计,国有资产未经评估或未通过公开竞价方式出售;国有电力企业的利润向电力系统职工投资的企业转移等"。

文件明确规定,"为规范电力市场秩序和企业改制工作,防止国有资产流失",须"暂停电力企业职工投资发电或电网业务的电力企业",并做出五条严格规定。其中第四条明确指出,"违反国办发[2000]69 号文件有关规定的投资和交易活动一律无效"。

而按 2000 年 10 月国办发 69 号文有关规定,即文件第五条,则"除按国家规定程序审批的资产重组、电站出售、盘活存量项目外,停止其他任何形式的国有电力资产的流动,包括电力资产的重组、上市、转让、划拨及主业外的投资等;凡项目未经国家批准,其已经变现所得的资金应停止使用并予以暂时冻结"。

据此 69 号文,则鲁能在电力改革前夕,即 2001 年以后,从山东电力集团获得的发电机组并不合法,理应冻结或退还。而按国资 37 号文,2002 年至 2003 年初发动山东省电力集团职工集资、将鲁能集团改制为职工持股公司之举,更属"逆势而为"。

不过,国资 37 号文出台后,按文件所说"有关规范实施的具体办法"并未出台。而全国各地电力职工持股企业 2000 年以后已经投资、不符合国办发 69 号文的清退工作,亦并未普遍执行。

无论在此文件之前还是此后,鲁能集团的膨胀势头未受影响。

从身侧的国有鲁能控股平移转让资产已蔚为洪流:从 2002 年至 2005 年年末,鲁能集团直接或间接地从鲁能控股陆续收购了一批重量级资产或股权。最终形成了鲁能集团今天的主要结构,以发电为主业的鲁能发展、以物流和房地产为主体的鲁能物资集团、以房地产为主业的鲁能置业和恒源置业及掌握大量北方煤电项目的鲁能矿业集团的部分股权。

这一系列资产转移,均以资产净值作价,其结果是本属于原山东电力的非电网资产在电力体制改革后又一轮"自我重组",由 100%国有控股的鲁能控股向几乎 100%职工持股的企业鲁能集团集中。其依据仅仅是控股方山东电力集团及其上级国家电网公司的批准。

这些交易不仅兼具"未经中介机构进行财务审计"及"未经评估或未通过公开竞价方式出售"等程序缺失,本身更直接违反了国资 37 号文的第二条和第三条规定。

这两条规定要求,"暂停将电力企业的发电设施、变电设施和电力线路设施及其有关辅助设施等实物资产出售给职工或职工持股的企业。暂停违规改制或新设立职工持股的企业投资新设立发电企业";"凡涉及以上内容的电力企业改制方案、实物资产出售方案和新设立企业,各级政府有关部门和各电力企业暂停办理新的审批,正在审批的要立即停止。严禁未经审批实施企业改制、出售资产和新设立企业"。

以此为准,则全部由职工持股的鲁能集团本身,以及其自2003年以来围绕着改制发生的种种交易,均涉嫌违规。

然而这仅仅是纸上规则,事实则相反,短短数年间,鲁能集团总资产迅速膨胀。2006年7月,根据国家统计局山东调查总队的统计,截至2005年底的数据显示,鲁能集团总资产为738.05亿元,位居山东榜首——集煤电、矿业、房地产、工程建设、金融、体育俱乐部于一身的"鲁能王国"。

垄断的血缘

只用了不到20年的时间,从一家只有"五个人一间办公室"的"三产"公司发展成为总资产738亿元的综合性财团,这个传奇式的发展过程在熟悉电力行业的人士看来,却并不神奇。"在鲁能的后期发展历史上,占据垄断资源的电网公司起了关键作用。"一位电力业内专家指出,"没有电网公司,就没有今日之鲁能。"

脱胎于国网山东电力集团的背景,鲁能的发电厂一直备受"呵护"。根据中国电力企业联合会统计,在2005年全国发电机组平均发电小时数下降的情况下,鲁能发展集团的发电小时数仍然上升了6.1%,达到了5902小时/年。这一指标远高于国电、华电、中电投等大型发电集团,与华能集团和同为电网职工持股企业的贵州金元电力投资股份有限公司一起,高居发电利用小时数的"第一梯队"。

完成职工持股改造的鲁能,正在迎来国家电网公司力推的特高压电网项目带来的宏大机遇。

尽管鲁能集团在山东省内装机容量早已占到10%以上,但在鲁能集团政治工作部金涛看来并不多。他告诉《财经》记者,鲁能集团主要发电资产在于2003年之后发展的"增量"部分,大多来自其遍布全国的煤电基地。这些大型煤电基地多与当地政府或者发电集团合作,且因配合国家电网公司正在力推的特高压计划,在贷款和土地审批等方面得到多方"关照"。

前山东电力集团董事长刘振亚于2004年底升任国家电网公司总经理。国家电网公司建设特高压电网的计划提出于2005年年初,自此以后,业内就特高压电网安全性、可行性的争论之声与国家电网公司坚持推进的力度,同样令人印象深刻。

电监会一位官员曾对特高压电网项目进行了长达半年的调查,他告诉《财经》记者,特高压输电线的起点附近,分布着众多鲁能的煤电基地。这些煤电基地的规模庞大,装机容量动辄几百万千瓦。

为什么各地政府与企业愿意选择鲁能共同开发煤电基地?神华集团准格尔能源公司的一位资深人士告诉《财经》记者,煤电联合的企业把电发出来不难,难的是怎么把电送上网——"没有电网背景的企业,入网就难,即使能够接入电网,同样的电,煤电联营企业往往不能享受与其他电厂一样的价格。"

2006年11月28日举办的特高压输电技术国际会议之上,国家电网公司强调了特高压的发展规划——在2020年前后,国家电网公司要建成覆盖华北—华中—华东的交流特高压同步电网,同时建设西南大型水电基地±800千伏特高压直流送出工程,构成联接各大电源基地和主要负荷中心的特高压交直流混合电网。

2006年8月19日,国家电网公司百万千伏的交流特高压实验工程正式奠基。这一工程起于山西长治,经河南南阳至湖北荆门,全长约653.8公里,工程总投资约58亿元。在这一工程的起点——晋东南地区,分布着河曲煤电项目、王曲煤电项目、晋东南煤电化基地等多个大型煤电项目,这些项目均属鲁能所有。

按照2005年国家电网公司和中国电力科学研究院出具的可行性报告,特高压工程的骨干网架将覆盖南到广东电白,北到黑龙江呼盟,西到云贵高原、宁夏和陕北,东至上海,形成全国联网"一纵四横"的格局。鲁能正在建设的晋北煤电铝基地、新疆哈密煤电化基地、宁夏宁东能源重化工基地、山东菏泽煤电基地等十多个"巨无霸"项目,多与特高压的"一纵四横"相对应。

2006年以来,鲁能集团投资的一系列大型发电项目已陆续建设完成。据媒体报道,按照鲁能集团的产业发展规划,到2010年,鲁能拥有装机容量预期将达3600万千瓦——根据中国电力企业联合会的统计,2005年末,中国最大的发电集团——华能集团在控股了内蒙古的北方电力公司之后,其可控装机也不过4321万千瓦。

"鲁能新上的这些大型煤电基地,位置好,又有电网的支持,赢利不成问题。银行都是追着我们贷款。"鲁能矿业集团一位正在参与煤电项目建设的中层干部告诉《财经》记者。

退股静悄悄

依电网垄断优势,借电网职工持股之身,鲁能集团在完成了帝国构建之后,又开始了清退职工持股的第二轮"改制"。

无论立场站在哪一边,对于职工持股并非大企业股权结构的稳定态这一点,其实并无异议。但是向什么方向演化,以什么规则进行,是留下来的最大悬念,也成为引发鲁能改制争议的又一大诱因。

鲁能职工退股始于2006年初。正如前山东电力集团董事长、现任国家电网公司总经理刘振亚在2006年10月间一次会议上所说,过去职工持股会的做法,随着社会主义市场经济体制的逐步完善和电力体制改革的深化,这些问题成为深化改革要解决的问题;要"彻底清理职工持股会……将其变更为自然人投资或委托信托机构投资等合法规范的形式"。

不过,作为电力系统最大的职工持股公司,鲁能职工退股虽为众目所瞩,其运作却极为低调。操作本身当然并不复杂。由于鲁能集团股权操于共计50家代表职工持股的公司和

"工会"之手，而不是由职工直接持有，所谓清退职工持股，即这些公司回购职工所持的股权。为了避免退股产生震荡，方案执行时采用从"外围"到"内部"的步骤，内部人士称之为"剥洋葱方案"。

一些视野更开阔的集团中层人士心中明白，此番退股是为了"引入战略投资者"，亦即外部投资者。但"除了核心人物，所有人都不清楚鲁能的股权将卖给哪家公司"，一位中层经理说。

如同数年前被要求集资持有鲁能集团一般，山东电力及鲁能系职工对于今天的退股也是随波逐流，没有形成实质性的障碍。目前，45 家代表职工持股鲁能集团的公司均已顺利清退职工股。另外还有山东汇丰投资有限公司、山东鲁电投资有限公司、济南拓能投资有限公司三家原股东尚未完成职工退股，在新股东完成增资后，三家股东将分别持有鲁能集团 0.44％到 1.91％不等的股份。

三家拒绝退股的企业中，有一家是因为员工强烈反对，另外两家电建企业则是因负责人考虑到电力系统即将启动主辅分离改革，没有同意清退职工股。

不过，"由于集团领导态度强硬，我们觉得退股是迟早的事。"2006 年 10 月下旬，其中一家电建企业的员工告诉《财经》记者。

2006 年上半年，鲁能集团曾向全体股东分配股利 2.01 亿元，并将 3.83 亿元未分配利润转增资本，公司的注册资本增至 35.77 亿元，分红后的净资产约 40.73 亿元。两家新股东国源联合、首大能源以 2005 年净资产扣除分配利润后的金额为作价依据收购，由于上述三家企业退股未完成，实际所持股权为 91.6％股份。

退股职工们对这一价格感受不一。一位山东电力退休职工告诉记者，他参与集资 3 万元，但与以往不同，此次集资入股的收益并不高，每年只有 1000 多元的股利，"早点退了至少能现在就见到钱。"另一位鲁能下属电建公司职工则直称："退股金额太低。这几年鲁能在全国拿到了那么多煤电基地和房地产项目，总资产不知道翻了多少倍。"

事实上，如果当年部分交易的合法性仍然悬疑，而转制又未经有透明度的评估和转让程序，退股金额高低的讨论本身殊无意义。

电监会电改办一位官员认为，退股的第一步应该是经过独立评估程序。"首先分清现在鲁能资产里面，哪些本来是违规划出部分，应当划归国有的"；然后，再"引入公开的竞争，通过市场机制为鲁能定一个合理的价格"。

厦门大学能源研究中心主任林伯强也认为，鲁能职工股分配时就属内部人操作，不具透明度，职工没有在持股时享受应有的权益，在退股时也不完全出于自觉自愿，这一操作办法本身有问题。"如果由高层的暗箱操作来决定用什么价格退股、引进哪个战略投资者，容易侵害广大职工的利益。应该采取公开招标拍卖的方式，通过市场机制去决定谁能成为战略投资者，以及用什么样的价格来买鲁能。"

新主人？

目前控股鲁能集团的新股东国源联合（增资后持股 57.29%）、首大能源（增资后持股 38.59%）均注册于北京，在人们印象中颇为陌生。一些电力业内资深人士听闻首大能源从事过清洁能源业务，但对其具体项目知之甚少。

从公开资料上看，首大能源主营新能源与节能设备开发。成立后比较大规模的投资，是与北京自来水集团有限公司共同投资 1.5 亿元，组建延庆、怀柔、顺义等三家自来水公司。与首大能源相比，鲁能的新晋大股东国源联合更为"神秘"。

据熟悉电力行业的投资人士透露，国源联合是在近期"突然冒出来的"公司，其高管有很多是鲁能集团的人派驻而来，管理层做派极具"国企的风格"，其车房等待遇也是按照国企的级别标准分配。《财经》记者遍查公开资料后，仅知国源联合成立于 2004 年 3 月，原名北京空港天诚置业有限公司（下称空港天诚），2006 年 5 月更名为国源联合，董事长从王鹍变更为彭少希，注册资金也从 3000 万元猛增至 7 亿元——这与鲁能集团 6 月宣布增资扩股后新晋股东的一期付款相当；三个月后，注册资金再度猛增至 25 亿元。

整宗交易的扑朔迷离之处在于，2006 年年中，鲁能集团股权重组关键时刻之前之后，不仅在直接入股的"战略投资者"国源联合的层次上，而且在国源联合本身股权链条的各个环节上，都频发重大股权变动。特别是 2006 年间入股鲁能前后股权变动频繁，几乎是每月一变，先后于 2006 年 5 月、6 月及 9 月三度发生股权变更。最终，新时代信托投资股份有限公司（下称新时代信托）、大连通易新达科技有限公司（下称通易新达）各持股 95% 和 5%。国源联合董事长最终由李彬出任，后者还出任鲁能集团新一届董事会董事。

几番腾挪之后，新时代信托出资 22.5 亿元控制鲁能第一大股东国源联合 95% 股权，是一个意味深长的信号。信托投资公司接受委托代持股权以实现企业改制的案例，近来已屡见不鲜。事实上，虽然国源联合的股东名单上赫然列着新时代信托的大名，但新时代信托控股其 95% 所需要的 22.5 亿元巨资，不可能出于自营资金。据新时代信托 2005 年底财务报表，其自营资金总额不过 5.85 亿元而已，绝无可能在短短半年之内膨胀至 22.5 亿元之巨。这笔资金，必然来自第三方的委托；至于这第三方究竟来自何方，资金来源是什么，现今只有知者自知。

溯及此，市场强人"明天系"的影子开始出现。"明天系"曾是证券市场上赫赫有名的民营资本玩家——其核心企业明天控股有限公司发家于内蒙古包头市。

新时代信托由原包头市信托投资公司重组后于 2003 年重新注册登记而来，包头市绿远控股有限公司（下称绿远控股）控股 58.54%。从公开资料看，绿远控股与"明天系"关系颇深，双方合作组建新时代证券公司，绿远控股出资 1.3 亿元为最大单一股东，但"明天系"旗下多家企业合并持股达到 47%，实际控制新时代证券公司。

值得注意的是,直接持股国源联合5％的通易新达,在2004年4月后为绿远控股持股48.57％的大股东,实际上是新时代信托的间接最大股东。通易新达于2000年成立于北京,当时名为明天智胜软件科技有限公司,明天控股有限公司持股80％;2002年肖玉波等三人出资5000万元入主公司,肖出资1000万元,担任法定代表人,同时还出任"明天系"旗下陕西明天电子资源科技有限公司法定代表人,其时她年仅24岁。2002年12月,明天智胜更名为新易通软件科技有限公司,2005年12月迁址大连,并更为今名。

在识者看来,国源联合的股权结构调整落定,形成鲁能幕后大股东与"明天系"的合作格局:幕后大股东借新时代信托代持国源联合95％股权,并间接绝对控股鲁能,"明天系"则可借通易新达的5％持股恭逢盛事——一个"双赢"的安排。

鲁能集团另一位新股东首大能源集团公司背景与股权变动更加错综复杂。事实上,在国源联合2006年5月到9月间多次股权调整中抽身而出的关键角色,在这里重新汇集。仅在2006年5月到6月间当了一个月国源联合大股东的北京财富联合有限公司,成为首大能源控股86.7％的大股东。首大能源与国源联合同在北京金融街国际企业大厦同一楼层办公;另一股东三亚新时代实业有限公司(下称三亚新时代)占股13.3％。财富联合往上的股权链条,不再是线性延展,而是在一系列的交叉持股关系中逐渐编织成网状。

此外,首大能源与鲁能均为北京德源投资股份有限公司的重要股东。前者出资15亿,占26％,后者与旗下企业共同持股19.8％,其余股东均为信托投资公司。德源投资与鲁能共同参与云南雨汪煤电一体化项目。其董事长尹积军今年40岁,在山东电力系统浸淫多年。国源联合与首大能源股权链条之繁复,股权交易之频发,不管出自有意的安排还是时势使然,至少达到了一个当事人乐见的效果:随着层层交易重叠展开,全景目前暂时被成功地遮蔽了。谁真正掌控新鲁能? 答案仍未充分呈现。

如 何 定 规

仅仅数年之间,从国有的鲁能,到众多职工的鲁能,再到今天私人所有的鲁能。鲁能集团"转制"已在工商登记的意义上成为既成事实,但这个巨大的跨越不可能不引发激烈争论,变数并非不存在。

"我们一点也不知道。"国资委一位负责人听闻鲁能2006年的退股与引进战略投资者的行为后表示:"涉及这么一大笔国有资产的交易,居然没有向国资委报批。"在他看来,所谓没有报批,意指国有的鲁能控股向职工持股的鲁能集团的资产转移。

《财经》记者还获悉,2006年12月,中国投资协会能源经济研究中心副理事长、原中国电力企业联合会秘书长陈望祥上书国务院,反映鲁能清退职工股并引进两家私人企业股东的情况。这封信措词紧急,请求国务院成立专门调查组,查清这一事件是否涉及腐败问题。此信由投资协会会长陈光健亲自递交。陈光健曾任国家计划委员会副主任,颇具影响力。他曾于 2003 年就鲁能改制为职工持股企业之事上书国务院。明确要求"暂停电力系统职工投资电力企业"的国资 37 号文出台,即在当年 8 月。

当然,鲁能集团新股东对这宗交易自有不同看法。"这是很正常的交易,"首大能源知悉交易情况的一位人士坦然回答。他说,首大曾就此咨询过律师,"根据律师的意见,交易的每一个环节都没有破绽,是合法的"。

原中国电力联合会秘书长陈望祥则告诉《财经》记者,不论最终接手鲁能者系属何人,背景如何,暗箱操作的退股办法都会引发各方异议。

且不论退出和转让价格是否合理——这需要公开透明的招标和拍卖程序来决定,鲁能的资产本就有大量国有资产成分,当初改制职工持股时已被中央政府各相关主要部门叫停,部分关键性交易即按规定原来就属于无效交易。现在资产尚未清理,先行清退职工持股,将股权转让给其他企业,等于锁定了全部资产,不仅显失公平性,且"事涉国有资产流失"。

鲁能早期资产的膨胀,相当程度上得益于在电改前夜从山东电力集团划拨至鲁能的 400 多万千瓦发电资产。这些划拨正是国务院办公厅在 2000 年下发的 69 号文中明令禁止的行为,按照国资委等三部委 2003 年下发的 37 号文属无效交易,应退回给山东电力集团——但鲁能并未执行这一规定。

而随后大规模职工持股事实化,以及随之而来的鲁能集团向国有控股公司鲁能控股收购发电主业及其他辅业资产的行为,也直接违背了 37 号文要求暂停向职工持股公司转让资产的规定。鲁能在 2003 年之后在发电领域进行的大规模扩张,受益于国家电网公司的特高压计划良多,这些借助于垄断资源实现的资产扩张如何定价更是一个难题。

中国投资协会一位人士告诉记者,2003 年 8 月下发的"暂停电力系统职工投资电力企业"国资 37 号文紧急通知,并没有阻挡住鲁能这种非规范私有化的步伐。鲁能之外,全国众多职工持股的电力行业公司企业的资产规模都已非常庞大。

昔日地方电力系统背景下的"职工持股企业",因其与如今转变为电网公司的地方电网系统的深厚关系,其依托垄断发展带来的扭曲和利益冲突更为显著。当前,贵州金元、江苏苏源、四川启明星等职工持股企业,均属名份上仅为电力系统"三产多经"实则早已成为吸足母体养分横空出世的"巨无霸",是否会选择与鲁能集团同样的道路?

"鲁能是中国电力行业最大的职工持股公司,率先转制,就是一场地震。"一位电力业内资深人士如是评价。

陈望祥说,国资委曾经酝酿文件处理职工持股企业的问题,其中有方案建议电力职工在退股与离开电网企业之间做出选择,终因担心震荡过大而未能出台。但是,在一位世界银行高级专家看来,切断垄断电网与电力公司之间的血缘纽带,是一件必须当断则断的事情,无论后者是职工持股还是私人拥有。

专家们指出,尽管电力领域改革起步较晚,积累的大量问题——包括资产归属问题背景相当复杂,但鲁能式"转制"把一个亟待应对的挑战放到眼前:电力改革,仅仅作本身行业结构调整是远远不够的,必须同步辅之以制度性变革,并在透明公正的轨道中运行。否则,不仅有可能导致本属国有资产不当流失这一令人抱憾的结果,还有可能使每一次"改革"成为内部控制人上下其手的又一次良机,并对未来国有企业有序改革造成难以复原的制度性侵害。特别是因为电力系统长期以来系垄断性行业,而且 2002 年电力改革起步后,电网系统仍为垄断性行业,与之相涉的改制就更须步步公开,力求公正地进行。

《"十一五"深化电力体制改革的实施意见》即将下发。以厂网分离为标志的电力改革上一阶段已经过去,以"主辅分离、主多(主业与多种经营)分离"为主要内容的下一步改革即将启动。鉴往知来,决策者当汲取教训。

(《财经》2007 年第 1 期)

报道背景

本文是一篇国有电力企业改制问题的报道。本文报道的对象表面上是"电力系统职工持股企业"改制出售,实则涉及到中国电力系统改革的整个过程和诸多问题。

2000 年,中国的电力改革开始酝酿,国务院领导的电力体制改革领导小组受命起革电改方案,但由于电力系统反对声音很大,方案几度濒于流产。2002 年 4 月,国务院公布改革方案,实施以"厂网分开,竞价上网"为核心的电力体制改革。2003 年,原国家电力公司被重组为五大发电公司和两家电网公司,电力监管委员会同时宣告成立。但对电网系统的"主辅分离,主多分离"的改革,不但没能及时推进,一些地方的电力部门反而借 2002 年的电力改革之机,或无偿或低价,从原国家电力公司获得了相当规模的资产。通过旗下从事多种经营的职工持股公司进入发电领域,形成了新的"厂网不分"。

2003 年,中国投资协会会长陈光健就山东鲁能集团职工持股改制问题上书国务院。当年 8 月,国务院国资委、国家发改委、财政部联合下发紧急通知,明确要求"暂停电力系统职工投资电力企业",但未能阻止电力职工持股企业改制步伐。

2006 年年底,陈望祥得知鲁能集团已经完成私有化改制,给国务院写信,提出三条建议:建议国务院立刻取消鲁能集团转让协议;建议国务院组织专门工作组,彻底清查国有资产流失;严惩在转制过程中的贪污腐败。

本文就是在这样的背景下采写的。

报道内容分析

国有电力企业由于其垄断地位,长期以来处于规模大、利润高的状态。也正因为如此,它的改制问题也就更加复杂曲折。《财经》杂志在 2004 年第 17 期曾经重点报道过贵州和宁夏电力企业改制问题，引起了社会各界的关注。本文所报道的鲁能集团，其规模更大，改制过程更为复杂，牵涉到的相关人物更多，因而报道发表后，在国家决策层引起了高度重视，产生出了积极效果。

本文全面梳理了 1995 年成立至 2006 年底之间鲁能集团发展的过程，其中重点叙述了 2001 年至 2006 年底之间鲁能集团改制的复杂经过。本文分为七部分，分别是"既成事实"、"'转制'三部曲"、"挡不住的扩张"、"垄断的血缘"、"退股静悄悄"、"新主人?"、"如何定规"，详细叙述了鲁能集团经过隐蔽的产权转移，被直接嫁接到个别群体的利益输送过程。

特 色

1. 以理性态度还原事实真相

《财经》杂志的一个优秀传统是团队工作模式，他们在进行报道时，不仅一个报道团队成员之间相互支持，而且还将以往有关报道团队的资源整合进来。《财经》杂志的"独立、独家、独到"声誉的建立，其中一个原因即此。

具体在本文中，记者之一是王晓冰，而王晓冰是 2004 年《财经》杂志进行国有电力企业改制问题报道的记者之一，这样就可以将以往报道的各种经验、资源进行有效对接。由于电力改革涉及国计民生，既需要记者有不畏艰辛的工作精神、有扎实细致的工作作风，还需要有资深专家提供专业知识和报道线索，在这些方面，本文都做得十分出色。正是依靠他们的广泛采访、深入研究，才把鲁能集团数年来复杂的产权转移过程较清晰地展示在读者面前。

值得一说的是，本文恪守客观公正的报道原则，对所报道的事实做到仔细核实。对因为客观原因未能完全弄清楚的，宁可付诸阙如。这种新闻精神在本文中有所体现。

2. 主辅文密切配合

本文作为调查性报道，以客观事实为依据进行叙述，记者尽可能不在文中表达个人主观态度。但本文所报道的内容既相当专业，又十分重要，仅仅发表新闻报道可能还无法充分实现其目的。因此，本文在发表的同时，还发表了吴敬琏和刘卫的评论文章，相互配合，较好地实现了报道目的。

报道的影响力

本文属国企改制报道中的名篇。《谁的鲁能》发表后，致使鲁能旗下三家公司停牌，而它所揭露出的问题，也引起了社会各界广泛关注。

文章发表一个月后，国务院派出了多个部委组成的联合调查组，进驻鲁能集团进行调查。2008 年 2 月，北京国源联合有限公司和首大能源集团有限公司，以 83.22 亿元，将鲁能集团 95.47% 的股权，转让给山东电力集团公司、山东鲁能物业公司及山东省电力工会委员会,鲁能集团被重新收归国有。

2008 年 3 月,国务院国资委、国家发改委、财政部、电监会联合发文《关于规范电力系统职工投资发电企业的意见》,为电力系统规范改制提供了政策依据。

2009 年本文被收入《财经》杂志丛书之《企业变形灰幕》。

大事记

● 第一鲁能(1995—1998 年):

鲁能集团总公司,国有控股

1995 年,鲁能集团总公司成立。

1998 年 9 月,审计报告称,鲁能集团公司注册资本 1.5 亿元,经营的资产 26 亿元。

● 第二鲁能(1998—1999 年):

鲁能集团公司,职工持股、国有参股

1998 年,鲁能集团总公司注销,原集团总公司与鲁能新源公司资产重组,成立新的鲁能集团公司,注册资本 5 亿元。

中国水利水电工会山东电力委员会(下称山东电力工会)持股 25.5%;鲁能物业持股 19%;山东电力集团持股 17%;山东电力燃料公司持股 12.75%;山东电力物资总公司持股 8%;鲁能联合发展公司持股 5%。

此外,五洲电器集团、临沂电力实业公司、济南电力公司、济宁圣地电业集团公司等 17 家小股东分别持有 1.5% 到 0.5% 不等的股份。

1999 年 6 月,更名为鲁能发展集团公司。

● 第三鲁能(1999—2002 年):

鲁能控股集团,100% 国有控股

1999 年 9 月,山东电力集团以"鲁能系"主要公司——山东鲁能投资公司、鲁能发展、鲁能电力燃料、鲁能电力物资、鲁能信谊、鲁能英大实业、鲁能信通、鲁能置业、鲁能矿业等公司的国有股权作价 8.6 亿元出资成立鲁能控股。

2000 年 5 月,山东电力集团向鲁能控股增资,鲁能控股的注册资本达 14.8 亿元,随后对鲁能集团资产展开收购。

● 第四鲁能(2003—2006 年):

鲁能集团有限公司,职工持股企业

2002 年 11 月,鲁能有限公司成立,后改名为鲁能集团有限责任公司。电力工会将持有的鲁能发展、恒源经贸、鲁能物资、恒源物业和鲁能投资的资产作价 8.5 亿元,外加 1.6 亿货币资金一并注入鲁能有限。鲁能有限的注册资本为 10.8 亿元,电力工会持股 92.88%,鲁能物业持股 7.12%。

2002 年 12 月,鲁能控股对原集团下属企业的管理职能划到鲁能有限进行管理。

2003 年 1 月，山东电力职工集资入股鲁能有限，鲁能有限股权变为电力工会持股 31.52％；鲁能物业持股 2.42％；此外 48 家小股东，持股比例均在 0.02％到 4％之间。这 48 家小股东是在 2002 年底的职工持股行动中被改造为职工持股的原三产多经企业，或是为代表职工持股而成立的新公司。随后鲁能有限开始收购鲁能系资产。

● 第五鲁能(2006 年年中至今)：

鲁能集团有限公司，私人企业

2006 年 5 月，山东省电力工会委员会将鲁能集团 31.52％的股份转让给首大能源，其余的 46 家股东所持有的鲁能集团公司共计 60.09％的股份转让给北京国源联合。转让价以 2005 年底的净资产计算。

2006 年 5 月 20 日，鲁能有限向恒源物业收购了恒源置业 6.67％的股权，成为其 100％控股股东；转让价以 2005 年底恒源置业的净资产为准，作价 2049.8 万元。恒源置业拥有鲁能系重要的房地产企业——鲁能置业的 62.35％的股权。

2006 年 6 月，首大能源和国源计划联合对鲁能有限进行增资扩股，共同增资 37 亿元左右。由于山东省工商局自 2006 年 11 月以后已不允许对鲁能系的公司调档查询，无法确认此次增资是否完成。

(资料来源：《企业变形灰幕》)

延伸阅读

《鲁能暗推民营化——31 亿员工集资控制 360 亿国有资产》，《21 世纪经济报道》，2003 年 2 月 28 日

唐铮：《贵州金元：一个电力新垄断故事》，《财经》，2004 年第 17 期

王晓冰、石东：《警惕电力垄断权变相私有化》，《财经》，2004 年第 17 期

吴敬琏：《如何合理合法地实现国企改制和产权明晰》，《财经》，2007 年第 2 期

刘卫：《鲁能的奥秘》，《财经》，2007 年第 2 期

李其谚：《陈望祥》，《财经》，2009 年第 8 期

外资坐庄中国股市揭秘

戴　奕　唐清建　赵　刚

最难的一次操作发生在 2006 年 3 月。外方要求在一个月内将 7 亿美元安全入境,并进入国内近千个股东账户。张先生回忆道。

类似张先生这样的操作个案还有多少,现在还不得而知。但业内有关人士估算,地下外资"入市"规模可能高达 800 亿美元左右。

在中国股市一路高歌猛进之时,掌控 1.2 万亿美元的国际对冲基金正悄悄地进入中国资本市场。

一 线 调 查

业内人士独家披露

地下外资流入内地、包抄股市路线图

"我之所以愿意向你透露内幕,一个重要原因是,我过手的境外资金最终的来源地是亚洲某个经济大国的几家对冲基金。"张先生显然带有一点民族情绪。

"我见过一次外方操盘手打开股票账户交易的壮观情景,电脑同时打开几百个账户,自动匹配买卖数量,就像电影《骇客帝国》里数字流动的样子,数字刷刷地变化。"张先生绘声绘色讲述的同时,点开一个券商营业部的股东账户名单,数个股东账户身份证号码随之闪出。

引人注意的是,这些身份证中有 4 个均显示为 1986 年出生,而且都来自于河南某市。当记者指出,同一个券商营业部有同一地区多位持有几十甚至上百万市值股票的 21 岁股民,是不是太"巧合"时,张先生连声表示"太没技术含量了,估计是券商直接拿某个学校学生的身份证复印件开的户,回头调整一下,不能太明显了"。

张先生是江苏一家金融机构主管经济业务的负责人,目前,已成功地操作了十几亿美元的境外资金入境再进入股市,并因此在 2006 年赚得盆满钵满。

在保证不透露相关公司信息的条件下,记者了解了这家金融机构在 2006 年的"主营业务"——张先生向记者独家披露了十几亿美元外资"潜入"中国股市路线图。

7 亿美元入境"惊心动魄"

张先生说，最难的一次操作发生在 2006 年 3 月。外方要求在一个月内将 7 亿美元安全入境，并进入国内近千个股东账户。

"只有这种级别的投资基金才会有如此魄力。"张先生现在回想起这 7 亿美元进入股市时境外操盘手的操作，还心有余悸。

如果按外商投资的办法操作这笔资金入境，时间上来不及。张先生说，他只有选择走贸易和地下钱庄这两条成本最高的资金入境途径。

走贸易途径，基本方法就是用虚高价格出口商品，获取差价。例如将国内价值 1 元的东西以 100 元的价格卖到国外，这样等于有 99 元的境外资金进入了国内。

同张先生所在的金融机构相关联的十几家企业，在 2006 年 4 月向境外基金在境外的公司出售了交易总额达到 5 亿美元的刺绣、雕刻等低关税或无关税的商品。

"一切都是有办法'搞定'的。"张先生告诉记者，走贸易渠道很麻烦，首先是 1 元的东西卖 100 元必须保证没有人追究。同时为保证资金安全，5 亿美元需要很多笔不同的贸易来分散完成，这必然牵涉太多的进出口贸易公司。事实上境外 50 万美元进入国内肯定要受到有关部门的监控，我们必须将资金过几次手才能保证脱离监管部门监控。

"尽管我们的律师忙得要死，尽管一个月内做完 5 亿美元入境已是奇迹，但在客户需求面前我们有时还不够专业，需要求助更为专业的人士。"张先生笑言。

走贸易渠道正好一个月，更快的方式当然是求助于办理境外资金入境更"专业"的地下钱庄。7 亿美元中的 2 亿美元就是通过地下钱庄进入国内，最快的一笔 2000 万美元在开始运作的第 6 天就进入张先生指定的国内账户，最慢的也在第 3 周入账。

"地下钱庄的优势太明显了。"张先生不无羡慕地告诉记者，最快的一笔 2000 万美元的资金入境，事实上根本没有资金进出过国境。张先生解释道，国内有等值于 2000 万美元的资金要借助地下钱庄出境，地下钱庄在国外以 2000 万美元做抵押担保，国内人民币出境方在确认担保有效后，国内这笔等值于 2000 万美元的资金通过洗钱手段，直接打入张先生指定的账户。同样境外基金的 2000 万美元也最终打入国内出境资金指定的海外银行账户。

2006 年 3 月，上证指数从 2005 年 6 月的 998 点上涨至 1300 点附近盘整，当时国内股市空头气氛极浓，而 7 亿美元在此时几乎是每一笔款进入股东账户就在两个交易日内满仓。

"资金不过境，地下钱庄用两个 2000 万美元做担保，一周不到的时间赚了两个 6％的佣金，还有换汇时 10 个点的点差。"张先生觉得 6％的佣金是资本市场里资金过境很高的价格，但是相对当时急需资金入市的迫切程度而言，还是物有所值。

真是做一行爱一行。张先生笑言，为外资做入境业务至今，肚子里装了一大堆国内愿意配合做假贸易的外贸公司,对外资进账可以"宽以相待"的银行分行、支行,对外商投资审查不严,甚至包庇的经济开发区等。

外资"借道"入市

境外机构最看重、最需要的是,国内机构能够帮助境外资金入境再入股市的渠道。

张先生所在的机构前几年由于股市低迷,公司业绩始终未见起色,然而这家机构在业界多年的打拼使之具备了直接与海外大型机构对话的平台。

"我进入江苏这家机构唯一的目的,是帮助境外资金寻找一个安全、高效的进入国内股市的渠道,严格地说,我是整合境外对冲基金和国内金融机构资源的操盘人。"具有海外背景的张先生这样定义自己的角色。

"尽管监管很严,但我们总有各种各样的办法让境外基金进入中国股市。"张先生表示。进入中国资本市场,获取和分享其增长的潜力已经成为全世界金融机构的共识,加上 2005 年底中国股权分置改革成功以及人民币升值等因素,掌控 1.2 万亿美元的国际对冲基金,自然不惜代价地快步进入中国资本市场。2005 年底,随着境外资金进入中国股市的速度日渐加快,在海外的张先生看到了这一商机而加入这家江苏的机构。

"我之所以愿意向你透露内幕,一个重要原因是,我过手的境外资金最终的来源地是亚洲某个经济大国的几家对冲基金。"张先生显然带有一点民族情绪。

据张先生介绍,以前境外资金大多借道香港入境,而目前借道台湾进入中国内地的比例在提高。理论上说张先生是在将台湾的资金引入内地。江苏省数量庞大的台资企业成了张先生主要的境外资金入境"蓄洪池"。

2005 年第四季度至今,张先生一个主要工作是找到那些不愿意全额打入国内注册资金的台商企业。

首期投资额经常是小于注册资本金的,因此国外企业将注册资金全额打入国内独资企业是不上算的,这样就出现了境外资金入境的"漏洞"。注册资金空缺部分由境外基金出资,而该笔资金进入国内后,在支付必要的入境成本,再支付给企业 1% 至 2% 的费用后,通过该台商企业与国内公司设立的合资子公司或孙公司分流出来,就可以合法地进入股市。

境外基金也会在海外注册公司,然后在中国设立独资企业,这样更便于资金的进入。然而在国内设立外资公司是需要报外经委等监管部门审批,成本虽然较低,但操作难度大,而且时间不好掌控。但"这是境外基金必然采用的途径之一,除了一次性入境的资金量可以很大以外,更主要的是考虑到通过贸易方式接纳其他境外资金,以及为未来资金出境留下一个自己可以控制的出口。"张先生点出了境外基金的"近虑"和"远忧"。

"巧合随时会出现,资金入境还能赚钱你信不信?"张先生说,他操作过一个经典案例,一个号称是极有资金实力的台商,凭着一张真实的来自台湾的长期采购合同,在某省注册了一家公司,主营高岭土的开采并精选后出口业务。由于当地政府太渴求外商投资了,在没有一分钱入境的情况下,这家空壳公司取得了包括开采许可证在内的所有手续。

张先生的4000万美元摇身一变成了这家空壳公司的注册资本金。该台商凭着那张来自台湾的长期采购合同,从银行获得贷款正式启动了高岭土项目,而张先生的4000万美元也在几个来回的资金划转后,带着10%的年借款利率进入了股市。

"只要当地政府招商引资的需求强烈,我们就有办法将资金弄进国内。"张先生不无得意地对记者说。

不是坐庄个股而是要坐庄A股

买入,全是买入、满仓,还是满仓、拉升,一直拉升。张先生对这十几亿美元看多中国股市的操作方式十分迷惑。2006年中国股市尽管不断被唱空,但其快速上涨的势头没有过多的"犹豫"。显然目前在中国股市的境外资金大有来头,资金量巨大,而且行动如事前商量好的一致。

2006年上证指数从1100点涨至记者截稿前的2847点,事实证明上述亚洲某经济大国的基金操作完全正确。张先生向记者展示了他办公室放着的以麻袋来计数的股票交割单,十几亿美元投资在2006年赚了一倍。

记者随意打开一个麻袋,拿出一卷交割单:这是一个股东账户里包括工商银行在内的3只权重股在4个月内的交易记录,在某些时间段买卖甚至频繁到以分钟计算。

"十几亿美元分布在3000多个公司和个人股东账号里,单为这十几亿美元的资金配置账号,就是一个偌大的工程。"张先生向记者透露,有太多的小型券商处在濒临"死亡"的境地,这些小券商为了生存,乐意为客户提供所需的任何"服务"。"因此我的券商合作伙伴大多是中小型券商或新券商。"张先生对记者说。

"尽管我时刻了解这十几亿美元的动向,但我没有做老鼠仓跟庄。"但当张先生明白境外基金操作思路时已经为时太晚。"以前进入国内股市的资金都叫游资,现在应该改口了,这才是顶级的正规军。"张先生告诉记者,境外资金入市初期,张先生发现其所买股票品种和当时QFII(合格的境外机构投资者)投资品种惊人的相似,张先生起初以为他接触的境外基金的投资理念与QFII一样,以价值投资为主,同时"押宝"于人民币升值,当时并没有看出丝毫做庄某只个股的意图。

然而随着时间推移,这十几亿美元逐渐向数十只超级大盘股靠拢,更可怕的是随着股指快速升高,每到市场多空、双方分歧加大的关键时刻,上述境外基金来回倒仓拉升大盘股的迹象就越来越明显。

"老外绝对不是简单的来中国赚一笔钱就走,否则仅这十几亿美元在中国股市不敢、也不可能去拉升大盘指标股,他们是有计划、有目的的。"张先生告诉记者,"这家境外基金在工商银行股价 3.4 元上市首日开始大量买入,在此后数日连续买入。开始我以为买工商银行股票是赌人民币升值,没想到这家基金居然在工商银行股价接近 4 元时开始对倒拉升股价,每天总成交额都在 20 亿元以上,直到一举将股价推过 4 元一线。"此时张先生才恍然大悟。

"工商银行股价每上一个台阶都是出乎市场意料的,关键时刻这家境外基金就开始对倒拉升股价,我计算过,至少有 5 家同样规模的基金一起对倒,才能保证股价如此快速地上升。"张先生确信工商银行的股价是被这些境外基金们"力挺"上去的。

"尽管有消息说,为了挤压股市泡沫,国内机构在有关部门的'关照'下纷纷开始抛售工商银行,但是我这里看到外资非但没有减持工商银行,还略有增持。"张先生在记者截稿前对记者如是说。

"我不可以透露目前我客户的具体仓位,但我可以告诉你的是,所有权重股都是我客户的主要建仓目标,现在很明显,他们不是来中国坐庄个股的,是来坐庄中国 A 股的。"张先生认为国内股市的境外资金都来自境外的顶级投资机构,他看得到的资金主要来自美国和日本。

"预测 A 股涨到 3000 点还是 5000 点已经没有什么意义了,一切取决于老外的投资策略,以及国家管理层对股市调控的后续政策之间的博弈。"张先生笑曰,"这是国家层面考虑的问题,一个赚佣金的人不必先天下之忧而忧。"

(《中国经营报》2007 年 1 月 22 日)

报道背景

2006 年至 2007 年的中国股市备受关注,上证指数从 2005 年 6 月的 998 点上涨至 2006 年 3 月的 1300 点附近盘整,接着又一路到 2006 年底前的 2900 点左右,而且"牛劲"十足。国内主流的论调集中在即将到来的奥运利好,以及中央多年执行积极财政政策和稳健的货币政策所带来的流动性过剩。但是当时中国货币市场上也出现了这样一种迹象:在人民币升值的预期下,全球外国直接投资来势汹汹,FDI 长期高居不下。一份某券商监控股市资金的报告显示,在 2006 年年中除去各个层面上可能流入股市的资金,至少有净流入股市的 3000 亿元人民币完全无法获悉来源。报告称,这部分资金中大部分可能是来自欧美及日本。

公开数据显示,已获批的 QFII(合格的境外机构投资者)总投资额仅 90.45 亿美元(合人民币 700 亿元),而当时 A 股市场的流通市值是 2.4 万亿元人民币。仅凭 QFII 这点儿外资根本没能力这样拉动大盘上扬。但一位 QFII 项目的负责人根据多年的经验得出结论:QFII 的背后有很大数额的境外资金在跟进,他认为,A 股市场目前正面临与泰国股市类似的局面,热钱已经大量涌入。银河证券 QFII 研究小组负责人左小蕾对境外资本在中国的活动有长期的关注,她认为:"肯定有大量热钱进入股市,有多少我们无法确切统计,但原则上说我们现有的管理体系是无法堵住它的,境外资本有很多途径可以进来。除了经过国家审批认可的 QFII 资金外,还应当有大量的境外资金涌入国内并进入到了股市。"种种迹象表明,在全球化的情形下,合法或非法流入中国的外资已经成为中国经济必须直面的一道命题。本篇报道就是在这样一种背景下采写的。

内容分析

本篇报道重在揭示外资进入中国股市的路线,因此,在这一事实的披露中,记者主要从以下几方面来报道外资进入的过程:导语和第一部分:一线调查。提炼出本文采访中最扣人心弦、最令人关注的几个方面:外资进入中国股市的大致规模、被采访者身份的权威性、操作外资进入的特写镜头、被采访者道出内幕的原因。第二部分:7 亿美元入境"惊心动魄"和第三部分"外资'借道'入市",具体揭示了外资非法入境的三种途径:地下钱庄、假投资、假贸易方式。第四部分"不是坐庄个股而是要坐庄 A 股",通过被采访者的介绍,揭示了外资进入中国股市的真正意图。至此,外资进入中国股市的路线图全面地展示了出来。

特　色

借用西方的一句名谚:"如果妈妈说爱你,请核实这句话。"本篇报道的记者在采访调查中对这句话的体会是最深刻的。

当今中国的财经新闻记者已不满足于新闻价值时效性的追逐,财经事件背后的人和事,财经事件的来龙去脉,财经事件的走向,这些是他们更加关注的,因为这些深层次的内容和投资者的利益关系更加紧密,这些鲜为人知的内容对国家和公众的利益影响更为深刻。因此调查性的财经报道从 20 世纪 90 年代开始,伴随中国市场经济的确立与发展风起云涌,显示出越来越强劲的势头。

1. 关注,质疑

熟悉行业政策,了解行业现状,掌握行业动态,这些是财经记者案头工作的常态,关注之余就是要对正在发生的事件不断质疑。较深厚的专业修养与积累使本文的记者敏锐地捕捉到当时中国股市的不寻常并发出质疑(本文主笔戴奕毕业于天津财经大学投资经济学专业,先后在证券公司从事过股评,在证券期货投资公司从事操盘手等工作)。当时本文的记者们注意到另外一个现象:在人民币升值的预期下,全球外国直接投资来势汹汹,FDI 长期高居不下。种种迹象表明,在全球化的情形下,合法或非法流入中国的外资已经成为中国经济必须直面的一道命题。于是质疑、探究的天性让他们发问:到底是什么力量支撑了中国股市一路高歌猛进?这种力量对于中国股市意味着什么?对中国宏观经济调控意味着什么?除正常渠道外,外资究竟如何流入中国,如何流入中国股市?经济学家和经济管理者各有各的不同分析,但大多只停留在理论层面或者数据层面上,不能感性地揭示或者感知外资的流入方式。独立调查的脚步就这样迈出了。

2. 无限地接近事实

揭开水门事件真相的美国著名调查性报道记者威廉·C.盖恩斯曾有这样一句名言:"一只死猫足够提供信息,但是只有死猫的照片才能够在报道中为记者所用,成为实实在在的材料。"

本文调查的是涉嫌外资非法入境的犯罪事件,去寻找真相何其难也。正因为大家深知获取真相的难处,所以才有后来包括证监会领导在内的读者们的质疑:"你们怎么保证报道的真实可靠?"真相永远是传说中的,新闻永远是第二性的,无一例外,记者要做的是无限地接近事实。本文的记者们用他们的行动消除了人们心中的疑虑:记者见过线人,到过线人办公室,亲眼见到线人的操作以及操作后的记录:用麻袋装的交割单,对于事实进行过多方验证,不仅对线人本人进行核实,就有关问题也向第三方进行了查证。他们用专业主义的精神与行动使与他们会谈的中央部委的领导们信服,在一份中国银监会形成的会谈纪要中这样写道:"中国经营报本着报道以事实为依据的原则,先后进行了三次核实,并且核实时有第三方在场。"银监会认为中国经营报的报道是真实可信的。

3. 坚持新闻工作者的操守

独立调查是调查性报道的标志之一,它包括两个方面的含义:其一,从职业职责的角度来说,这种调查是记者独立完成的新闻调查,而不是行政调查或法律调查,记者要做的是忠实地记录事实。其二,从社会职责的角度来说,这种调查是要对社会的稳定和采访对象的权益负责任的,因此往往在公开报道之前,有些可能引起社会动荡和恐慌以及危害采访对象权益的采访调查应该是有一定的密级范围或采用特殊的采访方式。本文的记者们履行了这一职责,这是对证券市场的行业报道,他们虽然不属于证券交易的知情人员,但他们预感到将获取内幕信息,于是果断地作出决定:一、此次调查只限于知情记者及主管领导,不要扩散;第二,稿件不通过网络编发;第三,安排专人校对,选用不炒股的校对;第四,知道的人中如果有股票的话,立刻暂停股票交易。正是本着高度的社会责任感和专业主义精神,他们小心翼翼,费尽心思,既保证采访活动的秘密性,又保证获取事实的可靠性,这是真正负责任的新闻人应有的原则。对于那个操作十几亿美元外资入境的线人张先生,他们也实现了最初的承诺:不透露线人任何确切的信息。即便在包括国家安全部在内的中央部委领导们的几番追问下,他们依然三缄其口,用行动诠释了一个新闻工作者的职业操守。

另外,本文还向我们展示了财经记者应有的宏观视野。它并没有仅仅局限在外资坐庄中国股市这一个体事件中,而是把这一事件放到整个大的国际经济环境及历史事件中观照,所以在文章主体之后附加了纵深、访谈、背景、链接四个部分,用相关数据和专家的见解对主体进行充实和支撑,使报道的意义和影响更为深远。可以说,这篇报道其实是由几组报道组成的一个报告,它所具有的严密性和系统性远远超出了一般意义上的调查性报道。

报道影响力

文章发表后,引起中央高层的高度重视。国务院相关经济部委的领导、央行货币委员会的委员、知名经济学家相继邀请中国经营报记者了解情况。在本文发表后,一些对外资监管和规范的条例和法规相继出台。

相关知识链接

FDI

是 Foreign Direct Investment 的英文首个字母缩写,即国际直接投资,是一国的投资者(自然人或法人)跨国境投入资本或其他生产要素,以获取或控制相应的企业经营管理权为核心,以获得利润或稀缺生产要素为目的的投资活动。

QFII

所谓 QFII 制度,即合格的外国机构投资者制度,是指允许经核准的合格外国机构投资者,在一定规定和限制下汇入一定额度的外汇资金,并转换为当地货币,通过严格监管的专门账户投资当地证券市场,其资本利得、股息等经批准后可转为外汇汇出的一种市场开放模式。我国从 2002 年底推出 QFII 制度。

QDII

是 Qualified Domestic Institutional Investors(合格境内机构投资者)的英文首个字母缩写。是指在人民币资本项下不可兑换、资本市场未开放条件下,在一国境内设立,经该国有关部门批准,有控制地,允许境内机构投资境外资本市场的股票、债券等有价证券投资业务的一项制度安排。

大事记

近年来,国家外汇管理局对 QFII 额度的规定:

1. 2002 年,国家外汇管理局发布的《合格境外机构投资者境内证券投资外汇管理暂行规定》,规定单家 QFII 机构的额度为 8 亿美元。

2. 2009 年,国家外汇管理局发布《合格境外机构投资者境内证券投资外汇管理规定》,将单家 QFII 申请投资额度的上限由 8 亿美元增至 10 亿美元。

3. 中国国家外汇管理局 2007 年 12 月 9 日宣布,为进一步提高中国资本市场的对外开放水平,合格境外机构投资者(QFII)投资总额度从 2005 年的 100 亿美元扩大到 300 亿美元。

(资料来源:中国国家外汇管理局)

延伸阅读 ·

唐清建：《2007 年中国股市纪实》，经济管理出版社，2008 年 6 月

唐清建：《纵深——国际热钱突进中国股市背后》、《背景——QFII 中国之旅》、《泰国金融危机》、《日本股市的剧烈波动》、《新闻背后》，经济管理出版社，2008 年 6 月

真正的风险暗流：明星基金如此做短线

朱紫云

一只规模不到百亿元、去年（2006年——编者注）刚成立的次新基金，至今收益实现翻番，在最近六个月及今年以来的总回报率排行榜中排名靠前——这样的业绩着实令不少同行艳羡。

正当这匹"黑马"在市场上如鱼得水、渐入佳境时，一份来自该基金公司内部的常规检查报告却表明，该基金在投资和交易方面存在较为严重的问题，如基金股票配置计划与实际执行出入较大、重仓股交易频繁、投研流程疏于监控等等。

而此时，证监会召集多家基金公司开会，提醒基金公司不要参与短期炒作。据悉，证监会北京监管局已于近期开展对包括该基金公司在内的部分基金公司的现场检查，检查主要内容集中在投资管理业务，包括研究、投资、交易等具体业务的合法合规性以及内控制度。

短炒：奇妙的节奏

记者掌握的资料显示，这份《关于对投研、交易部进行常规稽核的报告》（以下简称"《报告》"）的调查时间为2007年3月7日至4月10日，重点检查该基金公司2006年5月至2007年3月的研究、投资和交易操作流程及相关资料。

《报告》显示，从2006年9月到今年3月，在该基金部分重仓股中，有17只股票的市值占基金资产净值的比例（市值/净值，俗称股票仓位）超过5%，其中8只交易较为频繁。在一般情况下，仓位超过5%的股票被基金公司视为重仓股。重仓股交易如此频繁，这在基金公司中并不多见。

"半年多时间内，17只股票市值占基金资产净值比超过5%，说明该基金股票仓位和股票集中度偏高。"一位有多年从业经验的基金经理表示。

"仓位高低没有统一标准，这主要和基金经理的操作风格有关。"一位股票型基金的基金经理指出，仓位过高同时意味着基金流动性偏弱，一旦发生大面积赎回，后果不堪设想。"但只要保证流动性没有太大问题，高仓位本身无可厚非。"

为了保证基金收益并控制风险，对部分股票保持较高仓位，是基金业比较普遍的做法。

但该公司对部分重仓股买卖笔数多、买卖间隔短,有的股票三五天就转手,最短的一只股票换手买卖仅相隔两天。如此频繁的短线交易和波段操作,与基金作为机构投资者所推崇的长期投资理念相去甚远。

《报告》显示,自 2006 年 9 月 29 日至 2007 年 3 月 6 日,该基金共交易中信证券(600030)33 笔,其中买入 17 笔,卖出 16 笔。在此期间,该基金对中信证券的操作分为两个阶段:9 月 29 日至 11 月 7 日买入 7 笔,股票仓位 5.92%。其间中信证券股价波动范围为 14.00 元~15.87 元。从 11 月 22 日至 2007 年 1 月 24 日,该基金分 15 笔将持有的中信证券全部卖出,其间中信证券股价迅速拉升,波动范围扩大到 16.75 元~38.13 元。业内人士预计,该基金在不到 4 个月时间内操作中信证券收益率可能高达 50%。

从 1 月 25 日至 2 月 6 日,该基金分 8 笔买入中信证券,仓位达 5.41%,其间中信证券出现回调,股价波动范围为 30.10 元~40.20 元,2 月 7 日,该基金卖出 1 笔中信证券,股票仓位下降到 4.89%,当天中信股价探底回升。2 月 26 日和 27 日,在中信证券大幅回调时,该基金买入 2 笔仓位猛升至 7.10%。

在"精耕"中信证券的同时,该基金在其他 7 只股票身上复制了这种操作。对于一只规模仅为数十亿元的基金来说,如此频繁交易且获利丰厚,其操盘能力确实不容小觑。而从去年 9 月至今年 3 月,基金经理们所面对的行情是大盘拉升过程中热点板块的快速切换。部分股票由于重组并购等题材大幅上涨,投机气氛渐浓,股票整体估值快速上升,但与此同时,大部分基金并未跑赢大盘指数,这在一定程度上刺激了一些基金公司做短线操作的冲动。

"从买进到卖出,实际上是基金对股票估值较低到较高的转变过程,需要一个周期。一般而言,基金公司长线持有股票很少能在短期暴涨的。"中信经典配置基金经理郑煜说,"但不排除有这种情况,就是股票买进以后,随着板块估值急剧拉升,个股短期透支了未来一两年的收益,基金可能会考虑卖出部分股票,然后再寻找预期收益率更高的品种,这样的波段操作可能性是有的。但即便如此,基金也尽可能选择仓位并不太高的小范围股票进行操作。"

"股票仓位那么高,而且短时间内大量频繁交易,说明这只基金的操作缺乏在制度框架下的一种稳定持续运作模式,其所隐含的风险比较大。"一位基金研究分析师认为。

换手:"风光"的秘诀

除了频繁的短线操作外,《报告》同时显示,该基金股票周转率水平(反映基金调仓的频繁程度)远高于行业平均水平:2006 年 11 月至今年 3 月,该基金的股票周转率(或称换手率)高达 606%,折合年周转率约为 1450%。而 2006 年,大部分基金的股票交易年周转率为 300%~800%,股票型基金的平均周转率为 502.34%。

"基金公司换手率高和做波段操作有一定的客观原因。"郑煜表示,"今年上半年的高换手率高可以理解,因为热点转换快,不少基金公司和基金经理面临很大业绩压力。"

但是不同基金经理对此理解不尽相同。"换手率太高,不太符合作为一个公募基金承担的角色。"一位基金经理表示,"公募基金在某种程度上应承担一定的社会责任,发现并持有业绩好、具有发展潜力的上市公司,并引导资金向好的上市公司资源靠拢,而不是变成短线交易者。"

"从该基金频繁交易的重仓股可以看出,为了抓热点、博收益,周转率升高不可避免。"前述基金分析师认为,"但是,一些股票三五天之内就做完一个来回,这不是基金作为长期投资者应有的投资行为。而且其中不少仓位比例过重的股票的交易时间,正好处于该基金的建仓期,并且缺乏内部研究报告,这说明投资管理存在不严谨的地方。"

在质疑声四起的同时,这只去年还默默无闻的次新基金,击败了许多去年战绩风光的明星基金,在今年一季度所有新旧开放式基金按照净值增长率的排行榜上名列前茅。

"今年确实存在这种情况。我们公司旗下的几只基金,一些换手率相对较高的基金业绩都比较好。"一位基金经理直言。

"就今年市场情况而言,交易不频繁、换手率低的基金业绩并不出众。"前述有多年从业经验的基金经理坦言,自去年下半年到今年上半年,市场比较浮躁,热点轮换很快,基金经理压力也很大。"很多股票一个月就翻倍了,而且已经达到预期目标价位,变得太贵了,你说基金经理是抛还是不抛?"

但事实上,基金频繁的短线交易和波段操作很容易助长市场的投机气氛,这正是这种操作风格被监管层限制的原因。记者获悉,除了召集部分操作风格较为激进基金公司开会之外,证监会在最近审批新基金发行时,对那些业绩排名虽好,但是短期交易较频繁、换手率较高的基金公司的新基金并没有放行。

制度：皇帝的新衣?

作为机构投资者,基金奉行价值投资理念,必须依靠公司的投研团队支持。"股票频繁交易、不断换手一定程度上折射出这家基金公司没有投入更多精力去发现和研究股票的价值,其对股票投资价值的判断仍然倾向短期化。"一位基金经理直指要害。

《报告》对公司投研部门存在的问题直言不讳:1、股票备选库中有两只 ST 股票,即 ST 长岭(000561)和 ST 屯河(600737);2、未按规定维护基金投资限制库和禁止库,其中禁止库中无任何股票;3、部分投资评级为"卖出"的股票,研究员却建议入备选库,如 2006 年 10 月 5 日集中入库的 G 上港(600018)、盐田港(000088)等;4、相当部分已交易过的备选库股票,其研究报告缺少公司内部的研究报告,或入库时间与报告时间无法匹配;5、相当部分精选库中的股票缺少入精选库建议书,只有入备选库建议书,如天津港(600717)、太钢不锈(000825)等;6、所有交易过的精选库股票的入库资料中,缺少上市公司财务预测模型和估值模型,缺少研究员（两名）调研报告及基金经理调研报告；7、新股询价和申购，缺少"新股投资价值分析报告"；8、投研报告及其相关资料存档不够规范。

基于以上现象，《报告》重申股票入库规则总结时措词严厉：股票库日常维护和管理工作存在不严谨甚至混乱的情况，一些股票入库有章不循，不按操作流程入库、没有研究报告支撑或入库依据不足等。在审查过程中也存在控制不严、忽视入库标准的现象。

记者获悉，基金公司对选股流程都有各自规定。一只股票被研究员和基金经理发现后，一般要经历"股票初选库——备选库——精选库（核心库）"层层"考验"。每个基金公司选股标准不一，先筛选出符合主营业务、行业地位、市场地位等基本标准的股票进入初选库，在此基础上，研究员对个股进行投资价值评估，选择一部分有潜在投资机会的上市公司进行实地调研，形成报告，由投资研究团队讨论决定是否进入备选库。最后在备选库的基础上进一步深挖一部分行业先锋股票重点跟踪，形成精选库（核心库）。而基金公司的重仓股几乎都来自精选库（核心库），且多数基金公司要求目前持仓的股票品种应当有相当高比例来自精选库（核心库）股票池。那些连续两年亏损的 ST 股、被证监会公开谴责、存在治理结构问题或基本面差等个股，基本上会被列入禁止库。

一般来说，基金公司从开始选股到完成实地调研，根据不同行业个股，短则一两个月时间，长则需要半年左右。尤其对于重仓股的调研，基金公司更要投入大量时间、人力和物力。"这只基金去年开始运作时，正好遇上市场行情主流趋势变化很快，市场热点板块轮换较快，对于小公司来说由于人力有限，管理经验有限，出现上述流程混乱问题在所难免。"上述基金研究分析师认为，"新公司需要磨合，这也是可以理解的。"

"客观来说，这家公司的投研制度要求还挺严格的，这些问题并没有对与错，但也暴露出研究员存在的一些问题。例如对 ST 股的投资。"某基金公司研究员告诉记者。但他同时解释，如果公司只是履行 ST 程序，或者公司本身已经重组结束，股东已经更换、即将实现扭亏为盈、基本面向好的 ST 股，基金公司也有可能会介入，"纯粹靠内幕消息炒作的 ST 股，基金公司是不会去买。"

此外，上述基金研究分析师指出，对于进入精选库或者核心库的股票、尤其是仓位比例超过 5％的重仓股缺乏内部研究报告支持，是一个"不可原谅的问题"。记者注意到，未能提供内部研究报告和上市公司估值模型的精选库中的股票，不少是这只基金在建仓期间，甚至是今年最近报告期内的重仓股。

"每个公司对核心库制度管理不一样，基金经理和研究团队应该与本公司的投资思路、风格和习惯相吻合。"前述有多年从业经验的基金经理说，"其实公司制定投资思路都需要经历一段很长的磨合期，研究员和基金经理都需要不断调整。在控制风险的前提下，应当给予基金经理一定自由度。"

但他承认，基金投资是一件严谨的事情，而且基金是长期投资，如果太随意，"市道景气的时候可能发现不了存在问题，市道不好就会显现出风险。"

"作为专业理财投资机构，必须在制度框架下执行，而不能有太大的随机性。但是如果制度和流程出现问题，应该先修改制度。"前述基金研究分析师说。

（《中国经营报》2007 年 6 月 11 日）

报道背景

2006 年年底以来中国股市从熊市转向牛市，众多新基金密集发行，基金销售非常火爆，为了博取高收益，基金换手率居高不下，短线操作并不鲜见。基金频繁的短线交易和波段操作很容易助长市场的投机气氛，监管层严格限制这种操作风格，但许多基金公司为了在股市一路上扬的呼声中实现最大的收益，纷纷铤而走险。在满目红线的股市和投资火热的基金市场中潜藏着极大的风险，2007 年被戏称为"全民炒股"时代，基金公司也成为狂热的炒股大军中的一员。当年媒体关于基金的报道大多停留在基金发行、基金投资思路、趋势判断等方面。可是基金到底如何交易，在中国资本市场上基金到底如何摆脱投机炒作嫌疑，秉持价值投资，这些方面很少有媒体涉足。本篇报道正是在这样一种背景下采写的。

内容分析

本文选取了当年在基金市场上备受关注、业绩颇佳的一家基金公司为切入点（但并未点出该公司的实名），详细揭示出了当时基金公司在业务操作方面的风险性。共设三个小标题：第一个小标题"短炒：奇妙的节奏"交代了短线炒作的现象；第二个小标题"换手：'风光'的秘诀"揭示了短线交易之后的秘密，即换手率居高不下；第三个小标题"制度：皇帝的新衣？"提出了导致短线操作背后的原因是制度缺失。同时文章还采访了基金业内资深人士，他们的观点也表达了对这些短线交易的疑虑。

特　色

证券市场风云变幻莫测，可谓你方唱罢我登场，几乎没有永远的赢家。这一领域的财经记者一方面要时时关注有关行业政策、制度及法规的制定及出台，及时宣传。另一方面更要做好监督的工作，做真正的守望者，不能只会锦上添花，要在风平浪静中及时地发现险滩暗礁。本文正是在凯歌高奏的股票及基金市场中看到了潜在的风险，通过一家基金公司操作内幕的调查性报道，给投资者敲响了警钟，也再次引起主管部门对这一市场的重视。

1. 谙熟制度，直击弊端

如果不熟悉一个行业的规则，是看不懂这个行业的，就像看足球比赛，如果不了解比赛规则，实难看出门道。本文的可贵之处就在于记者随时掌握监管部门对基金市场的监管动态、具体内容,从而敏锐地发现问题。同时记者熟练掌握基金公司运作的制度规定和常规做法。如:"'在一般情况下,仓位超过5%的股票被基金公司视为重仓股。重仓股交易如此频繁,这在基金公司中并不多见。''如此频繁的短线交易和波段操作,与基金作为机构投资者所推崇的长期投资理念相去甚远。''基金公司对选股流程都有各自规定。一只股票被研究员和基金经理发现后,一般要经历"股票初选库——备选库——精选库(核心库)'层层'考验'。"等等。所以一旦报道对象打破常规运作,甚至违反规定操作,立刻引起记者的警觉。在这种前提下,记者才不会做无用功,保证素材的有效与最大利用价值。

2. 只有数据是不会说谎的

本文是一篇揭露性的调查性报道,因此如何获取无懈可击的事实便成为报道是否站得住脚的关键。在本文中,这一无懈可击的事实就是"一份来自该基金公司内部的常规检查报告",这份报告是最有说服力的,因此,本文的绝大部分篇幅是直接引用《报告》的原文说话,尤其是引用其中的数据作为报道的主要依据。比如,在介绍该基金对中信证券的买卖操作中,记者引用了《报告》中具体的买卖时间、买卖数量、买卖频率、买卖价位等,使读者对该基金短炒、换手的频率有了清晰确切的了解。这里任何人的介绍、评论都是多余的,只有数据是最好的说明。

3. 借专家之言,为记者立论

无论是股票市场还是基金市场,抑或期货市场,经验和技巧都起着重要的作用,因此那些在以上市场中颇有经验的专家观点是很有力度的。本文恰当地借用了这样一些专家的言语,较成功地表达了自己的论点。比如:"一位基金经理表示:公募基金在某种程度上应承担一定的社会责任,发现并持有业绩好、具有发展潜力的上市公司,并引导资金向好的上市公司资源靠拢,而不是变成短线交易者。""上述基金研究分析师指出,对于进入精选库或者核心库的股票、尤其是仓位比例超过5%的重仓股缺乏内部研究报告支持,是一个'不可原谅的问题'。"这些观点看似表达的是专家的观点,实则正是记者本人观点借专家之口的表述,这种表达的力度和可信度确实要更高一些,这也正是如今财经新闻报道当中总是不鲜见专家出场的原因。

报道影响力

稿件刊发之后,文章转载率很高,即使没有点名,基金投资者纷纷在各大论坛根据报道内容一一猜测。而这篇报道也引起了证监会的重视,据悉,这家基金公司之后被证监会点名整改。当然,我们认为文章最大的影响力在于在投资者当中引起了对基金到底是价值投资还是短线投资者,基金应该如何价值投资的广泛讨论。

大事记

2007年基金市场大事记

1月9日,南方基金资产管理规模超千亿,成为第一家千亿基金公司,南方系为数极少的连续三届"金牛基金管理公司"得主。

2月9日，证监会下发《关于证券投资基金行业开展投资者教育活动的通知》，要求基金管理公司加强投资者教育。

2月14日，基金销售机构内部控制指导意见张榜纳言，指导意见催生基金销售公司，《证券投资基金销售机构内部控制指导意见》今日向社会大众征求意见。

2月15日，信达澳银领先增长股票型基金获得中国证监会核准，将于3月份正式开始发售，成为第一只资产管理公司系基金。

2月28日，股指创10年最大跌幅，封闭式基金全线重挫，除3只停牌全部47只封闭式基金跌幅均超过5%。

3月14日，中国证券业协会发布《基金投资者教育手册》。

3月28日，中国人民银行公布2007年第1季度全国城镇储户问卷调查结果显示，在居民拥有最主要金融资产中，"基金"占比从上季度的10%跃升至16.7%，刷新历史纪录。

3月31日，287只基金2006年年报披露完毕，2006年共实现投资收益2713.36亿元，287只基金净收益1248.3亿元，浮盈1465.06亿元。

4月20日，54家基金公司的313只基金披露2007年一季报完毕，313只基金净收益1459.99亿元，超去年全年。

4月30日，华夏大盘精选基金今年以来实现的收益已经达到108.3%，单位净值4.668元，成为今年首只收益翻番的基金。

5月17日，原上投摩根基金成长先锋基金经理唐建涉嫌"老鼠仓"被证监会立案调查。

7月9日，国内首只创新型封闭式基金大成优选股票型证券投资基金获准发行。

7月30日，华夏、南方两家基金管理公司获得QDII资格。

9月12日，国内首只股票类QDII基金——南方全球精选配置基金发行。

10月18日，中国证监会颁布《证券投资基金销售机构内部控制指导意见》和《证券投资基金销售适用性指导意见》，基金销售监管框架初步成形。

11月4日，证监会下发《关于进一步做好基金行业风险管理工作有关问题的通知》，对基金销售、投资中出现的问题进行严格规定。

12月1日，中国证监会颁布《基金管理公司特定客户资产管理业务试点办法》，基金公司"专户理财"的试点工作明年展开。

延伸阅读 ···

王吉舟：《国企模式注定基金热衷短线》，《中国经营报》，2007年6月11日

娃哈哈与达能纠纷真相

叶文添　　唐清建　　张曙光　　赵　晓

达能与宗庆后，正面临着中国商业史上最激烈的一次纠纷。

范易谋与宗庆后的纠纷从表面看，是一个合同的纷争，是一个商标归属的争论。实质在于利益归属，在于利益的流向发生了偏离。

当宗庆后逐步看清了达能的最真实意图时，宗开始不断出击，在合资公司之外，同样利用娃哈哈商标的非合资公司开始大肆扩张。而且非合资公司合作对象也在逐渐发生变化，通过改制，由宗氏家族控制的非合资公司逐步在代替娃哈哈集团有限公司与达能的合资。

因为非合资公司的利润要打入另外一个账户，顺着这条链条，隐秘在非合资公司的离岸公司开始现身。有人指责说，宗庆后正在向海外转移这些利润。

达能开始反击，当他们再次欲以 51% 的股权收购这些非合资公司时，遭到了宗庆后的拒绝。达能于是翻出了当年签署的娃哈哈商标转让合同：商标纠纷由此而来。

随后口水战升级——由商标纠纷到同业竞争，由个人恩怨到人身攻击，由商业规则到民族产业，由外资并购到国家经济安全等等。

在这些纷争背后，会给中国企业带来什么样的启示？加入世贸组织后，当中国企业真正与狼共舞时，我们怎样在国际公认的规则中做到"适应规则、利用规则、建立自己的规则、并用规则抑制规则"？

这是本报的初衷。希望本报为期两个多月的调查，能为读者带来一些思考。

一线调查(一)：10 余家离岸公司控股娃哈哈非合资公司路线图

在历时 4 个月的口水战中，双方对非合资公司展开了激烈的争夺，而隐藏于非合资公司背后的众多离岸公司也相继曝光。

在娃哈哈 35 家非合资企业中，有 26 家为离岸公司直接投资，这些分布在英属维尔京群岛等不同小岛上的公司在宗庆后的财富帝国中位置举足轻重，同时也在娃哈哈纠纷中扮演了重要角色。

在过去几年中,有10家离岸公司投资的非合资企业发展迅速,产生了极大的效益,而这些利益正在转移。达能不干了,矛盾由此而生。

非合资公司的背后推手

在宗庆后控制的娃哈哈版图中,与达能合资的共有39家分公司,另外分布全国的非合资公司有35家,这些构成宗庆后财富链条中一个重要环节。

"这些非合资公司在过去的两年中,以不可思议的速度发展着,这让达能非常警惕。"8月6日下午,范易谋在接受本报记者独家专访时表示,如今,这些以娃哈哈命名的非合资公司有几十家,总资产近56亿元人民币,在2006年利润更高达10.4亿元。

据记者了解,这些娃哈哈非合资公司的股权结构非常复杂,背后的离岸公司之手若隐若现,注册离岸公司的两个特别之处是,一是能利用注册所在地维尔京群岛的税收政策合理避税,二是离岸公司法人代表可以和股东不一样(国内要求必须是一致的),因此能"屏蔽"股东构成等基本信息。

资产挪腾

一位接近达能的人士对记者透露,目前,有些证据表明,一大部分离岸公司的法人代表不可能有如此实力进行投资,一些股东的财产并不能支起如此庞大的财富体系,其幕后大股东另有其人,不排除有人假借外商身份隐藏离岸公司真正的控制人,矛头直指宗庆后。

而此前也有一位娃哈哈内部人士主动向记者爆料称,宗庆后涉嫌转移资产到海外,其逻辑为将资金通过相关渠道弄到海外设立离岸公司再转回国内投资回收效益。目前按现外汇审批制度,超过1000万美元必须经过国家外汇管理总局批准,并必须提供发改委的批件,而此项转移则有意避开了此程序。

对此说法宗庆后则断然否认,"这些离岸公司其实有些是我的外商朋友设立的,主要是为了在国家法律允许的范围内合理地避开股东的红利税,使得股东收益加大和生产成本降低。"8月14日,宗庆后在接受本报独家专访时对记者说。宗表示,这些离岸公司虽然参予了投资娃哈哈非合资公司,但在当地的利税等都如数上缴,不存在资产转移海外的说法。

一线调查(二):娃哈哈改制15年

在宗庆后的棋局中,达能只不过是他完成改制过程中的一颗棋子,但这颗棋子却反客为主将他逼上了梁山。

在达能与娃哈哈合资之后的第四年,也就是2000年开始,娃哈哈集团进行了两步走的改制。改制之后,达能与娃哈哈的合作慢慢地由国有性质的集团公司与达能的合作,变成宗氏家族与达能的合作。

娃哈哈的国有属性

"在杭州,娃哈哈的属性问题至今仍是一个敏感的话题。"8月10日晚,一位杭州市政府内部人士对记者说。

事实上,目前娃哈哈集团所具有的国有属性,也把杭州市国资委牵扯进来,而这也是此次争论中浙江省政府态度微妙的原因之一。由于娃哈哈复杂繁乱的股权结构和历史渊源使得娃哈哈的改制一直充满着悬疑。

1996年3月28日,娃哈哈集团、美食城联合由达能控股70%、百富勤控股30%的新加坡金加投资公司共同成立杭州娃哈哈百立食品有限公司、杭州娃哈哈保健食品有限公司、杭州娃哈哈食品有限公司、杭州娃哈哈饮料有限公司和杭州娃哈哈速冻食品有限公司等五家企业。在这五家企业中,金加控股51%,娃哈哈集团持股39%,美食城持股10%。

1997年的时候由于亚洲金融风暴,百富勤将金加投资公司的所有股份全部卖给了达能,达能就成为了金加的全资股东。这样合资公司的股份变成达能占有51%的股份、娃哈哈集团占有39%的股份、娃哈哈美食城占有10%的股份。

"那时,达能的角色是宗利用其完成曲线MBO的一个棋子,有了达能的进入,娃哈哈通过相关资本运作进行改制变得简单多了。"一位知情者表示。

娃哈哈改制路径

在达能与娃哈哈合资之后的第四年,也就是2000年开始,娃哈哈集团进行了改制,具体分两步走。

改制的第一步是杭州市上城区国资局于2000年和2001年将原来娃哈哈集团100%的股份分两次转让,第一次是将49%转让给宗庆后及其职工(包括38位高管和职工持股会)。第二次将5%转让给了职工和冯校根等人。

在此过程中,宗庆后个人出资6419.5万元现金获得了娃哈哈集团29.4%股份,职工出资1亿元左右,占19.6%。娃哈哈集团公司变为娃哈哈集团有限公司。

之后,杜建英等35位工会成员将各自所持娃哈哈集团股份,转让给职工持股会。目前,上城区国资局控股娃哈哈集团46%,宗庆后持股29.4%,职工持股会持有21.38%,冯校根等36人持有3.22%。

事实上,此次改制增加了宗庆后对集团的掌控能力,而此后娃哈哈进入高速发展时期,也让合作方达能收到了数亿元的投资回报。这时,娃哈哈集团公司从合资分公司的相关投资计划中悄然退出,改由宗庆后控制的家族公司进行投资,而这也是改制的第二步。记者通过调查获得了达能娃哈哈合资公司39家分公司详细的工商资料。

最初的变化出现在娃哈哈集团(股份)改制之后的第二年。2001年8月,娃哈哈合资公司成立了湖南长沙娃哈哈饮料有限公司和潍坊娃哈哈饮料有限公司。在这两家公司里,杭州娃哈哈集团公司不再投资,杭州市上城区国有资产管理公司投资第一次为

"0"。而接手其 49％股权的是由宗庆后控股的娃哈哈广盛投资有限公司（以下简称广盛投资）。

然而在 2002 年娃哈哈合资公司所设立的合资子公司中，集团公司却又投资了南昌娃哈哈饮料有限公司和白山娃哈哈饮料公司，而这也是集团公司最后一次对合资分公司进行投资。

而由此达能在之后与娃哈哈的合作，慢慢由国有性质集团公司与达能的合作，变成宗庆后家族与达能的合作。

最后两家合资分公司是 2006 年 7 月成立的厦门和南阳娃哈哈饮料有限公司，也均由广盛投资控股了 49％的股份。

据统计，自 2001 年至今，娃哈哈合资公司所成立的共 19 家合资分公司中，有集团公司投资的仅有这 2 家。其他的均被由宗庆后控股的广盛投资和杭州顺发食品包装有限公司代替了投资者的角色。

而宗庆后通过这一系列的资本运作，在娃哈哈集团获得了强势的地位。

后来，由于宗庆后深陷达能并购事件旋涡，其集团公司的改制进程暂时停止了下来。

一线调查（三）：娃哈哈纠纷恩怨始末

当达能欲以 40 亿元人民币收购非合资公司 51％的股权时，宗庆后不干了。

纠纷由此开始。双方翻出当年签署的娃哈哈商标转让等一系列合同，试图找到对手当年的违规之处。商标首当其冲。

娃哈哈纠纷的背后到底隐藏着怎样的一个方程式？当年双方合作的目的到底是什么？记者经过多方走访，调阅了双方当年签署的原始合同，搜集出这十多年的一些关键细节，得以还原那段扑朔迷离的历史。

达能控制合资公司真相

1996 年 3 月 28 日，杭州。

娃哈哈集团公司宣布和娃哈哈美食城、达能控股的金加公司合资成立了 5 家娃哈哈合资公司。根据当时的合同显示：娃哈哈方面占 49％，金加公司占 51％。由百富勤的梁伯韬出任首届董事，达能方秦鹏与杜海德出任董事。

在签约的仪式上，宗庆后与秦鹏举起酒杯，满脸堆笑地回应众多询问者。他们可能想不到：十年后，他们将面临着中国商业史上最激烈的一次纠纷。

至今，娃哈哈董事长宗庆后回忆起当初与达能成立合资公司仍然耿耿于怀。

"那时我们并不缺钱，只是我太想加快娃哈哈的发展，（以便）与同行拉开距离，于是在香港百富勤公司的介绍下认识了达能，一个合资公司就这样在匆忙中成立了。"8 月 14 日下午 4 时，宗庆后在接受本报记者独家专访问时表示。

而据记者了解,当时娃哈哈集团公司共有 10 家子公司,按宗庆后对记者所说,当初达能控制的金加是自己选择了 5 家比较大的子公司进行合资,剩下的 5 家小公司是达能"看不上,嫌规模小才留下的",而剩下的这 5 家体制之外的小公司也就是今天非合资公司的雏形。

变化来自 1998 年 4 月,百富勤将自己在金加的所有股权卖给了达能,达能 100% 控股金加,从此变成了达能独家与娃哈哈合作,这时矛盾也开始出现。宗庆后认为百富勤在娃哈哈不知情的状况下将股权卖给了达能,形成娃哈哈合资公司被达能控制的局面,这也是宗庆后说起初达能合同设陷阱,娃哈哈上当的起源。

"那时,我们刚接触海外的资本运作这些东西,不懂其中的规矩,刚开始以为金加是达能与百富勤合资的,虽然控制了 51% 的股权,但因为娃哈哈集团、娃哈哈美食城都是我的,就以为自己是老大了,后来才发现上当了。"8 月 14 日,宗庆后如此对记者解释。

而据记者调查出的一个鲜为人知的事实是,这家注册在新加坡的金加公司,其实在成立之初就被达能控股了 70%,香港百富勤只控股了 30%,这意味着达能从一开始就实际控制了娃哈哈,即使后来百富勤不把股份转让给达能,达能控制的局面也不会改变。

业内人士认为,这意味着此事一开始的脉络就很清晰,也是公开的游戏规则,而这一点完全被宗庆后忽视和误解了,宗庆后吃了一个哑巴亏。

"阴阳合同"之争

双方目前的争议还来自那两份饱受争议的"阴阳合同"。

这其中涉及三个核心的法律文件:一是《合资企业合同》,这是合资企业成立最重要的合同;二是《商标转让合同》;三是《商标使用许可合同》。《商标使用许可合同》又有两个版本:一是在工商局备案的简式使用合同;一是未备案的《商标使用许可合同》。这两份使用许可合同被不少媒体称之为"阴阳合同"。

之所以在这两份合同上矛盾丛生,原因就在于这两份合同决定了我国最大饮料企业娃哈哈的商标所有权的归属问题。

所谓"阳合同"就是在双方合作之初,由娃哈哈集团公司、娃哈哈美食城与金加集团签订的《商标转让合同》。

记者通过相关渠道看到了这份 1996 年双方签署的《商标转让合同》。在合同的第一条内容中,娃哈哈集团已同意向合资公司转让总值为 1 亿元的商标,其中价值为 5000 万元人民币的商标作为娃哈哈集团对合资公司注册资本的部分购买,其余价值为 5000 万元的商标由合资公司向娃哈哈集团公司购买。在这个出价的基础上,娃哈哈集团将商标及其受法律保护的一切权利、所有权和利益转让给了合资公司,而合资公司已于 1996 年将 5000 万元用于购买商标的出资已经全部付清。

事实上在当时,娃哈哈集团并没有拿出很多资金,其入股的主要形式是无形资产(商标)的转让费用 5000 万和机械设备、在建工程和房屋建筑物。

在这份原始合同中规定："不得将任何商标或其中的任何权利、所有权或利益转让予第三方,亦不得允许任何第三方使用商标或拥有其中的任何权利、所有权或利益。"此合同在1996年2月17日被浙江省经济贸易委员会批准,2月18日颁发了营业执照。

"那时由于国家对外资并购管理忽然间收紧,出台了一个外资限制收购的规定,所以国家商标局并未对娃哈哈商标转让一事进行批准,转而驳回。"宗庆后对记者说。

在国家商标局驳回的情况下,于是双方在1999年又补签了所谓的"阴合同"《商标使用合同》,其中就有那条有争议的条款:"不经过合资公司董事会等同意,不能将商标给予其他使用。"

《商标使用合同》还约定:甲方和乙方理解并同意签署简式使用合同,仅为了在中国商标局和工商局注册之用,而所有管制使用商标的条款和条件则包含在本合同中。这个简式许可合同和《商标许可合同》就是被媒体质疑的"阴阳合同"。

由此,达能与娃哈哈签订了两份内容完全不一致的、上报商标局备案与实际执行亦不一致的"阴阳合同",这为日后双方的争执埋下了伏笔。

"那时签订这个协议,主要是因为商标转让还在进行中,但2001年国家已经废止了那个外资收购规定,但宗庆后还以各种理由拖延转让,而后我们有证据表明宗庆后并未再向国家商标局递交申请商标转让一事。"8月6日下午,达能亚太区总裁范易谋在接受记者独家专访时表示。

而宗庆后则对记者说:"没有的事,我们一直在转让,都被国家商标局给驳回了。"为此他向记者展示了国家商标局证明曾经驳回商标转让申请的回函。

记者看到的娃哈哈出示的国家商标局商标监字2007第90号《关于娃哈哈商标转让申请审核情况的复函》,其中显示:"娃哈哈集团于1996年4月和1997年9月先后向我局提交了《关于请求转让娃哈哈商标的报告》和《关于转让娃哈哈注册商标的报告》,要求将该公司名下的200多件注册商标转让给合资公司,但我局根据《企业商标管理若干规定》,均未同意转让。"

而范易谋认为,这不能与中国商标法中的"驳回申请"划等号,因为娃哈哈集团和娃哈哈合资公司双方从未共同提交过《转让注册商标申请书》,娃哈哈集团公司单方面提交报告的做法,根本不构成有效的商标转让申请。

事实上,就在商标转让混淆不清的时候,双方又于2005年签订了《商标使用合同》的第一号修改协定。

在此协议中规定了娃哈哈非合资企业在一定前提和条件下获得合资公司授予的商标使用许可,合同中有两条规定:"一是与合资公司签订有代工协议的娃哈哈公司;二是与合资公司非竞争行业的公司。"

这意味着这些非合资公司在一定条件下暂时取得了合法的地位,而娃哈哈商标的使用范围也扩大了,而其归属不清的问题再次被隐藏起来。

恩怨爆发

恩怨的最终爆发始于达能与宗庆后谈判的彻底破裂。

2006 年年初,总数近 40 家的娃哈哈非合资公司利润已达 10.4 亿元,对此达能认为,那些非合资公司的运营方式,违反了当初的"一号修改协议",具体的是宗庆后开始把利润高的产品如营养快线、思慕 C 等由非合资公司生产,利润低的纯净水和果奶等由合资公司生产,独占了大量利润。

于是达能向宗庆后发出了警告,同时双方展开了谈判,希望将此事解决。

据知情人士对记者透露,这个谈判是在秘密状态下进行的,知道的人不超过 10 个。此次谈判的目的就是达能希望可以收购娃哈哈的非合资公司,以便将之纳入整个合资公司的体系中,双方的目光集中点在于价格的问题。

在进行半年多的艰苦谈判之后,到了 2006 年年底的时候,双方的意见终于有了统一,那就是达能将以 40 亿元的价格收购娃哈哈近 40 家非合资公司 51% 的股权。

2006 年 12 月 9 日,达能和娃哈哈相关负责人为此曾经签署了一个协议,双方在协议上盖了章。"那时我们认为一切都结束了,以后双方仍然可以愉快地合作下去。"一位达能人士对记者说。

变化出现在 2007 年的 1 月初,宗庆后推翻上述协议。

在此后的 2007 年召开的全国两会上,人大代表宗庆后上书有关领导表示:"警惕外资通过控股各个行业的龙头企业,从而控制我国的经济。"矛头直指合作对手达能,此时,一些敏感的业内人士似乎预感到了达能娃哈哈已进入决裂的边缘。

杭州市政府一位内部人士也向记者透露,在 2 月 14 日,杭州市曾派出以金胜山副市长、杭州对外经贸局林革副局长、杭州市上城区政府顾文友副区长等政要为首的杭州市政府代表团会见了以达能中国区主席秦鹏为代表的达能集团,试图在达能和娃哈哈之间斡旋和调解,但最终这次调解会不了了之。

4 月 3 日,达能娃哈哈开始撕破脸皮,宗庆后在媒体上宣布达能强行并购的"罪行",并列数了达能数宗罪,宗庆后试图来一次全民战争,将达能扫地出门。

而此时达能似乎也早有准备,立即召开了新闻发布会,将双方当初的协议合同等公布于众,同时展开了强硬的反击。达能也在协商无果的情况下于 5 月 9 日在斯德哥尔摩申请了对娃哈哈的仲裁,随后的 6 月 4 日达能又在美国把宗庆后的妻子和女儿以危害股东利益为由告上了法庭。对此宗庆后大为火光,在 6 月 7 日辞去了合资公司董事长的职位,并发表万言书,陈列达能罪状,开始了强硬的反击,在杭州仲裁委申请了娃哈哈商标转让纠纷,并开始了反诉讼的准备,一场法律大战拉开了帷幕。

(《中国经营报》2007 年 8 月 31 日)

报道背景

我国加入 WTO 之后，引起一轮外资并购狂潮，部分曾经耀眼夺目的民族品牌也被外资收归旗下。其中著名的饮料品牌乐百氏被收购后，却失去了其在市场上的强势地位，原公司的员工大量被裁减，利润下滑，乐百氏这个中国人曾经耳熟能详的品牌也渐行渐远，淹没在令人眼花缭乱的饮料市场中。乐百氏这个名字也时时敲打着中国同业者的心，娃哈哈集团的老总宗庆后应该就是对乐百氏的命运思考最多的人，这两个品牌曾经同是中国饮料市场上的佼佼者，不分高下。如今娃哈哈独舞的日子岌岌可危，达能全面收购的脚步已将宗庆后逼到了墙角，不想步乐百氏后尘的娃哈哈就在这种情况下与达能开始了漫长的收购纷争。本文正是发表在这一纷争白热化的时候。

内容分析

本文意在探寻达能与娃哈哈纷争背后的原因，通过一线调查，分三大部分来揭示两者纷争的形成。一线调查（一）：分别以"10 余家离岸公司控股娃哈哈非合资公司路线图"、"非合资公司的背后推手"、"资产挪腾"为小标题作统领，报道了与娃哈哈集团所控制的非合资公司及其在海外的众多离岸公司的情况，披露了 35 家比较核心的非合资公司的详细工商资料及几家主要离岸公司的控股状况，意在揭示在达能与娃哈哈合资公司之外，存在着这样一些同样使用娃哈哈商标的非合资公司，这些公司连同海外的离岸公司发展越来越壮大，分占了合资公司的市场。一线调查（二）：分别以"娃哈哈改制 15 年"、"娃哈哈的国有属性"、"娃哈哈改制路径"为小标题，详细介绍了娃哈哈改制的经过，披露了娃哈哈如何从一个国有企业转变为家族企业，之后又如何与达能合资。一线调查（三）：分别以"娃哈哈纠纷恩怨始末"、"达能控制合资公司真相"、"'阴阳合同'之争"、"恩怨爆发"为小标题揭示出纷争产生的历史起因：达能从一开始就实际控制了娃哈哈，即使后来百富勤不把股份转让给达能，达能控制的局面也不会改变。业内人士认为，这意味着此事一开始的脉络就很清晰，也是公开的游戏规则，而这一点完全被宗庆后忽视和误解了，宗庆后吃了一个哑巴亏。之后又揭示纷争原因的进一步积累：商标转让过程中的矛盾、非合资公司在市场上对合资公司的挤占等。

特　色

1. 抓住主线，层层深入

这是一篇关于财经事件的调查性报道。财经事件大多围绕一个"利"字展开，因此，记者紧紧抓住"利益"这根主线，顺藤摸瓜，从和利益相关的线索中去破解疑问。不仅解开众多非合资娃哈哈公司的归属之谜,也解开了达能与娃哈哈合资的真相,还用事实揭示出宗庆后单方撕毁合同的利益推手。抓住了一条主线,把所有的事件串联起来就形成了一个完整事件的真相。

2.把握平衡,其说自圆

达能与娃哈哈的纷争原因复杂,双方各执一说,在对这种财经事件的报道中,报道的客观中立是必须坚持的原则,因此要给双方说话的机会。本文在报道主体之后所附的专访中分别访问了双方当事者娃哈哈的宗庆后及达能中国区的范易谋,给他们同样表白的机会。记者没有表现出任何的倾向性,但从对事实的陈述及双方的言谈中,读者自会辨别出事实的原委。

报道影响力

外资对中国民族品牌的并购之势愈演愈烈,在达能之后,可口可乐对汇源果汁轰轰烈烈的收购历程就足以说明这一点,虽然这一收购最终没能通过中国商务部的批准,但不容置疑的是:中国的民族品牌已在外国资本的虎视眈眈之中。本文的重要意义在于,对于后来面临被外资收购的中国企业是一个提醒:面对汹涌的外资并购的浪潮怎么办? 三句话:学习规则,掌握规则,建立规则。

大事记

● 外资并购中国民族品牌大事记

1993年,英国联合利华公司收购了中华牙膏。

1994年,英国联合利华公司收购了著名品牌美加净。

2000年,达能收购了广东乐百氏集团92％的股份。

2002年,上海牙膏厂对外正式宣布将从联合利华手中收回美加净牙膏品牌。

2003年,欧莱雅集团收购小护士集团,包括小护士的品牌、销售渠道。

2006年,欧洲帝亚吉欧高地公司收购了四川成都全兴集团43％股权,入股著名白酒品牌水井坊。

2006年8月,法国著名小家电企业赛博(SEB)收购浙江苏泊尔炊具股份有限公司。

2006年9月22日,荷兰壳牌集团公司收购北京统一石油化工有限公司和统一石油化工(咸阳)有限公司75％的股份,统一润滑油整编进壳牌润滑油大军。

2007年4月,美国高盛集团公司收购双汇集团。

2008年8月,美国强生公司收购北京大宝化妆品有限公司。

● 达能在中国饮料市场战略布局大事记

1987年,法国达能集团在广州开设了第一家酸奶公司,中国经济蓬勃的发展让达能意识到,一个好时机的到来。

1994年，达能与光明先后合资建立上海酸奶及保鲜乳项目，达能占45.2％的股份，由此达能的中国之行走上了成功之旅。

1996年，达能与中国娃哈哈集团成立了5家合资公司。

1996年，达能收购武汉东西湖啤酒54.2％的股权，收购深圳益力食品公司，由此完成了在中国布局的第一个阶段。

2000年，达能收购了乐百氏的92％的股权，开始了在中国战略布局的第二个阶段。

2001年，以光明收购达能在中国的三家乳品企业（包括广州酸奶和与光明的两家合资企业）为条件，达能终于成为光明的股东，持股5％。伴随着之后的一系列增持，到2006年，达能已持有光明股份20.01％，成为光明乳业的第二大股东。

2004年，达能收购了上海正广和饮用水有限公司50％股份。

2006年7月，达能以1.4亿美元持有了汇源果汁22.18％的股权。

2007年12月，达能与中国最大奶制品公司蒙牛组建了合资公司，达能持股49％。

至此，达能通过一系列的资本市场运作，完成了在中国市场上饮用水、乳制品和果汁饮品三大饮料产品的战略布局。

延伸阅读 ·

唐清建：《商业游戏规则是洋巨头制定的——访杭州娃哈哈集团有限公司董事长宗庆后》

——《新闻幕后》，经济管理出版社，2008年6月

唐清建：《我并不后悔与宗庆后的合作——访达能全球COO、亚太区总裁范易谋》

——《新闻幕后》，经济管理出版社，2008年6月

袁立华：《达能和娃哈哈达成和解》，新华网，2009年9月30日

20 岁创投新军的蛮荒力量

王　恺　杨　璐

1986 年出生的戴寅，2006 年底从武汉到上海，刚与"蓝海创投"的 28 岁总经理杨沛见面时，举止僵硬，脸上红了又红，"完全是一个大孩子的模样"。和一般大孩子不同的是，他是携带着几亿元投资基金，从家里到上海创业的。

不过当时他还不知道 VC 是什么，在一所大学上了没多长时间就退学的他，以往熟悉的是用他父亲的钱，在房地产市场和股票市场上赚钱。

一年后，戴寅的身材也从当初的清瘦变成了现在的庞然大物，他和几个合作伙伴共同组建的基金公司"同辉创投"，一年投资了 12 个项目，而专业的投资基金，可能一年只有一两个项目。他的项目从 800 万到 3000 万元投入不等，其中包括创业投资的热点新媒体领域，也包括去了一趟巴基斯坦，在当地投资一项公用事业。"他什么都投。"周围的伙伴这么评价他，带点嘲笑的口气。

不过他们也好不了多少。蓝海创投是个召集投资者和投资项目的新平台，在这个平台周围，聚集了四五十名上世纪 80 年代出生的不怎么懂创业投资、却渴望加入这行业的人。绝大多数是富二代，他们的父辈不乏各省首富，有的家族拥有 3 家上市企业。每个人背后，最少也有几亿元资产，所以杨沛会有些夸张地宣称，这些资产如全部用于创业投资，至少会有千亿元。

1982 年出生的陈豪是蓝海创投的投资人，他看好这个平台，但他没有杨沛的夸张。陈豪的父亲是浙江嘉兴富豪，他从小被教育谨慎从事，他说，目前核心的四五个成员的投资基金只有几十亿元，"父辈还没有放心地把钱交给他们"。跃跃欲试的 10 多个成天和专业的风险投资研究者看项目的人的基金，加起来有上百亿元。全部成员的基金总量不知道，可是，"如果有一天，他们的父辈放手，把制造业赚来的钱放心交给他们投向资本市场，那就不是上千亿的问题了"。而这些民资，进入 VC 市场后，将成为一股新的力量。

陈豪将 10 多个各省的富二代带进了这个团体，他们开会讨论时会穿上名牌西装，"平时很随便，有几个喜欢网吧气氛，坚决上那里打游戏的，穿得尤其普通——主要原因是，从小什么名牌没见过？"所以，这批富二代和别的"二世祖"群体不同，他们中多数开普通车；每周在茶馆集会多次，"思想 PK"。他们的总部，蓝海创投的办公地点在上海浦东一家普通得可以用简陋来形容的办公楼里,月租才 1 万多元,和一般的创业投资基金办公地点没法比。"我们觉得能做事就行了,不要排场。"杨沛说。

欲望的缘起

"国外发现中国 10％的发展速度是真实的,结果风险投资终于大规模地进来了。"2005 年,童世豪终于将自己任合伙人的启明维创投咨询公司搬到了上海金茂大厦。之前,他在台湾和香港等地做风险投资,更早以前,东南亚是各国基金看好的热土,也是他的工作地。作为国际化的专业投资人,他说:"各地的风险投资热潮我都经历过,而现在,大规模的海外风险投资基金选择的是中国。"

而中国本土,涌动的这些由富二代带着浮出海面的风险投资基金,是童世豪早就注意过的"中国民资":"规模还不大,一些想在海外上市的公司不想要这些钱。"因为中国民资相比起海外的基金,不是"好钱"——对想在海外上市的企业帮助不大,这些企业会去找一些专业性很强的投资基金,拿到钱的同时也拿到经验。

可是 2007 年,众多的新政策如股改、全流通、A 股上市退出机制刺激了投资基金的狂热,尤其是 VC 退出时的高利润吸引着以往和这行业无关的"中国民资",加之人民币升值的双重刺激,"父辈通过制造业赚的钱急于想找到出口"。而这批 20 多岁的 VC 行业的新人则成为出口的寻找者。

他家族的低压电器出口几十年都排在中国第一位,1982 年出生的他轻描淡写地说:"每年也就几十亿元的收入。"这些都是他父亲的成就,可是一谈到自己刚刚接触到的 VC,口气立刻大了很多。刚刚做投资一年,脸上满是青春痘,头发也少了不少,他说这些都表明自己的焦虑。而焦虑来源,除了对家族制造业前景的担忧,也来自超过父亲的野心。

他总觉得喜欢摄影、动不动上新疆拍照的父亲不是一个合适的投资者,"他是个艺术家,根本不知道制造业已经日薄西山了"。

他们属于从温州搬迁到上海的家族企业,可是父亲不想让陈栋继承企业,当陈栋考上公务员的时候,父亲特别兴奋,觉得儿子的日子可以安稳地过下去。可是陈栋想了一天后,还是跑到父亲身边,对他说:"我觉得制造业已经利润微薄了,我要帮你管理企业。"父亲听都不听就把他赶走了。

后来,父亲把工厂给了哥哥管理,"我再去说制造业的危机时,他都会说,那是你哥哥的事情"。而给了他近 1 个亿,让他去做酒店投资,憋着气的陈栋自己面对管理所有的问题,"被人骗了根本不明白"。他意识到自己的错误,合格的投资者,应该去找合适的人来管理投资。

"开始到处去挖人才,为了挖一个著名厨师,半年时间内,每个月飞两次北京。"他四处搜罗来的管理团队都比自己年纪大,"都是有野心的人,但是那种野心是我能控制的"。他反复强调野心，觉得这是自己将来成功的关键。

而野心的最新出路，就是资本投资。自己管理了一年投资，觉得要学的还有太多，包括想把自己变成专业的投资基金管理者，"那样才能保证自己家族的资产不断升值"。在温州商会的网上看见了这群人的相关消息，第二天他就和杨沛约着见面了。

像陈栋这样急于将家族财富由制造业转向资本运营的第二代，杨沛至少每月能见到一两个，"数目还在不断扩张中"。昨天还有准备将家族企业上市的福建商人的第二代打电话约见，想马上飞来上海，加入杨沛他们的团体，能帮助家族从上市中套利。

"他们很多有同样的背景，家族的生意做得很大，基本上是传统制造业，而父母亲那辈大多想守成，不太想把家族企业上市。而他们则觉得自己年轻，能够玩转资本市场，他们的最终目的是希望自己能超过父母亲，能超过自己周围圈子里的朋友。"杨沛解释。

从义乌开着奔驰跑车来上海的朱舜也是这样的心思，认识杨沛后，一听到有交流机会，他都会半夜开车出来，赶在9点前到上海参加"学习"。听见杨沛他们讲到新媒体，1983年出生的他，表情都会无比严肃，像重新回到课堂的中学生。

他家在义乌的外贸加工厂，每年"也就几亿元的收入"。在朱舜看来，这几亿元收入并不牢固，"现在人民币升值，利润已经下降5个点"。父母亲竟也希望他能到单位当个公务员，"家里的钱，只要不吸毒，几辈子也花不完"。可是朱舜也是大学上到一半就退学，"当时可以用义乌本地户口炒土地，一下就能赚几百万元"。他的目标也是将家族企业上市，可是父母也完全不听他的。

他的资本游戏主要就在义乌炒楼和放高利贷，"我们那里是小城市，一方面是外贸生意极度发达，另一方面是金融意识极不发达"。20岁的朱舜发现，当时房市交易信息还不发达，很多直接张贴在墙上，"我很快就成为那里的炒楼高手"。靠10多套房子套利1000多万元，然后做地下钱庄的生意，也迅速成为高手。以至于他刚到上海参加VC讨论时候，开口就是这个项目"几分利"？至今成为杨沛他们笑话他的把柄。

合格的 LP 还是 GP

在与杨沛他们接触前，朱舜已经意识到资本投资的获利空间极大，他已经开始了自己的VC试验，试验项目包括：在千岛湖买了3个岛，每个岛投资几百万元，"是和我们当地商会会长一起买的，和他交流过，不会吃亏，还可以趁机向他学些东西"。在东北投资一家挖沙厂，因为那里有新认识的朋友，觉得是个机会。在义乌投资了培训学校，因为他自己喜欢那培训。投资了几家网站，因为觉得义乌的此项产业不发达。还投资了电视剧，"我自己就很喜欢商战的电视剧"。投资的钱，部分来源于自己的炒楼放贷收入，更多来自父母支持。

在专业VC人眼中，这些投资看上去都很滑稽。40岁的徐新是"今日资本"的总经理，她很冷淡地说："这些浙江的孩子，家里有钱投就投呗。"她显然觉得，这些VC连入门级水平都没有,"专业的风险投资企业只投行业中最好的企业"。

朱舜也意识到自己的问题。到上海后,他觉得自己过去的最大问题是把鸡蛋放在不同的篮子里,而现在,他觉得要找个好项目,"搞个大的"。而上海,在朱舜看来,是搞大的最佳试验场,"那么多的新项目都在这里,这在义乌完全不能想象。在那里,身家几十亿的老板们买了电脑也就是玩扑克,现在刚刚知道 QQ 了"。和朱舜想法一样的人很多,杨沛他们的圈子里,很多是打算在上海挖掘他们资本运作的第一笔财富。

在 VC 行业,LP 指出资人,不参与任何管理,叫"有限合伙人",而 GP 指的是投资的专业管理人员,又叫普通合伙人。按照国外经验,很多家族财产的继承者多是做 LP,只管出钱,等着收入就可以了,可是杨沛他们身边的人没有只肯做 LP 的,他们更渴望自己能成为成熟的 GP,自己管理投资基金。

作为成熟的 GP,最关键是寻找合适的投资项目,包括合适的项目管理人。酷爱打游戏的杨沛提供了一套理论基础:"做风险投资就是看人,而看人就要在日常生活中看。"他们会和来寻找投资的人一起打游戏,K 歌,上酒吧,看对方怎么做,然后判断对方是否合适。一般说,来这里找投资的很多也是年轻人,大家一说起玩游戏,都有各自心得。

杨沛觉得,网络游戏就是人生的对应。刚开始玩游戏时,"大家都是小兵,经过一段时间积累,有了钱和装备,那时候再看各人的进攻方式,有可能装备丢失,就等于破产,有的人会放弃不玩,有的人会积极进取,重新开始。这时候,我肯定会找后面的那种人投资"。杨沛觉得,后面的那种随时会东山再起,"而且在游戏中他有朋友,有资源,所以成功的机会比较多"。他觉得这就和现实生活中名利的来到和失去一样,"关键还是看平时积累,会玩网络游戏的人,失去了也很快能找回来。这就是胸怀"。

而项目负责人的性格可以在 K 歌中发现,"喜欢出风头的适合媒体、广告等行业,缩在后面的也许只是适合传统行业"。除此之外,他们还会关心对方的花钱方式,每次都会直接问对方——"100 万元你怎么花?""刚创业就想着花钱,当然不是合适的人选。"

而从英国留学归来的他们中的一位温州富二代则喜欢看对方的穿着打扮。他家里有多家上市公司,在国外已经开始做 VC 了,创办了一个垂直招聘的网站,专为蓝领招聘而设,"他和我们这里很多在中国受教育的富二代不同,很多中国的富二代只开最普通的帕萨特,穿得也一般"。

他很讲究穿着,自己有 3 辆车,一辆凯迪拉克,一辆悍马,还有一辆宝马,开什么车配什么衣服,一丝不苟。所以他面对来寻找资金的项目方时,有一项要求,"对方穿不穿西装,穿什么牌子的西装,他都看在眼里,因为他觉得这代表修养"。而会不会讲英语,成为他要求项目方的另一条件,"他是我们当中要求最多的一个"。

"'80 后'的投资人最有优势的一点,是他们对新媒体熟悉。"杨沛觉得,很多新的商业模式和新的项目和他们沟通起来很顺畅,这是他们胜过比他们年长的投资人的方面,"那些人很多都不能理解新商业模式,而我们是玩游戏长大的,你看'盛大'的模式,就因为投资人也玩游戏,所以他们才能很快拿到投资"。

而另一优势,就是这批投资人都是从小做生意的。朱舜 10 多岁时,就帮他父母亲卖过服装,"都有很好的商业头脑,不会像别人那样轻易上当"。

可是在童世豪这样成熟的 VC 行业的人看来,尽管这批孩子有生意头脑,也确实熟悉新媒体,"可是他们还是头脑发热型投资,远非成熟的投资基金管理者"。一个成熟的 VC 公司,一个项目是否值得投,要经过很长一段时间的跟随研究,研究后还要经过决策组的讨论,这些决策人都是相关的研究者和各领域权威,"即使这样,全世界风险投资成功的比例还是只有 2%"。

他说,"风险投资怎么会那么容易?"

而不少杨沛圈子里的人,一边学习风险投资,一边还在炒股票。童世豪也觉得惊奇:"在行业内是没有这种行为的,专业的 GP 怎么会去做股票。完全是两个行业嘛。"而且,做 VC 成功的话,利润是股票市场的许多倍,可是这些从小做生意长大的孩子完全不肯放弃身边任何一个获利机会。朱舜睁大双眼为自己辩护:"当然是什么赚钱就做什么。"

童世豪自己是从研究员做起,一直做到今天的 VC 公司合伙人。"我们的经验是只选择最好的,最合适在美国上市的项目,因为那样获利丰厚。"他们投资的 China—Edu 在美国上市,只花了短暂时间。"我们从美国拿来 3 亿元 LP 的钱,一个项目就获益翻番,按照我们公司拿 20% 的利润计算,我们一年可以收入几千万元,已经是 VC 行业中的较为稳妥的收入了。"

他的公司也不乏 80 年代出生的优秀研究人员,全部是海归或北大、清华毕业生,"如果他们一帆风顺,而且不断展现自己的才能,那么三十五六岁时,也许他们能成为合格的 GP,会让他们直接负责投资项目"。

尽管对国内民资看好,可是童世豪还是对这些在 20 岁已经开始做 GP 的年轻人充满了怀疑。

蛮荒而又合理的方法论

陈豪是蓝海天使基金的管理人,是他投资了杨沛的蓝海创投公司,正好两个公司名字一样,所以两人第一次见面,就很谈得来,按照杨沛的说法:连续 3 天聊天到夜里 3 点。

这样,两个人的优势造成了目前的蓝海创投,杨沛通过不断寻找扩展平台,而拥有许多等待投资的新项目。陈豪则通过不断拉自己身边的富二代朋友加入,使蓝海的投资者队伍越来越大。

陈豪无疑是目前这四五十人中最多投资经历的人。还在华东理工大学读书时,他就创办了自己的 SP 公司,为手机提供彩铃业务等,在当时的环境下很快成功。虽然家里很有钱,"可是我没要家里一分钱"。

他给自己买了辆帕萨特,大学毕业后又和浙江的几个朋友投资了自己的网站"团购网",并自己任总经理。管理了一年才发现,"我自己不是好的管理人才,尽管战略方向是正确的"。合伙的投资者一个 40 多岁,一个 60 多岁,都很看好他的点子,这时候劝他退出管理,专门做风险投资。

在朋友带领下,陈豪认识了风险投资业的专业人士。"去他家里,他在那里吃面,我在旁边滔滔不绝说我自己做过的事情,面吃到一半,那位资深人士放下碗说,你做过的其实就是风险投资,但你要完成从企业家到资本家的转变。"并劝他专心做风险投资,不要介入到直接管理。

这位专业人士很看好陈豪,帮他从海外召集了 3000 万美元的风险投资,专门用于投资中小企业,"因为觉得我眼光好,对新经济有判断力"。蓝海创投就是陈豪投资的新经济企业,"我和另外的投资人不仅给他投入了基金,还带来了很多资源,比如说我带来的富二代群体,而伙伴带来的是海外公司管理的经验。"

虽然团体里的富二代都是刚接触 VC,但陈豪觉得,他们已经有比别的 VC 公司不同的种种优势。"最要紧的是他们与众不同的成熟",从小在商业环境里摸爬滚打成为他们的最大优点。

比如戴寅,虽然只有 22 岁,"可是他很能建造自己的团队"。戴寅能将别的公司拿 2 万元月薪的人挖到他公司来,只拿几千元工资,而他开出很多别的优惠条件给人,例如升迁、干股、合伙人计划等等,"从父亲那里学到的成套企业管理经验都可以拿出来"。再比如那位留学归来的温州富二代,"他也能把世界 500 强企业的员工挖到他的小公司,给人家不高的薪水,也是给大家美好的未来愿望"。杨沛最佩服他的,还是他的定力,"他弟弟整天开着保时捷去做私募。可他一点不受影响,专心做风险投资。买了 3000 本书,每种书都买两本,一本收藏,一本快翻烂了"。

这种家庭背景,在陈豪的经验里,帮助他们做成不少判断。"有人拿来贵州矿山的项目,可是我们这些人中不少人家里都有矿山,能很快判断出那个项目的成本核算不实在,所以几个人一讨论就决定不投。"

家庭背景还带来了做风险投资的许多资源。例如温州有些企业在上市前夕,无数的风险投资机构都会跟着去议价,做 PRE—IPO 的投资,这种投资是肯定赚钱的。"我们中不少人和那些家族企业的管理人很熟悉,大家都是富二代,很多是从小玩的朋友,这种时候,我们很自然能拿到大的风险投资公司无法拿到的项目。而这种赚钱也是最迅速的。"

很多大项目他们也能采取跟投的方式,"这样我们投资不多,但可以和投资主导人学习到很多东西"。投资主导人愿意带他们跟着投资,恰恰是"一切都是利益"——"带我们投资就是因为我们有利用价值"。他们可能只是孩子,可他们的父母亲在当地有资源优势,"带我们投资就等于加强他们在地方的关系网络"。而这种关系网络,别说是海外投资机构,就是国内的投资机构也很难拥有。

陈豪很清楚自己这圈朋友的地位,他分析道,"最差的结果,我们也是合格的 LP,手中都拥有大量资金,是以后这些风险投资大公司要拉拢的对象"。正因为如此,他们可以跟着大的风险投资公司一起去看各地项目,做各种调查研究,"他们甚至会把一些小项目给我们,他们可能觉得收益还不够多的,或者发展空间有限的,在我们看来可能都是能获利的"。

这些从小经商的孩子很少吃亏,"我们甚至会要求投资的项目方用房产来做抵押,这在大的风险投资公司是不可能想象的"。可是,对于从小放贷的这些孩子而言,这是最正常的商业手段。"可能有点野,但可以保证我们的投资不受损。"

(《三联生活周刊》2008 年第 2 期)

报道背景

风险投资是把资本投向蕴藏着失败风险的高新技术及其产品的研究开发领域,旨在促使高新技术成果尽快商品化、产业化,以取得高资本收益的一种投资过程。随着中国经济的持续发展,国际风险投资基金开始在上世纪 90 年代中后期进入中国。当时在中国所投资的企业几乎全部都是互联网企业,比如现在耳熟能详的新浪、搜狐、阿里巴巴等。但随着纳斯达克网络股的暴跌,这些外国风险投资有不少以巨亏退出。进入新世纪后,互联网经济再次兴起,2004 年,携程、盛大网络、Tom、e龙、第九城市、掌上灵通、空中网、前程无忧和金融界等九家中国互联网公司在纳斯达克成功上市,表明了国际风险投资在中国获取的第一批重大回报。

此后风险投资成为国内外投资者青睐的一个领域,风险投资范围也由向 IT 行业的投资延伸到教育培训、医药、酒店业、餐饮连锁、清洁能源等传统行业,且都取得了不错的回报。

本文就是在这样的背景下采写的。

报道内容分析

本文是《三联生活周刊》2008 年第 2 期封面故事《20 岁 100 亿的风险资本》的系列文章之一。该组文章由《VC 和 PE:无风险富矿的"风险"》、《熊晓鸽与 IDGVC 的中国样本》、《季琦:风险基金青睐的"攻城略地者"》、《20 岁创投新军的蛮荒力量》组成。其中《VC 和 PE:无风险富矿的"风险"》是概述性文章,其他三篇则分别讲述了三种风险投资人的投资业绩与生活。

本文分为三部分,分别是:"欲望的缘起"、"合格的 LP 还是 GP"、"蛮荒而又合理的方法论"。

特 色

1. 以人文视角报道财经现象

相对而言,《20 岁创投新军的蛮荒力量》不是本次报道的重点。之所以选择这一篇文章作为《三联生活周刊》的财经报道代表,是因为这篇文章较好地体现出该刊新闻报道的特点:以人文视角报道财经现象。《三联生活周刊》作为三联书店创办的综合性新闻时事类周刊,其新闻竞争力可能比不上《中国新闻周刊》,其财经专业性可能比不上《财经》,但三联书店的人文底蕴却是其杀手铜。

本文的选题就体现出其人文视角。从财经专业角度看,80 后"富二代"介入风险投资,在当时最多算是社会实践、小玩闹,对整个风险投资市场不构成太大影响。但从社会趋势的角度看,20 多岁的年轻人钟情于风投,却可以发掘出很多精彩的人性内容。

从报道内容上看,记者在叙述他们的投资工作时,注意发掘其投资行为背后的欲望的冲动、人性的深度,这使《三联生活周刊》的财经报道有了鲜明的特色。

2. 深入浅出,生动活泼

既然是财经新闻,文章当然要重点叙述这些年轻人的风险投资行为。但考虑到本刊不是专业财经期刊,在进行专业报道时,必须进行知识的通俗化,要对表达方式有特别的考虑。值得欣慰的是,本文代表了《三联生活周刊》财经报道的一贯风格:深入浅出,生动活泼,将专业知识与人物的性格、思想、感情描写进行了有机融合。

相关知识链接

一、风险投资

风险投资(Venture Capital)简称是 VC,广义的风险投资泛指一切具有高风险、高潜在收益的投资;狭义的风险投资是指以高新技术为基础,生产与经营技术密集型产品的投资。根据美国全美风险投资协会的定义,风险投资是由职业金融家投入到新兴的、迅速发展的、具有巨大竞争潜力的企业中一种权益资本。

二、著名风险投资公司

IDG 技术创业投资基金(最早引入中国的 VC,也是迄今国内投资案例最多的 VC,成功投资过腾讯、搜狐等公司),投资领域:软件产业、电信通讯、信息电子、半导体芯片、IT 服务、网络设施、生物科技、保健养生。

软银中国创业投资有限公司(日本孙正义资本,投资过阿里巴巴、盛大等公司),投资领域:IT 服务、软件产业、半导体芯片、电信通讯、硬件产业、网络产业。

凯雷投资集团(美国著名 PE,投资太平洋保险集团、徐工集团),投资领域:IT 服务、软件产业、电信通讯、网络产业、信息电子、半导体芯片。

红杉资本中国基金(美国著名互联网投资机构,投资过甲骨文、思科等公司)。

高盛亚洲(著名券商,引领世界IPO潮流,投资双汇集团等)。

摩根士丹利(世界著名财团,投资蒙牛等)、美国华平投资集团(投资哈药集团、国美电器等公司)。

鼎晖资本(投资过南孚电池、蒙牛等企业)。

联想投资有限公司(国内著名资本),投资领域:软件产业、IT服务、半导体芯片、网络设施、网络产业、电信通讯。

浙江浙商创业投资股份有限公司(民企),投资领域:关注(但不限于)电子信息、环保、医药化工、新能源、文化教育、生物科技、新媒体等行业及传统行业产生重大变革的优秀中小型企业。

今日资本,2005年创立,是一家专注于中国成长性企业的国际投资基金,目前的一期基金管理着超过2.8亿美元的基金,主要来自英国政府基金、世界银行等著名投资机构。今日资本已投资项目包括我要钻石网、土豆网、真功夫等中国企业。

红杉资本,红杉资本创始于1972年,共有18只基金,超过40亿美元总资本,总共投资超过500家公司,200多家成功上市,100多个通过兼并收购成功退出的案例。

软银赛富投资顾问有限公司是一家总部设在香港主导亚洲区域投资的企业,在中国、印度和韩国有分支机构。软银赛富投资顾问有限公司目前已参与投资近20亿美元。软银赛富投资顾问有限公司投资领域横跨几个高成长性部门,涵盖消费品 & 服务、技术、媒介、电信、金融服务、医疗保健、旅行和旅游业、制造业。

延伸阅读 . . . .

邢海洋:《VC和PE:无风险富矿的"风险"》,《三联生活周刊》,2008年第2期

吴琪:《熊晓鸽与IDGVC的中国样本》,《三联生活周刊》,2008年第2期

吴琪:《季琦:风险基金青睐的"攻城略地者"》,《三联生活周刊》,2008年第2期

Laura Wang:《无风险投资》,《福布斯》(中文版),2007年第12期

Laura Wang:《深海捕鱼》,《福布斯》(中文版),2007年第12期

Laura Wang:《新战场的拓荒者》,《福布斯》(中文版),2007年第12期

Ada Qin:《马背上的天使》,《福布斯》(中文版),2007年第12期

中铝的突袭

赵剑飞

2008 年 2 月 5 日,伦敦深夜,北京时间已是 2 月 6 日清晨,全球第一大矿业公司必和必拓(BHP Billiton)对第三大矿业公司力拓(Rio Tinto)收购一案迎来摊牌时刻。必和必拓提出有条件收购要约(pre-conditional offer),拟以 3.4 股必和必拓股票换取 1 股力拓股票收购力拓。

不到一个小时后,力拓发表声明。力拓董事长保罗·斯金纳(Paul Skinner)称,已注意到对方提高了收购出价,力拓董事会将综合各种因素加以慎重考虑,并会在完成各项评估后做进一步的声明。同时,斯金纳建议力拓股东们"不要采取任何行动"。

伦敦时间 2 月 6 日下午不到 4 点,力拓再次发表声明表示,力拓董事会认定这一有条件收购要约严重低估了力拓的价值,且不符合股东的最大利益,因此,董事会全票否决了必和必拓的上述报价。

"必和必拓尽管提高了报价,但仍未体现出力拓集团的优质资产及发展前景所蕴涵的价值所在。"力拓董事长斯金纳在声明中表示。

"除非能够收到一份充分反映力拓价值的收购提议,否则,我们的计划没有改变,也将不会改变。力拓将继续其自身的发展战略。"斯金纳的话表明,力拓并非对收购不满,只是必和必拓出价不够高。

在不到 24 个小时里,这起全球矿业第一大并购案的两个主角就此结束了一幕对话,看似波澜不惊。或许是因为这节演出的真正高潮,在 1 月 31 日中铝公司突袭收购力拓股份的那个夜晚已经过去。

属于必和必拓的演出能否继续,在于他们是否再提出新的报价。

中 铝 登 台

2008 年 2 月 6 日,北京清晨,伦敦时间仍是 2 月 5 日深夜。当必和必拓对外公布收购力拓要约时,中铝公司总经理肖亚庆正从澳大利亚墨尔本返回北京。

这一天是中国传统农历除夕,像每个归家路上的中国人一样,49 岁的肖亚庆也向往着回家团聚的时刻。

四天之前,2月1日上午,在伦敦四季酒店里,肖亚庆对外宣布了一条震动全球矿业市场的消息:此前一天夜间,中铝公司通过在新加坡的全资子公司 Shining Prospect Pte. Ltd(下称 SPPL),以 140.5 亿美元在伦敦市场收购力拓英国有限公司(Rio Tinto plc,下称力拓英国)12%股份。美国铝业公司通过认购可转债券方式,向 SPPL 提供 12 亿美元资金。

这是迄今为止中国企业在海外的最大一笔投资。中国企业满足了各方的期待和猜测,以行动加入到必和必拓对力拓收购案之中,成为了一个有分量的发言者。

总部位于澳大利亚墨尔本的必和必拓,系由必和必拓英国有限公司(BHP Billiton Plc,下称必和必拓英国)和必和必拓澳大利亚有限公司(BHP Billiton Ltd,下称必和必拓澳大利亚)组成的"双上市公司"(dual listed companies),也是世界最大矿业公司,按 2008 年 2 月 4 日股价计算,市值为 1920 亿美元。

力拓总部位于英国伦敦,同样是一家"双上市公司",由力拓英国和力拓澳大利亚有限公司(Rio Tinto Limited,下称力拓澳大利亚)组成,为全球第三大矿业公司,2008 年 2 月 4 日市值为 1422 亿美元。

必和必拓、力拓,加上巴西淡水河谷,几乎垄断了全球铁矿石市场供应,其中必和必拓和力拓合计控制海运铁矿石接近 40%份额。

自从 2000 年以后,随着中国经济增长带动对矿产资源需求,国际市场上的矿产资源价格连续上涨,也推动了矿业的并购整合潮。2007 年年初,必和必拓再次向力拓提出合并,遭到力拓拒绝。至 11 月 1 日,必和必拓向力拓提出秘密方案,欲以每 3 股必和必拓股票换取 1 股力拓股票将两家公司合并,仍然被力拓拒绝。

随后,由于传言导致两家公司股价波动,必和必拓被迫于 11 月 8 日对外公开了与力拓有接触的消息,并于 11 月 12 日披露了收购方案主要内容。此后,力拓仍然拒绝必和必拓的接触,并就此向英国的收购委员会(UK Takeover Panel)要求,令必和必拓表明意图。12 月 21 日,英国收购委员会通知必和必拓,必须在 2008 年 2 月 6 日下午 5 点以前提出收购要约。

作为世界最大钢铁生产国,中国同时也是最大的铁矿石消费国。与其他主要钢铁生产国一样,中国自然不愿看到上游原料供应商的进一步整合。中国如何应对必和必拓对力拓收购,一直为各方关注。

《财经》记者获悉,自必和必拓提出要收购力拓以后,中国国家发展和改革委员会几次召集中铝公司、上海宝钢集团、神华集团以及国家开发银行,商讨应对之策,中铝公司逐渐确定了参与力拓收购的想法。

黄 昏 突 袭

2001 年年初才正式成立的中铝公司,目前综合规模在世界铝业公司中排名第三,旗下控股的中国铝业股份有限公司(上海证交所代码:601600,下称中国铝业),市值超过500亿美元,但相比对手必和必拓,还只能算得上轻量级。不过,在必和必拓对力拓提出收购以前,中铝公司已经在谋求向多元化转型,意图将业务重点从单纯的铝业扩展至其他有色金属业。

2007年10月19日,肖亚庆在接受新华社记者采访时表示,中国铝业正在向"多金属国际化发展战略"转型,铜业将成为下一步发展重点。

此前,中铝公司在8月1日出资8.6亿美元,完成了对加拿大秘鲁铜业公司91%股份的收购;此后,中铝公司又于10月30日出资95亿元,获得云南铜业集团49%股份,显露出积极扩张势头。

至12月初,中铝公司聘请美国投资银行雷曼兄弟、中国国际金融有限公司担任财务顾问,并确定了入股力拓的目标。2007年12月中旬,国务院国资委正式批准中铝公司调整主业范围,同意其将铜及其他有色金属列为公司主业。

由此,为保障长期稳定资源供应的政府意志、中铝公司多元化和国际化的战略以及肖亚庆做大中铝公司的个人抱负,都使得中铝公司参与力拓收购顺理成章。

不过,根据澳大利亚对外国投资监管规定,中铝公司作为中国的国有企业,若购买澳大利亚公司股份,需要获得澳大利亚外国投资审查委员会(FIRB)审批,因此,中铝公司选择了购买力拓英国股份。而由于力拓特殊的"双上市公司"结构,购买力拓英国超过15%股份,也需获得澳大利亚FIRB审批。

此外,若中铝公司收购伦敦上市公司股份比例超过1%,也需要对外披露。于是,中铝公司的收购目标变为力拓英国不超过15%股份,而且必须在短时间完成,可能的方式唯有场外收购。

"这种收购通常被称为'拂晓突袭'(dawn raid)。"一位投行人士说,但这次变成了"黄昏突袭"。

当英国收购委员会确定必和必拓提出收购要约最后期限为2月6日后,中铝公司必须在不到两个月内完成海外特殊目的公司(SPV)注册、资金准备、法律申报材料等一系列准备工作。这并不容易,仅以融资为例,中铝公司需要动用逾百亿美元资金。并非一个特意挑选的日子,只是此时恰逢欧美遭遇次级债危机,金融市场紧张,短时间内要从市场融资并不容易。国家开发银行给予中铝公司的支持,使得这一任务难度大大降低。

1月31日,当一切准备就绪,肖亚庆当天早上从北京飞往伦敦,抵达时仍是当地时间下午。此时,雷曼兄弟在伦敦已经做好开展收购的准备。

待伦敦市场下午4点30分收盘以后,雷曼兄弟开始上演"黄昏突袭",向力拓英国股东询价,从场外收购力拓英国股份。

凭借其伦敦市场金融矿业股二级交易量第一的能量,到当天夜间,雷曼兄弟以每股60英镑的价格,为中铝公司收购110242889股力拓英国股份。据SPPL向伦敦证交所提交的材料披露,SPPL此前还购买9462245股力拓英国股份,每股价格为47.291英镑,占力拓英国股份比例约为 0.9486％,恰好不超过伦敦证交所要求披露的 1％限制。这为中铝公司节约了部分收购成本。至此中铝合计收购力拓英国 12％、共计 119705134 股股份,出价总计 140.5 亿美元。

自 2007 年 11 月必和必拓向力拓提出收购建议后,各方一直关注着来自中国的反应,但始终不闻其声。经过短短两个月左右时间准备,中铝公司此番突然出手,着实出乎各方预料。

"总会有事情出来的,多多少少,不会那么平平静静。"必和必拓中国副总裁许峰当天获悉中铝公司入股力拓消息时,对《财经》记者说。

力拓董事长保罗·斯金纳(Paul Skinner)当晚在声明中谨慎表示,"这一我们事先未获告知的主动收购行动,加强了我们对力拓长期价值的认同。"

一家国际投行的资深人士对《财经》记者分析认为,力拓并不知道中铝会直接在市场上购买其股份。"对于这个举动,相信力拓是高兴的,这样能帮助其防御必和必拓。现在力拓就不担心必和必拓了,主要是需要了解中方的想法。"上述人士说。

必和必拓摊牌

虽然中铝公司突袭成功,必和必拓仍然在 2 月 6 日提出了要约。根据收购方案,必和必拓的收购目标为力拓英国和力拓澳大利亚全部股份。其中,对力拓英国的收购要约,由必和必拓英国上市公司提出,以每 3.4 股必和必拓股份换取 1 股力拓英国股份。而必和必拓股份由 80％必和必拓英国公司股份和 20％必和必拓澳大利亚公司股份构成。必和必拓称,按照 2007 年 10 月 31 日股价计算,该方案对力拓英国股票估价为每股 63.79 英镑,总价 636 亿英镑。

对力拓澳大利亚的收购要约,则由必和必拓澳大利亚提出,为此,必和必拓澳大利亚将增发新股,以每 3.4 股必和必拓澳大利亚新股份换取 1 股力拓澳大利亚股份。按照 2007 年 10 月 31 日股价计划,这一方案对力拓澳大利亚股票估价为每股 156.74 澳元,总价约 448 亿澳元。

此外,必和必拓还将在完成收购 12 个月内,回购 300 亿美元的股票。根据这一方案,如果全体力拓股东参与换股计划,收购完成后,力拓股东将在新公司中拥有 44％股份。相比之下,根据 2007 年 11 月必和必拓公布的收购建议,力拓股东在新公司中的持股比例仅为 36％。

对于上述收购要约,必和必拓称,若按照 2007 年 10 月 31 日必和必拓澳大利亚每股 46.10 澳元和必和必拓英国每股 18.31 英镑的收盘价,对力拓估价为 1736 亿美元,相对 2007 年 10 月 31 日力拓市值 1221 亿美元,溢价约为 42％;若按照 2007 年 10 月 31 日之前一个月必和必拓澳大利亚和必和必拓英国股票平均成交价计算,对力拓估价高达 1713 亿美元;若以 2008 年 2 月 4 日必和必拓收盘价格计算,对力拓估价则为 1474 亿美元,相对 2007 年 11 月 8 日力拓澳大利亚和 2007 年 11 月 7 日力拓英国的市值,溢价 21％。

不过，可供参考的是，1 月 31 日中铝入股力拓时，力拓英国股票收盘价为每股 49.56 英镑，必和必拓英国股价为每股 14.77 英镑，每股力拓英国股票约相当于 3.36 股必和必拓股票；而中铝支付的每股 60 英镑价格，比力拓英国当天股价溢价约 21%，相当于支付了每 4 股必和必拓股票换取 1 股力拓股票的收购价格。

对此，必和必拓 CEO 高瑞思表示，中铝公司以约每股 60 英镑收购力拓英国 12% 股份，并不能成为对力拓全股票收购要约的参考标准。

"这是中铝公司在市场收购中为确保获得战略性股份而支付的价格。那些出售股份的股东目的是现金，因此也卖掉了未来合并的收益，选择套现走人。这些条件与我们的要约完全不同。"高瑞思说。

不过，业内人士分析认为，中铝公司的出价，其实已经为未来必和必拓出价设置了门槛，而且，此次必和必拓仍然提出全换股收购要约，没有增加现金，也正是为未来进一步提高收购价格预留了空间。

有中铝公司入股在前，加上必和必拓报价与之相比并不吸引人，力拓董事会拒绝必和必拓收购要约，也就令市场不感意外。2 月 4 日，力拓英国股价为每股 54.34 英镑，力拓拒绝必和必拓收购后，2 月 7 日，力拓股价微跌至每股 52.22 英镑。不过，至 2 月 13 日，又回升至每股 55 英镑，显示力拓股东仍然在期待更高的报价。

收购仍在继续

"毫无疑问，除非必和必拓开出天价，力拓肯定说不够。"一位业内资深人士分析认为，必和必拓提出要约目的，主要是为了满足英国收购委员会的时间要求，保留其未来六个月继续收购的机会。

必和必拓设立了诸多要约成立需要满足的前提条件，也表明必和必拓并不急于求成：首先是最低的接受条件，即分别需要 50% 以上的力拓澳大利亚和 50% 以上的力拓英国公众股股东同意接受，且对力拓澳大利亚和力拓英国分别收购成功互为条件。此外，也是最重要的，收购需事先通过欧盟、美国、澳大利亚、加拿大、南非和澳大利亚的反垄断审查。

必和必拓方面预计，在 2008 年下半年可以完成上述审查。在完成审查后 28 天以内，必和必拓将正式向力拓股东提交收购要约书，从提交要约收购书起 60 天内，要约需获得 50% 以上力拓英国和力拓澳大利亚股东接受，81 天内需要满足力拓英国收购要约和力拓澳大利亚收购要约全部条件。此后，该收购要约才可转变成为无条件收购要约，接下来 14 天后，必和必拓将开始履行收购要约。

由于上述诸多条件，前述业内资深人士分析认为，该要约本身并没有太多实质性价值，"这种公开要约，不能有太多条件，有太多条件就等于是没用的。"

力拓在向其股东的解释信中亦强调，有条件收购要约仅仅是宣布在一定条件满足的情况下,提出收购要约的意图,而非一项正式的收购要约,股东无需采取任何行动。

不过,业内人士认为,收购并未就此结束,"必和必拓接下来就是做反垄断审查的工作。但收购能不能做成,还要取决于中铝公司采取什么做法。"

2月2日,肖亚庆即从伦敦飞赴澳大利亚,与澳大利亚有关各方进行沟通。2月5日,在接受当地媒体采访时,肖亚庆表示,中铝公司和美铝都无意提高在力拓的持股比例,中铝也无意寻求力拓的董事席位,中铝的定位是"战略财务投资者"。肖亚庆还表示,已经主动向澳大利亚监管当局提交关于入股力拓的材料。

不过,业内人士则分析认为,中铝公司入股后有三种可能目的:一是意在阻止必和必拓收购力拓;二是在未来必和必拓收购力拓后处置资产时参与瓜分;三是完全控制力拓。不论中铝公司目的为何,获得力拓9%股份只是第一步。

一位参与交易投行人士对《财经》记者表示,不论最终中铝公司会走到哪一步,此次入股力拓最大意义在于,获得了在必和必拓收购力拓案中的发言机会;不论哪方都不可以忽略中铝公司的声音,并且为中铝公司赢得了未来多种选择的可能。而必和必拓欲取得收购力拓成功,也必须满足中铝公司一定条件。此前,必和必拓一直将中国作为一位大客户对待,此后则必须将中铝公司作为力拓股东对待。

在悉尼的媒体见面会上,席间有人问肖亚庆,为何选在临近2月6日这一期限入股力拓,对此,肖亚庆戏称,"如果不这样,我就不能安稳过年了。"

(《财经》2008年第4期)

报道背景

中国的经济发展是以对外开放、引进外资、发展外向型经济开始起步的,经过二十多年发展,中国经济实力有了飞速发展,越来越多的中国企业感到,要想成为世界一流企业,在具备了一定实力后,有必要走出国门,进行国际竞争。与此同时,国家也意识到了中国企业走出去的战略意义。2000年,党中央确立实施"走出去"战略,坚持"引进来"和"走出去"战略同时并举、相互促进。2001年,实施"走出去"战略作为一条重要建议被写入《"十五"计划纲要》。在进入新世纪后的十年里,中国企业走出去成为一种不可阻挡的潮流。

在中国企业走出去的潮流中,大型国企的海外并购尤为引人注目。大型国企的海外并购中,以资源开采权的获得为目的的并购又是其中一个重要部分。由于世界范围内资源的日趋枯竭,对资源的争夺也日趋白热化。同时,由于我国企业国际化程度普遍不高,海外并购经验严重不足,因此在海外并购活动中,到目前为止,海外并购成功者寥寥无几。

本文就是在这样的背景下采写的。

报道内容分析

本文是在中铝成功收购力拓 12％ 股份后赶写出来的深度报道。

本文报道了 2007 年底，必和必拓意图并购力拓后，中铝在政府、国有银行的支持下，利用自身优势，整合国内外资源，在数月内成功入股力拓的过程。该项收购斥资 140.5 亿美元，是截至当时中国企业在海外的最大一笔投资，震动了全球矿业市场。

本文共分四部分，分别是"中铝登台"、"黄昏突袭"、"必和必拓摊牌"、"收购仍在继续"，把数月内中铝在世界矿业市场纵横捭阖的过程作了详细叙述。

特　色

1. 以理性态度报道事实

中铝收购力拓是当时中国国企为数不多的成功并购案例，《财经》在报道该事件时可以明显感觉到其兴奋之意。但《财经》的专业素养使他们即使兴奋，也控制在理性的范围内。整篇报道完全用事实说话，保持了理性基调。

2. 重点突出，详略得当

在本次收购活动中，国家战略的内在支持，国家部委、国有银行与中铝的密切配合，与美铝的默契合作，美国投行雷曼兄弟的娴熟操作，与必和必拓的博弈，肖亚庆的干练果断，是能否成功的关键，本文对这些重点作了很好的梳理与表现，使整篇报道重点突出，详略得当。

3. 系列报道

关注中国经济重大事件，是《财经》的核心目标之一。大型国企到海外收购能源、资源性资产，既是企业发展的内在要求，也是国家战略的一部分。因此，《财经》对这类并购的关注从来就没有懈怠过。具体在对力拓股份的收购，《财经》从 2007 年底就开始关注，在 2007 年第 24 期，发表了赵剑飞等记者采写的《谁主矿业沉浮》，对必和必拓意图并购力拓事件作了深入报道。这为 2008 年 2 月中铝成功收购力拓 9％ 股份后采写这一事件提供了很好的基础。此后，《财经》一直关注中铝的并购活动，在 2008 年第 5 期发表了《为什么是中铝》，2009 年第 4 期发表了《中铝　力拓第二次握手》，为全面了解中铝海外并购提供了系统资料。

报道的影响力

本文所报道的中铝收购力拓股份，在当时是一个成功收购的案例。该文发表后，受到的关注是很多的。此后一年多的时间里，中铝的海外并购活动一直为国内外财经媒体广泛关注。到 2009 年 6 月，中铝注资力拓失败后，对中铝的报道达到了高潮。

2009 年，本文被收入《财经》杂志丛书之《中国大买家》。

大事记

近十年中国企业海外并购重要案例

一、中国汽车企业海外并购案例

1. 上汽收购通用大宇

2. 上汽收购韩国双龙公司

3. 南汽并购罗孚案

4. 吉利收购全球第二大自动变速器制造企业澳大利亚 DSI 公司

二、中国能源、资源企业海外并购案例

1. 中石油收购哈萨克斯坦石油公司

2. 中石油收购俄罗斯斯拉夫石油公司

3. 中海油收购西班牙瑞普索公司在印尼的油气资产

4. 中海油收购北里海油气项目

5. 中海油并购"优尼科"

6. 中海油收购尼日利亚油田

7. 中海油收购澳大利亚西北大陆架油气田项目

8. 中铝收购力拓股份

9. 湖南华菱钢铁集团有限责任公司收购世界第四大铁矿石供应商 FMG17.34％的股权,成为它的第二大股东

10. 鞍钢入股澳洲矿企 Gindalbie

11. 中国五矿集团以 13.86 亿美元 100％收购澳大利亚 OZ 公司主要资产

三、中国金融企业海外并购案例

1. 中投公司投资 30 亿美元入股黑石

2. 国开行 30 亿美元参股巴克莱银行,持股比例约为 3％

3. 中国工商银行 54.6 亿美元收购南非标准银行 20％股权

4. 平安保险收购富通集团股份

5. 中投公司 50 亿美元入股摩根士丹利

四、中国民营企业海外并购案例

1. 万向并购美国 UAI 公司

2. 德隆收购仙童多尼尔飞机公司

3. 德隆收购美国 Murray 公司

五、中国家电行业海外并购案例

1. TCL 收购德国施耐德

2. TCL 并购汤姆逊和阿尔卡特

3. 海尔竞购美泰（Maytag）

六、中国 IT 企业海外并购案例分析

1. 京东方并购韩国现代 TFT-LCD 业务

2. "联想"并购 IBM 个人电脑业务

3. 华立集团收购飞利浦 CDMA 手机设计业务

4. 中国网通收购电讯盈科

5. 中国移动收购华润万众

6. 中国移动收购国际移动运营商

7. 阿里巴巴收购雅虎中国业务

8. 网趣收购 Google 广告公司

9. 新浪收购分众传媒

延伸阅读

赵剑飞,陈慧颖,黄晨:《谁主矿业沉浮》,《财经》,2007 年第 24 期

赵剑飞:《为什么是中铝》,《财经》,2008 年第 5 期

严江宁,赵剑飞:《中铝　力拓第二次握手》,《财经》,2009 年第 4 期

杨福:《中铝交易流产启示》,《环球企业家》,2009 年第 12 期

岳淼:《中铝超级交易流产之鉴》,《环球企业家》,2009 年第 12 期

李纬娜,卢彦铮:《诺兰达收购风波》,《财经》,2004 年第 22 期

陈竹,徐可:《中海油折戟优尼科幕后》,《财经》,2005 年第 8 期

刘永行 VS 黄光裕：两大首富两种路径

张小平

　　赤手空拳来到中国打拼天下的英国小伙子胡润，似乎对同样富有闯劲和冒险精神的国美集团董事局主席黄光裕情有独钟。在他一手炮制的中国百富榜上，黄光裕三次被推上了首富宝座。而在 2008 年的榜单上，黄光裕的个人财富是 430 亿人民币。

　　而创刊于 1917 年的《福布斯》杂志则显得相对谨慎，把首富的宝座留给了一直稳健发展的东方希望集团董事长刘永行。在"2008 福布斯中国富豪榜"上，刘永行的个人财富是 204 亿元人民币。

　　对比两份在一个月之内先后颁布的榜单，会发现对富豪们个人财富的评估结果有着巨大差异。比如同样是黄光裕，在"2008 福布斯中国富豪榜"上只有 183.6 亿元人民币，与胡润的百富榜的估算结果相差 246.4 亿元人民币之巨。而对刘永行的财富估算是少有的"英雄所见略同"，在"胡润 2008 年百富榜"上，他拥有 250 亿元人民币个人财富，与福布斯的估算相差不大。而与大部分富豪们今年财富严重缩水不同，刘永行的财富比去年的 180.8 亿元人民币有稳步增长。

　　让人意外的是，两份榜单面世不到一个月，黄光裕的命运也像他的财富一样，出现了剧烈的起伏。11 月 22 日左右，网络上开始出现黄光裕被抓的传闻。之后，央视的报道证实了这一消息。据说，此次起因是指对其兄黄俊钦控股的 ＊st 金泰的股价进行操纵。2007 年下半年，＊st 金泰连续拉了 42 个涨停板，被称为中国股市第一"妖股"。早在两年前，也曾一度传闻黄光裕涉嫌贿赂和挪用资金违法操作房地产而被调查。而因为受经济危机及相关负面消息影响，国美电器的股价也同样巨幅跌落，比最高点跌去了 3/4 之多。

　　在黄首富坐上过山车的同时，刘首富却有闲庭信步的雅致。因为不是上市公司，刘永行不用遭受股市行情表上股价起伏的煎熬。虽然自己的能源产业也受到经济大环境的影响，但他家有余粮、心中不慌。而这个冬天，那些家无隔夜米的人纷纷找上门来，希望刘永行能出手相救那些陷入困境中的铝业和煤化工企业。更让刘永行自尊心得到满足的，是曾和他争夺三门峡氧化铝项目控制权的行业老大——中国铝业——刚刚宣布裁员一万人以渡难关，而他旗下的包头、三门峡铝业子公司不断没有裁员，反而乘机在招人。但对送上门来的低价求购的能源企业，刘永行却保持了警惕性。虽然目前是扩张的大好时机，但他更愿意留下余粮准备应付可能持续多年的经济危机。

"昨日之因，今日之果；今日之因，明日之果。"佛教中讲究这样的因果循环。刘永行与黄光裕今天境况的差异，又是因为昨日两人在哪些方面的差异所导致的？

企业扩张：超前半步与大胆冒进

黄光裕和刘永行的企业发展最大的差别，在于一个大胆冒进、一个步步为营。

黄光裕财富增值的过程好似一辆急遽爬升的过山车。2001年12月，国美的总资产约为5亿元人民币；在3年之后，5亿恰恰是黄光裕上百亿身价的零头；而在今天，黄光裕的身价又几乎翻了4倍还多。探寻黄光裕的财富之旅，我们会发现这个30多岁的潮汕男人，是"想象力＋野心＋财技"的混合体。

2003年以前获利状况不很乐观的国美电器零售业务，却实现了相当的经营规模，从而带来了巨大的现金流，其中一部分资金通过国美系内的投资公司，以往来款的形式转移给了系内从事房地产的公司无偿使用；房地产业的高回报带来的收益又流回电器零售业，为其不断扩张提供了资金支持。之后，就是2004年的包装上市，2005年全国"跑马圈地"一口气开了250多家门店，再接着就是对永乐、大中和三联商社等行业巨头的连续收购。与此时同，黄光裕旗下的房地产项目，也得到了强劲的资金注入。

黄光裕的"主业"——国美电器，似乎取得了不俗的成绩。正处于舆论暴风眼的国美电器，于11月24日下午发布了第三季度财务报告。报告显示，截至9月30日，上市公司前三季度实现营业收入364亿元人民币，同比增长20.0%；经营利润18.7亿元人民币。

但从目前看来，黄光裕收购的大中电器和三联商社，或者是一笔赔本买卖。以收购大中为例，国美付出现金36.5亿，折算成市盈率高达18倍，而目前香港上市的国美电器市盈率仅为6倍左右，如果现在黄光裕将大中电器装入香港上市公司国美电器中，与其收购价相比将净亏20多亿元。

而黄光裕的"地产借壳梦"也遭遇了失败。为收购中关村股份，黄光裕先后花了9.1亿元，但因宏观调控、紧缩货币政策对国内地产业务的巨大冲击，原计划将鹏润地产180亿元地产资产注入中关村的计划遭到挫折。

在黄光裕的投资组合里，还有去年与如今已经破产的国际大投行贝尔斯登联合组建5亿美元的零售业投资基金，以及与新加坡太平星集团成立的总额达8亿美元投资房地产业的私募基金。在当前低迷的市道下，两只基金没有什么大的动静。

冒进的黄光裕在资产估值高峰时期进行了大规模的投资，而突如其来的金融风暴所引发的经济危机，变成了对喜欢资本运作的富豪们的"大屠杀"。

相比之下，"福布斯版首富"刘永行，仿佛是胆小谨慎的化身。他的东方希望虽然越做越大，还涉足了化工、金融等领域，但是农牧业一直是他的第一业务。

刘永行对上市也一直意兴阑珊。他解释说，一个是之前做饲料业一直不缺钱，所以无需融资；一个是过于宽松的资金容易让人的头脑膨胀，用钱紧一点最好。

也正是遵循"用自己的钱安心"的原则，刘永行此生最大的冒险之举——投资铝业等相关能源产业，前期投资 20 多亿全是累积的自有资金，才让他在 2003 年底对中国民营企业重工业化运动打击的过程中，逃离了灭顶之灾，避免了铁本集团戴国芳似的悲剧。

政商关系：退避三舍与亲密无间

中国现在的实际情况是，政府制定相关政策，但商人群体目前过于弱小，无法介入此过程，也很难影响决策过程，只有遵守执行的义务。冯仑告诫道，"听党的话、跟政府走，否则你的企业根本没办法发展。"

而刘永行兄弟则是中国民营企业家中"听话"的典范。他们每一步发展都配合着政府的政策节奏，看着政府的脸色做事，从不钻政府政策的空子，让政府处于被动之处，从而也让家族生意能避开政策调控的锋芒。比如 1982 年四兄弟打算到农村养鸡之前，特地找到当时的县委书记询问，回乡创业"要不要得？"得到肯定的答复之后，又正儿八经地向单位打报告申请辞职，辞职报告直打到四川省副省长那里才有了确切的批示；1992 年刘氏兄弟计划成立私营企业集团，也特地向国家工商局打报告，直到国家工商局批准才成立了中国第一个私营企业集团——希望集团；1993 年刘氏四兄弟有了成立一家民营银行的想法，就与 41 位政协委员共同提案，建议政府批准成立一家主要由民营企业家投资、主要为民营企业服务的银行。直到 3 年以后国务院才批准，刘氏兄弟才当上民生银行的主要股东……

刘永行的"官场哲学"在短期内影响了企业的发展速度和路径。因为"房地产需要大量的（内幕）交易，需要不断地吃饭喝酒送礼"，他最后放弃进入地产业。

但黄光裕兄弟从创业开始，便一直是踏着政策和法律的边缘迈步前行。比如早年黄光裕大哥黄俊钦便因为倒卖电器产品，被呼和浩特警方以投机倒把查扣。在一片混沌之中，这些"孤胆英雄"式的企业家们在当时的很多"肆意妄为"之举，也有着其积极的意义：他们对当时法律和政策底线的试探和触犯，在客观上拓展了它们的边限及商业的空间。但危险有时也因此而来。

黄光裕两次重大的危机，都是由某些官员腐败行径暴露所引发。如 2006 年，黄光裕兄弟陷入 13 亿违规贷款的危机，起因便是因为中行北京分行原行长牛忠光案发；而这次的被调查事件，据传是因为商务部官员郭京毅等案发，黄光裕可能涉及到国美整体上市时有行贿行为。

行事方式：稳健宽容与强硬霸气

刘永行说他不喜欢与人搞关系、搞资源，是"自己的性格造成的"。

刘永行最崇拜的人是台湾的王永庆。他觉得王永庆最值得称道的是，他做正事、为人很正派。"我们的目标是要做百年企业，所以，不能去做一些过分的事情。所以不要随大流，要独立地思考。"

与之相对，在很多媒体记者的印象中，黄光裕难以挥去自己的草莽气息。曾经有一段时间，关于黄光裕及其国美帝国太过于霸道的报道屡见报端，类似于"教父"、"价格屠夫"之类的称号被加在了他的头上，甚至有的媒体开始指责国美是"黑社会老大式的企业文化"。黄光裕显然不胜其扰，于是一气之下干脆把自己"剃度"了事，以一颗凌厉的光头和一种完全无所谓的神态来对抗所有的质疑。在一次和笔者聊天时，黄光裕对某些媒体的咄咄逼人难以遮掩自己的年轻气盛："我觉得很奇怪，他们这种故事从哪里编出来的？真这样，国家'打黑'我就要首当其冲了。我黑在哪里？我怎么黑了？"

这个问题，也许政府的公检法部门更有资格来回答。那么，答案究竟会是怎么样的呢？

（《南方人物周刊》2008 年第 34 期）

报道背景

本文的成文背景包括两个方面，一是 2008 福布斯富豪榜和胡润富豪榜的出炉，身居中国这样一个新兴工业化国家富豪榜榜首的人，其财富故事与传奇人生当仁不让地会成为公众和媒体阶段性关注的焦点；二是黄光裕在 2008 年末由于股市违规操作的原因锒铛入狱，成为名副其实的"狱中首富"，这让其再度荣登胡润富豪榜榜首的事件呈现出一定的戏剧色彩和讽刺意味，其背后的原因故事更加能激起公众的兴趣。

内容分析

文章共分三个部分次序展开：

在第一个子标题"企业扩张：超前半步与大胆冒进"这部分，作者对黄光裕的财富积累过程作了简要的回顾和概括，指出其整个资产运作体系越来越呈现类金融模式的特点，国美电器似乎更多的充当的是他融资流转的平台，资本市场上的大胆操作一方面带来黄光裕个人财富的急剧增长，另一方面这种长袖善舞的风格也把他自身置于重重风险之下。作为对比，刘永行采取的策略是步步为营，在主业之外审慎扩张，而且不上市，规避高风险的资本运作。

在第二个子标题"政商关系：退避三舍与亲密无间"这部分，作者主要探讨了中国企业家无可回避的一个重要问题：商业与政治之间的界限与距离。"太近了，可以得到红顶商人的巨大便利，但最终往往没有什么好下场；太远了，则太阳永远照不进现实，你会成为荒漠中无人理睬、自生自灭的野草。"这一问题，不独为黄光裕抑或刘永行所单独面对，但二者采取的姿态和策略则截然不同。刘永行兄弟则是中国民营企业家中"听话"的典范。他们每一步发展都配合着政府的政策节奏，看着政府的脸色做事，从不钻政府政策的空子，从而让家族生意能避开政策调控的锋芒。而黄光裕兄弟从创业开始，便一直是踏着政策和法律的边缘迈步前行。他们对当时法律和政策底线的试探和触犯，在客观上拓展了它们的边限及商业的空间；他们坠落时的惊呼声，也为后来者标明了前进道路上的暗礁所在。

在第三个子标题"行事方式：稳健宽容与强硬霸气"之下，作者探讨了刘永行和黄光裕基于个性的不同行事风格，以赞赏的姿态对刘永行宽容的心态和社会责任感作了表述和分析，同时指出黄光裕的成功，得力于他的胆识、眼光和控制能力。

在三个子标题的对比框架之下，黄光裕与刘永行两种企业家的发展扩张路径及其貌似偶然背后的必然机理就不言自明了。这种对比起到了很好的以点代面、警示后人的效果。

特　色

1. 从关联对比中挖掘新闻价值，"于无声处听惊雷"

在新闻价值的选择和判断上，与社会新闻追求事件的轰动性、新变性、新奇性不同，财经新闻更加注重事件的关联性，包括宏微观经济之间的关联、财经政经产经之间的关联等等。很多出色的财经新闻作品，往往是"于无声处听惊雷"，从貌似不经意的数据变动和关联信息的深度分析中得出不寻常的发现。

从新闻价值的发现和选取上来说，本文是一个很好的例子。而将福布斯和胡润两大国内有影响力的富豪榜榜首人物进行对比分析，探寻其命运和经历中貌似偶然背后的必然，则是作者发挥一名财经记者的主观能动性，从关联素材的深度整合中挖掘更多新闻价值的一种努力。从文章发表后被广为转载流传的结果来看，这种努力显然是得到了社会各界的认可的。

2. 以个体命运兴衰烛照时代变迁，在时代大背景下描摹人物个性

中国改革开放的三十年同时也是社会转型与制度变迁的三十年，特殊的时代背景使得这一阶段成长起来的企业家们，其个人的人生传奇往往烙上了很深的时代烙印。刘永行和黄光裕由于出身的地域文化、发展依托的产业、个性与行事风格等方面的不同，虽同列中国财富富豪榜榜首，其发展路径和最终结局却大相径庭。对他们两个人的比较，其意义不仅在于昭示个人命运沉浮的差异，而且在于把这两个个体作为类型化的符号比较两类企业家发展路径的差别。正如作者所言，"昨日之因，今日之果；今日之因，明日之果"，以史为鉴，为中国迅速壮大的企业家群体提供一种发展路径上的参照和经验教训上的参考，这或许是本文在满足公众好奇心之外更深一层的用意吧。

不足之处

文章也存在一定的不足之处，因为在文章成文之时，黄光裕已锒铛入狱，所以本文在行

文之前已经有一个基本的立场预设，我们可以看到文章对于黄刘二人的褒贬姿态是非常清晰的。事实上，由于特殊的时代背景和体制机制土壤，这一代中国企业家的"原罪"及其性质一直是各界争鸣的话题。从企业的经营运作模式上说，黄光裕的家电连锁业态、在国美电器之外构筑的多元产业体系代表了现代商业业态的趋势，其"类金融"扩张模式的利弊功过至今仍是学界争议的话题。一些企业家在最初踏着政策边界所做的一些尝试恰恰是某些制度变迁和制度创新的萌芽，只不过超前于时代太多，从而"先驱成先烈"。如国退民进浪潮中被批判为"侵吞国有资产"的企业家 MBO，在当今已经是见怪不怪了，而过去界定为"投机倒把"的行为，现在也属于正常的商品流通。对于一些企业家行为的定性与是非评判，现在还为时过早。而刘永行不上市、规避资本运作风险的做法固然有其可取之处，但是否代表了现代企业运作的潮流，我们也不能简单地加以断言。在财经报道的行文和逻辑架构组织中避免"有色眼镜"和一些潜在的立场预设，这是我们应该注意的。

延伸阅读

闫薇，黄利明，赵红梅：《黄光裕深陷七宗罪》，《经济观察报》，2008 年 11 月 29 日

于宁，李菁，罗昌平：《黄光裕迷雾》，《财经》，2008 年第 24 期

刘永好：《企业家的加法和减法》，《中国企业家》，2009 年第 16 期

戴远程：《黄光裕的下落不应该成谜》，《南方日报》，2008 年 11 月 27 日

铁矿石真实"暗战"

中央电视台《中国财经报道·打开经济问号》

2009 年 12 月 5 日

年末将至,许多商家又将盘点一年的得失,期盼来年是个好年景。也就是在此时,2010年的铁矿石谈判也将在外界的种种猜测中拉开序幕。这场谈判决定着未来一年里,超过 5亿吨铁矿石将以怎样的价格进入中国市场,决定着必和必拓、力拓、巴西淡水河谷三大国际矿商的暴利将维持在什么样的水平,也决定着国内 71 家大中型钢厂、一百多家铁矿石贸易商以及上千家附庸其后的小公司将怎样分食这块几百亿美元的蛋糕,甚至也决定着明年的物价会在铁矿石价格的推动下,有怎样的变化。

今年,谍报题材的影视作品成了荧屏上的宠儿,电视剧《潜伏》、《暗算》,电影《风声》,都是既叫好又叫座。看着片中,余则成、顾晓梦与敌人斗智斗勇,很多人感叹战争年代谍报工作的惊险和残酷。然而,就在我们身边,一场不为人所知的暗战正在进行。这场暗战涉及的金额高达数百亿美元,涉及的企业数以万计,而最终的结果也直接影响到房地产、汽车、家电各个行业。这场暗战中的主角,就是铁矿石。

一、又是一年谈判时

虽然 2010 年的铁矿石谈判还未真正开始,进口铁矿石的价格走势却已经出现了国人不愿看到的疯狂上涨。在北京一家专门提供钢铁信息的公司——"我的钢铁网"里,工作人员正在忙着核实各港口的铁矿石库存。"刚才问的是哪个港口的情况?""我刚才问的是天津港那边的情况。""它们那边情况怎么样铁矿石?""那边的铁矿石,现在这周的库存来说的话,比上周还是要有所增加的。但是目前还是没有压港的情况。"

从 9 月 9 日开始,进口铁矿石数量有所减少,价格一路飙升。到岸价从每吨 81 美元,一直涨到每吨 107 美元。而 10 月份进口数量是 4547 万吨,比 9 月份减少了 1908 万吨,降幅达到 30%。这个数字也创下了 8 个月以来的最低点。

市场专家告诉记者,这个行情和最近国际三大矿商提出 2010 年铁矿石价格应该有 30%以上上涨的消息有关。我的钢铁网资讯总监徐向春说:"那么最早提出涨价 30% 到 35%,应该是在 10 月中旬。通过国外的一家媒体,引用(国际三大矿业)巨头不具名人士的一个说法,认为明年的长协矿应该上涨 30% 到 35%。这个时机可以说是,他们选得恰到好处。中国钢铁工业协会在青岛要召开钢铁原料的一个国际研讨会。那么这几年的研讨会往往就被视为是长协矿谈判的序幕。那么在这个序幕拉开之前,(三大矿商)它是先入为主,提出上涨 30% 到 35% 的这么一个预测。这个预测对国内的媒体,以及国内市场产生了巨大的影响。"

徐向春的电话最近这几天响个不停,电子邮箱也几乎被各家钢铁生产、销售企业的咨询问题塞满。在市场越来越扑朔迷离的时候,很多人希望听到一个明确的预测,原本几十美元一吨的矿石,到底会在 100 多美元的高位上停多久?"目前钢材的价格并没有出现大幅度的上涨。我们可以想象,在钢材价格不出现大幅度上涨,钢厂没有更多的利润情况下,它很难承受更高的矿石的价格。出于成本的考虑,就会减缓矿石的进口,这样也对于矿石的价格会起到一个压制的作用。我们估计(未来一段时间的市场价格)应该在 100 美元左右波动。"

这几年,全球生产的铁矿石有一半运到了中国,而这些矿石,绝大部分来自必和必拓、力拓、巴西淡水河谷三家国际矿商。这三大巨头垄断了全球近 70% 的铁矿石资源。通过长期跟踪,徐向春发现,每当中国钢铁企业与这三大巨头的谈判进入僵持阶段时,现货市场上,铁矿石总是恰逢其时地涨价,谈判桌上的天平也因此倾斜了。"比方说在谈判快要出结果的时候,可以在市场上传出一些风声,(说)现在矿石紧张了,供应出现一些紧张,这就会使得买方钢厂担心后期采购不到足够的矿石,就会出现集中地去询盘采购;同时也担心没有足够的运力来保证运输,也会出现集中地去租船。这两个方面,都会一方面会抬高矿石的价格,另外一方面又抬高海运费的价格。尤其是海运费的价格,它的波动的剧烈程度是远远超过铁矿石波动的幅度。"

最近,2010 年谈判在即,进口铁矿石的价格又上涨到每吨 100 美元,就在这期间,力拓集团铁矿石事业部首席执行官 Sam Walsh 在伦敦表态,中国市场的现货价格已经比去年的基准价格高出了 27%,这个事实将成为谈判的基础。"我想这可能还是他一个初步的目标。随着市场的变化,如果他通过自己对市场的影响能力,推动现货矿价格继续上涨,那么在谈判的过程中,他可能还会提出更高的价格。"

由于 2009 年的铁矿石谈判始终没有达成一致,眼下,众多国际矿商都在紧盯着 2010 年中方和三大铁矿巨头的谈判结果。印度艾索矿业有限公司驻上海代表处首席代表沙奇·赛格尔说:"我们仍寄希望于明年中国与三大矿山能有更友好的谈判,这样对整个铁矿石行业都有益。"

2010 年的铁矿石谈判会得出什么样的价格?不管是中钢协还是三大矿商,现在都不愿意向媒体透露一点讯息。不过记者从率先与中国达成 2009 年长期协议价格的澳大利亚 FMG 公司商务执行董事史贵祥那里听到了这样的预期:"现在的市场需求非常强烈,最近几年都是供不应求。如果听取独立市场分析家的分析,他们共同的观点都是明年价格要上涨。当然上涨的幅度取决于中国经济的增长程度和其他欧洲和亚洲经济体的经济复苏程度。"

按照 FMG 和中方签订的 2009 年协议价格,铁矿石的到岸价在七八十美元左右,由此可见目前 100 美元的现货价是高是低。如今虽然 2010 年最终的成交价格充满猜测,但买家和卖家都已经开始筹划抢占先机。

澳大利亚的 FMG 公司是世界第四大铁矿供应商。在澳大利亚西部的矿区里,超过 1800 名员工正在加紧生产,他们每小时开采的铁矿石超过 1800 吨,每天加工的矿石超过 10 万吨。在过去的 18 个月里,FMG 开采的 4500 万吨铁矿石全部出口到中国。史贵祥说:"我们的目标是明年年中达到 5500 万吨年产量;这些矿石将全部运往中国。我们下一步的主要目标是以中国和其他国家的发展作为支撑的,我们将把年产量逐步提高到 9500 万吨;我们还将开发一个叫所罗门的新矿区,再将年产量提高到 1.55 亿吨,以中国作为主要销售重点。"

虽然 FMG 公司参与铁矿石贸易不到两年,但他们已经和中国的 45 家钢厂签下了供货协议。为了巩固与客户之间的关系,FMG 建设新矿区所用的大量设备和原材料,就是专门从中国采购的。史贵祥说:"我们同时还营造了与中国之间阴阳平衡的关系;从中国购买 6 亿澳元价值的设备和原料。我们港口的堆料机、港口内用于储存铁矿石的取料机、我们的装船机,是在中国厦门制造的。我们建设铁路所用的钢材来自攀枝花。我们的火车车皮来自华南的株洲车辆厂。这对于澳大利亚 FMG,对中国钢铁企业,是真正的双赢合作。"

就在 FMG 努力加深与中国市场友好度的时候,巴西淡水河谷正在想办法降低向中国出口铁矿石的运输成本。巴西到中国的海运距离是澳大利亚到中国的三倍,海运成本自然也高了不少。为了弥补这个缺陷,一个月前,巴西淡水河谷在中国订制的 12 艘 40 万吨矿砂船正式开工了。公司中国区首席代表朱凯说:"为什么要造大船?因为只有大船才能拉近中国和巴西之间的运输距离。只有大船才能更好地提高经济效益、降低运输成本,为中国的钢铁企业的铁矿石到岸成本,带来更好的经济效益。"

40 万吨,相当于 4 艘航空母舰的总吨位,也相当于两艘 17.6 万吨的好望角散货船,当 2012 年这些巨轮投入使用的时候,澳大利亚的矿业公司相对于巴西淡水河谷的运费优势就要大大抵消。朱凯说:"最后我们还要说的就是要造快船、快造船。希望我们的 12 条船能按照我们合同规定的,在合同期内,从明年开始一条一条不断地下水,不断地驶往巴西、驶往中国,连成一条来往巴西和中国之间的不断的铁矿石运输的桥梁和队伍。"

2010 年的铁矿石贸易谈判还未正式开始,谈判桌下的暗战已经开始了。虽然几大矿业巨头都在开足马力,为谁能多卖出一些而激烈竞争,但一谈到价格,矿业巨头们又坐到了一起。虽然每吨 100 多美元的铁矿石有价无市,应者寥寥,但三大国际矿商就是要借助这个价格来影响 2010 年的铁矿石谈判。而一旦涨价成为定局,所有的中国企业都要为此付出高昂的代价。

二、涨价的苦果

　　踏着初冬的第一场雪,记者来到了周世俭的家中。这位在外贸领域工作多年的专家,曾经在 1997 年到 2003 年的七年里担任中国五矿化工进出口商会的副会长。一见面,周世俭就告诉记者,他刚刚看到三大矿商要求 2010 年提高铁矿石价格 30% 的新闻。"这就是一个哄抬物价。在中国成语有这么一句话,叫'取法乎上,得法其中'。现在属于漫天要价阶段,那么他要价高,有利于他谈判。"

　　周世俭曾经跟随龙永图多次参加中国入世谈判。他告诉记者,国际市场上惯用的铁矿石定价方式,就是由一家大钢厂代表全球钢铁企业和三大矿业公司进行价格谈判。达成的价格将在之后的一年里被各大钢厂和矿商认可。谈判中,丧失了主动权的一方,只能任凭对方要价。"从 2003 年到 2008 年这六年当中,我们是一直处于被动状态。这个谈判当中,一般都是人家说要提价 19.5%,最后的结果(涨价)19.5%。最让人接受不了的就是(2005 年),他们提出来要提价 71.5%,而最后的结果还是没降下来。这样就造成一种什么呢? 就是供货方占了这个主动权。本来全世界的这个铁矿石,它是过剩的,应当是买方市场。而在中国跟三大铁矿石巨头谈铁矿石(价格)的问题上,造成了一个卖方市场,就是由卖方说了。"

　　过去的几十年里,以前由于长期供大于求,铁矿石价格始终在低位徘徊。2002 年,我国进口铁矿的平均到岸价只有 24.8 美元/吨。2003 年,中国经济连续六年保持了 10% 以上的增长速度。也就是在那一年,中国的粗钢产量增长了 20%,成为全球最大的钢材生产和消费国。"拿 2008 年来讲,中国的钢产量突破了 5 亿吨。这个 5 亿吨是个什么概念呢? 相当于从第二位的日本到第九位的韩国,八个国家的总和。"

　　随中国钢产量增长而来的,就是铁矿石进口量的激增。2003 年,中国进口的铁矿石增加了 40%,超过日本位于世界首位。2005 年中国进口 2.75 亿吨铁矿石,占亚洲进口量的 70%,全球铁矿石海运贸易量的 43%。

　　中国钢铁产量的快速增长和国际钢材价格的上扬,带动国际铁矿石市场行情发生逆转。周世俭还清晰地记得,2006 年的铁矿石定价谈判可谓是一波三折。"2006 年的时候,国内的企业普遍都希望能够提价只是 5% 到 10%。前三轮谈判进展还比较顺利,结果没想到半路杀出个程咬金来。欧洲的蒂森克虏伯,德国的这个钢铁企业抛出了一个 19%。三大铁矿石巨头跟他达成了协议,于是就按照铁矿石谈判的机制,就是说这就算定了今年的铁矿石价格,中国就不得不吞下这个苦果。"

　　在过去几年里,铁矿石谈判带给中国企业的,除了涨价还是涨价,甚至连涨多少都没有多少话语权:

　　2005 年的谈判历时 4 个月,由日本新日铁和力拓达成首发价格,上涨 71.5%。

　　2006 年的谈判历时 8 个月,由德国最大的钢铁企业蒂森克虏伯与必和必拓达成首发价格,上涨 19％。

2007 年的谈判历时两个月,由宝钢和淡水河谷达成首发价格,上涨 9.5％。

2008 年的谈判历时 4 个月,由日本新日铁、韩国浦项和巴西淡水河谷达成首发价格,其中粉矿上涨 65％,块矿上涨 71％。因为力拓对此谈判结果不满意,在 6 月 24 日重新和宝钢确定了价格,其中粉矿上涨 79.88％,块矿上涨 96.5％,首发价格"无条件跟随"的模式随即被打破。

2009 年遭遇金融危机,市场低迷,铁矿石降价成为必然,但是新日铁和力拓达成的首发价格,粉矿降幅 33％,块矿降幅 44％。中国企业不满意这个降幅,没有接受这个谈判结果,中方在 8 月 17 日和澳洲第三大矿业集团 FMG 达成协议,约定粉矿降价 35.02％,块矿降价 50.42％。但力拓等三大巨头并不认同中国的这个出价。

周世俭说:"我认为对中国来讲这个形势不利。现在铁矿石总的格局,就是三大铁矿石供应商团结起来、联合起来。而我们国内众多的钢铁企业却联合不起来。这是中国谈判铁矿石一个致命的弱点。"

由于铁矿石谈判的被动,中国钢铁企业不得不背负高昂的成本。2008 年,我国进口铁矿的平均到岸价上涨到 136.2 美元/吨,是 2002 年的 5.5 倍。如果把铁矿石涨价给中国经济带来的损失全部加起来,有人估算,这个数字至少也要 7000 亿。周世俭说:"铁矿石价格下不来,钢材的价格就下不来。钢材的价格下不来,房地产的价格就下不来。所以我觉得这个问题,确实是涉及到关系国计民生。至于这些具体数字我并没有算过。但是我认为这些数字,还是有一定道理的。我们确实是这些年来承担了巨大的损失。"

不断上涨的铁矿石,让钢材价格也坐上了云霄飞车。就拿盖楼用的螺纹钢来说,从每吨 3000 多块一直卖到 6000 多块,摊到房价上,每平米的钢材成本也翻了一番。也许有人会说,这些年中国的发展有目共睹。需求这么大,铁矿石价格自然要上涨了。不过,上涨的铁矿石价格背后,并非只有市场的手在挥舞。

三、解码"大财团"

2009 年 8 月,负责对中国销售铁矿石的力拓公司高管胡士泰,被上海市检察机关以涉嫌侵犯商业秘密罪、非国家工作人员受贿罪逮捕。这一事件,掀开了国际铁矿石谈判中隐藏多年的秘密。周世俭说:"作为谈判最根本的因素是一个国家的实力。就是拿现在来讲,在铁矿石上我们这么大的需求量,理应有话语权。"徐向春说:"作为钢厂来讲,钢厂目前矿石的库存情况,进口矿使用的比重,还有进口矿的采购计划,矿石的采购成本,这些都是属于商业机密。如果要让对手掌握了企业的这些情况,那么在谈判中他就会抓住钢厂的软肋。"周世俭说:"最近这一年发现的就是,有的铁矿石巨头采取这种不正常的手段,盗取我们的钢铁企业的商业机密。"徐向春说:"三巨头在中国公司的雇员有很多都是有钢铁行业的(从业)背景,在以前的主管钢铁工业的政府部门以及钢厂都有过从业的经验,他们在钢厂和相关的一些部门都有比较广泛的关系。通过这些关系获取一些钢厂的一些内部的情况,应该是可以想象得到的。"

在采访中,一些业内人士向记者表示,铁矿石贸易中的暗战,并非只是刺探商业机密那么简单。除了三大国际矿业巨头,还有一些国际大财团做出各种动作。

那么究竟是谁在盘算中国的钢铁企业呢?这一切还要从铁矿石价格涨价的历史说起。2005年2月,当中国企业与三大矿商的谈判陷入僵局的时候,全球第二大钢铁厂——日本新日铁公司主动与巴西淡水河谷达成涨价71.5%的协议,中国企业最后只能接受了这个价格;2008年2月,新日铁再次率先和巴西淡水河谷达成涨价65%的协议,中国钢企陷入被动;2009年5月,正当中国寄希望达成降价40%~45%的谈判结果时,还是新日铁抢先和卖方达成33%的降幅协议。中国社科院日本经济学会理事白益民说:"我们很多中国人的想法是日本缺少资源,那么新日铁这样的公司应该跟中方,还有韩国这样的缺少资源的国家,缺少这个钢铁矿产资源应该是一致的,利益是一致的。我们如果了解它背后的一些内幕,会发现新日铁,它更多的利益建立是和巴西淡水河谷是联系一起的。"

白益民,一位常年研究日本企业的中国学者。他告诉记者,之所以会出现新日铁帮着三大巨头提高价格的反常情况,和一家叫三井物产的日本财团是有关联的。白益民曾经在三井工作过12年,他十分了解这家日本财团的情况。"这个企业实际上是一个很老牌的日本财团的综合商社。我们说这个从明治维新以后,这个企业一直作为日本在海外拓展资源的一个先锋,同时它是保证日本的资源的稳定供应。"

三井物产的公开信息显示,他们和三大矿商有着千丝万缕的联系。三井物产持有巴西淡水河谷母公司15%的股份,并且与力拓、必和必拓拥有众多合作项目。三井物产甚至在网站上这样写道:"基于三井物产拥有权益比例的铁矿石控股产量已跃居世界第4位,年开采权益已超过4,000万吨。"而另一方面,三井物产和新日铁公司的关系也非同一般。他们通过交叉持股和共同投资的方式,形成了一个紧密的利益共同体。白益民说:"财团的概念是什么呢?我给它定义为利益共同体。实际上三井物产,它是三井财团这么一个核心。如果大家不太熟悉这个三井物产的话,肯定知道丰田汽车,肯定知道东芝,肯定知道索尼。但是在这个财团里头,就包括这样的企业。索尼虽然不算是它核心的这种二目会的成员,所谓的二目会就是它的总经理会议,这样一个成员,但是它也被归在三井财团的外围。"

白益民告诉记者,三井财团是按照产业链进行投资布局的。三井物产掌握了上游的矿石资源,新日铁做的是生产环节,下游还有丰田汽车、索尼家电这样的制造企业。不管铁矿石价格的变化还是钢材价格的变化,对于财团来说只不过是利润的内部分配。记者采访中发现,这种说法并非是白益民的一家之言。

周世俭说:"日本(企业)它具备这么一个特点,从60年代开始在这些海外的,就是澳大利亚、巴西、印度、南非的铁矿石企业有投资。"徐向春说:"它在海外投资的权益矿占整个进口矿的比重接近六成,而中国在海外的权益矿有投资份额的,仅仅占我们进口矿比重的大概一成左右。"周世俭说:"日本可以做到堤外损失堤内补,我们损失是一点办法也没有。"徐向春说:"也就是说在谈判的过程中,日本钢厂既是买方又是卖方。那么这样的话,如果说是谈判的价格,卖给它的价格高了,我的采购成本是高了,但是另外一方面我有投资收益。这个投资收益可以在相当的程度上弥补我采购成本的提高,而中国钢厂是做不到这一点的。"

不仅如此,作为大宗国际贸易的铁矿石,主要靠远洋船舶进行运输。海运费也是铁矿石价格的重要成本。以2009年10月21日的价格为例,西澳大利亚到中国的海运费是每吨12美元,巴西到中国的海运费是每吨29美元,分别相当于进口矿离岸价的25%和40%。

记者掌握的一份数据表明,即便是同样的谈判价格,铁矿石到达中国的价格也远比到日本高出不少。2004年,中国进口铁矿的平均到岸价比日本每吨高31.48美元;2005年每吨高24.77美元,2006年每吨高10.84美元,2007年每吨高24.35美元,2008年每吨高41美元,以中国当年的进口量计算,多付出181.9亿美元。这一数字,几乎是中国钢铁企业利润的总和。

而三井财团旗下既有世界排名第十的造船厂三井船舶,又有全球第一大船运公司商船三井。因此,三井财团还在迅速增长的铁矿石海运业务中获取了利益。以中国的钢铁龙头企业宝钢为例,2003年至今,商船三井先后获得了宝钢的6份长期铁矿石运输合同,约定未来的25年里,每年都将为宝钢承运从巴西和澳大利亚进口的上千万吨铁矿石。白益民说:"商船三井是作为物流的,它是把上游和下游连接起来做物流工作的。在整个产业链上,这些企业都在获得红利。但是我们会发现,原本的这个巴西的资源国和我们的这个生产国,所获得的权益就非常的小。"

白益民提示,早在1992年,三井物产就与宝钢签署了综合合作协议,建立定期干部交流机制,并联合新日铁公司,与宝钢建立了许多合资企业。这些因素,也为三井准确判断中国市场提供了机会。"有些情报实际上是来自于平时的买卖,就是我们在交易的过程中,就可以看到对方的库存的情况,就会了解对方的生产情况。这种情报一旦被上游方掌握了以后,他知道你成本是多少,你的库存也就是你能坚持多长时间。那么他谈判就有主动权了,在这种情况下实际上我们会发现,还有一个最大的(问题)就是说,他甚至知道你的利润是多少。有了这样子利润空间的胜算的话,他说涨65%,他知道你肯定能接受,他才会去提。如果他知道你是亏损的话,他也不会敢提这个65%或71%。所以他们实际上,对你中国的生产的各个环节的成本、利润,算得都很清楚的情况下,他们来跟你谈判。而中国你就一直处于被动的状态。"

通过走访我们感到,企业之间的竞争,往往像下象棋,双方拼完车马炮往往是一场和棋。但是一些国际大财团的竞争观,更像是在下围棋,他们不在乎一城一地的得失,看中的是如何掌控全局。只有最后,你才能看到赢家。也许看到这里你要问了,我们中国不是地大物博吗?难道说,我们只能依靠进口铁矿石吗?国内的铁矿石就不能多开采些出来吗?

四、矿山的尴尬

河北的沙河出产优质铁矿石。早在汉魏时期,这里的冶铁作坊就在全国占有举足轻重的地位。如今,沙河大大小小的铁矿,每年开采出来的铁矿石超过 300 万吨,是河北当地钢铁企业重要的矿石来源。

11 月,记者得知,沙河市人民政府把当地上百家经营铁矿石生意的企业组织起来,一起商讨今后的铁矿石生意该怎么做。在会上,大家最想知道的,就是国内钢厂究竟用了多少进口铁矿石。会议主持人说:"请问两位钢厂的领导,现在你们钢厂内外矿的配比是多少?怎么老问这么敏感的问题?"钢厂代表笑而不答。

矿山企业之所以这么关心钢厂用了多少进口矿石、多少国内矿石,就是因为数亿吨的进口铁矿石已经主导了国内市场价格。邯邢冶金矿山管理局局长刘乔说:"我们当然关心了,我们的价位实际上是比照着国际价格,就是市场价格,是紧跟着市场价格走。"

刘乔所在的邯邢冶金矿山管理局,是国内重要的铁矿石供应企业。这个始建于 1951 年的国有独资采矿企业,前前后后开采的铁矿有 16 个,附近的邯钢、邢钢、天津铁厂等大中型钢厂每年要从他们这里采购二三百万吨铁矿石。他告诉记者,过去的几年,进口矿价格越涨越高,他们也跟着赚到了不少利润。"这五年的时间到去年 2008 年,我们的利润已经达到了16 个亿,产值由当时的 2004 年的 20 个亿到去年的 41 个亿,上交税费由当时的 4.5 个亿到去年的 9.7 个亿。而且我们净资产收入率,这五年一直保持在 20% 以上。"

2008 年,席卷全球的金融危机给铁矿石市场带来了寒意,进口矿到岸价大跌,直接打压了国内矿山的利润空间。许多国内矿山企业陷入了微利甚至亏本的境地。刘乔说:"矿产品价位一路猛跌。我们去年在 8 月份的时候,我们铁精矿价格是 1580 元/吨,一下降到今年,一路猛跌跌到今年三四月份的 630 元/吨。在这种情况的话,感觉国内矿山和国际矿业巨头竞争,就有点支撑不住了。"

国内矿山之所以支撑不住,主要是因为国外开采的铁矿几乎都是露天的富铁矿,挖出含铁量 60% 多的矿石直接就能出售。美林证券的一份报告显示,国际三大矿商的平均开采成本只有每吨 24.7 美元,说得再直白点,进口矿还有很大的降价空间。周世俭说:"澳大利亚我去考察过。澳大利亚的铁矿,它大量都是露天的。到它的矿之前,它整个那个矿区都是褐色的,就跟咱们锅底那个颜色差不多,就是含铁的成分非常高。露天开采的矿,比挖坑道去开采成本要低得多。"

中国人冶铁的历史已经很久远了。早在春秋时期,齐国的冶铁业就已经和制盐业并驾齐驱,然而,漫长的铁矿开采史,也消耗了华夏大地大量的铁矿资源。眼下,国内只有海南有一点富铁矿,其他大部分矿山的铁矿石含铁量只有 20%～30%。周世俭说:"50 年代,当时苏联专家说,中国一个是贫油一个是贫铁。这个贫油后来大庆发现了(大庆油田)打破了这个说法。贫铁的问题到现在没有解决。最说明问题就是太钢，太原钢铁厂。它过去长时间使用国内的铁矿石，因为国内的铁矿石20％到30％的含铁比，结果它到处的炉渣堆积如山，造成了很大的后遗症。那就是一吨进去，八百公斤得倒出来，得吐出来。而国外进来的铁矿石一吨进去，吐出来只有二三百公斤。"

为了了解国内矿山的开采现状，记者来到邯郸附近一个国有大型矿山。在地下400米的掘进层，记者亲眼目睹了铁矿石的开采过程。刘乔说："我们现在是在北洺河铁矿井下，现在这个水平是(海拔)负110米水平。也就是说距地表400米，它的开采深度将要达到630多米。"

如今，国内露天铁矿越来越少，大部分矿山都要深入地下。这个北洺河铁矿是九五期间国家批准的唯一一座地下矿山建设项目，从开工到投产用了5年时间，投入的资金超过了6个亿。"现在国内普遍采矿都是这个情况吗？"刘乔说："露天矿产能在逐渐地削减，地下采矿的产能在逐渐地提高，这是一个趋势。另外一个就是地下铁矿山开采深度也在逐渐加深。过去的时候，我们开采的深度也就是在500米以内，现在的话可以达到1000米以上。"

越打越深的矿井，意味着国内铁矿的开采成本越来越高。这座矿山每年开采出来的铁矿石超过240万吨，全都是靠我们眼前的这台提升机，一斗一斗运到地上来的。刘乔说："这个多层摩擦轮提升机直径是3.5米，挂6根绳。它的电机是2000千瓦。""提升一次要多长时间？""提升一次的话要3分40秒，一斗26吨的矿量就可以提上来。"

北洺河铁矿的含铁量大约在49％左右，这么高的含铁量在国内不多见。不过即便是这些矿石也不能直接卖给钢铁厂，还必须经过粉碎、磁选等生产环节，把含铁量49％的矿石加工成63.5％的精铁粉。刘乔向记者透露，由于北洺河是新矿，用的都是最先进的机械设备，开采成本较低，然而整个邯邢局几个矿山的开采成本一平均，成本就要提高不少，因此利润也所剩不多。"把我们的利润空间都基本上挤没了。在目前这种情况下怎么办？企业要想生存就得自己去创造生存的空间，就得眼睛向内，抓管理、练内功，千方百计降低成本，降低你的各种费用，这样的话自己来争取利润空间。"

刘乔说，前一阶段的低价导致不少国内矿山关门停产，国内矿减少所腾出来的市场份额，自然又被进口矿所代替。这也是进口铁矿石敢涨价的原因之一。根据美林证券的估计，在过去6个月里，中国生产焊管的企业采购的国内铁矿石比重由60％跌至30％。记者在邯郸采访时，发现国内矿面临的问题还不止如此。这个铁矿曾经是邯邢局的主力矿山，每天都有500吨铁矿石从主井提升到地面来。由于资源枯竭，去年年底，这座矿山彻底关停了，整个矿区只剩下留守的工人。邯邢局管辖的其他几个老矿山，也都和这里的处境相同。刘乔说："到90年代由于长期的开采，我们当时六个矿山有五个矿山就属于咱们的资源枯竭，陆陆续续的进行了闭坑破产。"

资源越来越少，开采成本越来越高，这是国内矿产企业的现实。但是反观错综复杂的国际铁矿石谈判，开发和节约利用好国内矿山资源又是我们必须要考虑的问题。周世俭说："不能完全依赖国外的铁矿石，要控制住国外铁矿石占我们炼钢当中的比重，否则的话它的价格就更高。"刘乔说:"要想打破他们(垄断)的话,就得立足于国内,立足于国内的矿业开采和发展,在市场上占有一定的比例。我说句最起码得占到60%以上的供应量,这样才能够在谈判桌上相对的打破他们的垄断。"

五、打破垄断出路何在

采访中,不少业内人士告诉记者这样一个事实,国内现有矿山的资源枯竭并不意味着中国没有铁矿石资源了。

想破解眼下国内矿山的尴尬处境,先要追溯到上世纪90年代说起。当时进口铁矿石保持了长期的低价,使得含铁量60%多的铁精粉只能卖到每吨230多块钱。国际巨头的这个低价策略,使得许多国内矿山只能靠政府补贴才能维持下去。刘乔说:"当时整个矿山企业经营形势都不乐观。我们每年(生产)200多万吨的铁精粉,最后还要靠国家给一定的补贴才能维持微利。另外一个的话,国家在一些矿山的投入上也不尽理想。有些项目投资量比较大,就是说超过概算的情况比较多。所以当时就出来一种论调,开矿不如买矿。"

勘探和开采上的投入不足,让中外矿山企业的竞争天平倾斜了。然而,当进口铁矿石占了上风,铁矿石价格开始暴涨,这又给中国经济带来巨大的成本支出。

现在,国内钢铁行业已经有了共识,要想摆脱国际矿商的控制,国内的铁矿石自给自足率必须提高。这两年,国内陆续勘探出几处大型富铁矿资源。辽宁弓长岭铁矿探明的富铁矿资源量达到6230万吨,是我国近40年来发现的最大的富铁矿;安徽泥河发现富铁矿平均品位达到40%,储量超过1亿吨。不过,刘乔告诉记者,要想让国内矿山真正壮大起来,还要解决税负过高的问题。"我们税负率一般都是在24%左右。跟国外矿山相比,我们税负率相对的比较高一些。国外一般都在10%以下,我们都在24%相对有点高,不利于参与国际市场竞争。"

这些年,越来越多的资金投入到铁矿开采领域,国有矿企和大中型钢铁厂不仅投资国内矿山,还把目光投向了海外的铁矿资源。不久前,天津滨海新区的会展中心举办了一场世界级的矿业大会。在会场里记者发现,中国经济的复苏,直接带动了矿业经济的回升。来自世界各国的矿业主管部门官员,正在极力向中国企业推销他们的矿产资源。许多国内企业也表现出走出国门的兴趣。中国五矿集团总裁周中枢说:"今年以来中国企业对澳洲已经完成和正在进行的矿业投资达到97亿美元。这充分表明,以中国为代表的新兴经济体,已经从矿业资本输入国转变为矿业资本输出国。"

金融危机以来,尽管全球投资并购总额减少了30%,但国际矿业领域的投资与并购却异常的活跃。2008年国际矿业投资与并购超越了2000亿美元,是全球最大的投资热点,这其中,中国对外矿业投资有58.8亿美元,同比增长43%。周世俭说:"我们现在有资金。你比如说澳大利亚,这个第三大铁矿石企业(FMG),我们就可以通过投资去扶植它,让它发展起来,这样就可以牵制住力拓这三家企业,淡水河谷,力拓,必和必拓。"FMG公司商务执行董史贵祥说:"FMG 从一开始就是中国的孩子。我们与钢厂之间建立了非常稳固的关系。令我们非常自豪的是,中国大型钢厂之一湖南华菱钢铁集团拥有 FMG17.4% 的股份,李效伟董事长也是澳大利亚 FMG 公司的董事。"

此外,中国五矿集团也在非洲的毛里塔尼亚找到了合作项目,他们的合作伙伴在全球铁矿石供应商中排名第七。作为五矿集团的下属企业,邯邢局将负责这个项目的具体操作。刘乔说:"毛里塔尼亚现在开采的都是露天矿。而且我们去的这个项目,他们露天矿采完之后要转入地下,在这方面他们没有地下(开采经验),所以在寻求合作的伙伴来进行地下开发。它这个矿石的品质是比较高的,65% 到 68% 的品位,出来就是成品矿。"

早在 1987 年,中国企业就开始了境外开矿的尝试,但 22 年过去了,有中国企业参与的境外铁矿总规模不过 5000 万吨,远远不能保证国内的铁矿石需求。因而不少专家对中国企业的海外投资保持了谨慎的态度。在他们看来,境外开矿的过程中,中国企业各自为战,力量分散,吃了不少亏。周世俭说:"中国企业走出去,一定要有足够的思想准备。不是说现在外国有那么多富矿,好开采的、容易运输的,靠近港口的等着你去挖,不是这个状况。因为世界工业的发展,人家铁矿石巨头已经把它早就瓜分了,剩下的都是一些残羹剩饭。比如澳大利亚,它现在让你去开采的矿,允许你去开采的矿,一个是在澳大利亚这个洲的中部,有的铁路都没有,你要挖矿可以,你修铁路;到了港口,港口又说,你要运你的矿石,往外运你给我修泊位。就是种种因素加在一起,对中国等于实行了一种刁难。"印度艾索矿业有限公司驻上海代表处首席代表沙奇·赛格尔说:"在澳大利亚开采矿石并不难,但将矿石从矿山运到港口,却是个比较头疼的问题。因为富矿集中在澳大利亚东岸。所以我认为大部分这样的投资会在未来的几年内渐显成效。我觉得我们不能急于求成,指望着马上就有回报,未来 5 到 10 年里,这些项目会显现出很好的收益,它们将保障稳定的铁矿石供应,也使中国在铁矿石供应上掌握更大的主动。"

沙奇·赛格尔所在的公司,是印度第三大工业集团,也是印度最大的铁矿石供应商。他告诉记者,他并不认为中国企业的海外投资会对他们公司产生威胁。"我们对此看法非常积极。中国进行的海外投资,增加了铁矿石行业的竞争,这将帮助我们提高竞争力,降低成本,以保持全球主要铁矿石供应商的地位。"

和处于垄断地位的三大矿商不同,艾索矿业这样国际矿商也在贸易中给予中国企业不少的优惠。在过去的五年里,沙奇·赛格尔一直在中国销售来自印度的铁矿石。这次他专程跑到沙河这个县级市来,就是为了向中国企业介绍印度的情况,希望把铁矿石生意做得更大一些。"印度的矿山是非常愿意与中国签订长期合同的,而且他们也已经这样做了。以我们公司为例,我们早在 2006 年就已经开始跟中国的钢铁厂签订了为期 5 年的长协。而据我所知印度的 Sesa Goa 公司也跟中国的钢铁厂有很多的长期协议签订。但由于印度的矿石供应量比不上澳大利亚和巴西的矿山,所以我们与中国签订的长协与他们有所不同。印度的矿山主要着眼于跟钢厂签订长协,个别地满足他们的需要。"

就在一周之前,武钢与委内瑞拉矿业集团公司也达成了协议,约定 2010 年里,武钢将以一个远低于 2009 年铁矿石长协价的价格,从委内瑞拉购买高质的铁矿石。这也意味着,中国企业打破三大矿业巨头垄断又获得了新的进展。周世俭说:"还要扩大货源。俄罗斯的铁矿石、南非的铁矿石含量也不错。包括我听说蒙古铁矿石,也可以去开采。就是要扩大这个货源,就是多元化市场。不要让这个三大铁矿石(巨头)完全垄断住这个(市场价格)。眼下三大铁矿石巨头确实是占垄断地位,但是这个垄断是可以打破的。"

在今天节目的最后,我们还有两句话想和大家交流,在我们苦心应对进口铁矿石涨价时,我们必须还要看清这样一个事实——中国现在是全球第一大铁矿石进口国,也是全球最大的钢铁生产国,然而这两个第一,也让我们支付了太高的成本。

不仅如此,我们付出高成本制造出来的无缝钢管、钢盘条等产品,最近却又轮番遭遇到欧美国家的反倾销。面对这些,该怎么发展中国的钢铁业?该怎么升级中国的制造业,这些都引人深思。

(中央电视台《中国财经报道·打开经济问号》2009 年 12 月 5 日)

报道背景

一年一度的铁矿石价格谈判最早开始于 1981 年,经铁矿石供应商和消费商谈判协商后,双方确定一个财政年度的铁矿石价格。

铁矿石供应商主要有 3 家:澳大利亚两大巨头力拓公司、必和必拓公司以及巴西的淡水河谷公司。不过,在 2008 年,一股新兴力量——澳大利亚第三大矿石供应商 FMG 公司也积极参与到铁矿石谈判中。

根据往年谈判惯例,一旦供应商任意一方和钢厂任意一方价格达成一致,则本年度铁矿石谈判就会结束,其他供需双方均接受此价为新的年度价格,即首发价。但该惯例在 2008 年首次被力拓和必和必拓所打破,2009 年,中钢协一直声称,不会接受力拓同日本新日铁达成降价 33% 的协议。

从 2003 年到 2008 年这六年当中,在铁矿石价格谈判中,中国一直处于被动状态,一般都是供货方占了主动权。铁矿石谈判带给中国企业的,除了涨价还是涨价,甚至连涨多少都没有多少话语权,从 2009 年下半年开始,中国进口铁矿石每吨到岸价已经涨到 108 美元。

2009 年遭遇金融危机,市场低迷,铁矿石降价成为必然,但是新日铁和力拓达成的首发价格,粉矿降幅 33%,块矿降幅 44%。中国企业不满意这个降幅,没有接受这个谈判结果,中方在 8 月 17 日和澳洲第三大矿业集团 FMG 达成协议,约定粉矿降价 35.02%,块矿降价 50.42%。但力拓等三大巨头并不认同中国的这个出价。2009 年的铁矿石价格谈判无果而终,2010 年的谈判即将开启,本期报道就是在这样一种背景下播出了。

内容分析

本期节目简单回顾了近几年来铁矿石谈判的过程,揭示出中国在近几年谈判中几乎是屡谈屡败的现实。着重采访报道了从2009年下半年开始国际铁矿石市场的新动向,中国在即将到来的新一轮价格谈判中将要面临的挑战,又从深层次挖掘了铁矿石价格谈判的内幕,对这场暗战进行了全面彻底的披露,并结合中国实际情况探讨该如何走出受制于世界三大矿业巨头的策略。

本期报道共分五个部分,第一部分:"又是一年谈判时",这一部分主要通过对一家中国钢铁网站的采访报道了在新一轮价格谈判即将开始之际,国际铁矿石价格出现了疯涨的局面,之后又通过采访力拓集团铁矿石事业部首席执行官 Sam Walsh 和澳大利亚第三大铁矿石供应商 FMG 公司商务执行董事史贵祥,预测了2010年铁矿石价格必然上涨的结果。

第二部分:"涨价的苦果",这一部分通过采访曾经跟随龙永图多次参加中国入世谈判,在1997年到2003年的七年里担任中国五矿化工进出口商会副会长的周世俭,回顾了从2005年至今铁矿石价格谈判的历程,并列举了中国在铁矿石涨价中所受到的损失。

第三部分:"解码'大财团'",通过采访曾在日本三井财团工作十二年,现在中国社科院专门研究日本企业的学者白益民,揭示了铁矿石价格谈判背后的利益链条以及中国钢铁行业商业机密被上游方窃取,从而使上游方主导谈判结果的事实。

第四部分:"矿山的尴尬",通过采访河北邯邢冶金矿山管理局局长刘乔,揭示出中国铁矿石开采业的历史及现实的困境。

第五部分:"打破垄断出路何在",通过采访行业专家、矿山管理者、国外铁矿石供应商等,探讨出中国打破国际铁矿石三巨头垄断的可能性及出路。

特 色

1. 历史的梳理,脉络清晰

本期报道梳理了中国进口铁矿石价格近十年的变化,并回顾了从2005年至2009年铁矿石价格谈判的历程,历史跨度虽长,但脉络十分清晰,主次分明,重点突出。

2. 电视手段运用灵活,节奏感强

这是一期电视的专题节目,在电视语言的运用方面,本期报道非常灵活,从画面上来说,既有背景意义很强的资料性画面,也有具有说明意义的基本画面和细节性画面,还有配合得当的字幕;从有声语言的运用来说,既有说服力、现场感很强的同期声,也有补充性解释和说明的画外音,这些都是电视手段运用成功的表现。

3. 采访对象的权威性和典型性

这是一期专题性的深度报道节目,在采访对象的选择上,兼顾了权威性、说服力和典型性以及全面性。对象既有专家、官员,也有采矿业国内代表、国外代表及谙熟国际财团情况的相关学者,每一个采访对象的表述都有一定的代表性,使报道更有力量。

大事记

2005 年至今铁矿石价格谈判历程:

1. 2005 年的谈判历时 4 个月,由日本新日铁和力拓达成首发价格,上涨 71.5%。

2. 2006 年的谈判历时 8 个月,由德国最大的钢铁企业蒂森克虏伯与必和必拓达成首发价格,上涨 19%。

3. 2007 年的谈判历时两个月,由宝钢和淡水河谷达成首发价格,上涨 9.5%。

4. 2008 年的谈判历时 4 个月,由日本新日铁、韩国浦项和巴西淡水河谷达成首发价格,其中粉矿上涨 65%,块矿上涨 71%。因为力拓对此谈判结果不满意,在 6 月 24 日重新和宝钢确定了价格,其中粉矿上涨 79.88%,块矿上涨 96.5%,首发价格"无条件跟随"的模式随即被打破。

5. 2009 年遭遇金融危机,市场低迷,铁矿石降价成为必然,但是新日铁和力拓达成的首发价格,粉矿降幅 33%,块矿降幅 44%。中国企业不满意这个降幅,没有接受这个谈判结果,中方在 8 月 17 日和澳洲第三大矿业集团 FMG 达成协议,约定粉矿降价 35.02%,块矿降价 50.42%。但力拓等三大巨头并不认同中国的这个出价,2009 年始终没有最后定价。

延伸阅读

董文胜:《铁矿石谈判:中方五大"短板"待补》,《中国证券报》,2009 年 12 月 16 日

黄凯:《力拓出牌铁矿石价格暗战升级》,《中国外资》,2009 年 5 月 5 日

叶菁:《铁矿石:平静背后的暗流》,《市场周刊》,2006 年 4 月 20 日

安然为何破产?

贝塔尼·麦克莱恩

始以傲慢自负,继以贪婪、欺骗和财务欺诈你就此会得出何种结论? 这家公司并不像过去人们吹捧得那么好

"我们的经营方法不是黑匣子,它模仿起来很简单。对此提出疑问的人根本没有把所有细节都搞清楚。我们的回答已经够明白了,可有人就是想跟我们过不去。"

这番话是安然公司(Enron)当时的首席执行官杰夫·斯基林(Jeff Skilling)在去年 2 月接受笔者采访时说的。让我们回忆一下,当时——即不到 10 个月之前——安然公司的股票市值为 600 亿美元左右,仅略低于其鼎盛时期,而且其在华尔街受宠的地位尚未开始动摇。当时我正在写一篇文章,准备在文章的最后就安然公司的估价问题提出几点疑问,于是便给该公司打电话,提了几个在我看来司空见惯的问题,想弄明白该公司几乎让人无法看懂的财务报表。安然公司的反应却怎么也算不上司空见惯。斯基林马上变得很不快,他指责这种提问方式"不道德",之后便挂上了电话。不久,安然的发言人马克·帕尔默(Mark Palmer)打电话过来,主动提出要同当时担任首席财务官的安迪·法斯都(Andy Fastow)以及负责与投资人打交道的马克·凯尼格(Mark Koenig)一起来《财富》杂志设在纽约市的办事处,他说:"我们想确保我们给你的答复完整、准确。"

如今,随着安然公司出人意外地轰然垮台,看来当时批评该公司的人对它的抨击还不够。正当大家都在嚷嚷着要得到"明确的答复"时,早已离开安然公司的斯基林在律师的建议下对新闻界避而不见,而且也无法作出这些答复了。至于"完整和准确"这两个字眼,许多人会认为,当年安然公司的经营者们根本就不懂得它们的含义。"把木头藏起来的一个办法是把它放到树林里去,"呼吁国会对安然进行调查的密执安州民主党议员约翰·丁格尔(John Dingell)说。"摆在我们眼前的是一份极其复杂的财务报告。他们甚至用不着撒谎,只要把它搞成一团乱麻、使人如坠云里雾中就行了——尽管他们可能同时也撒了谎。"

直到最近,安然公司对其经营方式或者财务报表太复杂的说法仍大声喊冤;它用一种几乎不加掩饰的轻蔑口吻表达了自己的态度:凡是无法理解其经营方式的人都是"搞不懂它"。华尔街许多看好该公司的证券分析师乐得支持这一看法。当时做多的证券商们(其中

包括高盛公司（Goldman Sachs）的戴维·弗莱谢尔（David Fleischer）承认他们不得不把该公司提供的数字当真——要知道，这在当时不算个问题，因为安然提供的正是华尔街最关心的东西：稳步增长的收益。既然如今人们已清楚地知道当时公布的收益并不准确，新的口头禅便是：安然公司的经营方式复杂得令人难以置信——也许复杂得连公司创始人肯·莱（Ken Lay）都搞不明白（他在去年夏天重新担任首席执行官时曾暗示过这一点）。这不由得令人提出一个根本性的问题：为什么会有这么多人宁可相信那些实际上没几个人能明白的东西呢？

当然，自从安然公司垮台后，人们还提出了另外一些根本性的问题——对于这些问题至今还没有找到合适的答案。即使到了今天，在债主们为争夺安然公司所剩无几的资产吵闹不休、而该公司却在拼命找人出资维持其运作中的交易之际，局外人仍然不明白是什么地方出了差错。安然公司的雇员们也不明白，许多人在公司破产时大惊失色。安然的最终崩溃难道是由信用危机造成的吗？而它仍然是一家实力雄厚的公司？抑或加快这场危机爆发的那些肮脏的金融交易——包括安然的高层经理们搞的账外秘密关联交易——正是该公司掩盖更深层的问题以期维持其股价不断上涨的手段？接下来的则是那个一直盘旋在实业界和安然公司在休斯顿的老家上空的问题：考虑到在财务上做手脚的严重后果，有人是不是得去坐牢？

傲慢的企业文化

你如果相信"神欲诛之，必先骄之"这句老话，也许对下面这个故事不会感到吃惊。人人都在用"傲慢"这个词来描述安然公司。挂在安然公司大厅里的横幅就是这种态度的概括：世界一流公司。安然有一种强烈的信念：早于它成立的、动作迟缓的竞争对手在新崛起的、身手矫健的安然战车面前毫无招架之力。"这些大公司会由于自身的庞大体重而颓然倒地，"斯基林在去年这样说过，他指的是埃克森—美孚公司（Exxon Mobil）之类的旧经济巨头。在几年前的一次公用事业公司经理会议上，"斯基林告诉所有的与会者，他打算抢走这些人的饭碗，"南方公司（Southern Co.）的经理德怀特·埃文斯（Dwight Evans）回忆说。（他又补充道："人们如今想起他的话觉得非常可笑。"）那么，斯基林前年冬天认定安然的股票——当时每股大约是80美元——应该卖到126美元，人们对此又是怎么看的呢？1994年从安然公司分离出来的安然全球电力与管道公司（Enron Global Power & Pipelines）前任首席财务官吉姆·亚里山大（Jim Alexander）曾经在 Drexel Burnham Lambert 公司干过，他看到了其间的类似之处："说来说去就是狂妄，是一种不可一世的自大，使得人们相信他们能处理越来越不寻常的风险，而不会面临任何危险。"

话说回来，在很长一段时间里，安然公司似乎有不少值得骄傲的地方。它是由肯·莱在1985年把两家天然气企业合并后协助创立的，在天然气和电力交易方面处于领先的地位。他也的确开辟了新的交易市场，如气象期货。它连续六年当选为《财富》杂志最赞赏的公司中最富创新精神的企业。斯基林是在1990年从麦肯锡公司（McKinsey）跳槽到安然公司的

（并且在 2001 年 2 月接替莱担任了首席执行官）。在他的领导下,安然公司的经营理念是:它能把任何东西转化为商品和货币,无论是电子还是广告空间。在这十年结束的时候,过去依靠输气管道之类的硬资产赚钱的安然公司其收益的 80% 以上居然来自不那么实在的业务,即所谓的"能源经营与服务批发"。从 1998 年到 2000 年,安然公司的营业收入从 310 亿美元猛增到 1000 亿美元以上,一跃登上《财富》500 强排行榜的第七位。2000 年初,当宽带正在成为一个市场价值可达数十亿美元的时髦词汇时,安然公司宣布了涉足宽带交易的计划。

可是,这种企业文化除了与生俱来的傲慢之外,还有消极的一面。甚至在创业初期,其贪婪就显而易见。一位曾经在斯基林手下工作过的雇员说:"他们随时随地都在谈论我们会赚多少钱。"薪酬计划通常看上去更利于让高级经理们致富,而不是为股东们带来利润。比如,在安然公司负责向礼来(Eli Lilly)这样的大公司提供能源的能源服务部里,经理们的薪酬是用一个市值计算公式计算出来的,其中的数据则靠内部估算。一位前任经理说,其结果是,大家实际上是迫于压力去高估合同的价值——尽管这样做与实际赚来的钱毫无关系。

安然公司认为自己正在领导一场革命,因此它鼓励大家藐视各种规则。人们纷纷私下议论说,这种打破常规的做法也被引进到了经理们的私生活中——有关经理们私生活的传闻路人皆知。安然公司还赢得了冷酷无情的名声,无论对外还是对内都是如此。人们通常认为斯基林创立了一套强行给雇员分级排队的做法,被列入最低 20% 一档的人就得离开公司。于是,雇员们不仅欺负外人,同时也相互倾轧。与安然竞争的一家能源公司的经理说:"安然是靠尽可能扩大私利来获取最大价值的。"他还说,安然公司的交易员害怕上洗手间,因为坐在他身边的家伙可能会偷看他电脑屏幕上的信息来抢走他的生意。另外,由于坏消息有可能砸掉饭碗,所以所有问题都被掩盖起来,该公司的一位前雇员说,在交易部门尤其是如此。"大家一直在维持着这样的神话,即谁也不会出错。这令我惊愕不已。"

交 易 秘 诀

"我们不是一家交易公司,"法斯都在去年 2 月的那次来访时说。"我们不是靠投机来赚钱的。"他还指出,在过去的 5 年里,安然公司的收入连续 20 个季度增长。"世界上没有哪家交易公司能保持这样持续的增长,"他说。"这一点足以说明问题。"

实际上,在安然公司之外几乎难以找到与法斯都持相同观点的人。Principal Capital Income Investors 公司研究部主任奥斯丁·拉姆齐(Austin Ramzy)说:"他们不是一家把交易作为其部分经营战略的能源公司,而是一家为交易而交易的公司。"一家对手公司则说:"安然公司的主营业务就是纯交易。"的确,安然公司另一个名声是敢于比其他公司承受更多的风险,特别是在期限较长的合同方面,因为这样所需的流动资产要少得多。另一位交易员说:"安然总在冒险出击。"众所周知,在非投资性银行当中,安然公司在玩弄像信贷衍生产品这类复杂的金融工具方面十分活跃,而且胃口极大。由于它没有居主导地位的投资银行那么强大的资产负债表，为了拿到业务，它只好提供更为优惠的价格。简直可以用"生猛"一词来描述它所进行的交易。

安然公司为何不想称自己为交易公司，这里有一个明显的理由。对于安然来说，这全是为了股票的价格，交易公司由于其自身的原因，收益状况时好时坏，因而其股票的估价不会很高。不妨看一下高盛公司，它是世界上效益最好的交易公司之一，但其市盈率很少超过20倍，相比之下，安然公司的市盈率最高可达70倍左右。你决不会听到高盛公司的管理层预测自己下一年收益的准确数字——而安然管理层的收益预测竟然能精确到几角几分。安然公司的经理们所说的话与其他人大相径庭，令人称奇，但这不仅仅是一场学术之争。问题直指的核心是安然公司的估价方法，因为它靠的是产生可预计收益的能力。

这种脱节现象在过去为什么显得不那么重要？因为投资人和安然管理层一样，只看重股票的价格。只要安然公司能发布它所允诺的收益（并且大谈特谈经营宽带之类的宏伟计划），人们便以为其股价会连连上升——的确，情况曾一度如此。于是，Janus、富达（Fidelity）和 Alliance Capital 等机构纷纷卷了进来。当然，收益增长并不能完全解释华尔街的态度。安然公司还带来了巨额的投资银行费用。要想提出问题也非易事。华尔街的金融家们很难承认自己对有些东西也弄不明白。况且，斯基林对那些没有马上对安然的观点表示赞同的人态度傲慢无礼是出了名的。一位投资经理说："如果你没有像电灯那样一开就亮，斯基林就会把你扔到一边。""他们迫使华尔街俯首听命，"他补充道。

利润从何而来？

尽管人们很难准确地指出形势从何时开始转而对安然公司不利，但是要找出第一个揭穿皇帝的新衣的人却不难。2001 年初，因擅长卖空而著称的 Kynikos Associates 公司的吉姆·沙诺斯（Jim Chanos）公开说出了在现在看来已是尽人皆知的话：谁也无法解释安然公司究竟是如何赚钱的。沙诺斯还指出，安然的业务尽管看上去简直和对冲基金毫无二致——用 Kynikos 公司首席营运官道格·米利特（Doug Millett）的那句名言来说，就是"坐在输气管道顶端的巨额对冲基金"——但它根本没有赚到多少钱。安然公司的营业利润在2000 年初为 5％，到了 2001 年初则猛跌到了不足 2％，而其投资回报率则徘徊在 7％左右——这个数字不包括安然的账外欠债，而且就我们现在所知，这笔债务数目不小。沙诺斯挖苦道："我才不会把钱投到一个回报率只有 7％的对冲基金上呢。"他当时还指出，斯基林正在大量抛售股票——相信自己手里价值 80 美元的股票会涨到 126 美元的人根本不会这么做。安然公司不光是在利润方面出人意料地少，它在经营中的现金流转也同其公布的收益不相称。安然的业务多半是用"市价法"入账的，所以公布的收益与实际收入的现金毫不相干。所谓"市价法"，就是公司通过收入报表估算一项合同的公平价值，但每一季度都会有所调整。这样做未必是坏事——只要现金在某一时刻兑现就行了。但是，随着时间的推移，安然的经营似乎消耗了大量的现金：账面上的债务在 1996 年为 35 亿美元，而在其最新一份报表上却上升到了 130 亿美元。

斯基林与法斯都对安然公司的低回报问题有一个简单的解释。用法斯都的话来说，"造成其失常的因素"是安然在印度和巴西等地的国际管道线和工厂上的巨额投资。斯基林当时告诉分析师们说，安然公司正在尽快甩掉那些效益不好的旧式资产，而其新业务的回报则要高出许多。安然公司的确搞了一些效益不佳的大型海外项目，这是不可否认的——事实上，印度和巴西的项目就是两个适当的例子。但实际上，安然公司之外的人（即使在公司内部，这样的人也没几个）谁也不能独立地估量出安然的业务有多少利润可言——说得更具体一些，谁也说不出它是怎样做到持续赢利的。该公司过去的一位雇员说，斯基林和他的小圈子里的人拒绝详细说明公司交易业务的投资回报情况，而是像法斯都所做的那样，只提已公布的收益。截至 90 年代末，安然公司为了公布报表，把许多资产投资归到了交易业务名下。沙诺斯当时就注意到，安然正在卖掉这些资产，把它们算做续生收入。此外，安然还把投到各种公司的资本股份计算在内，并且把这些投资的收益归入它公布的数字里。

沙诺斯也是第一个注意到那些声名狼藉的合作关系的人。他在研读安然公司的文件时，发现里面有一处奇怪而又语焉不详地提到安然公司和其他"实体"与由"一位安然高级职员"经营的"关联方"进行过一些交易。这一点不仅无法理解，而且还引发了一个违背公司利益的问题，因为经营那些"关联方"实体的是一位安然公司高级经理——现在清楚了，此人就是首席财务官法斯都。我们现在知道，这些实体指的是 LJM 关联公司。

一提到这些与"关联方"之间的交易，安然公司甚至连回答问题的诚意都不再伪装了。早在去年 2 月，法斯都（当时没有承认自己卷入此事）说，那些细节是"保密的"，因为安然公司"不需要进入该市场的信息"。他接着解释道，这些合作关系是用来对一项合同的不同部分进行"分类交易和重新组合"的。"我们把价格风险剥离掉，把利率风险剥离掉，我们把所有的风险都剥离掉，"他说。"剩下的可能就是我们所需要的了。"人们不禁要问：为什么别人也会想要剩下的东西呢？不过，这也许并不重要，因为这种合作关系的背后有安然公司的股票的支持——别忘了，人们相信安然的股票是不会贬值的。

斯基林发出一个信号

到了去年 8 月中旬，由于人们对安然公司的信用问题的疑问越来越大，其股票开始下滑，从年初的 80 美元跌到 40 美元多一点。接着便出现了预示发生严重问题的最清晰信号：杰夫·斯基林出人意料地宣布离开安然公司。尽管斯基林一直没有就其挂冠而去的做法做出可以令人接受的解释，安然公司却否认了任何关于其离任与公司可能出现问题有关的说法。但是，现在有人猜测斯基林当时就知道股价的下跌会破坏这些合作关系——并且导致内幕被曝光。一位前公司雇员说："他预见到了即将发生的事情，自己却没有胆量去应付。"

令人吃惊的是，面对这种戏剧性——而且也非常令人费解——的变动，人们还是宁可听信安然公司的解释。重掌首席执行官权力的肯·莱依旧对华尔街和安然公司的老雇员怀有极大的信心，那些雇员在宣布他重掌大权的会议上全体起立表示热烈欢迎。他说，安然公司没有"财会上的问题，交易上的问题，或储备金问题"。人们居然相信了他。莱保证要通过改进公布实情的做法来恢复公司的可信性，他最终还是承认了公司在这方面有做得不合适的地方。

莱当时究竟有没有意识到自己在说些什么？还是他和安然公司的股东们一样毫不知情？大多数人认为是后一种情况。但是，当莱确实得到某个重要信息时，他似乎还是更倾向于按照安然以往的做法，将这些信息掩盖起来而不是揭露出来。安然公司在去年10月16日召开的那次眼下已是臭名昭著的新闻发布会毕竟是在莱的眼皮底下举行的。事实上，这次发布会标志着安然末日的到来，因为他在会上宣布公司亏损6.18亿美元，但对自己使股东蒙受12亿美元的损失一事却只字未提。而且，在随后的一次电话会议上，莱也没有提及一个关键的事实：穆迪公司（Moody's）正在考虑降低安然的债务评级（尽管斯基林在去年2月说，安然的账外债务对公司"没有追索权"，事实证明这一说法也不完全正确。在某种情况下，包括当安然的账面债务被降到低于投资等级时，它可能会被强行要求归还上述债务）。

实际上，面对眼下持续不断的猛烈批评，安然公司似乎从莱承诺的彻底公开内情的立场上越退越远。安然公司最初就解释股东权益大幅下降所提出的相当含混的理由是，与LJM的合作关系"过早地结束"。这种说法远远不能令投资者满意，尤其是当《华尔街日报》开始搜寻与这类关联交易有关的信息的时候，其中包括法斯都为其在LJM交易中所扮演的角色而获得数百万美元的事。到了去年10月23日，莱还在坚持说安然不缺现金，公司业务"开展得很好"，法斯都是受到无端诬陷的好人。但是就在第二天，安然公司就宣布说法斯都将告假离开公司。

当然，我们现在都知道了，安然公司与各种关联方进行的交易与其公布的收益有着巨大的关联。去年11月8日，一份令人瞠目的文件告诉投资人说，安然公司即将重新公布有关过去4年零3个季度的收益情况，因为"按照公认的会计准则，有三个本应纳入财务报表的实体没有被包括在内"。在新公布的报表里，收益减少了将近6亿美元，即15%左右，并且附加了一条警示，即安然公司还有可能发现"额外的或与原先不同的信息"。

然而，在认真审视过有选择地公布的安然同其各种关联方之间所做交易一览表的投资人眼里，产生的疑问比得到的回答还多。人们推测这些合作关系是被用来拉平安然公司收益的。由此便引出了另外一连串的问题：假如安然已经停止了这种游戏，彻底洗手不干了，它会继续生存下去吗？或者说，安然没能彻底洗清自己，是因为事情的真相可能更加丢人？

苟 延 残 喘

从表面上看，导致安然公司在12月2日申请破产的原因可谓一目了然。在此前的几个星期里，Dynegy 公司（它一向以和安然抗衡而自豪）似乎要挽救这个曾不断打击过自己的对手。它先是以安然公司的主要管道公司北方天然气公司（Northern Natural Gas）为抵押直接向对方注入 15 亿美元的现金，然后以大约 100 亿美元的价格买下整个安然公司（但不含其债务）。可是，到了 11 月 28 日，这笔交易流产了。就在那一天，标准普尔（Standard & Poor's）把安然公司的债务信用降低到了投资等级之下，从而引发了立即偿还将近 40 亿美元账外债务的危机——而安然显然无法做到。

但是，就连这个结局的到来也伴随着其特有的一波三折。这两家公司相互状告对方：安然指责 Dynegy 不正当地终止了交易，"利用安然的危急处境达到自己的商业目的"，有鉴于此，它无权得到安然的北方天然气管道公司。Dynegy 则称安然的上诉是"它无法承担自身破产责任的又一例证"。无人能预测这场官司的结果如何，但其中的讽刺意味显而易见：安然公司这颗新经济的超级明星正在拼命保卫其完全属于旧经济范畴的输气管道公司。

根据 Dynegy 公司的说法，它放弃这笔交易的关键原因是所谓的现金神秘流失问题。该公司法律总顾问肯·伦道夫（Ken Randolph）说，Dynegy 原以为安然公司还有大约 30 亿美元的现金——但是安然公司的一份文件却显示它只剩下 10 亿美元的现金。"我们重新向安然提出质疑：'这笔现金到哪去了？'"Dynegy 公司首席执行官查克·沃森（Chuck Watson）说。"也许他们的核心业务并不像他们使我们相信的那么强大，"伦道夫猜测道。Dynegy 还指控安然公司试图把秘密保守到最后一刻。安然公司缺少现金的事实是去年 11 月 9 日（星期一）的下午通过一份文件公诸于世的。沃森说，他是在此之前几个小时才拿到那份文件的——而莱却在前一个星期五就拿到了文件。"我很不高兴，"沃森说。"这种让合作者出其不意的做法很不好。"

诸如此类的怪事最终会在法庭上了结——安然也不例外。如果按照信用评定机构惠誉国际（Fitch）的估计，即使是无担保债务的大债主也只能拿回 20％～40％ 的钱，安然公司各式各样的债权人之间的争斗可能会十分激烈。安然公司自己也不会退让。安然最大的放款人 J. P. 摩根大通公司（J. P. Morgan Chase）和花旗集团（Citigroup）向该公司提供了 15 亿美元的债务融资，这笔钱至少能让它再继续经营一段时间。另外，安然公司还在寻找一家愿意支持它重新开展交易业务的银行。

与此同时，各级法院也将试图回答一个关键的问题：谁应该为此负责？安然公司的第 11 律目档案自动冻结了所有指控该公司的上诉，以待破产案了结。不过，尽管安然可能为其高级经理们寻找同样的保护措施，律师们预测这一企图将不会得逞，那些经理将要应付一大堆诉讼。有人认为，对斯基林和法斯都这类前任管理人员可能会提出刑事诉讼。但是，这名辩护律师艾拉·索金（Ira Sorkin）说，这种案子需要有"知情、蓄意和故意违法"的证据才行。而且，刑事案件要求的证据比民事案件的标准要高得多：即不容置疑的物证而不是大量的一般证据。这个门槛很高，尤其是安然公司的高级经理们很可能声称，他们的每一个举措都是经过审计公司安达信公司（Arthur Andersen）批准的。随着安然公司陷于破产，首当其冲的受牵连者要算是安达信了，股东们向它提出的诉讼已经堆积如山。

在任何有关安然公司的议论中，人们总会把它与长期资本管理公司(Long-Term Capital Management)进行比较。从某些方面来说，安然公司垮台带来的损失似乎远远小于长期资本管理公司一案造成的后果——实际上，也远远不及任何人可能预想的结果。但从另外一些方面来说，其代价又要大得多。安然是一家上市公司，其雇员和股东都指望管理层、董事会和审计师来保护他们。难怪一位资深华尔街融家这样评论安然事件道："这令我感到厌恶，也令我感到恐惧。"这就是人们为什么觉得这是一场犯罪的原因，不管诉讼的结果如何。

(www. fortunechina. com 2002 年 3 月 1 日)

报道背景

贝塔尼·麦克莱恩是最早对安然产生怀疑的人：早在 2001 年 3 月，安然公司如日中天时，麦克莱恩就在《财富》杂志上发表了《安然被高估了吗？》(Is Enron Overpriced?)一文，对安然是否真的赢利提出了质疑，从此揭开了安然倒塌的序幕。

2001 年 3 月 5 日，《财富》杂志发表了麦克莱恩的一篇文章《安然被高估了吗？》，首次指出安然的财务有"黑箱"。而在当时，该文指出，安然 2000 年度股价上升了 89%，收入翻倍，利润增长 25%，18 位跟踪安然公司的卖方分析师中有 13 位将其推荐为"强力买进"，它的市盈率为竞争对手杜克能源公司的 2.5 倍，也是 S&P500 指数市盈率的 2.5 倍。《财富》质疑道："为安然欢呼的人也不得不承认：没有人能搞得清安然的钱到底是怎么挣的！原因是安然历来以'防范竞争对手'为由拒绝提供任何收入或利润细节，把这些细节以商业秘密名义保护起来。而其提供的财务数据又通常过于繁琐和混乱不清，连标准普尔公司负责财务分析的专业人员都无法弄清数据的来由。不管是极力推荐安然的卖方分析师，还是想证明安然不值得投资的买方分析师，都无法打开安然这只黑箱。"

这位敢于第一个吃螃蟹的记者的锐利锋芒为自己带来了麻烦。安然的执行官杰弗瑞·斯基林指责麦克莱恩没有经过深入调查研究就发表自己的报告非常不道德；安然高管集体飞往纽约，试图说服《财富》的编辑，麦克莱恩的判断是错误的；针对《财富》的质疑，安然财务总监法斯都反击道："安然共有有关不同商品的 1212 本交易账本，我们不希望任何人知道这些账本上的任何东西，也不希望任何人知道我们在每个地方赚多少钱。"安然主席致电《财富》主编，《财富》正依赖不可靠的信息源，坐等安然股价下跌而受益；麦克莱恩当时的压力之大可见一斑。

报道内容分析

这则报道是财经记者贝塔尼·麦克莱恩首次对安然提出质疑一年后的一篇对安然破产

深度剖析的文章。麦克莱恩依靠一年来对安然事件的持续关注所搜集的资料,对安然破产的原因进行了深入独到的分析。报道分为概述、傲慢的企业文化、交易秘诀、利润从何而来、斯基林发出一个信号、苟延残喘六部分。

整则报道首先回顾了作者对安然事件关注的一个过程,然后从企业内部文化、交易秘诀、利润来源等角度进行了深入的分析,探讨腐蚀这个庞大的巨人的动因:

1. 企业经营及文化方面,不断追逐高利润业务,甚至将公司业务拓展到缥缈的近乎虚无的领域;在金钱的追逐中充满了傲慢与残酷;

2. 挂羊头卖狗肉,贪婪地一次次出击,冒险从事交易及金融衍生品的业务,却拒不承认交易公司的名头;

3. 连公司高层也搞不懂公司的利润究竟是从何而来,只好用虚假的财务报表掩盖背后重重的巨额债务,用一个又一个谎言来应对人们对安然的猜疑;最后一刻苟延残喘、回天无力,破产的命运是注定的。

最后,该篇结尾又对安然破产之后一些关联公司如安达信的命运进行了预测,为后续报道埋下伏笔。

特色

1. 选题重大

安然破产是美国历史上重大的破产案之一,影响力巨大。安然破产对美国股市的打击,不亚于"9·11"突袭对美国的打击。的确,对《财富》500强排名第七的超大公司破产的设想,恐怕是只有在电影里才会有的情节。连麦克莱恩也对安然的倒下"难以想象"。而随着时间逐渐抹平震惊的记忆,人们更加疑惑这幢大厦轰然倒塌的原因,而对此的分析却众说纷纭。分析安然破产,对于世界各国的会计制度、审计制度、公司管理等方面都是非常好的借鉴。所以,从中可以看出记者超强的新闻敏感力和新闻嗅觉,才能精准地抓取到如此重大的财经新闻选题。

2. 采访全面、深入

从普通员工到中层管理人员,再到最高决策层,麦克莱恩的深入采访为她的分析奠定了坚实的基础,从中可以看出记者娴熟、深入的采访技巧,及踏破铁鞋的敬业精神。我们说,七分采,三分写,的确不为过。

3. 分析独到

这则报道是一则典型的分析性报道。历时一年之久,麦克莱恩已经对安然公司从管理层到普通员工进行了一系列深入细致的采访,对于其赢利、管理模式和企业文化等方面的问题已了如指掌,所以才诞生了这则鞭辟入里的分析性报道。麦克莱恩的分析主要从安然内部着手,给人们的是深刻的第一手资料,分析专业、独到、深入,是一篇非常好的分析性报道。

报道影响力

这是记者自《安然被高估了吗?》了之后报道安然事件的又一里程碑意义的力作。

安然事件大事记

2001年年初,一家有着良好声誉的短期投资机构老板吉姆·切欧斯公开对安然的赢利模式表示了怀疑。

3月5日,《财富》杂志发表了一篇题为《安然被高估了吗?》的文章,首次指出安然的财务有"黑箱"。

5月6日,波士顿一家名叫"Off Wall Street"(以下简称"OWS")的证券分析公司发表了一份安然分析报告。该报告建议投资者卖掉安然股票,或者做空,主要依据是安然越来越低的营运利润率(operating profit margin)。

7月12日,安然公布了第二季度的财务状况,每股净利润为45美分(比华尔街分析师的预期好3美分),营业收入比上一季度稍低。

7月12日后,媒体和多位买方分析师进一步分析、追踪报道安然的内幕。

8月30日,著名投资网站TheStreet.com发表分析文章,认为安然在通过关联企业间的高价交易人为制造利润。

10月16日,安然发表2001年第二季度财报,宣布公司亏损总计达到6.18亿美元,即每股亏损1.11美元。同时首次透露因首席财务官安迪·法斯都与合伙公司经营不当,公司股东资产缩水12亿美元。

10月22日,TheStreet.com网站进一步披露出安然与另外两个关联企业马林二号信托基金(Marlin2)和Osprey信托基金的复杂交易。

10月22日,美国证券交易委员会瞄上安然,要求公司自动提交某些交易的细节内容,并最终于10月31日开始对安然及其合伙公司进行正式调查。

11月1日,安然抵押了公司部分资产,获得J.P摩根和所罗门史密斯巴尼的10亿美元信贷额度担保,但美林和标普公司仍然再次调低了对安然的评级。

11月8日,安然被迫承认做了假账,虚报数字让人瞠目结舌:自1997年以来,安然虚报赢利共计近6亿美元。

11月9日,安然竞争对手迪诺基能源公司(Dynegy)提出90亿美元的股票收购协议,也同意一次性注资安然15亿美元,并承担130亿美元的债务。

11月28日,标准普尔公司将安然公司信用评级从"BBB-minus"调低至"B-minus",即垃圾股,也是最低的投资评级,并将安然从其标准普尔500种股票指数和标准普尔100种股票指数中剔除。

12月2日,根据美国破产法第十一章规定,安然向纽约破产法院申请破产保护。

12月5日,安然公司获得了J.P摩根大通和花旗银行近15亿美元的援助用于维持重组运作,并将裁员4000人。

12月6日,美政府改革委员会成员、民主党议员亨利·维克蒙(Henry Waxman)致信美国白宫官员,就能源管理部门与破产的安然间可能的联系和接触进行问讯,从而使对安然调查案不断升级。

2002年1月9日,美司法部官员透露,对破产能源巨擘安然进行刑事司法审查。

1月10日,与安然有着密切联系的美总统布什正式宣布,支持对安然展开彻查,展开刑事审查程序,司法部长因曾接受安然捐款回避。

延伸阅读

(美)麦克莱恩,(美)埃尔金德 著,静恩英,杨励轩 译:《屋内聪明人:安然兴衰史》(The Smartest Guys in the Room),中国社会科学出版社,2007年

库尔德·艾肯沃尔德(KurtEichenwald):《蠢人的阴谋:一个真实的故事》(Conspiracy of fools),BroadwayBooks 出版社,2005年

郄永忠,章彰编著:《安然之死》,中信出版社,2002年

"血铅事件"敲响环保警钟

Shai Oster　Jane Spencer

今年春天,医生们在治疗一位在严重的电击事故中受伤的 5 岁男童时,发现了另一个同样严重的问题:男童血液里的铅含量已达到相当危险的水平。

这个发现揭开了中国最为严重的铅中毒事件之一。在中国西部甘肃省群山环抱、与外界相对隔绝的新寺村,一家制造铅锭的工厂已在这里生产了 10 年。铅锭通常用于生产彩色电视显像管以及电缆,然后这些产品又被销往世界各地。

政府官员说,这家工厂排出的有毒气体含铅量是准许排铅量的 800 倍。

迄今为止这个村里所有接受检测的村民(包括来自三所学校的 250 名儿童)都被查出体内含铅量超标。据中国官方媒体新华社(Xinhua)报道,在这个 1,800 人的村庄中有 10 名儿童仍在住院接受治疗,至少有 4 人的大脑受到了严重损害。

村民周翔(音)说,这个村子里面每个人都受到铅中毒的侵害,我孩子的手指都是青一块紫一块的。他的儿子每升血液中的含铅量为 488 微克,已在医院接受治疗。

世界卫生组织(World Health Organization)称,儿童血铅含量超过每升 100 微克(美国常用的衡量标准是每分升 10 微克)就可能带来危害。众多研究表明,血铅含量略高于这个水平都会导致永久性的神经创伤和智商下降。

新寺村的家长们紧紧握着仔细折好的实验室检测结果,并指着 304、488 甚至是 798 这样的数字说,他们终于明白了孩子们为什么总说感到恶心、头疼和其他部位疼痛。他们说,孩子们的牙齿都是黑的,有的根本不长牙齿。家长和老师都反映孩子们有记忆力和注意力不好的问题。

这场灾难体现了在面对中国飞速经济发展所带来的环境损害时中国民众是多么的脆弱。这些损害最终将引发影响一代人的健康危机。政府官员表示,即使在上海以及广东省等中国相对富裕的城市和地区,环境不断恶化是导致畸形儿出生率上升的元凶之一。

污染控制措施的不足已使中国的土壤、水源以及空气受到了铅、汞及其他污染物的侵害,这种现状使数百万儿童血液中有毒金属的含量达到了极其危险的水平。更糟糕的是,曾经污染西方国家的众多制造业在中国找到了新的栖身之地,因为在这里环境法规的执行力度较松。

北京大学医学部（Peking University Health Science Center in Beijing）研究人员回顾了过去 10 年的数据，在最近的一份报告中写道，约 34% 的中国儿童血铅含量超过 WHO 规定的最高限。新寺村等设有工厂的城镇情况更糟。而在美国，血铅含量超过 WHO 限制水平的儿童不足 1%。

上海交通大学医学院（Shanghai Jiaotong University School of Medicine）附属新华医院（Xinhua Hospital）的儿童铅中毒专家颜崇怀说，含铅量高"在我的诊室内非常常见"。颜崇怀为来自全国各地的患者进行治疗。该院最近接收了来自福建省的两名儿童患者，由于接触被铅污染的滑石粉，两名儿童的血铅含量分别为 700 及 500。

在中国，铅在制造业中仍然受到"重用"，因为它储备充足、价格低廉、可锻性强而且不容易被腐蚀。铅化合物通常被添加至塑料及乙烯基中以增强它们的抗高温性能。由于铅很重，它通常还被添加至价格低廉的金属制品中，以使后者显得更加坚实。

铅粉还会被添加至那些按重量出售的草本产品中，以增加它们的重量提高价值。如果铅处在稳定的溶液中，它可能不会产生危害。但是玩具及珠宝中所含的铅则特别危险，因为儿童可能吞下这些东西。

中国的铅问题重新引起了美国监管当局的关注。两年来，美国消费品安全委员会（Consumer Products Safety Commission）已经召回了大约 20 种含铅量过高的中国进口产品，其中包括海滨遮阳伞、便携式卡拉 OK 设备及做成动物形状的手电筒玩具等多种商品。

纽约 Montefiore 儿童医院（Children's Hospital at Montefiore）负责铅项目的约翰·罗森（John F. Rosen）说，鉴于经济全球化的特点，海外的制造过程可能对美国儿童的健康产生重大影响。

今年早些时候，明尼阿波利斯的一名 4 岁男孩吞下了作为锐步（Reebok）运动鞋赠品的金属饰物后，最终因铅中毒而死亡。这块金属赠品就产自中国，含铅量 99%。

锐步（Reebok International Ltd.）的一位代表称，公司非常重视产品安全问题，出了这次事件后，公司立即在 25 个国家召回了 50 万件产品。此后，公司加强了对供应商的监督，增加了对产品中有害物质的检测。

中国的污染问题不禁让人想起 19 世纪英国以及其他很多国家工业革命时期的情形。不过，在中国经济飞速发展的同时，政府官员已经深切地认识到包括铅在内的有毒物质的危害。

中国防范铅中毒的斗争尚处早期阶段，而美国早在 30 年前便开始展开此类行动。六七十年代，每年都有数百名美国儿童因严重的铅中毒入院治疗，主要与接触含铅涂料和汽油有关。由于当时医疗水平低下，这些患者中每 4 人就有 1 人死亡。诸多的死亡案例促使监管部门加强了立法，禁止在涂料、汽油以及其他很多工业产品中添加铅。70 年代，美国通过了一系列环境法案防止工业污染的蔓延，有关铅污染的防范便是其中之一。

辛辛那提儿童医院医疗中心（Cincinnati Children's Hospital Medical Center）教授布鲁

斯·拉菲尔(Bruce Lanphear)表示,如今,中国也开始面临工业短期利润与人类和环境成本的长期负担之间的权衡。

在几十年的经济高速增长过程中,中国政府一度忽略了经济发展对环境造成的危害,不过眼下政府开始努力治理这一问题。中国政府已经采取了一系列措施限制铅污染,例如在90年代末淘汰了含铅汽油,通过了更严格的有关工作环境的法令。不过,中央政府也发现他们的努力经常在地方政府受阻,因为本地经济增长成为衡量地方官员政绩及升迁的重要指标。

新寺村就很难成为治理环境的战场。从这里乘车到附近最大的城市西安市大约需要8个小时,这里仍然以农耕为主,居民住的还是带有木框窗户的尖顶泥土房屋。

10年前,徽县有色金属冶炼有限责任公司(Huixian Hongyu Nonferrous Smelting Co. Ltd.)在这里开设了一家铅矿石提纯加工的工厂,该公司当时由政府所有的甘肃洛坝有色金属集团公司(Gansu Luo Ba Nonferrous Group)所有。

政府官员表示,该工厂每年生产铅锭5,000吨,排出了大量存在污染的工业废渣。据其母公司的网站显示,这些产品中有一部分被用在了出口美国和韩国的电视机屏幕或电缆上。

这家工厂坐落在一条小河边,与当地的小学近在咫尺。它的大烟囱成了这个村庄最醒目的标志。这里离任何铅矿都不近,也没有方便的交通。一位本地官员表示,工厂之所以建在新寺村而不是大城市是因为在这里可以躲避监管审查。中国环境监管部门及一些环保主义者表示,重污染工业向农村转移的现象越来越普遍,那里的监管相对薄弱一些。

有迹象显示该工厂针对自己的工人至少实施了一些最基本的安全检查,这里的很多工人来自外村。该公司经常要求工人验血,辞掉那些血液铅含量过高的人。42岁的新寺村居民周飞(音)就因为验血结果不合格而失去了这份工作。他的邻居说,他现在已经记不得日期了。当记者直接询问周飞时,他甚至想不起来什么时候在这家工厂工作过。

新寺村的很多居民说,他们并不知道这家工厂排放的铅粉尘会有这么严重的危害。"我们只是农民,"村民徐民正说,他两岁的儿子的血铅含量达到了每升263微克,7岁女儿的铅含量达到316微克。他指着工厂的大烟囱,看着这些烟尘随风掠过玉米地和晾晒的红辣椒说,"我们并不了解铅的危害,但是政府官员应该知道。我们没有任何办法处理这种问题。"

(《华尔街日报》2006年10月3日)

报道背景

甘肃省徽县新寺村一名男孩在西安市第四军医大学西京医院就医时意外发现了血铅超标,后徽县水阳乡更多村民被检测出体内血铅含量超标,拉开了甘肃徽县血铅超标特大环境事件的序幕。

中国在经济发展与环境保护方面的平衡方面问题由来已久,但民众对于环境保护的意义的认识仍处于初级阶段。媒体有关环境保护方面的报道少之又少,人们对于环境污染危害性的认识也颇为欠缺。因此,当经济利益与环境保护遇到冲突时,人们更多地把经济利益放在第一位,而忽略了更长远的环境保护、身体健康、可持续发展、人与自然的和谐。此次血铅特大环境保护事件给渴望致富、一心发展经济的中国人敲响了一记重重的警钟。

针对这样一起特大环境保护事件,国内多家媒体都有跟踪报道,但高质量的深度报道比较少。《华尔街日报》的这则报道堪称环境报道中深度报道的精品,并因此荣获 2007 年第 91 届普利策新闻奖"国际报道奖"。

报道内容分析

该文在结构上可以划分为四部分:

第一部分,先以一个触目惊心的故事开头:"医生在给一个因意外电击受伤的 5 岁男孩看病的时候,惊异地发现,他正经受着另一个同样严重的病的折磨,他的血液当中血铅含量严重超标。"短短几十个字带出了一个非常人性化的新闻人物故事,这样一个新闻故事,令人震惊,更吸引人急切地读下去。

第二部分,作者从这个受伤的小男孩过渡到了同样正经受着铅含量超标折磨的其他的村民们,"迄今为止这个村里所有接受检测的村民(包括来自三所学校的 250 名儿童)都被查出体内含铅量超标。"

第三部分,作者通过这个故事揭示了一个更深层次的、严重的现实问题:中国在经济高速发展过程中所遇到的环境恶化,经济发展与环境污染之间的矛盾的问题,这才是该文的核心议题。"如今,中国也开始面临工业短期利润与人类和环境成本的长期负担之间的权衡。"

第四部分,再次回到新闻人物,他(村民)指着工厂的大烟囱,看着这些烟尘随风掠过玉米地和晾晒的红辣椒说,"我们并不了解铅的危害,但是政府官员应该知道。我们没有任何办法处理这种问题。"话语中透露出对此事的无能为力与无奈,耐人寻味,发人深省。

特 色

1. 敏锐的新闻捕捉力

该报道是《华尔街日报》2007 年第 91 届普利策新闻奖"国际报道奖"系列报道之一。该系列报道以揭露中国经济在高速发展中的问题为主线,而环境污染问题是其中的重中之重。记者选择了发生在人们身边的真实故事为环境污染报道的对象,可以看出记者精准的选题把握能力。该报道触目惊心,发人深省,具有极强的教育意义。

2. 调查深入

X 环境污染报道的核心是污染源的寻找、污染源的危害与受害者的治疗、污染源的处理。

官方的数据报告与记者的深入调查相辅相承,为读者深入剖析了此次铅污染的前因后果。

3. 写作体例独特

该报道沿用了典型的"华尔街日报体"的写法。第一部分,人性化的开头,即与新闻主题有关的人物故事;第二部分,过渡,即从人物与新闻主题的交叉点切入,将真正的新闻内容推到读者眼前;第三部分,展开,即集中而有层次地阐述新闻主题;第四部分,回归人物,即重新将人物引入新闻,交代此人与新闻主题的深层关系。

"华体"借鉴了文学写作中的故事描绘手法,因而常常能使枯燥、索然无味的硬新闻具有较强的可读性、易读性和趣味性。既见人又见事,又用故事制造悬念,处处埋下伏笔。

4. 用数字说话,对比敲响警钟

数字的冲击力常常是文字难以企及的。在该报道中,记者用了"800 倍"、"488 微克"、"34%"等一组确凿的数据,运用对比的方法,如中外对比,"约 34%的中国儿童血铅含量超过WHO 规定的最高限,而在美国,血铅含量超过 WHO 限制水平的儿童不足 1%";安全标准与实际情况的对比,如"儿童血铅含量超过每升 100 微克就可能带来危害,而文中新闻人物的血铅含量已达 488 微克"。这些数据的对比表明新寺村铅污染已达到触目惊心的程度,为人们敲响环境污染的警钟。

徽县血铅事件大事记

2006 年春,甘肃省陇南市徽县水阳乡新寺村 5 岁的周浩在被电击后在西安一家医院就诊时意外被检查出血铅超标。

9 月 8 日,统计显示,该县水阳乡共有 368 人查出血铅超标,其中 14 岁以下的儿童 149 人。

9 月 8 日,国家环保总局派出的专家组到达徽县,从环保角度对铅污染来源展开调查。

10 月,监察部执法室与国家环保总局环境监察室又组成联合调查组到甘肃省进行进一步调查核实,将这次血铅超标事件定性为特别重大环境事件。

2007 年 5 月,甘肃徽县血铅超标事件 20 名责任人被查处。

延伸阅读

曾华锋,王乐文:《甘肃徽县血铅超标事件调查》,《人民日报》,2006 年 9 月 12 日

《甘肃省陇南市徽县血铅超标人数超过 800 人》,《新闻 30 分》,央视网,2006 年 9 月 8 日

孙海华:《甘肃徽县儿童血铅超标调查父母担心有后遗症》,《中国青年报》,2006 年 9 月 9 日

王艳明:《甘肃徽县血铅超标事件 20 名责任人被查处》,新华网,2007 年 5 月 30 日

王艳明,王衡:《甘肃徽县血铅事件:村民维权 3 年政府无动于衷》,新华网,2009 年 8 月 15 日

默多克的 2.0 时代

Peter Kafka

鲍尔卡(Amy Joan Borka)24 岁,居住在美国明尼苏达州伯恩斯维尔(Burnsville)。她在去年秋天结了婚,并将在今年 4 月份生下第一个孩子。她在自己的 MySpace 个人资料中还写道,她喜欢汉堡王(Burger King)、雅诗兰黛(Estee Lauder)和福特野马(Ford Mustangs)。这些在其 MySpace 个人网页上对所有访问者一律公开。类似的网页在 MySpace 上已达1.5 亿个。直到 2005 年新闻集团(News Corp.)以 6.3 亿美元的价格将 MySpace 一举买下前,这些资料还只是她在 MySpace 这个红极一时的互联网站上彰显个性的一种方式。

过不了多久,MySpace 的广告销售人员就会使用一种新的软件,进入用户的个人资料页面,根据他们填写的细致入微的个人资料,对用户进行分类。然后,将这些海量的分类信息整理汇编,提供给广告主。你要找在美国生活、养有宠物狗的已婚男性吗?你要找大学毕业、开轻型货车的单身女性吗?只需付费,MySpace 就可以直接把你送到他们的网上门户。

这正是人们长期以来的营销梦想,如实现的话,将是了不起的成就。而新闻集团的首席执行官默多克考虑的是一个更紧迫的目标:以更高的价格卖更多的广告,同时将 MySpace 和其他互联网业务变成公司的业务支柱。这项重任落在了福克斯互动传媒(Fox Interactive Media)(电影)总裁彼得(Peter Levinsohn)和 MySpace 创始人德沃尔夫(Chris DeWolfe)与安德逊(Tom Anderson)身上。

2005 年,默多克大规模投资互联网,以约 13 亿美元购入一些网站,最著名的当数MySpace。今天看来,默多克此举确有先见之明:MySpace 不但没像怀疑论者预测的那样昙花一现,反而大显身手,用户数从 2,000 万增长到 1.05 亿。尼尔森网络流量统计(Nielsen NetRatings)表明,在美国,MySpace 月访问量从 2,100 万激增到 5,500 万,月收入也从 200万美元激增至 2,800 万美元。默多克的竞争对手争相大举进军互联网,从侧面证明了网络投资的正确性。去年夏天,搜索广告巨头谷歌(Google)亦步亦趋,以 3 年 9 亿美元收入的保证,获得了默多克网络资源的使用权。

然而,向默多克伸出橄榄枝之后仅仅数周,谷歌就重拳出击,看似不经意地以 16.5 亿美元收购了 YouTube——一个人气渐旺的视频网站,在 MySpace 后院悄然成为一个不可小视的竞争对手。"我们刚刚与他们结成伙伴关系,他们打算弄一个社会网络。而在过去,这种事他们根本不予考虑,总是说'噢,不！不！'"默多克回忆说。虽然已是 75 岁高龄,默多克依然优雅整洁、活跃健谈。"所以,我的反应是,踏踏实实地办好我们的网站,而且要越办越好,超过他们。"

做起来可就没那么容易了。默多克为买下 ign 支付了 6.5 亿美元,甚至超过对 MySpace 的投资。Ign 是一系列以年轻男士为目标客户的网站总称,一直以来表现平平,过去 14 个月中,访问增长量仅 21％。为了在互联网动摇其传媒帝国前充分利用互联网的优势,默多克和他的助手、首席运营官切尔宁(Peter Chernin)比任何竞争对手的动作都要快——当然也更易跌跟头。也许就是由于这一原因,他们在过去 3 个月中调整了 3 个网络高管职位中的两个。"有大量的工作要做,"默多克承认,"我们正处于一个伟大的过渡时期的起点。"他要传给继承人的公司与他本人 1953 年继承的新闻公司(News Ltd.)大不一样了。

公司变革的征兆之一是在圣诞节前夕将其美国电视卫星业务脱手。与以往各时期相比,现在的新闻集团更是一个内容提供商。不过目前情况下,他们甚至还不清楚内容的价值到底是什么,更不用提内容的发行了。DVD 销售状况正在滑坡。电影上了 YouTube,身价就会增加？希望看到乔布斯(Steve Jobs)成为自己的内容转销商？对新闻集团来说,像所有传媒公司一样,互联网既可是一个通过卖电影、新闻、电视节目获得更多利润的机会,也可是让其亏本的隐患。

目前,默多克的互联网业务甚至还不足以在新闻集团的损益表上单独列项。它和路牌广告、橄榄球联赛一起,被置于"其他"项下。花旗银行(Citigroup)分析师杰森·巴兹奈特(Jason Bazinet)推算,2006 财年(截至 6 月 30 日),新闻集团的互联网业务收入为 1.85 亿美元。切尔宁表示,到 2007 年 6 月,他的互联网业务收入将达 5 亿美元,实现收支平衡。

对于一个在过去 12 个月中收入 256 亿美元、赢利 36 亿美元的公司来说,这在财务上仍是无足轻重的小数目。新闻集团的股票在过去一年中上涨了 41％,这在很大程度上受益于 MySpace 的光环。不过今天,它还是以传统媒体为主。报纸如今也面临着新媒体对其广告收入的蚕食。尽管如此,报纸在这个财政年度的收入仍达到 40 亿美元,获利 5 亿美元(息税前利润)。新闻集团的福克斯广播网(Fox broadcast network)(本杂志与福克斯有线新闻网有合同关系,双方共同制作《福布斯在福克斯》[Forbes on Fox]节目)和电影制片厂还是那样难以捉摸,严重依赖于热门节目。押对宝时,往往可以大赚一把,如《冰河时代》(Ice Age)续集,《X 战警》(X-Men)第三部以及一些没有续集的票房热点如《时尚女魔头》(The Devil Wears Prada)等,去年的票房收入共达 36 亿美元。不过,要是没有押对宝,可就亏大了:去年秋天,福克斯由于失去了一个新的热门节目而一下子跌至第四位,尽管随着新一期《美国偶像》(American Idol)的播出,今年春天它有可能实现反弹,但元气已大伤。

默多克此前一直对互联网的前景感到失望。作为一个后来者,据报道他曾于上世纪 90 年代末期拨出 23 亿美元,专门用于网络业务——这些钱大部分都已到位,但却一直没有花出去。他让 34 岁的小儿子詹姆斯(James)负责整顿福克斯新闻网站、福克斯体育(Fox Sports)网站和电视指南(tv Guide)网站。他还出面组织实施对点播公司(PointCast)的收购。这是一家曾经火爆一时的网站,允许用户定制新闻。然而交易并没有成功。今天,关于这次交易,最多只能这样评价:默多克没有像对手那样,把那么多钱扔进下水道。想想迪斯尼的 Go. com 或时代华纳的寻路者网站(Pathfinder)吧,不知道亏了多少!

但到了 2004 年末,默多克和切尔宁注意到雅虎的复兴、谷歌的上升以及广告费用向网络的转移,于是他们卷土重来。他们认定,利用互联网威力的最佳途径,是亲自介入已吸引了广大用户的网站。福克斯体育网站的成功对他们的影响很大。福克斯体育网站原是一个乏善可陈的网站,在与微软 MSN 网站网络达成协议后,它占据了网络的显要位置。之后,它的访问量从每月 220 万激增至 1,040 万。两人遂要求福克斯体育网站总经理罗斯(Ross Levinsohn)领导的团队拟出一份可供选择的网站名单。罗斯提了 3 家作为目标网站:MySpace(当时属于因特美营销公司[Intermix]),ign,还有一家切尔宁不愿透露名称的网站。

毫无疑问,MySpace 继续在以令人称奇的速度扩张。年龄更大一些的,35 岁及以上的人们正开始访问这个网站,而同时,大多数 25 岁以上的人对于它的魅力更是难以抵挡。不过,问题也就在逐利:你的孩子们不希望你和他们混在一起。尽管主流市场对于这个网站仍很犹豫,它们毕竟还是跨了进去。比如,汉堡王、阿迪达斯、迪斯尼都在通过 MySpace 发动宣传攻势。为了减轻用户有关网上色狼的担忧,MySpace 特意雇用了"安全沙皇"(safety czar)加以防范。该网站还用了一种软件,帮助父母了解孩子的用户名和年龄的修改情况。

不过,MySpace 对于推广儿童用品的大部分广告仍然不具备吸引力。电子邮件营销商 eMarketer 称,尽管专家们对旧媒体已不屑一顾,但广告主们却依然不为所动——在美国各电视频道共投入了 2,830 亿美元。去年,广告主在互联网广告方面投放了 164 亿美元,其中约 40%是搜索广告,相当一部分落入了谷歌囊中。两者在广告最高价方面打了个平手:艾文瑞哲公司(Avenue A-Razorfish)副总裁兰科托特(Jeff Lanctot)称,约 50 万美元的广告费,可以换来雅虎首页上约 2000 万个眼球的注意,与福克斯 24 小时新闻(Fox's 24)效果一样。不过,包括 MySpace 在内的大多数网站,摊在每只眼球上的价格不足 2.5 美分。

同时,ign 并没有火起来。这是一种混合性质的网站组合,以视频游戏、少女和电影为主题,目标受众是那些不再收看传统电视的年轻男性。切尔宁表示,随着游戏玩家们为攒钱购买下一代游戏而不再购买 Xbox 和 Sony PlayStation 2,公司预期该网站用户数将会下跌。

且不论预期多低或根本没有,老板办公室已发生变化。去年 11 月,钟马克(Mark Jung)突然离职。在被新闻集团收购前,他是 ign 的老板,更早前还曾任福克斯互动传媒(Fox Interactive Media)第二把手。福克斯互动传媒负责默多克旗下所有网络业务,组建时间并不长。同月晚些时候,他的上司罗斯(Ross Levinsohn)步其后尘,辞职离开。罗斯曾因举荐 MySpace 声名鹊起,接替他的是其表兄彼得,后者曾负责福克斯电视和电影制片厂的数字媒体业务。罗斯和他的上司都称这是一次友好的分手。

无论起因如何，显然，现在的默多克和切尔宁把公司未来的很大一部分希望寄托在执掌MySpace 的创始人德沃尔夫和安德逊身上。他是在贝弗利山（Beverly Hills）福克斯互动公司玻璃幕大厦的二层做出这个决定的。他们的目标是不断增加新的功能和产品，将用户牢牢吸引在这个网站上。这些新增功能和产品主要不是用来增加实际收入的——蜂拥而至的未签约音乐家每卖出一首歌，最多只能挣几个便士。

他们更觊觎的是 MySpace 为其他互联网业务带来的辐射效应。这个网站的魅力之一，是用户能够把想要的一切都弄到个人网页上，尤其是一些"小玩意"（Widget）——各种简易程序，可以将图片、视频和其他工具下载到网站上，把网页打扮得漂漂亮亮。这些小玩意是由各公司免费提供的。这些公司希望，用户为了维护这些程序和寻找更多的类似程度，最终会访问自己的网站。编写"小玩意"程序已俨然成为一个产业，但大多数规模较小，只有少数例外：YouTube 是 MySpace 成员率先采用的，这些成员使用该网站的软件，为各自的个人资料增加视频内容。新闻集团长期以来一直坚持认为，是自己帮助 YouTube 从默默无闻到一举成名，直至去年被谷歌买下。

默多克和切尔宁非常希望拥有下一个 YouTube，但他们不大可能买得到。在目前这个"2.0 泡沫"时代，没有哪家网站能够躲过雷达的监控。而且正如默多克不无遗憾地承认的那样，拥有每股 500 美元身价和 104 亿美元现金后盾的谷歌可以想买什么就买什么。去年，新闻集团曾有意购入 YouTube。切尔宁说，YouTube 当时的出价比谷歌最终的收购价格要低得多。但他表示，即使那时，"我们也凑不出它报的这个数目"。

所以，新闻集团将试图通过集团的研发团队，创建一个自己的 YouTube。"我认为，我们应该尽可能努力地创建自己的网站，"切尔宁说。但他的团体想在网络创新方面垄断市场似乎不太可能。而且，尽管默多克、切尔宁和所有员工都坚持说，他们永远不会强求MySpace 用户在各自的网页上做这做那，但实际上，新闻集团一直在进行着某种控制，它已经在检查网站上的色情内容，还根据要求清除侵犯了知识产权的内容。在一次它声称改善网站安全的行动中，福克斯敦促 Adobe 在其 Flash 媒体软件中加入一项新的功能，使其提供"小玩意"的商家从网站上分流变得不那么容易了。

某种程度上，这一切都太晚了。YouTube 就是这么起家的：开始只是 MySpace 的一项附加功能，后来却带走了数以万计的访问者。现在 YouTube 已成为富有竞争力的社交网络和视频代理。那么，默多克是和谷歌交易，向 YouTube 提供内容以换取广告收入呢，还是与NBC 或维亚康姆（Viacom）联手组建自己的视频王国？新闻集团正在权衡。

视频短片就先说到这里吧。下一个问题是：展示电影和电视节目的最佳途径究竟是什么。福克斯已经试着在 MySpace 上播出了几集《越狱》（Prison Break），但它还没有决定电影应该怎么办。与迪斯尼和派拉蒙不同，新闻集团还没有同意通过苹果公司的 iTune 销售电影。"我们是有点挑剔的，"默多克面无表情地说。这就意味着，除非乔布斯同意支付比迪斯尼更高的价格,否则你的 iPod 上不会出现《波拉特》(Borat)。"我们对乔布斯说,'我们不知道你想以什么价格卖我们的电影,但我们要卖,就是这个价。'"

默多克完全能够创建自己的网站。有了 ign,就有了 Direct2Drive。这种软件压缩技术可以在互联网上传输很大的视频文件,还可以传输两小时长的电影。

像竞争对手一样,切尔宁正尝试了解手机能给新闻集团带来什么机会。去年,他以 1.88 亿美元买下 Jamba,一家移动内容出版商。用户每次下载铃声或数独无限(Sudoku Unlimited)之类的游戏时,公司可分得部分收入。12 月,切尔宁与 AT&T 旗下的兴格乐(Cingular)联手推出手机版 MySpace,头两周注册用户超过 7 万。他会将 3 美元的月收费与兴格乐无线电话公司共同分享。今年他还将与其他美国大运营商以及欧洲电信巨头沃达丰(Vodafone)进行更多的合作。

在互联网上涉足日深的同时,默多克的另一只脚仍深深扎根于传统领域,旗下的报纸仍在为他大把大把赚钱。他承认,自己希望拥有论坛报业集团(Tribune Co.)旗下的某些报纸,相比《洛杉矶时报》(Los Angeles Times)来说,更可能是《新闻日报》(Newsday)。当然,价格不能高。道琼斯呢?当然很好。不过默多克认为,班克罗夫特家族(Bancroft family)还无意出售。也许再过"5 年,10 年,20 年",他默默自语,"但那时我已不在了。"

到那时,谁会接管新闻集团呢?关于这个问题,外界的猜测没完没了。默多克常说,他认为切尔宁干得很好(包括奖金,切尔宁每年进账 2900 万美元)。但他同时暗示希望由自己的后代接管新闻集团。将 Directv 股份出售给马龙(John Malone)的交易,使默多克家族实际控制了新闻集团 38% 的股份,为有朝一日詹姆斯的即位扫清道路。詹姆斯目前负责集团的欧洲卫星业务——英国天空广播公司(BskyB)。默多克的另一个孩子、35 岁的兰克伦(Lachlan),则于 2005 年一怒之下离家出走。默多克与第三任妻子邓文迪的孩子分别只有 5 岁和 3 岁。

当有人提出,希望他能够平息继承权之争时,默多克一口回绝。"不,"他说,"这件事应该由董事们决定。"

([美]《福布斯》(中文版)2007 年第 3 期)

报道背景

默多克的一生是伴随着 20 世纪下半叶西方传媒发展全过程的重要人物。他通过高瞻远瞩的战略规划、娴熟的资本运作、精明得当的经营手段,将其传媒企业新闻集团打造为以英、美、澳为本土,遍及世界各国的传媒帝国。新闻集团从报纸起家,到新世纪成为横跨报业、期刊业、广电业、互联网等诸多媒体的跨媒体集团。

与所有媒体人一样,默多克也注意到了网络媒体的兴起。他以极大的兴趣关注着网络的发展,并在 2005 年下半年以十多亿元的巨资连续收购了两家互联网公司,开始大举进入互联网世界。

但互联网的经营存在诸多不确定因素,世纪之交的互联网泡沫就曾使无数投资者血本无归。默多克自己也说过:"我不了解互联网,而且永远也不会懂。不过你不必了解互联网,只要懂得如何利用它就好。"那么默多克介入互联网经营,到底能否成功呢?《福布斯》在 2007 年初发表的《默多克的 2.0 时代》,就对此作了深入报道。

▇ 报道内容分析

作为 2007 年第 3 期的主打文章,本文较全面地梳理了默多克进入互联网领域的动机、收购过程以及收购后的举措和效益。

▇ 特 色

《福布斯》推崇精英群体的影响力,介绍企业、企业家的成功之道,重视人性化的人物描写。他们的文章充满了统计数字,但却总是聚焦于人。其"封面故事"中很多文章以人物的经济活动为主,"公司、人物、观点"和"创业者"栏目包含了人物专访、创业经验等方面的文章。我们选择的《默多克的 2.0 时代》就是其"公司、人物"栏目中的一篇深度报道。

本文有如下特点:

1. 突出公司经营上的特色与经验

《福布斯》的读者定位在企业高端人群,因此,文章紧紧围绕目标读者的兴趣点展开。本文从默多克进入互联网的动机、战略构想、人力资源调配、经营手段与业绩等几个方面展开叙述,符合《福布斯》风格。

2. 客观、公正的报道理念

本文对默多克进入互联网领域的报道,完全处之以客观、公正的态度。对互联网在新闻集团中的业绩表现如实叙述,对其前景也是理性叙述,树立起传媒的公正、客观的形象。

3. 人性的表达方式

本文的专业性很强。专业性一方面表现在企业经营上,另一方面表现在互联网的技术本身也比较复杂、深奥。西方传媒往往尽可能地用生动具体的语言来通俗化地将这些专业内容传递出来,同时还很自然地加入人性化的内容。西方财经新闻"见物也见人"的境界在本文中有所体现。如本文一开始,先从一个名为"鲍尔卡"的 24 岁女性说起,文章这样写道:

鲍尔卡(Amy Joan Borka)24 岁,居住在美国明尼苏达州伯恩斯维尔(Burns-ville)。她在去年秋天结了婚,并将在今年 4 月份生下第一个孩子。她在自己的 MySpace 个人资料中还写道,她喜欢汉堡王(Burger King)、雅诗兰黛(Estee Lauder)和福特野马(Ford Mustangs)。这些在其 MySpace 个人网页上对所有访问者一律公开。类似的网页在 MySpace 上已达 1.5 亿个。

这样的文字流畅清新,在我们面前很自然浮现出一个美国普通少妇的形象,充满了人情味。文章写到这,很自然就转入了默多克进军互联网的叙述。

大事记

近年来美国传统媒体公司收购互联网公司案例

2004 年 11 月,道琼斯公司以 5.19 亿美元收购 Marketwatch 新闻网站。

2004 年 12 月,华盛顿邮报收购 Slate 在线观点杂志。

2005 年 2 月,纽约时报集团以 4.1 亿美元收购 About 新闻网站。

2005 年 6 月,E. W. Scripps 媒体公司 5.25 亿美元收购 Shopzilla 购物搜索引擎网站。

2005 年 7 月,新闻集团(News Corporation)以 6.3 亿美元现金收购当时 MySpace 的母公司 Intermix Media,从而进入了网络新闻博客及网络社交领域,拥有了这个广受欢迎的 SNS 网站、"生活方式门户网站"。

2005 年 9 月,默多克控股的新闻集团又以 6.5 亿美元收购一家网络视频游戏公司 IGN Entertainment。IGN 公司下属网站包括 GameSpy.com、IGN.com 和 TeamXbox.com。同时它还拥有两家娱乐网站,其中包括在影迷中很流行的 Rottentomatoes.com 网站。

2006 年 3 月,NBC 环球影业以 6 亿美元收购 Ivillage 女性网站。

2009 年 12 月,新闻集团旗下照片分享网站 Photobucket 与手机照片分享网站 Ontela 昨日共同宣布,二者将合并成为一家新公司 Photobucket Corporation。

延伸阅读 ·········

Victoria Murphy Barret:《音乐网站黑马呼之欲出》,[美]《福布斯》(中文版),2007 年第 3 期

Erika Brown:《迈向新的征程》,[美]《福布斯》(中文版),2007 年第 12 期

Fara Warner:《阿里巴巴的掌舵人》,[美]《福布斯》(中文版),2008 年第 2 期

Erika Brown:《MySpace 的视频天下》,[美]《福布斯》(中文版),2008 年第 2 期

Matthew Schifrin:《撼动虚拟世界》,[美]《福布斯》(中文版),2008 年第 2 期

徐蓉蓉:《默多克:路在何方?》,《经济参考报》,2009 年 8 月 28 日

华尔街之殇

保罗·巴雷特(Paul M. Barrett) 罗伯特·伯纳(Robert Berner)、
彼得·科伊(Peter Coy) 基思·爱普斯坦(Keith Epstein)、
布赖恩·格罗(Brian Grow) 查德·特休恩(Chad Terhune)

是什么造成了市场重挫？错误的选择、贪欲——以及从不接受过去的教训

　　针对华尔街的危机，美国大量的评论都将之喻为飓风或百年一遇的洪水，这无形中暗示了此次灾难的不可预知和不可抗拒性——既然无法预知，也就无从谈起防范了！还是沃伦·巴菲特(Warren E. Buffett)一针见血。多年前，谈到公司肆无忌惮举债时，巴菲特指出(原话大概如此)："直到潮汐退去，你才知道谁在裸泳。"如今，潮汐正在退却，进入我们视野的那副图景谈何美丽。除了暗潮下不断浮出的裸泳者，我们的脑海中也再度浮现出那些愚蠢的主张和草率的选择——正是它们让我们陷入眼前的灾难。此般触目惊心的景象我们已经历多次。不过，就像飓风地带那些顽固的居民一样，我们往往很快就选择忘记刚刚过去的疾风暴雨，并劝说自己：从现在开始，一切都会好起来。然而，我们为什么就不汲取显而易见的教训呢？答案是：轻松赚钱时代滋生的狂妄自大日久弥坚，一系列愚蠢的金融概念在过去 30 年中大行其道。

　　概念之一，就是不加区别的反监管思潮，它曾以基督徒举行帐篷复兴聚会(tent-revival)般的热情在华尔街传播。然而这种思潮中真正让人不解的是，很多自由市场的忠实信徒也认为，一旦他们陷入困境，联邦政府会解救他们。想想由纳税人背负的特别营救案已经有多少了吧：从保险巨头美国国际集团(AIG)到住房融资机构房利美(Fannie Mae)和房地美(Freddie Mac)，还有此前美国财政部授意摩根大通(JPMorgan Chase)对贝尔斯登(Bear Stearns)的收购。这不禁让人联想到房主的逻辑：住房所有者一边咆哮着要甩掉政府管制，一边又要求联邦政府担保洪灾保险——不管他的房子建得离墨西哥湾有多近。

　　其他一些现已耳熟能详的概念也推动着我们步入深渊：好年景中，是不需要太多防范的。还记得迈克尔·米尔肯(Michael Milken)吗？衍生品不需要监管，即使在没人懂它们的情况下。长期资本管理公司(LTCM)现在如何？还有，别担心，计算天才们已经开发出模型，可以消除极端风险。还有人记得安然(Enron)吗？

"现在,各家银行、布什政府、财政部长亨利·保尔森(Henry Paulson)和美联储主席本·伯南克(Ben Bernanke)再次希望你把这些危机想象成洪水或飓风,"曾在克林顿政府担任商品期货交易委员会(CFTC)高级官员的迈克尔·格林伯格(Michael Greenberger)表示。由于支持对投资银行实施更积极的监管,他在上世纪90年代末期被拉下马,而推他下台的不仅有共和党的对手,还有自己的民主党同僚。格林伯格认为,大多数金融灾难并非不可控的自然力所为。"它们是可预见事件。"当然,可预见事件更加可能通过完善的规则和严格的执法来进行防范。

另 类 动 物

埃尔弗雷德·卡恩(Alfred E. Kahn)作出了长远分析——很长远的分析。作为卡特政府的航空业主管,他在上世纪70年代末期放开了对航线和票价的管制,重塑了航空业格局(且不论结局好坏),并帮助激发了历时长远的经济解除管制时代。这位已从康乃尔大学(Cornell University)退休的经济学家和兼职顾问如今91岁高龄,但依旧思维敏锐,他回忆道,自由市场思潮一经解放,市场狂潮便立即汹涌而至,其中银行业也开始要求更多的自由。但卡恩表示,银行"是另类动物",不同于卡特政府降低了管制的航空公司和卡车运输公司。"银行对宏观经济有直接的影响。对它们的监管与对那些提供商品和服务的行业的监管截然不同……我从未支持过以任何形式降低对银行业的管制。"

在里根时代,卡恩对不同行业做不同分析的谨慎做法被芝加哥大学(University of Chicago)包罗万象的反监管思潮所取代。由此带来的一个后果是:储蓄贷款(S&L)机构解禁,而怂恿者既包括国会中的民主党人,也包括共和党人,他们很多人都从这一解禁中得到了好处(华尔街说客敞开荷包促成国会两党达成中立的手段自此也炉火纯青)。在贪心不足、甚至不乏欺诈的房地产交易中,成百上千家储蓄银行在上世纪80年代末和90年代最终倒闭。

早在2000年,著名的消费者律师、自从S&L灾难之后就代表住房抵押贷款借款人的威廉·布伦南(William J. Brennan)在众议院金融服务委员会(House Financial Services Committee)作证时就警告称,房地产金融可能以新的方式再次对我们造成威胁。几乎没有人听他的话。现任亚特兰大法律援助协会(Atlanta Legal Aid Society)住房辩护项目(Home Defense Program)主任布伦南表示,在每一波盲目的贷款潮背后,都潜伏着金融创新者,他们创造出新的机制去引诱那些愈加不合格的借款人。在上世纪80年代,通过兜售储蓄银行客户的高风险垃圾债券,迈克尔·米尔肯和他在Drexel Burnham Lambert投资银行(现已倒闭)的同事们加剧了S&L惨败。后来,贝尔斯登和即将倒闭的雷曼兄弟(Lehman Brothers)之流发明了抵押贷款证券化,鼓励住房贷款机构发放非常不明智的贷款。"放贷的时候不考虑偿还能力,开始于S&L丑闻,"布伦南称。在80年代,借款人是肆无忌惮的购物中心开发商;在最近的热潮中,则是涉"市"不深、有时甚至很单纯的住房所有人。

华尔街把危险的次级抵押贷款转化为有毒的证券,而这些证券导致了数千亿美元的资产减记,并迫使一度非常强大的美林(Merrill Lynch)将自己作价卖给了美国银行(Bank of America)。总部位于新泽西州泽西城的对冲基金 Prisma Capital Partners 风险管理主管伊曼纽尔·德曼(Emanuel Derman)表示,这轮动荡最令人惊心的方面之一,就是众银行各自在这场毒馐盛宴中的吞食程度。"这些家伙在自食其果,他们没有转嫁给客户。"

华尔街对危险的抵押担保证券和更加不透明的衍生品胃口庞大,这在很大程度上有如厨师并未完全搞懂每道菜的风险一样。如果有人留意过去的冒险,就会发现这一切是何其相似——那些巫师都声称自己深奥的模型神奇地消除了风险和不确定性。对冲基金长期资本管理公司(LTCM)没有想到俄罗斯会债务违约,而雷曼也显然没有想到全国的房价会同时恶化,进而导致一场全局瘫痪的信贷危机。

在上世纪 90 年代中期的 4 年里,长期资本管理公司依靠包括两个诺贝尔奖得主在内的研究团队开发的、本以为毫无瑕疵的电脑模型,赚取了超乎寻常的利润,并为此洋洋得意。但在 1998 年夏天,俄罗斯信贷崩溃,而这正是长期资本管理公司没有纳入考虑的几个同时发生的全球危机之一。几个月里损失超过 40 亿美元,这家对冲基金接受了一项政府组织的营救行动,但它最终彻底失败了。

得克萨斯大学奥斯汀分校(University of Texas in Austin)公司法教授亨利·胡(Henry T. Hu)表示,金融领域的"火箭科学家"有一种忽略小概率灾难事件的天分。安然最聪明的那些家伙也把他们不愿面对的风险"假设"掉了。"这些模型……在正常情况下是有效的,但在真正关键的非常时期就不行了,"亨利·胡表示,"就像汽车的安全带,只在发生严重车祸的情况下失效。"

在 LTCM 倒闭之后,让外部人士感到慌张的一点就是该公司衍生品组合的规模和复杂性。克林顿政府的一些人呼吁对那些未受监管、私下交易的金融工具进行更多监管——它们的价值源自外汇、证券或其他资产的价格变动。时任美联储主席的艾伦·格林斯潘(Alan Greenspan)以及克林顿政府的财政部长罗伯特·鲁宾(Robert E. Rubin,现任花旗集团董事兼高级顾问)却不同意对衍生品实行更严格的监管。格林斯潘认为,银行可以彼此监督,比监管机构更有效。这种观点最终证明是短视的。

尽管后来发生了我们所看到的事,但在一次专访中,格林斯潘并没有放弃这一主张。"以我的经验看,多数律师主张监管——限制某些活动,却不关心因此而失去的好处,"他表示,"问题是:你失去什么?在这个例子中,是一种用以减少系统性风险的、非常有价值的工具——信贷违约互换(CDS),这种衍生品乃是当前混乱局面的核心。你可以防止系统崩溃,并消除投机损失。但你也会极大地降低经济活力,并最终降低生活标准。"

格林斯潘补充道:"最老练的金融业者在风险管理方面的糟糕表现曾让我极度失望。不过,问题是:如果他们无法保护自己的资源,还有谁更懂行?"(怎么说呢,或许只有那些无须

担心巨额奖金泡汤的监管者们，才不会被格老的赞誉冲昏了头吧）

鲁宾也曾表示，他不反对监管衍生品的大原则，但他反对在上世纪 90 年代末提出的扩大 CFTC 权限的具体主张。"我一直很关注衍生品，"他说道。时任 CFTC 交易和市场部主管的格林伯格回忆道，格林斯潘—鲁宾一派的反对非常强烈，而且是全局性的。"如果当时我们占了上风，（次贷证券化）一方就永远不会有起步之日；而这种乱象也就不会发生，"他说道，"那时将会有审计要求、资本充足率要求、透明度要求。再也没有阴影下的操作。贝尔斯登、雷曼、安然和 AIG 都会兴旺发展，并时时刻刻都在抱怨自己身上的监管限制。"现任马里兰大学（University of Maryland）法学教授的格林伯格补充道："在一个蓬勃发展的经济中，人们很难信服这样的观点，即如果没有调整修正，像长期资本管理公司这样的现象可能再次发生，而且规模更大，牵连更多。"如今，贝尔斯登、雷曼兄弟和美国国际集团的账目上有不计其数的古怪衍生品。要想弄明白它们的价值，可能需要几年的时间。

长期资本管理公司现象的另一个遗产就是"道德风险"：其他金融业者在某种程度上以为自己也会被视为"大到不能破产"，因而敢于去冒更大风险。当然，你可以认为房利美和房地美之所以越轨，部分原因是存在一个暗含的联邦安全网——事实证明，这个网现实存在。

对冲基金大亨、西尔斯公司（Sears Holdings）的控制者爱德华·兰伯特（Edward S. Lampert）担心的是另外一种可能。他表示，此轮联邦干预浪潮发出了一个与最初意图背道而驰的信号：政府官员正在因为更大范围的不稳定性而惶恐。"作为一个投资者，这是我（对两房拯救行动的）直觉反应，"他说，"它们完全摧毁了投资者对所有金融机构的信心。"

兰伯特担心，随着投资银行的倒闭和合并，由此而带来的行业整合将导致风险集中，并引发更多的救援行动。"剩下是花旗、摩根大通和美国银行，每家的资产都在 2 万亿美元以上，"他指出，"这将是 3 倍于两房的规模。如果它们出现问题，你认为会发生什么事？它们大到不能破产。"

（《商业周刊》2008 年 10 月）

报道背景

2008 年，曾经全球无敌的华尔街变成了梦碎大道。从贝尔斯登、雷曼兄弟到美林、美国国际集团，各家公司风雨飘摇、市场漩涡不止、投资者惊恐战栗，曾经的金融巨擘人人自危，如多米诺骨牌般轰然倒下，一场堪比上世纪二三十年代大萧条的金融海啸席卷华尔街。

这次由次贷危机引发，金融衍生品促成的金融海啸似群魔乱舞，令美国政府悔恨交加，束手无策。虽然启动了有史以来最大的救助计划，将7000亿美元的庞大资金注入华尔街，希冀亡羊补牢，防止金融危机引发的经济危机迅速蔓延至实体经济，但美国经济早已病入膏肓，非短时间能治愈了。

由此，金融体系的监管再次提上议事日程。虽然管制与放松管制之间的对抗由来已久，强调严格管制的一方从没有像今日这样激情高昂，振振有词，因为他们手中掌握了放松管制弊端最深刻、最真实的第一手资料，他们的"另类动物"说第一次占据上风，主张对华尔街采取严厉的监管措施。

内容分析

这是美国《商业周刊》2008年10月针对美国金融危机的五则系列报道之一。其他四则报道分别是《莫道前路无痛楚》、《美国国际集团错在哪里？》、《找回平衡的契机》、《走向坦途还是即将脱轨？》。本文主要分为两部分。第一部分详细叙述了金融危机之前美国学术界与金融界的反监管浪潮，第二部分反思金融危机之后，放松监管的问题与弊端，主张对华尔街建立更加完善的金融监管体系。

特　色

1. 视角高屋建瓴

《华尔街之殇》以宏观的视角，高屋建瓴地总结了华尔街之殇的症结所在：错误的选择、贪欲以及从不接受过去的教训。过去三十年中的反监管思潮，金融衍生品无须防范之说盛行，是酿成当前金融危机的主观原因。专家认为，金融危机甚至是可预见的。

2. 论据扎实，说理充分

记者通过历史事件痛陈卡恩的严格监管责任论是如何一步步被打压、并被放弃的，曾经律师、金融学家振臂高呼但应者寥寥，当权者格林斯潘、鲁宾的声音压倒了主张金融监管的声音，才造成金融巨头接连倒塌的多米诺效应。

文中正反两方的观点都得以充分展示，双方似乎在进行一场异地大辩论，记者将自己的立场蕴藏在被采访对象的观点中，有理有据，令人信服。

3. 故事化的叙述方式

开篇以巴菲特颇有远见的一则故事开始，生动活泼而又发人深省。记者将银行业喻为"另类动物"，华尔街一次次事件被转换为一个个小故事，令读者读起来既轻松又有趣。

4. 语言流畅，文笔优美

虽然是一则专业的财经分析报道，但文章文笔流畅，语言生动，读起来并不枯燥，堪称财经美文。

相关知识链接

美国次贷危机(subprime crisis)又称次级房贷危机,也译为次债危机。所谓次级抵押贷款,是相对于优质抵押贷款而言的。美国房地产贷款系统里面分为了三类:优质贷款市场、次优级贷款市场、次级贷款市场。它是指一场发生在美国,因次级抵押贷款机构破产、投资基金被迫关闭、股市剧烈震荡引起的金融风暴。它致使全球主要金融市场出现流动性不足危机。美国"次贷危机"是从 2006 年春季开始逐步显现的。2007 年 8 月开始席卷美国、欧盟和日本等世界主要金融市场。

大事记

2008 年 3 月,贝尔斯登被摩根大通以 2.4 亿美元低价收购,次贷危机持续加剧首次震动华尔街。

7 月,美联储和财政部宣布救助两大房贷融资机构房利美和房地美,美国国会批准 3000 亿美元住房援助议案,授权财政部无限度提高"两房"贷款信用额度,必要时可不定量收购其股票。

9 月,美国政府宣布接管"两房";雷曼兄弟宣布申请破产保护;美国银行宣布将以 440 亿美元收购美林;美国政府出资最高 850 亿美元救助美国国际集团(AIG);美联储批准高盛和摩根士丹利转为银行控股公司的请求,华尔街投行退出历史舞台。

华盛顿互惠银行被美国联邦存款保险公司(FDIC)查封、接管,成为美国有史以来倒闭的最大规模银行。

9 月 30 日,美三大股指暴跌,纳指创历史最大日跌幅,道指创单日最大下跌点数。

10 月,美国"大萧条"以来最大规模 7000 亿美元金融救助计划获批,美政府当月底 1250 亿美元注资本国九大银行。

11 月第三周,花旗集团股价累计跌去 60%,美财政部、美联储和联邦储蓄保险机构联合宣布,将为花旗 3060 亿美元问题资产提供担保;美政府 8000 亿美元刺激消费者信贷市场。

二十国集团(G20)财政部长和中央银行行长 2008 年年会呼吁国际社会协调一致,共同应对国际金融危机。

12 月,全球多家央行再度同步大幅降息。

美国当选总统奥巴马宣布制定"经济复兴"计划;美国非农就业人数创 24 年来新低,金融危机对实体经济的影响显著。

延伸阅读

陈刚：《特写：彼得·科伊(Peter Coy)与塔拉·卡尔沃斯基(Tara Kalwarski)20 年来最恐慌的时刻》，《21 世纪经济报道》，2008 年 9 月 14 日

何瑛：《美国金融业危机加剧 华尔街发生"海啸"》，新华网，2008 年 9 月 15 日

安峥，洪俊杰：《华尔街五大投资银行已垮掉三家》，《解放日报》，2008 年 9 月 16 日

戴维·亨利(David Henry)，马修·戈尔茨坦(Matthew Goldstein)，塔拉·卡尔沃斯基(Tara Kalwarski)，马拉·德霍瓦内西安(Mara der Hovanesian)，杰西卡·西尔弗·格林伯格(Jessica Silver-Greenberg)：《莫道前路无痛楚》，《商业周刊》，2008 年 10 月

南妮特·伯恩斯(Nanette Byrnes)：《美国国际集团错在哪里？》，《商业周刊》，2008 年 10 月

迈克尔·曼德尔(Michael Mandel)：《找回平衡的契机》，《商业周刊》，2008 年 10 月

彼得·科伊(Peter Coy)，塔拉·卡尔沃斯基(Tara Kalwarski)：《走向坦途还是即将脱轨？》，《商业周刊》，2008 年 10 月

什么力量让 AIG 腐而不朽

[美]Bill Saporito

　　财政部长 Tim Geithner 有充分理由认定,他见识了 AIG 所有的烂摊子。政府拥有该公司 80％的股份,Geithner 刚为 AIG 最近一次花销买了单——这是第四次,如果有心人在记数的话,3 月 2 日花费了 300 亿美元——以防止这家摇摇欲坠的保险公司跌下悬崖,捎带着把剩下的全球金融系统拉下去做垫背。AIG 已经让纳税人花了差不多 1700 亿美元,大部分用来填补它的子公司——AIG 金融产品公司(AIG FP,仅去年一年就在复杂的抵押债券业务中损失达 400 亿美元)所带来的损失。

　　Geithner 的职工发现此举可能激怒华盛顿的每个人。3 月 10 日,部长大人(在他的职员闻讯 10 天后)得知,AIG 已为公司的巨头们支付了 16500 万美元的奖金,还强迫政府在第一时间内帮助 AIG 走出困境。直到第二天晚上 7：40,Geithner 才不得不给 AIG 的新任 CEO Ed Liddy 打了一个电话(肯定是剑拔弩张式的)。奖金是站不住脚的,应该取消,Geithner 要求。年薪 1 美元的 Liddy(他在奖金被允诺之后才接手该公司),回话说 AIG 的律师们认为不能破坏合同。Geithner 让财政部的律师们找点法子,结果无功而返。

　　在这次经济危机引起的资产负债平衡表上——耗资 7000 亿美元的不良资产拯救计划(TARP),股市低迷,信用紧缩和全球经济不景气——16500 万美元算是个小数目。但是 AIG 奖金消息的外露触犯了众怒。Geithner 为自己的后知后觉而感到尴尬,打算扣除 AIG 在接下来的救急基金中的份额——才占 AIG 所接受总数的 0.1％。与之呼应的参议员们,从纽约民主党员 Chuck Schumer 到蒙大拿民主党员 Max Baucus 和爱荷华州共和党人 Chuck Grassley,提出了一系列税律措施,以从 AIG FP 的巨头们(根据纽约州检察长 Andrew Cuomo 称,他们中有 73 人得到的份额超过 100 万美元)手里夺回丁点奖金份额。

　　政治威胁,公众不满掩盖了背后更大的问题。那就是,AIG 用这 1700 亿美元干什么了?该公司逐渐减少不良资产曝光,卖掉一些尚有利润的子公司来帮助偿清政府债务的策略为以后发展提供了更好的机遇吗? 如果答案是肯定的,那么世界将会避开金融末日宣判吗?

　　这些问题实际上更为紧急,因为事实上 AIG 已经成了银行的 ATM,为一系列美国和外国的金融机构(从高盛集团到瑞士联合银行)支付了 TARP 中的 520 亿美元。这些公司是 AIG FP 自 2005 年开始出售的信用违约互换合约(CDSs)的合作伙伴,累积了保险衍生产品。AIG 为很多相似的银行支付了额外的 437 亿美元,他们也是 AIG 保险分公司的证券借贷的顾客。在这种情况下,AIG 接手的业务低风险、低回报,也使之陷入了不确定的风险——与纳税人一起走进圈套。

愤怒终将平息,当尘埃落定的时候,我们将会聚焦于:维系 AIG 是否有助于防止骤然的经济低迷演化成长期的颓势不振? AIG 已经花费了纳税人 1700 亿美元——这个理由看起来可以让奥巴马政府,至少刚开始的时候,"堵住鼻子"给 AIG 的经理们奖金——这就是所谓的大而不倒。这个成语经常被听到,但是它的具体意思是什么?

在全球经济紧密相连的形势下,美国不动产市场的问题会导致冰岛银行和亚洲厂家的破产。AIG 处在关键的转折点上。如果它破产了,可能会引起多米诺骨牌效应。虽然一些评论家认为恐惧被夸大了,世界经济会逐渐复苏,但是没有人敢冒险尝试。

我们如何走到这一步

AIG 看起来不太可能会破产。90 年前成立于上海,AIG 在 1939 年世界大战期间将总部迁至纽约。1967 年,Maurice R.（Hank）Greenberg 接手之后,AIG 巩固了其全球帝国的地位。在 38 年后,Greenberg 被发现财政丑闻之前,AIG 已经成为世界上最大的上市公司,2006 年销售额达 1130 亿美元,有 116000 名员工在 130 个国家(从法国到中国)内供职。

AIG 表示,它已经写了超过 8100 万份人身保险单,票面价值 1.9 万亿美元。它涵盖了大约 180000 家小型企业和其他实体企业(员工人数约为 10600 万)。这使 AIG 成为美国最大的人身保险公司;第二大财产和意外事故保险公司。通过飞机出租业务,AIG 拥有 950 多架航空喷气机。另外,AIG 通过投资合同和其他产品为美国居民提供保险和抚恤金,保护401k 计划(401k 计划始于 20 世纪 80 年代初,是一种由雇员、雇主共同缴费建立起来的完全基金式的养老保险制度——译者注)的参与者。美联储主席 Ben Bernanke 说,"我们别无选择,只能使之稳固,不然,不仅仅是金融系统,整个美国经济都将面临巨大的风险。"

风险并不是存在于单个公司中,而是存在于它们之间的联系和它们所要竞争的产业中。如同 AIG 在其分析中所指出的,"AIG 的业务范围已经渗透到全球的各个角落,从政府代理机构、公司,到证券用户。AIG 的失败可能引起一系列连锁反应。"它可能带来很多针对保险行业的补救措施,理论上引起工业动荡;从美国短期信用的消费者借贷中的 150 亿美元中撤回 120 亿美元;甚至带来对波音(机身制造商)和 GE(喷气发动机制造商)的损害,因为 AIG 购买的喷气机比其他任何一家公司都多。

虽然 AIG 持有的股份多种多样,但是它的损失集中在 AIG FP。2008 年 3 月,言辞犀利的纽约布鲁克林人 Joseph Cassano 接手了 AIG FP。他在过去的 8 年中赚了 28000 万美元,确切地说,比目前所争论的奖金总数还多出 11500 万美元。Cassano 在 1987 年 AIG FP 成立时立下过汗马功劳。他的财富并不是建立在欺诈上,而是建立在所谓的监管套利(是指需要获得营业许可的机构总是尽力寻找对其经营最有利的监管部门来获得营业执照——译者注)上。如 Bernanke 最近所阐述的,"AIG 发掘了管理系统的巨大漏洞,金融产品部门并没有失误。对冲基金附属于稳定而大规模的保险公司之上。"

类似对冲基金的公司在其派生物中建立了高达 2.7 万亿的投资组合。AIG FP 急切地向这些派生投资组合提供亿万美元的保险,累积起数倍于其偿还能力的债务(如果这些投资组合违约的话)。凤毛麟角的金融专家想象过悬空的违约金的数目。管理者们也没有想过。AIG 的非抵押保险集团受华盛顿储蓄监督司管辖,其主要任务是监管存贷公司,而非全球性的保险公司。而且,它没有监管 AIG。

AIG,像其他机构一样,通过与美国房地产市场挂钩的业务赚钱。这场浪潮的一部分资金由债务抵押债券(CDOs,基于次贷的股票,目前已经被认定是不良资产)承担。持有 CDOs 公司可以通过从 AIG FP 购买 CDSs 来抵消他们的风险。或者他们可以以此来投机。一切安好。直到建筑公司过度建房和消费者过度借贷导了泡沫破裂。CDOs 价格崩盘。CDSs 股票的持有者们开始向 AIG 要求补偿。

虽然 CDS 是一种简单的保险单,AIG 出售的是一些更稀奇的东西。比方说,你买了房子并投了保。保险公司并没有为你提供与别人相同的保险政策。如果他这样做了而你的房子被火烧了,那么保险公司将陷入精疲力竭的境地。在 CDS 合约中,AIG 写下了千百种保险单,掩盖了不良资产与日俱增的事实。本质上,这是保险业的系统风险。保险公司所要做的是:使得保险持有者的风险多样化。"保险模式依赖于它所呈现出来的多样性,"AIG 的某一高层主管说。"如果保险公司在系统风险下操作,那将是完全不同的经历。"确实如此。保险公司可以处理意外保险,但是不能驾驭系统风险。这就是为什么你可以购买飓风保险,但是不能购买恐怖保险的原因。只有政府才能处理这样的风险。从根本上说,AIG 越俎代庖,承担了其能力范围之外的风险。

因为 AIG 信用等级很高,AIG FP 并没有任何备用资产,或者抵押物——传统的保险公司用来补偿潜在的损失。随着 AIG 保险的 CDOs 诞生,他们开始寻求更多的抵押物来支持他们的政策,这些写在了合同当中。Cassano 在 2007 年 8 月时表示,他无法想象 AIG 会在"这些交易中损失一美元。"他是对的。AIG 没有损失一美元,而是损失了亿万美元。

在一次罕见的采访中,前任 CEO Greenberg 诉称,AIG 已经因为财政管理业务而被起诉。他告知 TIME 说,一旦 AIG 失去了高的信用等级,AIG FP 就会停止交易,并分出现有的合同。但是 Cassano 的公司在 2005 年春季之后加快了步伐,签下了越来越多与次贷挂钩的合同。与此同时,2008 年,AIG 的信用度逐渐降低。"他们当然会没钱,"Greenberg 说。随着 2008 年流动资金紧缩,AIG FP 早该与银行谈判,以缓和他们对抵押物的需求。"你们可以在任何时间针对任何事情进行重新谈判。"

去年 9 月,随着股市委靡和信用市场的冻结,Geithner(当时的纽约联邦政府头目)和 Bernanke 认定 AIG 已经濒于崩溃的边缘。AIG 的失败也威胁到它的合作伙伴,比如说花旗集团以及花旗集团的合作伙伴。最终，诺言会向某人兑现。如果对它的实现没有任何信心，金融体系将停止作用。恐惧并没有因为 AIG 的稳定而消失。

摆 脱 困 境

维持金融系统的运转可能解释了为什么这么多银行都得到了全额赔偿，罢工比支付奖金看起来更像是丑闻。很多专家疑惑，为什么 AIG 为 1 美元支付 100 美分。AIG 经历的背后，受益（达 129 亿美元）最大的是 Goldman Sachs，最大的一家向政府输入金融天才的投资银行。批评家们早已不怀好意地指出了前任 Goldman 的巨头们不可思议的影响。最初的援救计划由前任 Goldman 总裁 Hank Paulson 实施。他由先前的白宫参谋长，Goldman 的高级主任 Josh Bolten 招募而来，任职财政部大臣。Goldman 现任的老板 Lloyd Blankfein 被邀请去参加与联邦政府的会晤。AIG 的 Liddy 在 Goldman 做过经理，是 Allstate 的前任 CEO。另外一位，Mark Patterson，曾经是 Goldman 的说客，现在供职财政部。而经营 TARP 的 Neel Kashkari 曾经是 Goldman 的副总裁。

Goldman 一再申明其与 AIG 的关系仅限于精神层次。但是一些人指出，Goldman 非典型地卷入了与某个合约方的合同之中。"当发现 Goldman 与 AIG 之间千丝万缕的关系时，我很震惊。"某个银行分析家说，"他们存在重大失误，但是被保释出来了。"

Goldman 被保释了两次：一次它的 CDS 被曝光，第二次因为 AIG 失去了证券借贷业务，金额高达 48 亿美元。

证券借贷是一种无息存款，用于高额筹资。保险公司拥有很多股票和长期持有的国债，在短期（一夜之间）内出借给需要完成其他业务的公司。典型地，股份持有者将抵押物在短期内投资于低风险的业务，类似商业票据。出借者会面临一定的风险，但是这风险不是灾难性的。然而，AIG 将抵押物投资到了长期的、高风险的有悖于抵押物和资产的股票上面。当这些股票贬值时，AIG 也会贬值。

在 CDS 和证券借贷之间，AIG 还有很长路要走。AIG FP 的新领导 Gerry Pasciucco 正在研究怎样将 AIG 的贸易额降低 1.1 万亿。问题是，他确实需要 16500 万美元的奖金来完成这份工作吗？AIG 的答案是肯定的，因为他们了解贸易和系统，但并不是每个人都同意。风险专家和 *A Demon of Our Own Design* 一书的作者 Rick Bookstaber 说，"这是工程技术问题，"他预知了我们目前所处的困境。"目前，大概有 100 万人可以胜任这份工作。"

高额的填补

AIG 是如何在这么危险的境地下存活了这么久的？一部分原因是，数年来，华盛顿从另外一个角度来考虑问题。AIG 一直为政客们的竞选提供资助——从 1990 年到 2008 年，共和党和民主党均得 930 万美元(互动政治中心报道)。在过去的十年中,AIG 在游说演说上的花费超过了 7000 万美元,逃过了各种可能避免如今的惨剧的规章制度。

AIG 在华盛顿的资历比新政府更深的事实并没有妨碍奥巴马政府对其奖金分发的指责。而指责的对象则是 Geithner。他仍享受着美国联盟国的信任,也比那些不久后将书写新法条的立法者们更了解世界金融体系的复杂性。但是,对于一个需要建立信任的政府来说,他还不是个强有力的公众形象。他妨碍了政府对危机及时反应的能力——这可能解释了财政部对 AIG 奖金(首次在 1 月份报道)的迟钝反应。一位财政部官员指责 Geithner"犹豫不决,不仅影响了金融领域的信心指数,也影响了政治领域"。一位老练的华盛顿民主党员则更直接:"他不适合做战时顾问。"

Geithner 的支持者则指出,他奉命于危难之际。政府已经在重重危机中溺水,不得不面临着拯救银行,处理不良有价证券,接手接二连三的保释,面临花旗和 AIG 等财政集团的不幸,处理房贷危机以及迎接即将到来的 G-20 等。即使是他的贬低者也认为,他要做的事情比 80 年来所有财政部长所面临的问题都多。

这也就是解释了为什么 Geithner 得到了罕见的两党同时支持(至少目前是这样)。共和党主要是不愿意吓跑这个在布什时期就有着深厚根基的财政部长,也明白他们的资助者的核心业务;民主党更不愿意在经济困难时期公开批评总统的选择。"我对 Tim Geithner 和整个经济团队有着充分的信心,"奥巴马说。"在困难时期,他总能做出正确的选择。"然而,一位财政部的长期观察员说,"他的误差限度被降低了。"

Geithner 没有对 AIG 奖金事件作出及时的反应是令人费解的。1 月 27 日,彭博社报道,AIG 为 AIG FP 的员工提供了"大约 45000 万美元的留职金",AIG 也承认了该说法。一位在马里兰的民主党员 Representative Elijah Cummings 在两周前就知道了该消息。1 月 15 日,当他会见 Liddy 的时候,国会议员也没有对此保密。他也不是第一个提出警报的人。1 月份,资深共和党员 Richard Shelby 在参议院银行业委员会上指出,该奖金纯粹是"浪费纳税人的钱"。

但是,监管 AIG 援救联邦储备的 Geithner 却表示,直到 3 月 10 日,他才得知,AIG 为 AIG FP 准备了更多的奖金。总统在两天后发觉,点燃了白宫的怒火。现在,白宫和国会都决定降低那些从 TARP 拿钱或者得到其他政府援助的企业巨头们的薪水。

国会也打算通过立法来挽回一些资金,Liddy 也号召主管们返回他们的一半奖金。一些人已经这么做了。目前,缅因街上仍有人想要追回给华尔街有钱人过多的钱款,这让我备感欣慰。

但是,考虑到风险仍然侵蚀着整个系统,追回钱款是不得要领的。摆在 Geithner 和 Bernanke 面前,还有更重要的事情。我们有没有提到经济状况,失业率已经高达 10%? 即将到来的 G-20 会议,美国和欧洲仍在争吵何事优先——调节全球经济还是刺激它的发展? AIG 的信天翁短期内也不会离开政府。Liddy 说他的目标是重建 AIG 的核心业务,发展"区分明显,相互独立""值得投资者信任"的企业。AIG 已经"取得了有意义的进步",但是公司仍在经济形势的控制之下。在它想要维持的业务(像商业保险)中,竞争者们看到了抓住市场占有率的机会。对于它想要出卖的份额,购买者屈指可数。AIG 仍是个大而脆弱的公司。

最后,奥巴马政府大概需要 7500 亿美元来稳定美国银行,希望这些钱足够舒缓信贷市场,刺激借贷,使经济重新开始运转。对这些,没有什么政治争论。但是有一点是肯定的:如果你是一名拿着联邦政府薪水的银行主管,指望奖金可不是个明智的想法。

([美]《时代》2009 年 3 月 19 日)

报道背景

美国国际集团(AIG)是全球市值最大的保险公司,是世界保险和金融服务的领导者,也是全球首屈一指的国际性保险服务机构,美国国际集团的股票在纽约证券交易所、美国 ArcaEx 电子证券交易市场、伦敦、巴黎、瑞士及东京的股票市场均有上市。金融危机之前,AIG 是全球最受人景仰的大公司之一,资产逾万亿美元,10.6 万员工,业务遍及 135 个国家。AIG 原来的信贷评级为 AAA 级,是全美"AAA 俱乐部"八位成员公司中唯一的金融类公司。

2008 年以来,由次贷危机引发的金融危机以迅雷不及掩耳之势席卷华尔街,随着雷曼兄弟的倒塌,AIG 也难逃破产霉运。AIG 设于伦敦的一个 377 人的分支部门,CDS(credit default swap,信用违约互换)几乎将 AIG 送上了断头台。美联储曾在 9 月初断然拒绝对雷曼兄弟伸出援助之手,而这次却向 AIG 伸出了橄榄枝,并在此后的几个月中四次出手,为 AIG 提供高达 2100 亿美元的援助,目的是防止引发美国金融机构倒闭的"多米诺骨牌",向市场传递信心,进而稳定美国金融市场。

报道内容分析

本文分为"概述"、"我们如何走到这一步"、"摆脱困境"、"高额的填补"四个部分。概述部分将 AIG 目前的窘迫状态作了简要的介绍,然后开始讲述 AIG 的历史:AIG 是如何从一个赫赫有名、令人仰慕的 AAA 级公司走到如此落魄的今天,并在命丧悬崖的最后一刻抓住美联储这根救命稻草的,而浪荡公子的本性难改,拿着救济款肆意挥霍,最后以大债主的身份一步步将美国政府拖入泥潭。

特　色

1. 非常有看点的选题

拯救 AIG 是一个颇有争议而又疑点重重的议题,这样的选题对读者而言非常有看点。

首先 AIG 是全球保险业的巨无霸,AIG 的一举一动牵动全美国甚至全世界的保险行业,并会波及美国几十个行业,这对危机中的美国举足轻重。

其次,援助 AIG 本身有很多争议。因为就在美国政府宣布对 AIG 援助计划的几天前,危在旦夕的雷曼兄弟曾央求美联储伸出援助之手,而美国政府最后听之任之,百年老店雷曼兄弟毁于一旦。而两天后,美国政府宣布营救 AIG。两家公司的待遇缘何天壤之别?

再次,AIG 在援助计划中花边新闻频出,度假事件、奖金风波令全球公民应接不暇。这些都是为什么《时代》会把该报道作为封面文章的非常重要的原因。

2. 全面深入的分析

AIG 不仅是一个巨无霸,而且是一部保险业的百科全书。对于这样一部百科全书,记者从历史与发展的角度给予读者以全面、深入的分析。历史的铺陈、当前的解读与未来的预测相辅相成,展现的是一幅层次清晰、充满历史与沧桑感的 AIG 画卷。

3. 专业的解读

AIG 危机是美国金融监管漏洞中的问题而引发的,这需要对 AIG 经营的业务进行非常专业的解读才能让读者理解其中的缘由。CDS 究竟是什么产品,它为什么会给 AIG 带来如此致命的损失,这暴露出美国金融监管中的哪些问题?未来美国政府该如何弥补?文中都有非常专业的解读。

相关知识链接

信用违约互换(CDS)就是一种以一个公司的信用为标的物的期权。当一个公司持有其他公司的债券,却担心发行债券的公司会倒闭时,就可以买入这种期权。这样,如果债券发行者倒闭,期权的卖方就会接手倒闭公司的债务,从而使期权持有者免于债券损失。也就是说,期权的卖方为买方持有的债券提供了倒闭的保险。

美国金融危机大事记

2008 年 9 月,全球最大的保险公司 AIG 危在旦夕。AIG 已经向政府求情,要求注入数10 亿美元的资金。

9 月 16 日,美国政府决定接管 AIG,向其注入 850 亿美元。

2008 年 9 月,美国政府先后向 AIG 提供了 1500 亿美元的资助,作为交换,美国政府目前在美国国际集团拥有的股份达到 79.99%。

2008 年 10 月 7 日的听证会上,国会议员们捅出一件事,就在政府 9 月接管 AIG,并向其注入资金 850 亿美元之后没几日,AIG 的高管们在加州 Monaech 海滩 St. Regis 度假胜地召开了一周的会议,会议期间美酒佳肴、大肆挥霍,一周花费 44 万美元,包括 2.3 万美元的美甲、面膜、按摩等服务。

2008 年 10 月 8 日,信贷市场持续恶化。AIG 根本无法在市场上继续融资,纽约联储同意,继续向其贷款 378 亿美元。

10 月 9 日,AIG 的股票下挫 25％。

2009 年 3 月 1 日,美国政府同意向美国保险业巨头 AIG 追加 300 亿美元救援资金。

3 月 2 日,美国国际集团（AIG）公布了最新财报,显示在 2008 年四季度亏损 617 亿美元。2009 年 2～3 月间,AIG 股票同比下跌 99％,交易价格曾跌破 1 美元。

3 月 16 日,AIG"私下"发放过亿奖金,更引发了一场席卷美国的舆论风暴。

延伸阅读

余中：《AIG：千里之堤,溃于蚁穴》,财经网,2008 年 10 月 11 日

杨立群,洪俊杰：《美国政府为何四度出手救 AIG》,《解放日报》,2009 年 3 月 3 日

Rob Cox/文,《财经》实习记者熊舟/译：《AIG 发奖金,应该受谴责》,财经网,2009 年 3 月 16 日

杨柳：《纽约州总检察长发传票调查 AIG 巨额奖金事件》,新华网,2009 年 3 月 17 日

李增新：《AIG 奖金风波不息　美政府陷入两难》,财经网,2009 年 3 月 18 日

刘平：《拯救 AIG——解读美国最大的金融拯救计划》,中国经济出版社,2009 年 1 月

陈恳：《迷失的盛宴》,浙江大学出版社,2009 年 12 月

后　　记

　　经过近一年的努力,我们《财经新闻经典报道选读》编写团队终于将本书全部编选、点评完毕。

　　整个编选、点评过程首先是一个学习的过程。我们在财经学者、财经媒体资深人士的指导、帮助下,从数百篇初选篇目中,经过反复斟酌、讨论,选择了目前的28篇。整个编选、点评过程,让我们对中国30余年的经济发展、对30余年来的财经新闻长足进步、对国内外财经新闻报道的共同处与差异点都有了具体而微的深刻体认。

　　整个编选、点评过程又是一个受感动的过程。在我们编选、点评过程中,我们看到了我国无数奔走在一线的记者以其对国家、民族的责任感,以其良知和财经新闻专业素养写出了一篇篇优秀的财经新闻报道,为国家的经济建设提供着宝贵的财经资讯,为社会经济健康运行行使着"监测者"、"守望者"的职能。这些财经新闻从业者的认真、敬业,为我国财经新闻事业的发展做着坚实的奠基工作,我们对他们及他们的工作充满了敬意。

　　本书所选篇目主要出自国内著名媒体,其中大部分是财经媒体。为了对比借鉴,我们也编选了一些国外媒体的财经报道。对于这些媒体,我们在此表示深深的谢意:感谢你们为受众提供了那么多精彩的财经报道,也为学校里未来将要从事财经新闻工作的同学们提供了入门的范本!

　　本书是团队工作的结果,本人在其中仅仅起到协调、沟通的作用,而团队中每一个成员都将各自的优势发挥到了极致。为了不掠人之美,我在这里将各位成员的具体工作分列如下:

　　张辉,负责如下篇目的点评:《兰州证券黑市狂洗"股民"》、《国有银行紧急刹车 江浙经济高速旋转车轮猛着陆》、《从北京到唐山暗合的预警》、《外资坐庄中国股市揭秘》、《真正的风险暗流:明星基金如此做短线》、《娃哈哈与达能纠纷真相》、《铁矿石暗战》。

　　刘东霞,负责如下篇目的点评:《假典型巨额亏空的背后——郑百文跌落发出的警示》、《基金黑幕》、《庄家吕梁》、《银广夏陷阱》、《成败陈久霖》。

　　吴颜芳,负责如下篇目的点评:《专访刘姝威:与"神话"较量的人》、《安然为何破产?》、《"血铅事件"敲响环保警钟》、《华尔街之殇》、《什么力量让AIG腐而不朽?》。

　　陈端,负责如下篇目的点评:《关广梅现象》、《"柳市探秘"系列报道》、《刀锋——金融家命运启示录》、《黄光裕 刘永行 两大富豪 两种路径》。

　　莫林虎,负责如下篇目的点评:《鲁布革冲击》、《疫区山西》、《健力宝案原委》、《谁的鲁能》、《20 岁创投新军的蛮荒力量》、《中铝的突袭》、《默多克的 2.0 时代》。

　　本书的篇目由团队共同商定,编写体例和表述风格由莫林虎设计,各位老师的观点只要能自圆其说,基本保留原有状态,以体现本书在思想观点上的开放态势。全书由莫林虎统稿。

　　本书的选题、编写都是一个探索,希望得到国内外财经界和新闻界专家的批评指正。

莫林虎

2010 年 2 月 15 日于北京上地

图书在版编目(CIP)数据

财经新闻经典报道选读/莫林虎主编. —杭州：浙江大学出版社，2010.5(2022.1重印)

ISBN 978-7-308-07572-5

Ⅰ．①财… Ⅱ．①莫… Ⅲ.①经济—新闻报道—教材 Ⅳ.①G212

中国版本图书馆 CIP 数据核字（2010）第 076412 号

财经新闻经典报道选读

莫林虎　主编

责任编辑	葛　娟	
封面设计	联合视务	
出版发行	浙江大学出版社	
	（杭州市天目山路 148 号　邮政编码 310007）	
	（网址：http://www.zjupress.com）	
排　　版	杭州大漠照排印刷有限公司	
印　　刷	广东虎彩云印刷有限公司绍兴分公司	
开　　本	787mm×1092mm　1/16	
印　　张	19	
字　　数	404 千	
版印次	2010 年 5 月第 1 版　2022 年 1 月第 2 次印刷	
书　　号	ISBN 978-7-308-07572-5	
定　　价	49.00 元	